Elke Goez

Geschichte Italiens im Mittelalter

Der Condottiere Guido Riccio da Fogliano.
Fresko (1328) von Simone Martini im Palazzo Pubblico, Siena.

Elke Goez

Geschichte Italiens im Mittelalter

In Liebe für Friedwart

Die Deutsche Nationalbibliothek verzeichnet diese Publikation
in der Deutschen Nationalbibliografie;
detaillierte bibliografische Daten sind im Internet über
http://dnb.d-nb.de abrufbar.

Die Herausgabe des Werkes wurde durch
die Vereinsmitglieder der WBG ermöglicht.
Gedruckt auf säurefreiem und alterungsbeständigem Papier
Satz: Janß GmbH, Pfungstadt
Printed in Germany

Besuchen Sie uns im Internet: www.primusverlag.de

ISBN 978-3-89678-678-4

Inhalt

Siena. Turnier mit allegorischen Tieren auf der Piazza del Campo im Jahre 1550.
Gemälde von Vincenzo Rustici, Siena, Banca Monte dei Paschi.

I.

Italia – Grundsätzliche Fragestellungen

Italien ist lediglich ein geographischer Begriff!" 1815 prägte der habsburgische Staatskanzler Klemens Wenzel Lothar von Metternich auf dem Wiener Kongress dieses prägnant formulierte, für die Geschichte eines Landes aber geradezu vernichtende Diktum. So ganz aus der Luft gegriffen war seine Ansicht jedoch nicht, denn tatsächlich lässt sich der tatkräftig vorangetriebene Wunsch der Italiener nach einem eigenen Nationalstaat kaum länger als bis in das Jahr 1800 zurückverfolgen. Als im Februar 1861 in Turin Viktor Emanuel aus dem Haus Savoyen durch ein fast aus allen Landesteilen zusammengesetztes Parlament zum König proklamiert wurde, war es endlich so weit: Italien war ein Nationalstaat geworden, wenn auch mit erheblichen Etablierungsschwierigkeiten.

Während des gesamten Mittelalters gibt es keine klar definierte, einheitlich geprägte Region „Italien", weder im politischen noch im gesellschaftlichen Sinne. Zwar bestimmte das Erbe des antiken Kaiserreiches die Geschicke der Apenninenhalbinsel nachhaltig, doch darf die italienische Geschichte deshalb nicht nur als bloße Fortsetzung des in der Rückschau glorifizierten Imperium Romanum betrachtet werden, auch wenn Renaissance, nationale Einigungsbewegung und schließlich der Faschismus dies wiederholt versucht haben und in vielfältigen Symbolen zum Ausdruck zu bringen trachteten – zu erinnern sei hier nur an die Liktorenbündel der Faschisten.

War also Italien wirklich nur eine geographische Raumbezeichnung, ein äußerst löchriges Dach für unzusammenhängende, zersplitterte Kleinherrschaften ohne einigendes Band? Zwei Klammern spannten die Apenninenhalbinsel auch in Zeiten zusammen, in denen von politischer Gemeinschaft nicht die Rede sein konnte: der Kulturraum Italien und die Sprachgemeinschaft Italien. Herausragenden, international ausstrahlenden Denkern wie

Dante Alighieri vor der Silhouette von Florenz. Gemälde, 1465,
von Domenico di Michelino in Santa Maria del Fiore in Florenz.

Dante, Petrarca oder Lorenzo Valla galt die Sprache als Basis, Beginn und vornehmste Ausprägung einer Kultur, die auf dem Boden des Imperium Romanum vom Glanz der Antike geprägt war. So fragte Lorenzo Valla: „Wer waren die größten Philosophen, die besten Redner, Richter und Dichter? Doch wohl jene, die sich um die Sprache am meisten bemühten." Francesco Petrarca konnte Italien als *gloria mundi* bezeichnen, obwohl die politische Lage seiner Heimat im 14. Jahrhundert wenig Glorreiches aufzuweisen hatte. In der Überzeugung, einer herausragenden Kulturgemeinschaft zu entstammen, formulierte er 1473 in den *Invectiva contra eum qui maledixit Italiae*: *Quid est enim aliud omnis historia quam romana laus?* (Was gibt es eigentlich in der Geschichte, was nicht zum Ruhme Roms ist?) Auch die Fremden konnten sich diesem besonderen Reiz nicht entziehen und Goethe notiert während seines Romaufenthalts in die Aufzeichnungen seiner Italienischen Reise, „daß hier das Große war, ist und sein wird".

Geographische Voraussetzungen

Die italienische Halbinsel, eine geologische Formation aus dem Tertiär, ist die mittlere der drei großen Mittelmeer-Halbinseln und erstreckt sich von der heutigen Nordgrenze am Brennerpass bis zur Südspitze bei Reggio Calabria auf einer Länge von ca. 1400 Kilometern. Sosehr der Inselcharakter Einheit suggeriert, so wenig eignet sich die topographische Beschaffenheit Italiens hierfür. Die Alpen bieten nur scheinbar Sicherheit gegen Invasoren, denn der Übergang ist zwar von Süden nach Norden schwierig und mühselig, aber in umgekehrter Richtung bieten sich gleich mehrere gut begehbare Pässe, an deren Endpunkten sich wichtige Städte entwickelten, die aber nicht nur bevorzugte Handelswege, sondern eben auch gefährliche Einfallspforten darstellten: Verona am Ende des Etschtals und des Brennerpasses, der auch in der schlechten Jahreszeit wegen seiner geringen Scheitelhöhe begehbar blieb; Mailand am Ende der durch Graubünden verlaufenden Pässe sowie des St.-Gotthard-Passes (erschlossen seit etwa 1170), Padua am Südende der Valle Sugana, Udine, Cividale und Aquileja am Ausgang des Kanaltales und der slawischen Völkerpforte sowie Turin, der Zielpunkt der durch Savoyen verlaufenden Passwege.

Hatte man die Alpen glücklich überwunden, öffnete sich die weite Fläche der Po-Ebene, die aber keinen einheitlichen, homogenen Raum darstellte.

Geformt und dominiert von dem gewaltigen Strom und strukturiert durch dessen Nebenflüsse Reno, Etsch, Brenta und Piave, war die eigentliche Po-Ebene ein sehr dünn besiedeltes, sumpfig-morastiges Gebiet, teilweise bedeckt von Auenwäldern und regelmäßig von alles überspülenden Überschwemmungen heimgesucht. Das Leben in der zwar enorm fruchtbaren, aber permanent von schweren, alles mit sich fortreißenden Hochwassern bedrohten Ebene war beschwerlich und in den Sümpfen geradezu lebensfeindlich. Daher konzentrierte sich die Bevölkerung an den Abhängen der Alpen im Norden und des Apennin im Süden, dort wo man vor den Unbilden der Überschwemmungen und den fieberbrütenden Sümpfen einigermaßen sicher war. Verkehrstechnisch erschlossen wurde diese wie eine weite, flache Platte anmutende Landschaft durch die Via Aemilia, deren Trassierung von Rimini (Ariminum) bis Piacenza (Placentia) der römische Konsul Marcus Aemilius Lepidus im Jahr 187 vor Christus anordnete. Bis heute ist die Via Aemilia (Staatsstraße 9) die wichtigste Verkehrsader der Region. Ihre Bedeutung spiegelt sich in der Namengebung: In der Neuordnung des Imperiums unter Kaiser Augustus wurde die alte Bezeichnung „Gallia Cispadana“ durch den neuen Namen „Aemilia“ ersetzt. Die Emilia war damit die einzige Region des Kaiserreiches, welche den Namen einer Konsularstraße führte. Bei Piacenza, das sich auf einem erhöhten Kiesbett erhebt, überschreitet die Aemilia den Po. Piacenza ist die einzige Stadt, die direkt am Fluss errichtet worden war, weiter nach Osten zu war dies wegen der Wildheit des Po und der Verlagerung des Strombettes viel zu gefährlich; ängstlich scheinen die Städte vom Flussverlauf zurückzuweichen. Die Unberechenbarkeit des Stromes führte auch dazu, dass der Po – obwohl während des gesamten Mittelalters ein wichtiger, teilweise durch Kanalnetze ergänzter Wasserweg für Handel und Verkehr – außerordentlich trennend wirkte. Die Regionen südlich und nördlich des Po gingen in der Kunst, in der Wirtschaft und der Politik durchaus eigene Wege.

Aber auch die Ausrichtung nach Ost und West zerriss die Po-Ebene-Regionen. Orientierte sich der Osten zur Adria, richtete sich der Westen ganz nach der Ligurischen Küste aus und profitierte von den gut erschlossenen Alpenpässen. Das Piemont wandte seinen Blick nach Frankreich und übernahm von dort vor allem im hohen und späten Mittelalter Herrschaftsformen und Repräsentationsgewohnheiten, die sich deutlich von den Gepflogenheiten der kommunal geprägten Welt des restlichen Oberitalien unterschieden. Mailand und die Lombardei konzentrierten sich auf den

Der Ponte Pietra, um 100 v. Chr. gebaut, führt in Verona über die Etsch.

Westen und das Tyrrhenische Meer. Ihr wichtigster Wirtschaftshafen wurde Genua; Venedig spielte in ihrem Handelsdenken eine untergeordnete Rolle; mehr noch: Mailand stieg immer mehr zur Konkurrentin der Serenissima auf. Ähnlich wie die Piemontesen sahen Mailänder und Lombarden in Frankreich einen unentbehrlichen Handelspartner. Sie beschickten die wichtigen Messen der Champagne und pflegten den Kontakt sowohl nach Flandern als auch in die Niederlande.

Am Südrand der Po-Ebene erhebt sich ein vielfach unterschätztes Gebirge. Was zumeist nicht vermutet wird: Weit beschwerlicher als der Übergang über die Alpen war derjenige über den Apennin – ein unruhiges, instabiles Gebirge mit hochkomplizierten Trassenführungen. Bis heute werden die mühevoll angelegten, der Landschaft gleichsam abgerungenen Wege bei schlechtem Wetter und harten Wintern oftmals durch Erdrutsche beschädigt. Daher trennte der Apennin trotz seiner eher geringen Höhe die einzelnen Regionen mindestens ebenso stark voneinander wie die Alpen und begünstigte die Entstehung relativ isolierter Siedlungsinseln. Die langgestreckte Struktur Italiens behinderte zudem flächendeckende Kommunikationsnetze und förderte die durch die Gebirgslinien vorgezeichnete Konzentration des politischen, kulturellen und gesellschaftlichen Lebens in lokalen, vor allem urban geprägten Räumen.

Am leichtesten ließ sich der Apennin bei Genua mit Hilfe des Giovi-Passes überwinden, was für die Entwicklung des dortigen Hafens und der Stadt von immenser Bedeutung war. Weit weniger angenehm, aber immerhin durch alte Straßenzüge gut erschlossen war der Weg über den Porretta- und den Futa-Pass in die Toskana. Anfangs- und Endpunkte der Wegführung waren Bologna und Florenz, die durch die Straßenverbindung wirtschaftlich und verkehrstechnisch aufeinander angewiesen und voneinander abhängig waren, weshalb sie auch zumeist ein freundschaftliches, partnerschaftliches Verhältnis miteinander pflegten. Weiter im Osten gab es keine befestigten Straßen mehr über den Apennin, sondern nur noch Saumwege, deren Passierung bei ungünstiger Witterung lebensgefährlich werden konnte.

Entlang der Adria verläuft der Apennin in südöstlicher Richtung und drängt sich nahe an das Meer heran, schränkt so den Lebensraum stark ein und erschwert die Querverbindungen bis zur Unüberwindlichkeit. Nur die antike Via Flaminia verband Rom mit der Adria, aber sie stellt keine Direktverbindung dar, sondern nimmt notgedrungen den Umweg nach Norden über Spoleto und Fano, um sich dann an der Gola del Furlo mittels eines antiken Tunnels durch die Felsen zu schlängeln. Ohne diese antike Straße, übrigens die einzige der großen Romstraßen, die während des gesamten Mittelalters intakt blieb, hätte Ravenna niemals zur spätantiken Kaiserresidenz aufsteigen können. Dank der Flaminia sprachen jedoch gleich zwei gewichtige Gründe für Ravenna: der heute verlandete Hafen, der das ganze Jahr hindurch die Verbindung mit Konstantinopel sicherte, und eben die Straßentrasse, an deren Verlauf sich die Reste der byzantinischen Besitzinseln in vorkarolingischer Zeit wie Perlen aufreihten: der Exarchat von Ravenna, die Pentapolis (Rimini, Pesaro, Fano, Senigallia und Ancona), Teile Umbriens und der Dukat von Rom.

Die wichtigsten Siedlungsräume befanden sich westlich des Apennin, wo sich das Land zum Tyrrhenischen Meer hin öffnet und genügend Platz bietet. Allerdings wurde der scheinbar leichte Zugang zum Meer faktisch durch weite Sumpflandschaften erschwert – vor allem der toskanischen und römischen Maremma sowie dem sich südlich anschließenden Agro Pontino –, einer einstmals blühenden Ebene, die sich von Pomezia bis Terracina erstreckte und im Nordosten von den Monti Lepini und den Monti Ausoni begrenzt wurde. Das gut 775 km^2 große Gebiet wurde seit der Antike durch die Via Appia erschlossen, doch Raubbau und Kahlschlag der Wälder hatten schon in der Römerzeit zu extremer Versumpfung geführt. Die kunstvollen, aber pflegeintensiven antiken Bauten zur Trockenlegung und Bonifizierung dieser Gebiete wurden bereits während der Spätantike nicht mehr ausreichend gewartet und verfielen. Die Sümpfe breiteten sich aus und mit ihnen das Fieber, das in den modrigen Senken vor allem in den heißen Jahreszeiten während des gesamten Mittelalters lauerte. Aus wohlbegründeter Angst mied man diese Gegenden, wann immer man konnte. Auf den circa 300 Kilometern zwischen der Arno- und der Tibermündung gab es im Hochmittelalter nur 5 Pfarrkirchen, die tapfer in den morastigen Niederungen ausharrten. Obwohl der Handel über das Meer enorme Bedeutung besaß, drängte sich Mittelitalien nicht zum Meer, sondern schien sich geradezu davon abzuwenden. Das lag aber nur zum Teil an den gesundheitsgefährdenden Sümpfen. Vor allem ist diese Haltung dem Umstand geschuldet, dass Italien zwar eine immens lange Küstenlinie, aber kaum natürliche Häfen besitzt. Lediglich Genua und Neapel bilden eine Ausnahme und boten große Lande- und Liegeplätze, die zudem noch sturmsicher waren. Der bis heute als Kriegsmarine-Stützpunkt bekannte Hafen La Spezia gewann erst im 19. Jahrhundert überregionale Bedeutung. Im Mittelalter wurde seine für einen Hafen prädestinierte Lage durch die außerordentlich schlechte Verkehrsanbindung mit dem Hinterland geradezu marginalisiert. Gute, aber nicht herausragende Naturhäfen boten Brindisi und Triest im Osten Italiens, Salerno und Gaeta im Mittelteil sowie Tarent im Süden; Bari und Ancona konnten nicht an die Bedeutung der anderen Hafenstädte heranreichen. Für den Handel und die internationalen politischen sowie kulturellen Kontakte waren die Flussmündungen bei Pisa, Luni und Ostia unverzichtbar, aber stets von Verlandung bedroht. Die Pflege der Flussmündungen bereitete erhebliche, fortwährende Mühen und verschlang Unsummen. Die herausragende Seemacht Venedig, aber auch Amalfi und Ravenna verdankten ihren Aufstieg besonderen historischen Bedingungen und mussten durch aufwendigste architektonische Maßnahmen permanent gesichert werden.

Weiter im Süden, in Apulien, Kampanien, Lukanien und Kalabrien, öffnet sich Italien nicht mehr dem westlichen, sondern dem östlichen Meer. Die antike Bezeichnung „Magna Graecia“ deutete diese Grundausrichtung an. Bis in das 11. Jahrhundert hinein ist die Großregion byzantinisch geprägt und damit ein wichtiger Kontakt- und Begegnungsraum mit der griechischen Kultur. Noch heute existieren in abgelegenen, gleichsam isolierten Bergorten der Basilicata und Kalabriens Dialekte mit griechischen Anklängen. Von Brindisi aus war die Reise nach Mailand genauso weit wie diejenige nach Konstantinopel! Die geographische Offenheit des Landes nach Osten lockte naturgemäß auch Kräfte an, die dort Beute zu machen gedachten. Als die Normannen sich in Unteritalien festsetzten, planten sie Raubzüge auf dem Balkan. Italien bot an seiner Ostflanke auch Angriffsflächen für Invasoren, die aus dem Osten kamen. 1480 landeten die Türken in Otranto; ein schockartiges Ereignis, das sich so tief in das kollektive Gedächtnis dieses Raumes eingegraben hat, dass es bis heute in den Volksliedern Nachhall findet.

Eine Sonderrolle spielte während des gesamten Mittelalters Sizilien. Die Insel war ein Schmelztiegel der Kulturen. In der Antike hinterließen Karthago, Griechenland und das römische Imperium vielfältige, die Zeiten überdauernde Spuren. Im Mittelalter kamen die Byzantiner, die Araber und die Normannen hinzu. Die Staufer trachteten danach, die Insel dauerhaft mit ihrem Imperium zu vereinen. Mit ihrem Ende trat eine neue Macht in Sizilien auf: Karl von Anjou und damit der Einfluss Südfrankreichs. Die Herrschaft der Provenzalen war freilich nicht von langer Dauer. In der Sizilianischen Vesper wurden sie 1282 verjagt und an ihre Stelle traten die Aragonesen, die Sizilien vor allem als geradezu unerschöpfliche Kornkammer nutzten. Dadurch geriet Sizilien bis in die Neuzeit hinein unter einen dominierenden spanischen Einfluss.

Ganz anders dagegen die beiden anderen Inseln: Korsika und Sardinien blieben von Invasoren weitestgehend verschont und bewahrten daher ihre archaischen Herrschaftsstrukturen und sozialen Verbände über lange Zeit. Lediglich ihre Küstenregionen wurden von den Genuesen und Pisanern aufgesucht und gerieten so in einen intensiveren europäischen Kulturkontakt. Erst als sich im 14. Jahrhundert die Herren von Aragón Sardiniens bemächtigten, war die Isolation der Insel beendet; erzwungenermaßen öffnete sie sich der spanischen Kultur, was wiederum eine spürbare Distanz zum nicht spanisch dominierten Italien zur Folge hatte.

Die knapp umrissene geographische Vielfalt und die dadurch bedingten sehr unterschiedlichen räumlichen, politischen und wirtschaftlichen Interessensschwerpunkte prädestinierten die Apenninenhalbinsel nicht dazu, mühelos einen Nationalstaat zu bilden. Während des Mittelalters kann von einer Einheit Italiens zu keinem Zeitpunkt auch nur ansatzweise die Rede sein und der Einfall fremder Mächte während der Hochrenaissance machte eine Einigung Italiens für lange Zeit vollkommen unmöglich, ja undenkbar. Es ist auch zu fragen, ob eine solche Einheit überhaupt erwünscht oder ersehnt wurde. Der Vorwurf des „Campanilismo", also des Denkens im Schatten des eigenen Kirchturms, wird noch heute gegenüber vielen Regionen und Städten Italiens erhoben. Die schier unendliche Zerstrittenheit der lombardischen Städte im Hochmittelalter nährte für einen langen Zeitraum weit stärker den Wunsch nach Krieg denn nach Einheit. Zwar wurde schon zu Zeiten Barbarossas und Papst Innozenz' III. mit der „Freiheit Italiens" argumentiert, aber immer nur dann, wenn es galt, die Stimmung gegen fremde Aggressoren anzuheizen. Hatte sich die Gefahr wieder verzogen, verflüchtigte sich auch der Wunsch nach Einheit rasch. Nur in der ersten Hälfte des 14. Jahrhunderts könnte es *einem* ernst gewesen sein mit der Freiheit Italiens: Cola di Rienzo. Als er die Souveränität des römischen Volkes von Kaiser und Papst sowie die Einheit Italiens forderte, rief er gleich zwei mächtige Gegner auf den Plan: Karl IV. und Papst Clemens VI. Als er sich am 1. August 1347 in San Giovanni in Laterano zum Ritter schlagen ließ, nahm er den Titel „Tribun der Freiheit und erlauchter Befreier der römischen Republik dank der Autorität unseres gnädigen Herrn Jesus Christus" an. Doch damit nicht genug. Er fügte seinem Titel unter anderem noch hinzu: „Kandidat des Heiligen Geistes", „Eiferer für Italien", „Freund des Erdkreises und erhabener Tribun". Aber seine Erfolge währten nicht lange und er musste ins Exil ausweichen, um sein Leben zu retten. Mutig kehrte er am 1. August 1354 im Triumph in die Ewige Stadt zurück, wurde dort jedoch schon am 8. Oktober des gleichen Jahres gefangen genommen und hinterrücks erstochen. Seine Leiche schleifte man durch die Straßen Roms und hing sie zum Gaudium der aufgepeitschten Massen an einer Hauswand auf. Mit ihm starb auch der Wunsch, die Einheit Italiens nicht nur literarisch zu besingen und herbeizusehnen, sondern tatsächlich umzusetzen.

Erst ganz am Ende des Mittelalters lebte der Plan, Italien zu einen und fremde Invasoren zu vertreiben, noch einmal machtvoll auf. Papst Julius II. dämmte zunächst an der Seite Kaiser Maximilians I. und des französischen Königs, Ludwigs XII., in der Liga von Cambrai die Vormachtstellung Venedigs in Oberitalien ein. Als die Serenissima 1509 bei Agnadello in der Lombardei eine verheerende Niederlage erlitt, musste sie dem Papst die Romagna abtreten. Danach machte sich der energische Nachfolger Petri daran, die Franzosen aus Italien zu verjagen. Hierzu schloss er am 4. Oktober 1511 das

Bündnis der Heiligen Liga mit Kaiser Maximilian I., der Eidgenossenschaft, der zuvor gedemütigten Republik Venedig sowie König Ferdinand II. von Aragón. Obwohl Frankreich 1512 in der Schlacht bei Ravenna siegreich blieb, konnte es das schrittweise Hinausgedrängtwerden aus Italien letztlich nicht verhindern. Das Papsttum gewann neuerliche Gebiete auf italienischem Boden hinzu, aber als Julius II. am 20/21. Februar 1513 starb, zerplatzte sein Traum von der Einheit Italiens unter päpstlicher Führung.

Bedeutete die Vielfalt und die Zerrissenheit der Apenninenhalbinsel ein das gesamte Mittelalter andauerndes politisches, wirtschaftliches, kulturelles und soziales Problem, so entstehen hieraus nicht geringe Schwierigkeiten auch für die Konzeption einer Geschichte Italiens im Mittelalter. Es ist nicht möglich, die Geschichte der Apenninen-Halbinsel aus dem Blickwinkel oder vor dem Hintergrund einer einzigen Macht zu erzählen; weder das Papsttum noch das Kaisertum oder eine andere politische Größe kämen hierfür in Frage. Ebenso wenig kann man an einer Region die Entwicklung des Ganzen exemplifizieren. Obwohl es verlocken würde, Florenz wegen seiner Überfülle an herausragenden Geschichtsschreibern – zu erinnern wäre nur an Giovanni Villani, Leonardo Bruni, Niccolò Machivalli oder Francesco und Lodovico Guicciardini – als Paradigma für die Entwicklung der bedeutenden italienischen Städte heranzuziehen, ist es doch undenkbar. Zu unterschiedlich haben sich die Kapitale am Arno, Rom, Mailand, Genua oder Venedig entwickelt. Daher muss sich eine Geschichte Italiens im Mittelalter der Vielfalt und Verschiedenheit, dem Miteinander und Gegeneinander, den Gemeinsamkeiten und gravierenden Unterschieden der Apenninenhalbinsel öffnen und die Geschichte Italiens in Einzelgeschichten mit häufigem Perspektivenwechsel erzählen, wissend, dass Vollständigkeit oder wenigstens Gleichgewichtung einzelner Aspekte unmöglich zu erreichen ist. Die überbordende Fülle des Berichtenswerten, dem Pluralismus der italienischen Geschichte geschuldet, der hier kein Zeichen von Schwäche, sondern von unerschöpflichem Reichtum ist, zwingt zur Auswahl und zur Verknappung; beides geschieht nicht willkürlich, ist deswegen aber nicht minder schmerzlich.

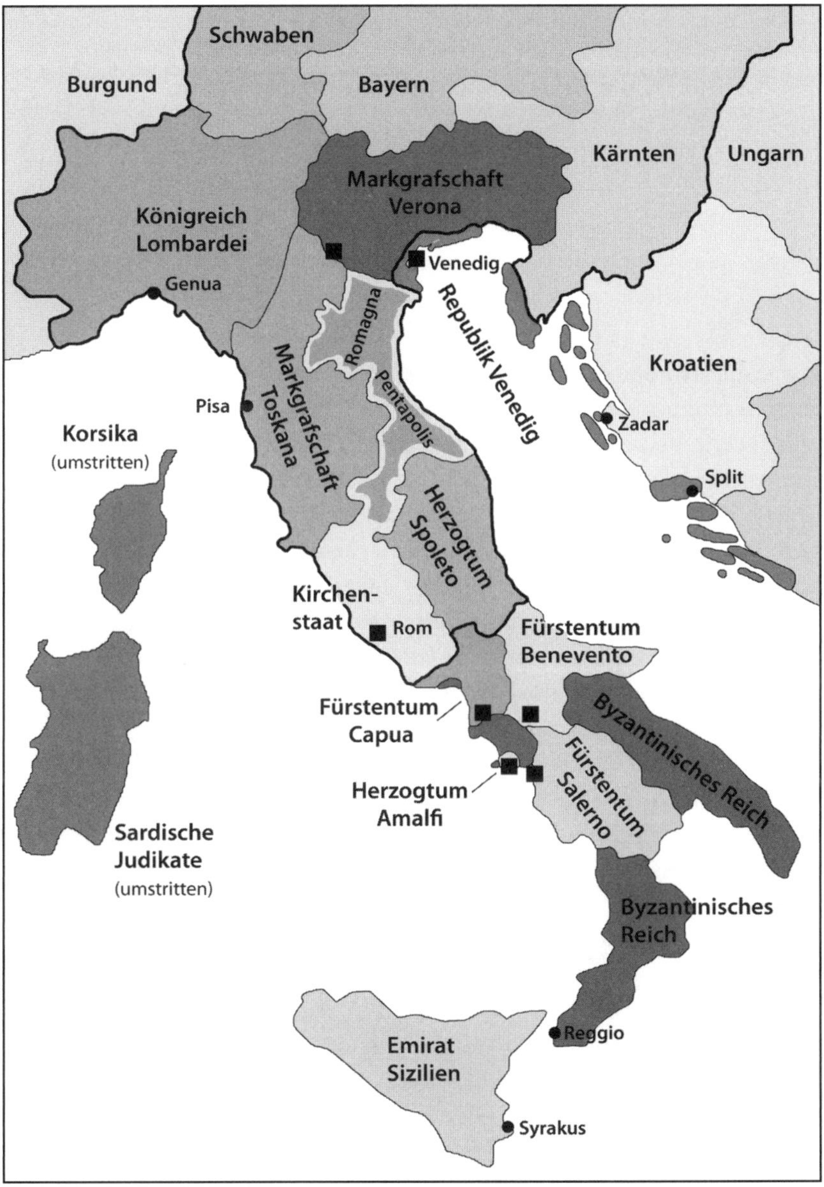

Italien um 1000 n. Chr.

II.

Das Erbe des Imperium Romanum

Die ältesten Spuren menschlicher Kultur fanden sich in der Umgebung von Otranto und stammen aus der älteren Steinzeit. Namengebend für Vitalia, wie Italia ursprünglich hieß, dürften oskische Bauern gewesen sein, die zwischen Sila und Aspromonte in einem Stierkult (*vitulus*) dem Gott Mars huldigten. Von Süden aus verbreitete sich der Name Vitalia, rasch zu Italia verschliffen, nach Norden. Die Griechen nannten das gesamte Gebiet bis Paestum Italia; eine gedankliche Grenzziehung, die in der politischen Neuordnung der Halbinsel unter den Römer immer weiter nach Norden bis zur Magra (Mündung auf der Höhe von La Spezia) und dem Rubikon (Mündung auf der Höhe Riminis) rückte, dahinter begann die Gallia Cisalpina, die erst Gaius Julius Caesar administrativ angliederte.

Die Bewohner des Römischen Reiches waren ursprünglich keinesfalls alle rechtlich gleich; die Bürger der Stadt Rom hatten einen Sonderstatus; ihnen standen die Bundesgenossen und Latiner gleichsam gegenüber. Zwar mussten auch sie keine Grundsteuern zahlen – ein Vorteil gegenüber der Bevölkerung in den Provinzen –, aber im Ansehen waren sie doch nur Bewohner minderen Ranges. Solange sich Rom nicht zu sehr in die inneren Angelegenheiten der Bundesgenossen einmischte, nahmen sie die Zurücksetzung relativ klaglos hin. Erst der Bundesgenossen-Krieg von 91–88 v. Chr. brachte einen grundlegenden Wandel. Das dominante Auftreten Roms und die hartnäckige Verweigerung des römischen Bürgerrechts hatte die Bundesgenossen nachhaltig verärgert. Als die Kriegswirren gefährlich anschwollen, gestand Rom 89 v. Chr. in der *Lex Plautia Papiria* den Bundesgenossen das ersehnte römische Bürgerrecht zu. Noch im gleichen Jahr wurde dies in der *Lex Pompeia de Transpadanis* auch den Bewohnern nördlich des Po bewilligt. Vollständigen Gebrauch konnte ein *civis Romanus* allerdings nur dann von seinen Bürgerrechten machen, wenn er sich in Rom aufhielt.

Einschneidendere Folgen hatte die Gewährung des römischen Bürgerrechts für die freien Bewohner der Provinzen 212 n. Chr. in der *Constitutio Antoniniana* des Kaisers Caracalla, wodurch die Bewohner des Mittelmeerraums mit denjenigen Italiens gleichgestellt und vollends in das Imperium integriert wurden. Ziel der nur scheinbar großzügigen Neuregelung war die Umverteilung der öffentlichen Lasten und die Heranziehung der Vollbürger zum Militärdienst. Als Kaiser Diocletian die Provinzialordnung neu regelte, dehnte sie sich plötzlich auch auf Italien aus, das damit steuerpflichtig wurde. Lediglich Rom, die Herzkammer des Imperiums, behielt seinen Sonderstatus. Mit Ausnahme der Ewigen Stadt bildete Italien jetzt nur mehr einen Teil des gewaltigen Imperium Romanum.

Durch die Öffnung des römischen Bürgerrechtes stiegen Führungseliten aus entfernten Reichsteilen in den senatorischen Adel auf, die neue kulturelle Gepflogenheiten an den Tiber brachten. Vor allem Träger hellenistischer Bildung gewannen Einfluss in allen Bereichen der Kunst, Literatur, Philosophie und Jurisprudenz sowie im Sozialwesen.

Neben diesen Veränderungen erlebte die Apenninen-Halbinsel auch in der Landwirtschaft entscheidende Umwälzungen. Aus Kostengründen wurde die Produktion in die Peripherie des Reiches verlegt, auf der Apenninenhalbinsel stagnierte die Wirtschaft. Die Provinzen verselbständigten sich. Getreide gedieh in Nordafrika und Sizilien besser als auf dem Festland Italiens. Erze gab es in England, Zypern und Dakien reichlich, während man es in Italien, vor allem auf Elba, nur mühsam schürfen konnte. Der Osten verfügte über Handwerkskünstler, die Italien nicht bieten konnte, und links des Rheins ließ sich trefflich Geschirr herstellen – nicht ganz so schön wie in Arezzo, aber unvergleichlich viel billiger.

Die Folgen waren vielfältig. Auf der Apenninenhalbinsel fielen weite Ackerflächen wüst und wurden zu Weidegebieten oder zum Vergnügen der Großgrundbesitzer zu Jagdreservaten umgewandelt. Die Landbevölkerung wanderte ab und die Geburtenrate brach ein, was dem spätantiken Imperium chronischen Menschenmangel bescherte. Der Schwund der freien Kleinbauern wurde durch den Mangel an Sklaven verstärkt. Rom führte kaum mehr Expansionskriege und erbeutete daher auch keine Menschen mehr. Die noch vorhandenen Sklaven stiegen daher im Wert und mussten pfleglicher behandelt werden. Je stärker das Land entvölkert wurde, desto mehr schwoll Rom an und musste wachsende, aber kaum zu ernährende Menschenmengen versorgen.

Der kritische Zustand war in Friedenszeiten kaum auszubalancieren; Kriegsbelastungen hielt das mühsam errungene Gleichgewicht nicht stand. Der Ausbruch der Markomannenkriege 166 n. Chr. verdeutlichte die Instabilität des Imperiums. Der Druck auf die Außengrenzen des Reiches wuchs und die steigenden Staatsausgaben belasteten die Haushalte der Städte, in denen bislang das Leben kulminierte. Italien war bis in das 4. nachchristliche Jahrhundert ein urbanes Land. Aber die Steuerbelastung wurde unerträglich und immer weniger Männer übernahmen öffentliche Ämter, da sie mit ihrem Vermögen hafteten. Die Senatoren zogen sich auf ihre Landgüter zurück und die Städte sanken danieder. Freilich rekrutierten sich die Senatoren aus neu aufsteigenden Familien aus der Peripherie des wankenden Reiches; aber diese Männer waren weitab von der Hochblüte römischer Kultur geboren worden. Zeitgleich zum kulturellen Aderlass musste Rom aufrüsten, um sich zu behaupten. Perser und Germanen drohten im 3. Jahrhundert das Reich zu überrennen. Als die Gegner in Mittelitalien standen, ummauerte Kaiser Aurelian eiligst die Ewige Stadt.

Zur Verteidigung brauchte Rom immer mehr Soldaten und musste Barbaren unter Waffen nehmen, denen römische Kultur fremd war. Die Bezeichnung *fiscus barbaricus* für den Militärhaushalt kam nicht von ungefähr. Zudem war es nötig, die Kriegstechnik den Kampfgewohnheiten der Feinde anzupassen. Die traditionellen Fußsoldaten waren zu langsam; das Imperium brauchte eine Reiterei, um Heereseinheiten rasch verlagern zu können. Erstmals ist das neue, mobile Heer unter Kaiser Gallienus bezeugt. Dies alles musste bezahlt werden, und so drehte der Staat weiter an der Steuerschraube und steigerte die Belastungen ins Unerträgliche. Die öffentliche Fürsorge verfiel, Elend und Armut breiteten sich mit rasender Geschwindigkeit aus und das Imperium verwandelte sich in einen Zwangsstaat, der seine Bürger auspresste. Als die Zahlungsfähigkeit sank, mussten die Steuereintreiber für die vollständige Erhebung der Abgaben mit eigenem Vermögen haften. Da unter diesen Bedingungen niemand das Amt ausüben wollte, wurde es zwangsweise vergeben. Im Steuerwesen durften keine Lücken entstehen.

Vor dem ungeheueren Steuerdruck flohen die Stadtbürger unter die Obhut reicher senatorischer Großgrundbesitzer auf das Land. Sie pachteten einzelne Parzellen auf Zeit und gegen einen festen Anteil der Erträge. Gleichzeitig verdingten sie sich als Soldaten, um die Latifundien gegen Räuber und rabiate Steuereintreiber zu schützen. Hierfür genossen sie die Fürsorge des Grundherrn, der Richter, Armenpfleger und Hüter der öffentlichen Ordnung in Personalunion war. Das Minimum an Sicherheit war es ihnen wert, nicht nur wirtschaftlich, sondern auch persönlich und körperlich vollständig vom Grundherrn abhängig zu werden. Soziale Lebensformen zeichnen sich ab, die für das Mittelalter bestimmend werden sollten.

Aber Rom hatte nicht nur Probleme an den Grenzen und soziale Konflikte, sondern auch kultische Unruhen im Innern. Die Einheit von Glaube und Staat war in Rom seit den glorreichen Tagen der Republik selbstverständlich, dennoch herrschte im Imperium große religiöse Toleranz. Keine Kompromisse gab es aber hinsichtlich des seit Augustus etablierten Kaiserkults, diente er doch der Integration des Riesenreiches und galt neben dem Staatskult als Garant für das göttliche Wohlwollen. Die Weigerung der Christen, den Kaiserkult zu vollziehen, wog daher schwer. Hinzu kam, dass sich die Christen den heidnischen Römern überlegen fühlten. Als die Christengemeinde immer stärker anwuchs und sich erkennbar vom Judentum trennte, wurde es gefährlich, denn Rom sah in ihr eine den Staat von innen heraus zersetzende Kultgemeinschaft. Daher kam es vom 1. bis zum Beginn des 3. Jahrhunderts wiederholt zu Christenverfolgungen. Unter Kaiser Decius (249–251) ging das Römische Reich erstmals geschlossen und auf breiter Front gegen die Christen vor. Die bislang ungekannte Lückenlosigkeit der Verfolgung erklärt sich aus der politischen Lage Roms, das angesichts der allseitigen Bedrohung seiner Grenzen im Innern keine religiösen Unruhen tolerieren konnte. Die unterschiedlich blutigen Verfolgungswellen endeten im Westen erst mit dem Tod des Kaisers Galerius 311. Konstantin schaffte den Zwang zum Kaiserkult ab und das Christentum trat gleichberechtigt neben den römischen Staatskult, ja übernahm zunehmend dessen Aufgaben.

Aber den Christen fehlte Geschlossenheit. In der Zeit der Verfolgung hatten die dogmatischen Differenzen angesichts der Bedrohung keine wesentliche Bedeutung. Aber nach der Etablierung des Christentums als Staatsreligion wurde ein verbindliches Credo unabdingbar, wollte man eine Kirchenordnung und eine klare Definition der orthodoxen Katholizität erreichen. Das Hauptproblem lag in der Natur Christi. War er Gott oder nur gottähnlich? Der Monophysitismus-Streit zog sich bis zum Konzil von Chalkedon (451) hin, das die Natur Christi als unzertrennlich und unvermischt festlegte: Christus wahrer Mensch und wahrer Gott. Die Kirche in Konstantinopel sah hierin einen glatten Verrat am Konzil von Nicäa. Als

Kompromissversuche scheiterten, kam es im Akakianischen Schisma zur Abspaltung von Rom.

Gleichzeitig sorgte die Bestrebung des römischen Patriarchen, seinen Primat gegenüber den anderen vier Hochthronen (Konstantinopel, Alexandria, Antiochia und Jerusalem) durchzusetzen, für Verstimmung vor allem am Bosporus. Basierend auf den Einsetzungsworten Christi an Petrus (Matth. 16, 18) legitimierten sich die römischen Patriarchen als Nachfolger des Apostelfürsten. Die Lehre von der apostolischen Sukzession beinhaltete die Überzeugung, dass die Gewalt, die Christus Petrus übertragen hatte, auf alle Nachfolger Petri ungeschmälert übergehe.

Aber noch waren die heidnischen Kulte nicht am Ende. Einen letzten Höhepunkt erlebte das Ringen der Christen gegen die Heiden im Streit um den Victoria-Altar im 4. Jahrhundert. Das Beutestück des Krieges gegen Pyrrhus von Epirus (272 v. Chr.) hatte Augustus nach seinem Sieg bei Actium in der Kurie aufstellen lassen und die Senatoren brachten vor Beginn jeder Sitzung auf dem Altar ein Rauchopfer dar. Als der christliche Kaiser Constantius II. 357 den Altar entfernen ließ, brach Streit aus. Julian Apostata brachte den Altar zurück in die Kurie, doch Gratian ordnete 382/83 zum zweiten Mal seine Entfernung an. Vordergründig ging es nur um die Beseitigung des Victoria-Altars; tatsächlich jedoch stritt man um gegenseitige Toleranz und Achtung der Religionen. Die Wortführer waren Quintus Aurelius Symmachus, der heidnische römische Stadtpräfekt, und Bischof Ambrosius von Mailand auf christlicher Seite. In programmatischen Verlautbarungen wandten sich beide 384 an Kaiser Valentinian II. Symmachus argumentierte mit der Romidee, der ruhmreichen Vergangenheit und dem Hinweis, dass heidnische Götter den Aufstieg Roms zur Weltherrschaft ermöglicht hätten. Zudem seien die Unterschiede zwischen Christen und Heiden nur äußerlich, da sie unter verschiedenen Bezeichnungen doch nur den einen Gott verehrten, der ihnen jedoch – gemäß der Ideenlehre Platons – nur schattenhaft erkennbar bliebe. Dieser klugen, sachlich-ruhigen Argumentation hielt Ambrosius in scharfem Ton entgegen, jegliche Opferungen durch christliche Senatoren seien inakzeptabel, ebenso die Gleichstellung von Christen und Heiden, die der Kaiser mit seinem Gewissen nicht vereinbaren könne. Zwischen den Zeilen drohte Ambrosius mit der Exkommunikation und dem erbitterten Widerstand der Geistlichkeit. Für ihn lauerte hinter dem heidnischen Wunsch nach Toleranz die Gefährdung des alleinigen Wahrheitsanspruches des Christentums. Schließlich entfernte Kaiser

Theodosius 394 den Altar und die auf ihm stehende vergoldete Statue der geflügelten Göttin Victoria, die einen Palmzweig und einen Lorbeerkranz hielt, zum letzten Mal aus der Kurie. Da Theodosius bereits 391 alle heidnischen Kulte verboten hatte, kam die Entfernung einer vernichtenden Niederlage der heidnischen Partei in Rom und im Imperium gleich.

Auf einem Gebiet jedoch überlebte die Kultur des Heidentums: im Bildungswesen. Schreiben, Lesen, Rhetorik und Philosophie lernen auch christliche Schüler anhand heidnischer, antiker Schriftsteller. In Rom rettete man die antike kulturelle Hinterlassenschaft, indem man empfindliche Papyrusrollen durch durable Pergamentcodices ersetzte. Grammatiken, Textkommentare und die Meisterwerke antiker Autoren bildeten die Grundlage christlich-mittelalterlicher Ausbildung. Die Hochschätzung der Weisheit der Antike übertrug sich zuweilen auch auf heidnische Skulpturen. So bat Bischof Ennodius von Pavia, wahrhaftig kein Heide, man möge eine Minerva-Statue aus einem römischen Bordell entfernen, da die Göttin der Weisheit dort fehl am Platz sei.

Rom selbst spielte damals nur noch eine untergeordnete Rolle. Schon seit der Mitte des 3. Jahrhunderts führte das Imperium nahezu permanent Krieg an mehreren Fronten. Da der Kaiser die militärische Oberhoheit innehatte, brauchte es zwei Imperatoren, um den Herausforderungen gerecht werden zu können. Die Doppelung der Zentralgewalt führte zwangsläufig zum Bedeutungsverlust Roms; neue Hauptstädte entstanden, die näher an den umkämpften Grenzen lagen. Mailand, Arles, Trier und – mit einiger Verzögerung – Ravenna stiegen auf. Die Abkehr von der Ewigen Stadt fiel den Kaisern leicht, da viele von ihnen keine Römer mehr waren; Konstantins Vater, Konstanz, war ein Illyrier. Die Verlagerung der Macht führte nicht nur dazu, dass Rom politisch an Gewicht verlor, die einstige ‚Kulturhauptstadt' des Imperiums erlebte einen erschreckenden Niedergang. Der Verfall beschleunigte sich, als heidnische Kunstdenkmäler und restaurierungsbedürftige Bauwerke, die der neuen Staatsreligion ein Dorn im Auge waren, nicht mehr gepflegt wurden.

An den Grenzen strömten neue Kulturen auf das Imperium ein, das permanent Verstärkung für seine unablässig kämpfenden Truppen suchte. Der erste entscheidende Kontakt ergab sich mit den Westgoten (eigentlich ein Gemisch aus Ostgoten unter ihren Anführern Alatheus und Sphrax sowie Westgoten unter Fritigern), die teilweise vor dem Hunnensturm aus Mittelasien an die untere Donau geflüchtet waren. Nachdem sie zunächst freundlich von den Römern aufgenommen, dann aber schlecht von ihnen behandelt worden waren, kam es zum Aufstand gegen die thrakische Armee und 378 zur Schlacht bei Adrianopel. Die Römer erlitten eine verheerende Niederlage, Kaiser Valens fiel. Sein Nachfolger Theodosius I. schloss am 3. Oktober 382 mit den Goten einen Föderaten-Vertrag, billigte ihnen Siedlungsraum innerhalb der Grenzen des Imperiums zu, gewährte ihnen aber gleichzeitig vollkommene Autonomie. Auf dem Gebiet des heutigen Bulgarien durften sie unter ihren eigenen Fürsten leben und ihre christliche Religion arianischer Prägung pflegen, obwohl diese sonst im Imperium verfolgt wurde. Die *foedera* machten sie zu Reichsangehörigen ohne Recht des *conubium* und verpflichteten sie zur Waffenhilfe.

Der Vertrag entwickelte sich zum Präzendenzfall. Auf der Basis des *ius hospitalitatis* kamen immer neue Gruppen in die Grenzregionen. Ihnen wurde die Landnahme gewährt und sie erhielten Anspruch auf ein Drittel des Bodens, der Erträge und der Gebäude. Die ansässige Bevölkerung musste für die Fremden die Äcker bestellen und zudem noch ein Drittel der Erträge abgeben. Aber die näher rückenden Bedrohungen ließen dem Imperium keine Wahl. Nach den Goten kamen andere germanische Verbände, die in Gallien, Nordafrika, Spanien und auch in Italien angesiedelt wurden. Sie alle bildeten eigene kleine Staatswesen innerhalb des Imperiums. Damit markiert der Vertrag von 382 den Beginn einer Entwicklung, „die das einstige römische Großreich in eine Pluralität von selbständigen *regna* auflöste" (Postel, S. 152).

Die Föderaten waren für Rom unentbehrlich und gefährlich zugleich. Brachte das Land zu wenig Erträge, plünderten sie ungeniert die Äcker ihrer Gastgeber und suchten sich – ohne Verträge – bessere Wohnplätze. Ohne Scheu verlangten die Goten Subsidien; als Rom nicht zahlte, kündigten sie dem Imperium den Föderatenvertrag und fielen mit verheerenden Folgen in Griechenland ein. Doch sie ließen es damit nicht bewenden. Unter König Alarich zogen sie nach Italien. Aus Angst, Mailand könnte zu unsicher sein, verlegte Kaiser Honorius II. seine Residenz in das durch unwegsame Sümpfe geschützte Ravenna, das die Seeverbindung nach Konstantinopel gewährleistete. Seine Sorge war berechtigt; anscheinend mühelos eroberten die Westgoten Mailand. Einzig dem genialen vandalischen Heermeister Stilicho gelang es, den Weiterzug der Westgoten aufzuhalten. Aus Vernunftgründen plädierte er für Ausgleichszahlungen an Alarich, was ihm – als Folge einer Intrige am weströmischen Kaiserhof – statt Anerkennung eine Hochverrats-

Anklage und 408 die Hinrichtung in Ravenna eintrug. Nun lag Italien für Alarich und seine Westgoten offen. 410 stürmten sie Rom und plünderten tagelang. Die Nachricht erschütterte die Welt. Als die Heiden propagierten, die Einnahme Roms sei die Strafe der Götter, replizierte Augustinus in seinen 22 Büchern vom Gottesstaat.

Von Rom aus wandte sich Alarich nach Süden, offenbar im Bestreben, die Kornkammern des Reiches in Nordafrika zu erobern. Aber er starb in Kalabrien und sein Schwager und Nachfolger Athaulf dirigierte die Westgoten in die Provence und nach Spanien. Der Kaiserhof in Ravenna hatte dem Zug der Westgoten mit atemloser Spannung zugesehen und war froh, verschont geblieben zu sein. Dass die Schwester des Kaisers, Galla Placidia, entführt und mit Athaulf zwangsverheiratet worden war, nahm man kampflos hin.

Das Kaiserreich im Westen war nur noch ein Schatten seiner selbst. 452 fielen die Hunnen ein und plünderten Aquileja und Padua, bis ihnen Papst Leo I. vor Mantua entgegentrat und Attila zur Umkehr bewog. 455 plünderten die Vandalen unter Geiserich Rom 14 Tage lang. Diesmal war die Katastrophe aus Nordafrika gekommen und nach der Eroberung Sardiniens, Korsikas, Teilen Siziliens und der Balearen durch Geiserich schon zu erahnen gewesen.

Das Ende kam 476. Im Westreich ließ Orestes seinen Sohn Romulus zum Kaiser ausrufen. Halten konnte er sich nur dank Odoakar und seinen germanischen Truppen, die aber endlich entlohnt werden wollten. Für den zu erwartenden Fall, dass Orestes nicht zahlen könnte, forderten sie nach dem Föderatenvertrag ein Drittel ganz Italiens. Als Orestes sich weigerte, verjagte ihn Odoakar aus Pavia, nahm ihn bei Piacenza gefangen und ließ ihn hinrichten. Milder verfuhr er mit Romulus Augustulus, dem letzten weströmischen Kaiser, den Odoakar 476 auf seine Landgüter nahe Neapel in Pension schickte.

Damit endete das Kaiserreich im Westen, das nach dem Verlust Galliens und Spaniens sowie Nordafrikas ohnehin nur noch Italien umfasste. Odoakar, von seinen Truppen zum Heerkönig ausgerufen, riss im Augenblick des Triumphes die imperiale Würde nicht an sich, sondern sah sich als Stellvertreter des fernen Kaisers im Osten, den er um Anerkennung als Statthalter und Heermeister sowie um die Verleihung des Ehrentitels eines Patricius bat. Wegen der Zurückhaltung Odoakars ist 476 nicht als die einschneidende Zäsur zu werten, wie dies gelegentlich geschah. Da er die Zusammenarbeit mit der Macht am Bosporus suchte, arbeiteten Verwaltung und Justiz nahezu bruchlos weiter; die Münzen zeigten weiterhin das kaiserliche Bild, als sei nichts geschehen. Zwar fühlte sich der Skire Odoakar als Sachwalter des Kaisers in Italien, aber seine Truppen unterstanden ihrem eigenen Recht und waren auch keine Untertanen des Reiches, sondern von diesem durch Hospitalitätsverträge in freie Dienste genommen. Aber obwohl die neuen Herren auf italischem Boden einen Fremdkörper darstellten, zogen sie die Zugehörigkeit Italiens zum Reich nicht in Zweifel. Vielmehr bemühte sich Odoakar das Reich zu stärken. Die vertragliche Bindung Siziliens garantierte den Zugang zu der Kornkammer der Apenninenhalbinsel, und die Vernichtung der Rugier beruhigte die Nordgrenze.

Obwohl Odoakar dem Reich nützliche Dienste leistete, misstraute man ihm in Konstantinopel und fürchtete eine Abspaltung Italiens. Um zwei lästige Fliegen mit einer Klappe zu schlagen, plante man am Bosporus, die Germanen gegeneinanderzuhetzen. Wohlüberlegt ernannte man 488 Theoderich zum Statthalter des Kaisers für Italien, insgeheim hoffend, der Gote und der Skire würden sich gegenseitig vernichten.

Theoderich, der Sohn des gotischen Oberkönigs Thiudimir, hatte 10 Jahre seiner Jugend als Geisel am Bosporus verbracht und war dort byzantinisch erzogen worden. Mit 18 Jahren kehrte er in seine Heimat zurück, wo er 474 zum König der Goten erhoben wurde. Als *magister militum* und *patricius* wurde er wohl 476 in die byzantinische Militärhierarchie integriert. Glaubt man dem Geschichtsschreiber Jordanes, dann machte ihn Kaiser Zeno darüber hinaus noch zu seinem Waffensohn, ging also mit ihm einen *amicitia*-Vertrag ein, der eine Friedensgarantie und ein formloses Freundschaftsabkommen enthielt.

481 unternahm Theoderich einen Feldzug gegen Griechenland und erpresste vom Kaiser Wohngebiete für seine Goten in Uferdakien und Niedermösien; er selbst erhielt die Würde eines Konsuls. Langsam nahm die politische Expansion Theoderichs für den Kaiser bedrohliche Züge an; ein gotisches Königreich praktisch vor den Toren Konstantinopels musste verhindert werden. Daher ernannte Zenon Theoderich 488 zu seinem Stellvertreter in Italien, der Odoakar beseitigen sollte. Noch im gleichen Jahr zog er los. Nach zermürbenden Kämpfen kesselte Theoderich seinen Gegner Odoakar im schier uneinnehmbaren Ravenna ein. Den Sieg trug der Gote durch eine List davon. Im März 493 einigte er sich mit Odoakar darauf, künftig gemeinsam über Italien zu herrschen. Kaum hatte ihm der Skire die Stadt-

Taufe Christi durch Johannes den Täufer mit dem Flussgott Jordan. Kuppelmosaik im Baptisterium der Arianer in Ravenna, erbaut 493–526.

tore geöffnet, ermordete ihn Theoderich mit eigener Hand. Unmittelbar darauf erhob ihn sein siegreiches Heer erneut zum König. Eid- und Vertragsbruch sowie schnöder, politisch motivierter Mord stehen am Anfang der Herrschaft Theoderichs über Italien.

Damit endeten die Schrecken nicht; Theoderich betrieb eine umfassende Säuberungspolitik. Allerdings mordete er nicht planlos. Die senatorischen Anhänger Odoakars ließ er ungeschoren davonkommen, wohl wissend, dass er ihre vermittelnde Fürsprache brauchte, um die Anerkennung seiner Königsherrschaft durch den Kaiser zu erlangen. 497 war es so weit; Kaiser Anastasius übersandte Theoderich zum Zeichen der Anerkennung königliche Gewänder und Herrschaftszeichen. Angesichts der von Ostrom aus praktisch unregierbaren Reste des Westreiches garantierte die Machtübernahme Theoderichs dem Kaiser ein „Minimum an politischer Berechenbarkeit" (Postel, S. 154).

Durch kaiserliche Anerkennung, Heerkönigtum und Stammeskönigtum vielfach legitimiert, baute Theoderich seine Herrschaft auf. Sein Machtbereich erstreckte sich über ganz Italien und Sizilien, wozu im Norden noch Teile Rätiens, Dalmatiens und des Noricums sowie ab 511 die Provence und das spanische Westgotenreich hinzukamen. Wie konnte es aber einer zahlenmäßig und kulturell unterlegenen, zudem arianisch-gläubigen Minderheit gelingen, die katholische Substratbevölkerung erfolgreich zu beherrschen? Wie schon Odoakar tastete Theoderich die römische Administration nicht an, so dass die bäuerliche Bevölkerung kaum gespürt haben dürfte, dass sie nicht mehr von Römern, sondern von Goten regiert wurde. Zudem setzte Theoderich auf Kooperation mit den alten stimmungsprägenden Schichten. Kompromisse im Glauben machte er dagegen nicht. Die neuen, fremden Führungseliten waren und blieben Arianer. Sie vertraten die Gottähnlichkeit Christi, lehnten seine Gottgleichheit aber vehement ab. Im Baptisterium der Arianer in Ravenna ist diese Glaubensüberzeugung im Kuppelmosaik zu sehen; während Christus im Baptisterium der Orthodoxen gleichsam geschlechtslos dargestellt wird, sieht der Betrachter in der Taufkirche der Arianer einen nackten Mann im Jordan stehen. Ein friedliches Miteinander war hier nur durch klare Scheidung möglich; Ehen zwischen Arianern und Christen waren untersagt. Zugleich beschützte Theoderich die katholischen Romanen vor den Verfolgungen aus Byzanz während des Akakianischen Schismas. Er, der im dogmatischen Ringen um die Natur Christi eine ganz eigene Position bezog, verteidigte seine katholischen Untertanen.

Angesichts der kultischen Differenzen mussten weitere Konflikte vermieden werden. Schon die Ansiedlung der Goten stellte eine administrative und logistische Herausforderung dar, bei der Theoderich auf die Hilfe bereits unter Odoakar erfolgreicher Verwalter vertraute, vor allem auf den Prätorianerpräfekten Liberius (seit 493). Dank seiner Übersicht und Theoderichs politischem Weitblick wurde das Land so verteilt, dass ein existenzgarantierender Umfang sichergestellt war. Nach dem Verjährungs-Edikt Theoderichs (508/9) sollten die Goten nach Ablauf von 30 Jahren den Boden zu eigen besitzen. Wie die adligen, römischen Grundherren auch, bebauten die Goten das Land nicht selbst, sondern ließen es bewirtschaften. Überhaupt orientierten sie sich an ihren römischen Nachbarn. Theoderich soll gesagt haben: „Ein reicher Gote imitiert die Römer, ein armer Römer die Goten" (Postel, S. 155). Treffend beschrieb er damit einen schichtenspezifischen Prozess wechselseitiger Assimilation.

Theoderich verstreute seine Goten nicht über ganz Italien, sondern siedelte sie in Gruppen an, worauf einzelne Ortsnamen – etwa Goito nahe Mantua – hinweisen. Vorwiegend massierten sie sich an strategisch wichti-

Ravenna, Sant'Apollinare Nuovo, Mosaik (6. Jh.) an der Nordwand des Mittelschiffs. Ansicht der Stadt Classe mit Hafen (Portus Classis).

gen Punkten in der östlichen Toskana, in Ligurien und im Gebiet um Ravenna. Um die indigene Bevölkerung nicht zu benachteiligen, forderten die Goten von ihren Siedlungsgebieten ein Drittel der Bodenerträge. Die Gerechtigkeit Theoderichs, die Cassiodor eindringlich schildert, förderte seine Akzeptanz und führte zur reibungslosen Ansiedlung der Goten und zu erheblich steigendem Steueraufkommen, obwohl die Steuerforderungen nicht höher waren als in der Zeit zuvor. Ausgleichende und integrierende Politik war vonnöten, denn dem Westreich drohte Partikularisierung und Aufsplitterung in kleine, sich der Obrigkeit entziehende Herrschaften.

Integrierend wirkte die Fortdauer der römischen Provinzialverwaltung, der Vikariate sowie der Hofämter, wobei letztere ausschließlich von Römern besetzt wurden. So blieben die alten stadtrömischen Führungseliten bestehen, doch förderte Theoderich zugleich den Aufstieg neuer Familien, denen sich Karrierechancen am Gotenhof boten. Sie übernahmen vor allem die Verwaltung des Königsgutes und der königlichen Domänen. Dies musste zu Spannungen mit den alten Familien führen, zumal Theoderich die Be-

Ravenna, Sant'Apollinare Nuovo: Langobardische Altarschranke.

setzung des Senats steuerte und so die senatorische Beschlussfassung kontrollierte. Er unterwanderte den Senat, ohne an dessen alten legislativen Kompetenzen zu rütteln. Zudem erweiterte Theoderich die Aufgaben der Militärverwaltung, die nahezu ausschließlich in der Hand seiner Goten lag.

Ein Problem stellte die Rechtsprechung dar. Zwar galten das römische Territorialrecht, die königlichen Verfügungen und die Kaisergesetze sowohl für Römer als auch für Goten, aber nur die rein römischen Rechtsfälle wurden beim Provinzialstatthalter entschieden. In rein gotischen oder gemischten Rechtsfällen entschied der *comes Gothorum* unter Hinzuziehung eines römischen Rechtskundigen. Dennoch empfanden die Romanen diese Lösung als Affront.

An den wachsenden Spannungen änderten auch integrierende Baumaßnahmen wenig. Zur Demonstration seines Herrschaftsanspruchs erweiterte Theoderich den Kaiserpalast in Ravenna, wie zuvor bereits Odoakar. In der architektonischen Mischung aus spätantiker Villa und byzantinischem Kunstwollen imitierte der Gote die imperiale Pracht des Kaisertums. So entsprach der Palast in Ravenna dem Atrium des Diokletianspalastes in Split. Auch die zur Erholung erbaute Jagdvilla Theoderichs in Forlì orientierte sich an spätrömischer Palastarchitektur und griff kaiserliche Bautraditionen auf. Gleichzeitig stiegen Ravenna und Rom zu Kristallisationspunkten säkularer Bildung auf, zu nennen wären nur der Dichter Venantius Fortunatus, der Philosoph Boethius und der Mönch, Kanonist und Übersetzer Dionysius Exiguus.

Demonstrativ stiftete Theoderich San Apollinare Nuovo als neue Hofkirche. Der herrliche Mosaikenschmuck zeigt die Fassade des Palastes und die Hafeneinfahrt Ravennas; ursprünglich war auch das Porträt des Königs zu sehen, aber die Ausmerzung alles Arianischen machte vor Theoderichs Abbild nicht halt. Einziges ostgotisches Merkmal der prachtvollen Kirche sind die Pilaster sowie die Doppelmäander an den Chorschranken. Das eher puristische gotische Stilwollen findet sich weit reiner ausgeprägt in S. Spirito, das ebenfalls von Theoderich gestiftet wurde.

In Rom restaurierte Theoderich die kleine Kirche S. Agatha dei Goti, eine Gründung des Heermeisters Rikimer. Aber nicht nur christliche und arianische Bauwerke erfreuten sich seiner Fürsorge, auch antike Architektur sowie die römischen Verkehrswege und Entwässerungsgräben ließ er sanieren.

Untrennbar mit seinem Namen und seinem politisch begründeten Stilwollen verbunden ist sein Mausoleum in Ravenna. Es kombiniert spätrömische und gotische Architektur, ohne sie miteinander zu verschmelzen und dadurch zu verfälschen. In einem gewaltigen Kraftakt schaffte man enorme Kalksteinblöcke aus Istrien herbei. Die Konstruktion ruht auf einer römischen Bogenanordnung; das Dach bildet ein gewaltiger Monolith, wie dies nur in germanischen, nordischen Bautraditionen zu finden ist. Das Programm hätte klarer nicht sein können: Auf der in Ehren gehaltenen römischen Basis thront nun die gotische Macht.

Um die Integration voranzutreiben und die Herrschaft unabhängig vom byzantinischen Kaisertum zu legitimieren, legten die Amaler, das Geschlecht, dem Theoderich entstammte, eine Hausüberlieferung im Sinne einer politischen Publizistik an. Die siebzehngliedrige Königsreihe der Goten erinnert an die 17 sagenhaften Römerkönige und vereint Goten- und Römer-Geschichte. Folgerichtig ordnet Cassiodors Gotengeschichte Theoderich in die Reihe der westlichen Kaiser ein. Bewusst imitierte Theoderich in seinen Verlautbarungen Wortwahl und Ton des alten Kaiserreiches und schmeichelte sich bei den Senatoren ein, indem er ein hohes Maß an Bildung zur Conditio sine qua non für die Senatorenwürde erhob; glaubt man Cassiodor, so sah der Gote einen engen Zusammenhang zwischen Bildung und

Moral. Unethisch handelnde, wortbrüchige und Steuern hinterziehende Senatoren strafte Theoderich hart. Trotz der hohen Ideale ebnete eben doch unbedingter Gehorsam den Weg zu einer steilen Karriere und weniger hervorragende Ausbildung.

Theoderich war klug; er wusste, dass man am Bosporus seine Herrschaft in Italien als interimistisches Übel betrachtete. Daher sicherte er sich politisch mittels eines Netzes durch Freundschaftsbande assoziierter germanischer Pufferstaaten ab. Garant des Netzwerkes war die Heiratspolitik. Theoderich selbst ehelichte die Schwester des Franken Chlodwig I., Audofleda, und verheiratete eine seiner Töchter, Ariadne, mit dem Sohn des Burgunderkönigs. Den Westgotenkönig Alarich II. sowie den Thüringerkönig Herminefred verheiratete er mit weiteren Töchtern. Schließlich vermählte er noch seine Schwester, Amalafrida, mit dem Vandalenkönig Thrasamund.

Der Erfolg des Ehenetzwerkes war sehr unterschiedlich. Chlodwig kümmerte seine neue Verwandtschaft wenig; skrupellos eroberte er das westgotische Gallien und Aquitanien; König Alarich II. starb in der Schlacht bei Vouillé. Die Ausdehnung der Franken wurde immer bedrohlicher, vor allem nachdem Byzanz Chlodwig 508 zum Ehrenkonsul erhob. Theoderich begriff sofort, dass er nun nicht mehr der einzige kaiserliche Statthalter im Westen war, und stemmte sich gegen weitere fränkische Expansionsbestrebungen.

Die Bedrohungen veränderten Theoderich. Der lange auf Ausgleich Bedachte wurde misstrauisch und grausam. Die Gotenherrschaft drohte zur Tyrannei zu verkommen. Daran änderte auch der Tod Chlodwigs (511) und die Versöhnung mit Byzanz wenig. Zunehmend machten die Romanen ihrem Unmut über die Fremdherrschaft Luft, doch Theoderich konnte sich bis zu seinem Tod 526 behaupten. Sein Grabmal in Ravenna ist die Stein gewordene Ehrung für den großen Gotenkönig.

Die Nachfolge war kompliziert. Theoderich hatte keinen eigenen Sohn und hoffte daher auf seinen einzigen Enkel Athalarich, für den seine Mutter Amalaswintha die Regentschaft übernahm. Eigentlich galt die Beauftragung durch Byzanz nur für die Lebenszeit Theoderichs, aber die hochgebildete Amalaswintha vermochte sich mit dem Kaiser zu einigen. Zudem arbeitete die Verwaltung hervorragend, was vor allem Cassiodor zu danken war, einem Stilisten, Historiographen und Verwalter von besonderem Rang. Dank seiner *Variae* des *magister officiorum* weiß man viel über die Ordnung des Gotenreiches. Seine Gotengeschichte ist verloren; ihr Wert lässt sich nur in den Auszügen des Jordanes erahnen.

Das Mausoleum des Theoderich in Ravenna ist eines der hervorragendsten ostgotischen Bauwerke. Die Kuppel mit einem Gewicht von 300 Tonnen wurde aus einem einzigen Steinblock gefertigt.

Amalaswintha war zu schwach, um der gewaltigen fränkischen Expansion ernsthaften Widerstand entgegensetzen zu können. Atemlos musste sie zusehen, wie die Franken zunächst die Thüringer und dann die Burgunder überrannten. Zudem durchschaute sie das politische Spiel nicht, das Kaiser Justinian mit ihr trieb. Er wollte das Westreich zurückerobern, alle christlichen Sonderentwicklungen unterbinden und autokratisch über das Imperium und die Kirche herrschen. Zäsuren in der Nachfolge schienen dem Kaiser ein guter Kriegsgrund.

534 starb Athalarich und seine Mutter heiratete ihren Vetter, Theodahad, den sie zum Mitregenten machte. Keine gute Wahl, denn Theodahad nahm sie binnen Jahresfrist gefangen, kerkerte sie auf der Isola Martana im Lago di Bolsena ein und ermordete sie. Nun hatte Byzanz doppelten Grund, in Italien einzugreifen. 20 Jahre lang wurde Italien zum Kampfplatz, bis die Goten niedergerungen, ausgemordet oder in alle Winde zerstreut waren. 552 besiegte Narses die Goten endgültig. Das Wüten des Krieges konzentrierte sich auf die alten Kaiserstädte Rom und Ravenna sowie auf die Via Flaminia, die wichtigste Verbindungsstraße. An der Furlo-Schlucht stellten sich die Goten zum letzten Gefecht, aber Narses brachte die strategisch entscheidende Engstelle mit dem antiken Straßentunnel Pietra Pertusa in seine Hand. Mit der Niederlage am Fuße der Lattarischen Berge (553), der Einnahme Luccas durch die Byzantiner und dem Fall des Kastells Compsa am Ofanto 555 gingen Theoderichs Goten endgültig unter.

Für Italien hatte die byzantinische Rückeroberung weit schwerwiegendere Folgen als die gotische Machtübernahme. Im Gegensatz zu den Goten wüteten die Byzantiner unter der Zivilbevölkerung, verwüsteten das Land, versklavten die Menschen und tauschten die Führungseliten komplett aus. Was an Infrastruktur den Niedergang des Westreiches überlebt hatte, wurde nun planmäßig vernichtet, die antike Verwaltung ausgeschaltet. An die Stelle der gotischen Ordnungsmacht trat das völlige Chaos; Seuchen taten ein Übriges. Als die Langobarden sich anschickten, die Apenninenhalbinsel zu erobern, hatte diese dem Ansturm nichts mehr entgegenzusetzen.

Etwas jedoch überlebte den Zusammenbruch. Theoderich war gegenüber Juden und Katholiken tolerant gewesen. Da er als Arianer nicht wie die Kaiser ein cäsaropapistisches Patronat über die orthodox-katholische Kirche übernehmen konnte, vermochte sie sich völlig frei zu entfalten. Papstwahlen und Konzilien fanden ungestört und ohne königliche Einmischung statt. Dass gerade zur Zeit Theoderichs Papst Gelasius I. seine berühmte Zwei-

Gewalten-Theorie entwickelte, in welcher er für die klare Scheidung der Kompetenzen von Kaisertum und Papsttum eintrat und wegen ihrer höheren Verantwortlichkeit einen Ehrenvorrang der Bischöfe einforderte, ist kein Zufall, sondern das Ergebnis dieser neuen Freiheit der Kirche.

Nur einmal griff Theoderich in innere Kirchenangelegenheiten ein, als beide Streitparteien ihn ausdrücklich darum baten. 498 erlebte Rom eine Doppelwahl – Sinnbild für zwei programmatisch differierende Richtungen. Laurentius von S. Praxedis suchte den Ausgleich mit der Ostkirche, sein Kontrahent Symmachus von S. Maria Maggiore hatte die Durchsetzung und den Ausbau des römischen Primats zum Ziel. Theoderich entschied zugunsten Symmachus' und feierte im Jahr 500 zugleich das vermeintliche Ende des Schismas und sein dreißigjähriges Herrschaftsjubiläum in kaiseridentischen Formen in Rom. In der folgenden juristischen Auseinandersetzung zwischen den Kontrahenten übte Theoderich aus Respekt vor der katholischen Kirche Zurückhaltung.

Aber nicht nur in der Amtskirche tat sich einiges. Zur Zeit Theoderichs lebte auch Benedikt von Nursia; zunächst als Einsiedler in Sacro Specco in Subiaco, dann ab 529 als Gründer des Mutterklosters aller Benediktiner in Montecassino, auf halber Strecke zwischen Rom und Neapel auf einem Bergsporn an der Stelle eines alten heidnischen Tempels. In seiner *Regula Benedicti*, die freilich maßgeblich auf älteren Mönchsregeln fußt, findet das abendländische Mönchtum seine schriftliche, lebensfeindliche Extreme ausgrenzende Norm. Rasch breiteten sich die Benedikter in Italien aus und bewahrten in ihren Bibliotheken die antiken Bildungsgüter, wodurch sie maßgeblich zum Aufbau der europäischen Kultur beitrugen.

Cassiodor, der begnadete Verwalter und von 523 bis 527 ranghöchste Minister Theoderichs, zog sich im Angesicht der Katastrophe des Gotenreiches auf seine Landgüter zurück und gründete in Kalabrien Vivarium. Nachdem seine Initiative zur Errichtung einer theologischen Hochschule in Rom an den Gotenkriegen scheiterte, baute er Vivarium zu einem Studienrefugium für die dortigen Mönche aus. Dort wurden die *septem artes liberales* vermittelt und die klassisch-antike, profane Bildungstradition bewahrt. Die wertvollen Abschriften aus Vivarium retteten sowohl die Werke antiker als auch christlicher Autoren vor der Vernichtung und dem Vergessen.

Diese Rückzugsräume der Kultur hatte Italien bitter nötig, denn die Zeiten waren schlecht. Nach den Grauen der Gotenkriege drohte schon neues Ungemach in Gestalt der Langobarden.

III.

Zwischen Skylla und Charybdis: Byzanz und die Langobarden

Nach dem Untergang des Gotenreiches herrschte noch einmal der byzantinische Kaiser über ganz Italien, doch brachte er dem krisengeschüttelten Land keine Entlastung. Vom Bosporus kamen keine Subsidien, da Kaiser Justinian angeordnet hatte, dass alle Provinzen sich selbst finanzieren mussten, wohl aber erhebliche Steuerforderungen, die rigoros eingetrieben wurden. Zudem exportierte Byzanz eine gut funktionierende, wenn auch bestechliche Geheimpolizei. Die neuerliche Vereinigung mit dem Kaiserreich brachte Italien nur Nachteile; der rasante Niedergang setzte sich ungebremst fort.

In Rom zeigte sich der Verfall besonders deutlich. Nach 541 verschwanden die Konsuln und wenig später auch die Senatoren. Angesichts ihrer enormen politischen und bildungspolitischen Bedeutung kam das Erliegen der senatorischen Tradition einer Katastrophe gleich. Die Stadtbevölkerung blieb mit ihren Nöten allein und ging stark zurück; Teile Roms verödeten. Lediglich in Santi Apostoli wurde aus politisch-demonstrativen Gründen gebaut. Narses gewährte dem Gotteshaus Finanzhilfen, weil es eine Parallele zur Apostelkirche in Konstantinopel darstellte, in der sich Konstantin der Große im Kreis der Kenotaphien der zwölf Jünger Jesu hatte bestatten lassen. Die römische Apostelkirche symbolisierte die Brücke zwischen dem West- und dem Ostreich.

Weit wichtiger als das heruntergekommene Rom war Ravenna, das dank seines Hafens jederzeit erreichbar war. Hier residierte der byzantinische Statthalter (seit dem Ende des 6. Jahrhunderts wird der Leiter eines byzantinischen Verwaltungsdistrikts Exarch genannt). Hierher exportierte das Kaiserreich Kunstschätze und verewigte sich in wundervoll-filigranen Alabasterkapitellen und strahlenden Mosaiken. Am programmatischsten geriet San Vitale: Das gewaltige Oktogon erhebt sich in griechischen Formen. Die

Kaiser Justinian mit Gefolge. Mosaik, vor 547, Ravenna, San Vitale.

heute noch faszinierende Kirche muss überwältigend gewesen sein, als noch alle Wände mit Intarsien aus Marmor, feinstem Stuck und erlesenen Mosaiken verkleidet waren. – Karl dem Großen diente San Vitale als Vorlage für die Pfalzkapelle in Aachen. Gleichzeitig ließ der große Karolinger Säulen und die berühmte Reiterstatue Theoderichs als Sinnbilder der Ravennater Kaisertradition über die Alpen schaffen. – Repräsentativen Zwecken dienten die Mosaiken zu beiden Seiten des Altars: Sie zeigen Kaiser Justinian, den Gotensieger, und seine Gemahlin Theodora. Beide halten goldene Opferschalen in Händen und werden von ihrem Hofstaat begleitet. Das Kaiserpaar ist durch einen Nimbus gekennzeichnet. Die darin ausgedrückte Gottesunmittelbarkeit verlangt unbedingten Gehorsam, stand aber zugleich für Gerechtigkeit, Frieden und den Schutz des wahren Glaubens.

Aber Ideal und Wirklichkeit klafften weit auseinander. Das einzig vom Krieg kaum berührte Sizilien, die Kornkammer Italiens, zog der Kaiser ganz an sich und unterstellte die Inseln Korsika und Sardinien der Provinz Nordafrika, um sie besser verwalten zu können, da Italien selbst nicht über eine

Flotte verfügte. Die Exarchen entsandte immer Konstantinopel; nur die ihnen unterstellten Provinzialgouverneure wählte der Kaiser aus lokalen Eliten.

In der *Sanctio pragmatica*, dem Organisationsgesetz Justinians für Italien aus dem Jahr 554, wies der Kaiser im Wesentlichen den Kirchen die Obsorge für die öffentliche Ordnung zu. Neben der Kontrolle der Maße, Gewichte und Preise mussten die Bischöfe grundsätzlich auch über eine gerechte Administration wachen und für deren reibungsloses Funktionieren sorgen. Das Gesetz gründet weniger auf der Hochachtung des Kaisers vor dem Klerus als vielmehr auf dessen Pragmatismus. Die alten städtischen Ordnungsorgane, vor allem die Senatoren und Kurien, wanderten ab. Wer es sich leisten konnte, übersiedelte nach Konstantinopel, der Rest zog sich auf seine Landgüter zurück. Dem Zusammenbruch der urbanen Verwaltung folgte der Niedergang des Wirtschaftslebens. Die großen Grundherrschaften waren weitgehend autark; die Überreste der antiken Stadtkultur nicht.

Überall mussten die Bischöfe einspringen, denen im 6. Jahrhundert immer neue, amtsfremde Aufgaben zufielen. In Italien, einschließlich der Inseln, gab es im Norden circa 80, im Süden etwa 350 Civitates, von denen fast jede einen Bischof hatte. Mehr oder weniger freiwillig übernahmen diese immer mehr Funktionen des alten Kaiserreiches, wodurch ihr öffentliches Ansehen enorm gewann, was wiederum die Spendenbereitschaft in die Höhe schnellen ließ. Obwohl die Kirche rasch zum größten Grundbesitzer Italiens aufstieg, deckten die Einnahmen kaum die laufenden Kosten. Papst Gregor I. klagte, dass er unablässig für die Kirche, die Klöster, den Klerus, aber auch das Volk und die öffentliche Wohlfahrt und sogar für die Feinde Zahlungen leisten müsse. Trotzdem stellten sich Kirche und Papst den neuen Herausforderungen und es verwundert wenig, dass gerade im krisengeschüttelten 6. Jahrhundert der Kosename *papa* für das Oberhaupt der katholischen Kirche aufkam.

Trotz aller Anstrengungen konnte die Kirche nur das Allerschlimmste verhüten; an die alte Stärke der Apenninenhalbinsel konnte sich die geschundene Bevölkerung kaum mehr erinnern. Italien wurde leichte Beute für Aggressoren, die plötzlich an der Grenze auftauchten. Nach langen Wanderungen massierten sich die ursprünglich wohl aus Schonen stammenden Langobarden in Pannonien. Als sich 553 der Langobarde Alboin mit der Tochter des Merowingerkönigs Chlotar I. vermählte, unterstützte Byzanz die Feinde der Langobarden, die Gepiden. Nach einer schweren Niederlage 565 paktierten die Langobarden mit dem seit kurzem am Schwarzen

Meer ansässigen asiatischen Reitervolk der Awaren, deren Politik sich gegen Byzanz richtete. Am Kaiserhof unterschätzte man die Gefahr und sah zu, wie Langobarden und Awaren die Gepiden vernichteten und Alboin die Tochter des Gepidenkönigs Kunimund, Rosamunde, gefangen nahm und heiratete. Ohne einzugreifen, überließ man am Bosporus Angehörige des Reiches Völkern, denen die römischen Traditionen nichts galten. Die siegreichen Waffen der Langobarden versprachen reiche Beute und machten ihr Heer auch für die von ihnen Unterworfenen interessant. So entstand die „Wanderlawine" eines polyethnischen Verbands, der vom Königtum überwölbt und zusammengehalten wurde (Postel, S. 243).

Ein beutehungriges Heer musste ständig befriedigt werden und so standen die Langobarden 568 an der Grenze Italiens. Obwohl man von der Langobardischen Reichsgründung spricht, was Planhaftigkeit suggeriert, galt der erste Einfall nur den Schätzen der Apenninenhalbinsel. Schon die Zeitgenossen kolportierten, der byzantinische Feldherr Narses selbst habe die Langobarden ins Land gerufen, um sie im Norden Italiens als Puffer zur Abwehr der Franken anzusiedeln. Aus Sicht der Langobarden verschaffte ihnen die „Einladung" eine gewisse Legitimation. Die Römer benutzten die Narses-Theorie gerne als Erklärung für den geringen Widerstand, den Italien der Einnahme durch die Langobarden entgegensetzte.

Eines ist sicher: Die Langobarden kamen als Feinde nach Italien und unterschieden sich damit grundlegend von den Goten, die unter dem *ius hospitalitatis* angesiedelt worden waren. Bevor sie loszogen, versicherten sie sich der Rückendeckung durch die Awaren, die in die von den Langobarden geräumten Regionen Pannoniens nachrücken sollten. Ein genialer Plan, um den Byzantinern den Landweg nach Italien zu versperren. Als Alboin an der Spitze von etwa 100 000 Mann, einschließlich der Frauen und Kinder, im Mai 568 in die venetische Ebene einfiel, flohen die Menschen in panischer Furcht in die Lagunen. Der Metropolit von Aquileja zog sich nach Grado zurück und Venedig verdankt seine Entstehung letztlich den Langobarden!

Der berühmte Geschichtsschreiber Paulus Diaconus berichtet vom Langobarden-Einfall wie von der Ankunft des auserwählten Volkes im Gelobten Land. Glaubt man seiner Schilderung, so bestieg König Alboin, in Parallelität zu Moses, einen kleinen Berg und überblickte die Weiten Italiens, das schutzlos vor ihm lag. Zunächst stießen die Langobarden im Osten Venetiens im Friaul auf Cividale. Hier errichtete Alboin – im Stil spätantiker Administrationsgewohnheiten – den ersten langobardischen Dukat, den er mit einem Verwandten besetzte. Die Inhaber der Dukate waren für die Stadt und ihr Umland verantwortlich und gewannen rasch große Selbständigkeit, vor allem wenn es galt, einen neuen König zu wählen oder lieber ohne eine Zentralgewalt auszukommen. Ihnen zugeordnet waren langobardische *farae*, erstaunlich feste Siedlungs-, Kampf- und Wandereinheiten, die sich schon früher bewährt hatten.

Unter Umgehung der befestigten Städte drangen die Langobarden rasch in die Lombardei und die Toskana vor, wobei sie auf dem Land kaum Widerstand fanden; vielfach kooperierte die romanische Bevölkerung offen mit den Eroberern, konnten sie doch nur besser sein als die gefürchteten byzantinischen Steuereintreiber. 569 eroberte Alboin Mailand und nannte sich *dominus Italiae*. Während die Langobarden die Emilia einnahmen und weit nach Süden vorstießen, wo sie die Herzogtümer Spoleto und Benevent gründeten, hielt Pavia, der zukünftige Vorort des Langobardenreiches, drei Jahre dem Ansturm stand. Paulus Diaconus berichtet, Alboin habe gelobt, jeden einzelnen Pavesen zu töten. Als er endlich durch das Johannistor in die Stadt reiten wollte, brach sein Pferd unter dem Tor zusammen und war nicht mehr zum Aufstehen zu bewegen. Erst als er sein Gelübde brach und den Bewohnern zusicherte, diejenigen zu schonen, die sich ihm unterwerfen würden, erhob sich das Ross und trug Alboin in die Stadt. Tatsächlich kamen nur die zu Schaden, die nicht einlenkten.

Die Einnahme Pavias ging sogar in die Küchenlegenden der Region ein. Angeblich hatte Alboin neben allen Schätzen Pavias auch 12 Jungfrauen zu seinem Vergnügen gefordert. Elf der Auserwählten beweinten ihr Schicksal, die Zwölfte jedoch ließ sich Mehl, Honig und kandierte Früchte bringen und buk einen Kuchen – den ersten Panettone in Form einer Colomba Pasquale. Das taubenförmige Gebäck überreichte sie Alboin. Dieser argwöhnte einen Vergiftungsversuch. Erst nachdem die Pavesin ein Stück der Colomba gegessen hatte, kostete er selbst. Aus Begeisterung über das köstliche Backwerk soll er dem Mädchen die Freiheit geschenkt haben.

Alboin blieb nicht viel Zeit, aber als er 572 starb, waren die wichtigsten Orte von der Grenze im Norden und Osten bis südlich von Rom in langobardischer Hand. Dass Ravenna und Rom noch nicht dazugehörten, änderte nichts daran, dass er die byzantinische Rückeroberungspolitik annulliert hatte. Die Dukateinteilung der Apenninenhalbinsel orientierte sich grob an der alten *civitates*-Struktur und überlagerte damit spätantike Ordnungsformen, ohne sie zu zerstören.

Obwohl die Langobarden bei ihrer Landnahme mit großer Brutalität vorgingen, kooperierten die meisten Bischöfe als Sprecher ihrer Gemeinden, um Schlimmeres zu verhüten und um sich gleichzeitig gegen Byzanz und den Papst zu schützen. Der sogenannte Dreikapitelstreit um die Wesenheit Jesu erzwang eine eindeutige Stellungnahme und spaltete den italischen Klerus. Rom und die von Ravenna beeinflussten Bistümer passten sich Byzanz an, aber die Bischöfe im Norden propagierten in kirchlichen Fragen die Unabhängigkeit vom Kaiser. So konnten sich die Langobarden eine ähnliche Situation zunutze machen wie schon Theoderich. Neuerlich wurden Arianer zu Garanten der freien Entfaltung der Kirche in Oberitalien.

Allerdings ging die Kirche nicht ungeschmälert aus der Langobarden-Invasion hervor. Am schlimmsten betroffen war die lange und erbittert umkämpfte Emilia, wo kein Bistum auf eine kontinuierliche Bischofslinie zurückblickt, und auch in Benevent gab es zunächst keine funktionierende Kirchenordnung mehr. In Spoleto konnte sich nur ein Bischofssitz von 19 retten. Auch das Erzbistum Mailand verzeichnete herbe Verluste und verlor drei Viertel seiner zuvor 16 Suffragane. Weitaus glimpflicher kamen Aquileja und die Toskana davon, wo es auch nach 568 noch eine zwar reduzierte, aber funktionsfähige Kirchenorganisation gab; mit den Bischöfen überlebte auch ein Teil der alten romanischen Eliten.

Bald zermürbten innere Querelen die Langobarden. König Alboin fiel 572 einem Anschlag zum Opfer. Angeblich trank er bei einem Fest in Verona aus einem Gefäß, das aus dem Schädel seines Schwiegervaters geschaffen worden war. Als er seine Frau Rosamunde zwang, aus eben jenem Schädel-Becher auf das Wohl ihres Vaters zu trinken, hatte er sie so sehr beleidigt, dass sie ihre Ehre und diejenige ihres Vaters rächte und einen Attentäter entsandte, der Alboin bei seinem Mittagsschlaf tötete. Rosamunde heiratete den Mörder, Helmegis, musste aber mit ihm nach Ravenna fliehen, wo sie sich, mittlerweile Todfeinde geworden, gegenseitig vergifteten. Nach dieser Erschütterung erhoben die Langobarden Clef zum neuen König, der aber bereits 574 ebenfalls ermordet wurde.

Nach dieser neuerlichen Bluttat gelang es den verschiedenen langobardischen Gruppierungen nicht, sich auf einen neuen König zu einigen. Zwischen 574 und 584 herrschten langobardische *duces*, von denen jeder seine eigene Expansionspolitik betrieb und damit den Zerfall des Reiches heraufbeschwor.

Die Instabilität lockte die Byzantiner zurück auf die Apenninenhalbinsel. Noch immer hielten sie Teile Italiens in ihrer Gewalt, vor allem die Küstenlinie von Savona bis Triest und die Romagna, deren Name an die oströmische Dominanz erinnert und sich damit deutlich von der Lombardei abhob, deren Bezeichnung auf die Langobarden verweist. Obwohl die Zeit der *duces* aus kirchlicher Sicht eine Katastrophe darstellte, da hemmungslos Kirchengüter eingezogen und unbotmäßige Priester abgeschlachtet wurden, gab es keine Allianz der romanischen Substratbevölkerung mit den Byzantinern. Zwar verschärften sich die Spannungen zwischen Arianern, Katholiken, Dreikapitelanhängern und Heiden, aber Byzanz konnte die Krise wegen seiner Überbeanspruchung im Perserkrieg nicht nutzen. So blieb dem Kaiser nur die schnöde Bestechung einzelner *duces*, wobei sich diejenigen von Piacenza, Parma und Reggio besonders empfänglich zeigten und zu Ostrom überliefen. In Mantua und Modena konnte sich der Exarch von Ravenna militärisch behaupten.

Die Gelegenheit zu wirkmächtigeren Schlägen wäre günstig gewesen, da die Langobarden erhebliche Schwierigkeiten mit den immer stärker werdenden Franken bekamen. Langobardische Raubzüge in die Provence und das Rhônegebiet, die seit 569 zur Tagesordnung gehörten, hatten die Franken gereizt. Mit finanzieller Hilfe des byzantinischen Kaisers schlugen sie nun zurück, zwangen die *duces* 584 zum Frieden und griffen über die Alpen auf das Aostatal zu. Aosta und Susa schlossen sich den Merowingern an. Die Westausrichtung der Landschaft am Fuße des Mont Cenis und des Großen St. Bernhard überlebte das Mittelalter; noch heute spricht man dort Französisch. Die Franken hatten eine Einfallspforte ins Langobardenreich gewonnen.

Das Bündnis ihrer Gegner bewog die *duces* doch wieder einen König zu wählen. Sie einigten sich auf Authari und bewiesen ihre Solidarität, indem sie ihm je die Hälfte ihrer Herzogsgüter übergaben, um das Königtum materiell reich auszustatten. Dieser Besitz bildete für Jahrhunderte die Grundlage des italischen Königtums.

Mit Authari begann ein neues Kapitel der Langobardengeschichte. Er formte aus dem plündernden Haufen eine geschlossene *gens*, die sich kulturellen Werten gegenüber aufgeschlossen zeigte. Er beschnitt die wild wuchernde Abgabenflut und gewann so das Vertrauen der romanischen Bevölkerung, der ein geregeltes Steuersystem Sicherheit versprach. Zugleich gelang es ihm, die öffentliche Ordnung wieder herzustellen. Um sich politisch abzusichern, heiratete Authari die Bayernprinzessin Theudelinde und schloss so ein Bündnis mit dem Herzogtum Bayern gegen die Franken. Dass Theudelinde katholisch war, stellte für den Langobarden kein Problem dar. Er konnte nicht ahnen, dass sie nach seinem Tod zur Speerspitze des Papsttums bei der Mission der Langobarden-Gebiete werden sollte.

Während die Befriedung im Innern Fortschritte machte, sahen sich die Langobarden mit neuerlichen Aggressionen von außen konfrontiert. 590 griffen die Franken im Verband mit den Byzantinern an. Erstere stießen über Churrätien bis weit in die Po-Ebene vor, wo sie allerdings wegen logistischer Abstimmungsprobleme nicht auf Verstärkung trafen. 591 vermittelte der Herzog von Turin einen tragfähigen Frieden zwischen Langobarden und Franken, dem wohl auch die Bayern beitraten. Noch im gleichen Jahr starb Authari.

Er hinterließ ein geordnetes, im Inneren weitgehend befriedetes Königreich, aber ein in zwei Machtblöcke gespaltenes Italien: den langobardischen Norden und den byzantinischen Süden, wobei man sich die Blöcke nicht zu geschlossen vorstellen darf. Der byzantinische Teil war nur locker zusammengefügt; die Hafenstädte Neapel, Gaeta und Amalfi entwickelten sich weitgehend selbständig; ebenso Venedig, das zur wichtigen Einfallspforte griechischer Kultur und Waren aufstieg. Die Pentapolis (Rimini, Fano, Pesaro, Senigallia und Ancona) bekannte sich zwar formell zu Byzanz, ging aber eigene Wege. Während man sich am Bosporus um Sardinien und Korsika scheinbar nicht kümmerte, lagen Sizilien und Süditalien fest in kaiserlicher Hand. Eine unter Kaiser Maurikios initiierte Verwaltungsreform sollte das lose Konglomerat unverbundener Machtinseln festigen, bewirkte aber faktisch das Gegenteil. Zwar war es für die Effektivität des Herrschaftshandelns durchaus von Vorteil, dass die Exarchen wieder das militärische Kommando und die weltliche Verwaltung in ihrer Hand vereinten, doch unterstützte diese Machtfülle das Emanzipationsstreben einzelner Provinzen. Die Identifizierung mit dem Kaiserreich nahm in dem Maße ab, in welchem die Eigenidentität der Provinzen erstarkte. Die zentrifugalen Kräfte auf byzantinisch dominiertem italischen Boden gewannen die Überhand.

Im langobardischen Teil der Apenninenhalbinsel entzogen sich Spoleto und Benevent dem Zugriff des Langobarden-Königs. Aber auch im Norden blieben einzelne Dukate selbständig und verhinderten eine Arrondierung des Königreiches. Italien stellte keine politische Einheit mehr dar und schied aus dem Kanon der möglichen westeuropäischen Bündnispartner aus.

Obwohl Theudelinde nur kurz mit Authari verheiratet war, hatte sie immensen Einfluss gewonnen. Nur so ist es zu erklären, dass sie nach seinem Tod selbständig einen neuen Ehemann wählen konnte, der mit ihrer Hand auch die Langobardenkrone erhielt. Sie heiratete Agilulf, den Herzog von Turin, der in Mailand zum König erhoben wurde; eine exzellente Wahl! Diplomatisch geschickt knüpfte Agilulf ein Bündnis mit den Franken und Awaren gegen die Byzantiner, denen er die emilianischen Städte entreißen konnte. 598 musste der Exarch um Einstellung der Kampfhandlungen bitten. Gleichzeitig schreckte Agilulf gegenüber denjenigen Herzögen, die seine Herrschaft nicht anerkannten und sich ihm widersetzten, nicht vor Hinrichtungen zurück. Frei werdende Herzogtümer erhielten Getreue oder Verwandte, um sie stärker denn je an das Königtum zu binden. Durch die Entsendung vormals im Norden angesiedelter Gefolgsmänner in den Süden vernetzte er die langobardischen Herrschaftsinseln besser miteinander und stabilisierte sein Königreich.

Der gemeinsame Kampf Agilulfs sowie der Herzöge von Benevent und Spoleto gegen das kaiserliche Süditalien führte die Langobarden erstmals vor die Tore Roms, dessen Lenkung und diplomatische Außenvertretung Papst Gregor der Große übernommen hatte. Da tatkräftige Hilfe aus Konstantinopel nicht zu erwarten war, handelte der Papst dank der Vermittlung Theudelindes einen Frieden mit den Langobarden aus. Die Korrespondenz des Papstes mit der Königin spiegelt die Wertschätzung der Bayerin, aber auch die Hoffnungen, die der Papst im Hinblick auf die Missionierung der Arianer in sie setzte. Theudelinde erfüllte alle Erwartungen. Dank ihres Einflusses auf Agilulf stabilisierte sich die kirchliche Ordnung Italiens und damit auch die weltliche. Die nach Sizilien geflohenen Kleriker kehrten zurück und Agilulf anerkannte nicht nur die Bischöfe in ihren Ämtern, sondern restituierte ihnen die von den Langobarden beschlagnahmten Kirchengüter. Obwohl Agilulf niemals an einen Übertritt zur katholischen Kirche dachte, näherten sich während seiner Herrschaftszeit Katholiken und arianische Langobarden an. Einen Höhepunkt bildete die katholische Taufe Adaloalds, des Sohnes Theudelindes und Agilulfs.

612 gestattete Agilulf sogar die Errichtung eines Klosters am Flüsschen Trebbia innerhalb seines Machtbereiches, das rasch enorme Strahlkraft entwickeln und zum kulturellen Kristallisationspunkt, aber auch zum Missionszentrum im Arianergebiet aufsteigen sollte: Bobbio, die Gründung des

Mailand, Sant'Ambrogio, Atrium und Fassade. Gegründet im 4. Jh., Neubau des 11./12. Jh.

Iroschotten Columban. Theudelinde selbst stiftete die Kirche zu Monza und stattete sie mit königlicher Pracht aus.

Immer stärker verfeinerte Agilulf seine öffentliche Repräsentation und adaptierte Elemente des byzantinischen Hofzeremoniells. So erhob er vor einer größtmöglichen Öffentlichkeit 604 seinen Sohn in Mailand zum Mitherrscher und hob sein Gottesgnadentum hervor. Ob die Einrichtung einer festen Hauptstadt in Pavia auf byzantinische Vorbilder zurückzuführen ist, bleibt fraglich, unterschied aber das Langobardenreich grundlegend von allen anderen germanischen Staatsgründungen auf römischem Boden.

Die langobardische Annäherung an den katholischen Glauben und das Papsttum entfremdete Italien dem Kaiserreich und stärkte die Position der Nachfolger Petri, deren Sendungsbewusstsein und Primatsanspruch am Bosporus für wachsende Verstimmung sorgte. Im Schatten der Spannungen gelang es dem Papsttum, Italien im Innern unter dem Dach des katholischen Glaubens schrittweise zu einen, was nicht zuletzt Theudelindes Überzeugungsarbeit zu danken war.

Die Glaubensannäherung hatte aber nicht nur atmosphärische, sondern auch politische Folgen und kulminierte in einer Hochzeit: Agilulfs Sohn, Adaloald, wurde mit einer Tochter des austrasischen Herrschers Theudebert II. verlobt. Damit war der Friede mit den katholischen Franken besiegelt. Als es Agilulf auch noch gelang, einen ewigen Frieden mit den Awaren gegen die Byzantiner zu schließen, stand er im Zenit seiner Macht. Die Eigenmächtigkeiten der Herzöge hielten sich in Grenzen und dank des inneren Friedens erholte sich die Wirtschaft. Für die Prosperität des Langobardenreiches und den Aufschwung sorgte auch eine neue Straße, die auf Teilen antiker Trassierungen verlief und Rom mit Pavia verband. Sie überquerte bei Piacenza den Po, mit dem Cisa-Pass den Apennin und gelangte über Lucca, Siena und Viterbo in die Ewige Stadt. Die später irrtümlich Via Francigena genannte Trasse begründete den Aufstieg Luccas und Sienas zu urbanen und ökonomischen Zentren mit weithin ausstrahlender, überregionaler Bedeutung.

Als der wegen seiner Fürsorglichkeit auch gegenüber den Romanen mit dem spätantiken Beinamen Flavius ausgezeichnete Agilulf 615 starb, war sein einziger Sohn noch minderjährig. Für ihn übernahm Theudelinde die Vormundschaft und forcierte nicht nur den Ausgleich mit Byzanz, sondern auch die Missionierung der Langobarden. Das war zu viel! Die Unzufriedenen scharten sich um Arioald, den arianischen Herzog von Turin, der zudem als Gemahl der Tochter Agilulfs Rechte am Langobardenreich anmelden konnte. Obwohl sich das Papsttum vehement für Theudelinde und ihren Sohn einsetzte, war Adaloald nicht zu halten; er wurde vergiftet. Nur ein Jahr später starb Theudelinde.

Die Nachfolger waren konservativ-arianische Herzöge, die indessen tolerant gegenüber der katholischen Bevölkerung auftraten und keine Eheverbote aussprachen. Sie waren Traditionalisten, denen am Erhalt des Langobardentums lag, was in der Kodifikation des langobardischen Rechts durch König Rothari im *Edictum Rothari* vom 22. November 643 zum Ausdruck kommt. Das Edikt ist in vielerlei Hinsicht bemerkenswert: Es nennt im Prolog die Namen von 17 langobardischen Königen, um die lange Tradition in legitimierender Absicht hervorzuheben. Dabei wurde auf zwei Legenden zurückgegriffen. Zum einen war der Romgründer Romulus der 17. König seit Aeneas, zum anderen Athalarich, der Enkel Theoderichs des Großen, der angeblich 17. König nach dem Gott Gaut. Beide Traditionslinien vereinigt Rothari als 17. König des Langobardenvolkes nun in sich. Tritt schon hier der Stolz auf die eigene *gens* unübersehbar zutage, so wird dies in der Datierung noch verstärkt. Das Gesetzeswerk nennt die Herrscherjahre Rotharis und die römische Indiktion, dann aber nicht die Regierungsjahre des byzantinischen Kaisers, sondern die Jahre, die seit dem Einmarsch Alboins 568 in Italien vergangen waren. Das Gesetz trat neben das *Corpus iuris civilis*, galt aber zugleich für Romanen und Langobarden und trieb damit die Romanisierung der ehemaligen Invasoren voran. Hierzu trug auch die großzügige Wirtschaftsförderung ihren Teil bei, welche die langobardischen Könige auch katholischen Romanen zukommen ließen, wie beispielsweise den Salzproduzenten, Fracht- und Bauunternehmern in Comacchio. Die *maestri Comacini*, deren Kunstfertigkeit während des gesamten Mittelalters geschätzt wurde, stammen wohl aus langobardischer Zeit.

Da sich viele Langobarden in Städten unwohl fühlten und lieber auf dem Land lebten, veränderten sie die Sozialstruktur Italiens nicht wenig. Waren die freien Bauern und Kleinbauern während der Spätantike weitestgehend verschwunden, entstanden nun neue bäuerliche Agrargemeinschaften, in denen auch eine Vielzahl freigelassener Romanen integriert wurden. Zwar blühte so die Landwirtschaft schnell auf, aber ebenso schnell verknappte sich das Siedlungsland, was seit dem 8. Jahrhundert zu einer zunehmend aggressiven langobardischen Außenpolitik führte.

Unter Aistulf (749–756) wurde die Romanisierung der Langobarden offensichtlich. Nach römischem Vorbild verlagerte er seine Residenz nach

Ravenna und ahmte die kaiserliche Goldmünzenprägung und Titelführung nach. Dank zunehmender Verschriftung von Rechtsverfügungen – auch dies ein Rückgriff auf antik-römische Traditionen – verbesserten sich das Erbrecht und die Testierfreiheit.

Die bewusste Adaption römischer Traditionen zur Optimierung der Herrschaftsrepräsentation bedeutete aber nicht, dass die Langobarden auf Byzanz zugegangen wären; im Gegenteil! Energisch bekämpften sie seit den Tagen Rotharis byzantinische Stellungen auf der Apenninenhalbinsel. Vor allem an der ligurischen Küste waren sie erfolgreich und gliederten die Städte von Luni bis Nizza in das Königsgut ein.

Gefährlich wurde den Langobarden allenfalls Kaiser Constans II. (641–668), der 663 mit dem erklärten Ziel in Tarent landete, Italien zurückzuerobern. Die erste Station sollte Benevent sein, das er belagerte. Zunächst sah es so aus, als würde sein Plan aufgehen, denn die Byzantiner fingen einen Boten ab, der dem eingeschlossenen Herzog ausrichten sollte, ein Entsatzheer sei nahe und er möge ausharren. Trotz Lebensgefahr schrie der Bote seine Nachricht über die Mauer Benevents; er wurde sofort hingerichtet und sein Kopf mit einer Schleuder in die Stadt geworfen, aber seine Botschaft war angekommen. Das Heer Constans' II. wurde vernichtet und der Kaiser änderte schlagartig seine Pläne. Plötzlich friedlich gestimmt, zog er mit aller Pracht 663 als letzter antiker Kaiser in Rom ein. Aber er erlebte nicht den Triumphzug zum Kapitol, sondern ging mit einer Kerze nach St. Peter, um dem Apostelfürsten ein Pallium zu überbringen. Zwölf Tage weilte er am Tiber und ließ bei seinem Abzug alle wertvollen Statuen und Kunstwerke nach Konstantinopel schaffen, denn Rom war längst nicht mehr das ehrwürdige Haupt des Imperiums, sondern eine Grenzstadt. Constans II. selbst zog es nach Sizilien in seine neue Residenz Syrakus. Dort fand er zwar Ruhe vor den Langobarden, nicht aber vor den gefährlich expandierenden Sarazenen. 668 fiel er im Bad einem Anschlag zum Opfer.

Da Byzanz von inneren Unruhen und schweren Kämpfen gegen die Araber erschüttert wurde, konnte Grimoalds Sohn, Romuald, unbehelligt den Machtbereich Benevents nach Süden ausdehnen. Als er nach neunjähriger Herrschaft starb, umfasste sein Königreich fast ganz Italien mit Ausnahme Roms, Neapels und des Exarchats. Auch unter König Perctarit stabilisierte sich die Langobardenherrschaft, da dieser sowohl Frieden mit Byzanz, das sich notgedrungen mit den Verlusten auf der Apenninenhalbinsel abfand, als auch mit der katholischen Kirche schloss.

Gerade jetzt, als die Bindung zu Byzanz immer schwächer wurde, besetzten erstaunlich viele griechische und syrische Geistliche den Stuhl Petri, was aber zu keiner neuen Annäherung führte, da 726 ein neuer theologischer Zwist entbrannte: der Bilderstreit. Kaiser Leo III. verbot den als Blasphemie empfundenen Bilderkult, wogegen sich vor allem in Italien erbitterter Widerstand erhob. Hier wollte man die Verehrung der Ikonen – eine liebgewonnene Tradition – nicht mehr missen. Die Speerspitze gegen Byzanz war Papst Gregor II. Als er nicht einlenkte, unterstellte der Kaiser die Diözesen Süditaliens der Kontrolle des Patriarchen von Konstantinopel und enteignete das Papsttum in Süditalien. Mit einem Schlag sah sich der Nachfolger Petri, bis dato größter Grundbesitzer Italiens, seiner wirtschaftlichen Existenzgrundlage beraubt und auf Rom mit seinem Umland reduziert. Die unhaltbare Situation führte zum endgültigen Bruch zwischen Rom und Byzanz.

Die Lage des bedrängten Papsttums verschlechterte sich noch erheblich, als die Langobarden vor der Ewigen Stadt nicht mehr Halt zu machen schienen. Als König Liutprand 728 Sutri einnahm, schien es nur noch eine Frage der Zeit, wann Rom in seine Hände fallen würde. Damit begann die Konfrontation der Langobarden mit dem Papsttum, die letztlich zu einer ihr Reich vernichtenden Konstellation führte. Da aus Byzanz keine Hilfe zu erwarten war, wandte sich Gregor III. 739 erstmals mit der Bitte um Hilfe an den fränkischen Hausmeier Karl Martell. Obwohl Karl auf die Anfrage höflich, aber mehr als zurückhaltend reagierte, war die Verbindung Roms mit den Karolingern für die Zukunft vorgezeichnet. Auf dem Höhepunkt seiner größten Stärke braute sich vernichtendes Unheil über dem Langobardenreich zusammen.

IV.

Die Vormachtstellung der Franken

Das Langobardenreich wurde während des gesamten 8. Jahrhunderts von Vormachtkämpfen mit Byzantinern, Exarchen, Päpsten und Franken erschüttert. Eine längere Ruhephase gab es nur während der langen Regierungsdauer König Liutprands (712–744). Unter seinem Nachfolger Ratchis (744–749) brachen wegen unterschiedlicher politischer Grundausrichtungen des Königs und seiner Herzöge neue Krisen aus. Ratchis suchte den Ausgleich mit Rom und Ravenna-Byzanz, doch die Opposition zwang ihn zu einem Militärschlag gegen die Pentapolis und damit gegen Byzanz. Während der Belagerung Perugias vermittelte Papst Zacharias einen Waffenstillstand, den die langobardischen Gefolgsleute Ratchis' aber nicht mittrugen; sie verjagten ihren König und erhoben an seiner Stelle dessen Bruder Aistulf; Ratchis zog sich enttäuscht ins Kloster Monte Cassino zurück.

Der tatkräftige Aistulf (749–756) war eher nach dem Geschmack der Langobarden, obwohl seine Erhebung letztlich den Untergang ihres Reiches heraufbeschwor. Energisch konsolidierte er seinen Machtbereich, unterwarf die päpstlichen Verbündeten Spoleto und Benevent und stand 751 vor Rom – das Langobardenreich hatte seine größte Ausdehnung erreicht. In seiner Not suchte der Papst verzweifelt bei den Franken Schutz, obwohl es seit dem gescheiterten Hilfegesuch Papst Gregors III. an Karl Martell 739 keinen erkennbaren Kontakt mehr gegeben hatte. Die Nachrichtenverbindung zwischen Rom und dem Frankenreich lief über den Missionar Bonifatius, dessen Verhältnis zu Karl Martell eher kühl war. Das änderte sich, als dessen Söhne, Karlmann und Pippin III., an die Macht gelangten und eng mit dem Angelsachsen zusammenarbeiteten.

751 war die Zeit reif für einen Dynastiewechsel im Frankenreich. Die Karolinger entmachteten die zu ihren Marionetten herabgesunkenen Merowinger; aber dem „Staatsstreich“ haftete etwas Anrüchiges an. Daher sandte

Pippin Vertraute nach Rom, um nach angelsächsischem Vorbild handlungsleitende Maximen zu erhalten. Glaubt man den Reichsannalen, der offiziellen fränkischen Hofhistoriographie, so fragte der Karolinger nach, ob es gut sei, dass diejenigen Könige im Frankenreich seien, die keine königliche Macht mehr besäßen. Der heftig von den Langobarden bedrängte Papst Zacharias antwortete wunschgemäß, dass es besser wäre, wenn diejenigen Könige seien, in deren Händen die Macht läge, weshalb er kraft apostolischer Autorität befehle, Pippin zum König zu machen. Rechtsverbindlich wurde der Dynastiewechsel damit freilich nicht, sondern erst durch die Wahl der Franken mittels Akklamation und Thronsetzung 751 in Soissons, aber das Papsttum hatte Pippin die autoritative Grundlage verschafft, auf der sein Königtum gründen sollte.

Als sich die Lage in Rom zuspitzte, ersuchte der neue Papst, Stephan II., um eine Einladung ins Frankenreich, wo ihn am 6. Januar 754 Pippin in der Pfalz Ponthion ehrenvoll empfing. Die Bitte um bewaffnete Hilfe gegen die Langobarden fand bei den Franken keine einhellige Zustimmung, da viele sich mit den Langobarden verbündet und versippt hatten. Pippin schloss dennoch ein Freundschaftsbündnis mit dem Papst und versprach ihm in der sogenannten Pippinischen Schenkung große Teile des Langobardenreiches, das der Franke gleichsam auf dem Reißbrett in zwei Teile zerlegte: Der Norden sollte den Franken zufallen, der Süden, der den römischen Dukat, byzantinische Besitzungen, den Hafen von Luni sowie wesentliche Gebiete um Ravenna und in der Pentapolis sowie die Verbindungsstraße zwischen diesen Liegenschaften, Teile Venetiens und Benevent sowie Spoleto umfasste, dem Papst. Diese Schenkung war bestenfalls eine Absichtserklärung für den Fall zukünftiger militärischer Gewinne, denn 754 verfügte Pippin noch über keinen Meter dieser Liegenschaften. Dennoch stellt die Pippinische Schenkung die Grundlage für die Souveränität des Papsttums und die Ausbildung des Patrimonium Petri auf italischem Boden dar. Noch 754 brach Pippin zum Feldzug gegen Aistulf auf und rang ihn im Piemont nieder. Der Langobarde schloss einen Friedensvertrag, rückte aber dennoch 756 neuerlich mit einem in drei Säulen gestaffelten Heer gegen Rom vor. Noch einmal überwand Pippin mit Heeresmacht die Alpen und diesmal erlitten die Langobarden eine vernichtende Niederlage. Fortan waren sie den Franken tributpflichtig und mussten die byzantinischen Städte des Exarchats an das Papsttum übergeben; der Niedergang des Langobardenreiches war die Geburtsstunde des späteren Kirchenstaates.

Unter Aistulfs Nachfolger Desiderius (756–774) schien sich die Lage zu entspannen, aber er liebte das Risiko. Nach der Einnahme Spoletos und Benevents bedrohte er erneut Rom. Zugleich verheiratete er seine Schwester Liutperga mit Herzog Tassilo III. von Bayern. Da Karl der Große ebenfalls mit einer Tochter des Desiderius vermählt war, schien die Hochzeit den Wiederaufstieg des Langobardenreiches anzukündigen. Aber der Schein trog, denn Karl verstieß seine Gattin und wandte sich vom Langobardenkönig ab. Plötzlich war aus der langobardisch-bayerischen Allianz eine antikarolingische Demonstration geworden. Als sich Desiderius in innerkarolingische Streitigkeiten einmischte, seine Verhandlungen mit dem Papsttum scheiterten und er zu einem Heerzug gegen Rom rüstete, nahm die Katastrophe ihren Lauf. Der Papst bat Karl den Großen um Hilfe, der trotz anhaltender Sachsenkriege im Spätsommer 773 über die Alpen zog. Während sein Heer Pavia belagerte, reiste Karl zu Ostern (3. April 774) nach Rom, was den Papst zutiefst erschreckt haben dürfte. Zwar war ihm an einem machtvollen Helfer gelegen, nicht aber an einer großen räumlichen Nähe oder gar permanenten Präsenz des Karolingers in der Ewigen Stadt. Karl jedoch betete in Rom scheinbar nur wie ein Pilger und wandte sich rasch wieder nach Norden. Kaum zurückgekehrt, überwältigte er Desiderius und eroberte Pavia.

Anders als sein Vater demütigte Karl die Langobarden nicht nur. Ohne formellen Wahlakt eignete er sich die Krone ihres Reiches an und nannte sich seit dem 5. Juni 774 König der Franken und der Langobarden sowie *Patricius Romanorum*. Nur Benevent entzog sich dem karolingischen Zugriff; alle anderen Teile des Langobardenreiches fielen künftig unter karolingische Zuständigkeit. Um eine Rückkehr Desiderius' zu verhindern, wurde er mit seiner gesamten Familie in fränkische Klosterhaft gesperrt.

Die langobardische Kultur hatte sich schon vor dem Zusammenbruch stark verändert. Seit dem 7. Jahrhundert war die Romanisierung nicht mehr aufzuhalten. Immer herrschte im Langobardenreich Zweisprachigkeit, wobei sich das Latein als überlegen erwies, auch weil das Langobardische nicht verschriftet wurde. Die Möglichkeit rechtsgültiger Ehen zwischen Romanen und Langobarden beschleunigte den Anpassungsprozess. In der Mode und dem Schmuck kam es zu regem Austausch, doch imitierten vor allem die Frauen die romanische Mode, während die Männer sich traditioneller kleideten und schmückten. Weit mehr als ein schickes Accessoire waren die aufgenähten Goldblattkreuze, die ursprünglich aus Byzanz stammten. Sie symbolisieren den sich beschleunigenden Übergang der arianischen Langobarden zum Katholizismus. In der Gestaltung der Goldblattkreuze jedoch tradierten die Langobarden ihr eigenes Kunstwollen und befruchteten die frühmittelalterliche Ornamentik. In den Klöstern im Langobardenreich entstehen nach 750 Meisterwerke der Buchkunst – die Grundlage der sogenannten karolingischen Renaissance.

Obwohl sich das Latein behauptet hatte, war es nicht mehr die klassische Sprache Ciceros; vielmehr zeichneten sich Veränderungen ab, die für Italien wichtig wurden. Niemals war die einfache Volkssprache deckungsgleich mit dem komplexen, eleganten Latein der Hochgebildeten gewesen. Während des 7. und 8. Jahrhunderts finden sich Lautveränderungen, die noch nicht zwangsläufig in ein frühes Italienisch münden mussten, die sich aber im späteren Italienisch wiederfinden. So wird *planus* zu *piano*, *factum* zu *fatto*. Noch fehlt eine volkssprachliche Literatur, aber die ersten Anzeichen für die geliebte Sprache Dantes und die vielleicht wichtigste integrative Klammer Italiens lassen sich gerade in dieser Umbruchszeit erkennen.

Obwohl Desiderius die volle Härte Karls traf, bewies der Karolinger gegenüber dem Langobardenreich Augenmaß und ließ es fortbestehen, wenn auch unter anderem Vorzeichen. Weder Jurisdiktion noch Administration wurden nivelliert und den fränkischen Gepflogenheiten angepasst, um das Selbstwertgefühl der Langobarden nicht zu beschädigen und ihre Integration in das Frankenreich zu erleichtern.

Bestes Beispiel für die Toleranz Karls sind die langobardischen Bildungseliten, vor allem der Geschichtsschreiber Paulus Diaconus. 720/30 in Cividale geboren, stand er dem Langobardenhof sehr nahe. Sein Ruf als exzellenter Lehrer und Autor der für Adelperga, Tochter des Desiderius, und Herzog Arichis verfassten *Historia Romana* war bis an das Ohr des Karolingers gedrungen. 782 begab sich Paulus Diaconus an Karls Hof, um die Freilassung seines Bruders zu erwirken, der 776 bei einem Aufstand in Friaul gefangengenommen worden war. Karl entsprach seinem Wunsch, forderte allerdings, dass Paulus Diaconus als Lehrer an seinem Hof bliebe. Rasch gewann der hochgebildete Historiograph großes Ansehen und schrieb hier die karolingerfreundlichen, die Familie Karls glorifizierenden *Gesta episcoporum Mettensium*, wohl in Anlehnung an den Aufbau des *Liber Pontificalis*. 787 zog er sich ins Kloster Monte Cassino zurück, wo er zu den Mitbegründern einer reichen Kulturblüte gehörte. In der Abgeschiedenheit widmete er sich seiner *Historia Langobardorum*.

Fingerspitzengefühl bewies Karl auch hinsichtlich Pavias, das Verwaltungsmittelpunkt und Integrationszentrum blieb. Auch in der Jurisdiktion und der Gesetzgebung war er vorsichtig. Ganz bewusst erließ er Kapitularien ausschließlich für das Langobardenreich, um dem Gefühl der Überfremdung entgegenzuwirken. Auch im Königstitel *Rex Francorum et Langobardorum* zeigt sich, dass es Karl vermied, die Empfindlichkeiten der fränkischen Großen zu verletzen, auf deren Loyalität er angewiesen war, und das Selbstwertgefühl der Langobarden zu beschädigen.

Selbstverständlich gestaltete Karl das neue Reich trotzdem nach seinen Vorstellungen, wo immer ihm dies nötig erschien. Dies betraf vor allem die Herzöge. In seinem Kernreich hatte Karl die Herzöge zielstrebig entmachtet, und auch südlich des Alpenhauptkammes setzte er seine Politik fort; an ihre Stelle traten nach fränkischem Vorbild Grafen.

An neuralgischen Punkten richtete Karl zur Verteidigung Marken ein. Dabei konnte er auf langobardische Vorarbeiten zurückgreifen, denn im Friaul, um Ivrea, in Camerino und der Toskana fand er bereits befestigte, in ihrer politischen, administrativen und militärischen Struktur verdichtete Räume vor, die den Langobarden als wehrhafte Puffer nützlich gewesen waren.

Zur Befriedung unruhiger Gegenden und zur Sicherung wichtiger Straßen und Passverbindungen siedelten die Karolinger fränkische Wehrbauern an, die sich um Verona, am Fuße des Brennerpasses und am Südende des Comer Sees, dem Zielpunkt der Bündner Pässe, aber auch entlang der Via Francigena massierten, wobei vor allem Parma, Piacenza und der alte toskanische Vorort Lucca besetzt wurden. Bemerkenswerterweise gibt es im Dukat von Rom, der Pentapolis und dem Exarchat von Ravenna keine Hinweise auf eine vergleichbare Ansiedelungspolitik. Hier nahm Karl – ebenso wie seine Nachfolger – Rücksicht darauf, dass die Gebiete kraft der Pippinischen Schenkung dem Papsttum gehörten, dessen Kooperation die Karolinger zur inneren Stabilisierung und Integration ihres Riesenreiches benötigten. War auch die reale politische Macht des Nachfolgers Petri marginal, wog sein moralisches Gewicht doch schwer und seine Stellungnahme konnte stimmungs- und meinungsbildend sein.

Da die Langobarden die Bistumsstruktur nicht grundsätzlich vernichtet hatten, konnte Karl auf ein lebendiges und in der Spätantike an neuen Aufgaben gereiftes kirchliches Netzwerk zurückgreifen. Um verlässliche geistliche Oberhirten zu gewinnen, besetzte er – wo immer es ging – oberitalienische Bischofsthrone mit fränkischen Vertrauten, nicht aus übergroßem

Misstrauen gegenüber den lokalen Eliten, aber Karl zog den hohen Klerus zu Militärdiensten und Heeresfolge heran; eine Inanspruchnahme, wie sie vor 774 auf italischem Boden ungebräuchlich war. Unter Karl und seinen Nachfolgern erhielten Pavia, Verona, Vercelli und Novara fränkische Bischöfe, vielleicht auch Mailand und Reggio Emilia. Nach Karls Tod wurden italienische Bistümer noch internationaler besetzt: In Vicenza amtete ein bayerischer Oberhirte, in Brescia ein Alemanne und in Fiesole ein Ire. Besonderes Augenmerk richtete Karl auf geostrategisch bedeutende Diözesen entlang wichtiger Straßen oder in Grenzregionen. In Aquileja, der Hüterin des Friaul, erlangten nur zuverlässige Getreue den Patriarchen-Thron.

Der Einsatz Landfremder als Bischöfe hatte für die Karolinger viele Vorteile. Die neuen Oberhirten verfügten vor Ort über keine Hausmacht und waren daher von der Rückendeckung des Herrschers abhängig. Zudem konnten sie in der Fremde nicht in einen Loyalitätskonflikt zwischen den Interessen des Reiches, ihres Bistums und ihrer Familie geraten. Dennoch berief Karl auch reichsorientierte und zuverlässige einheimische Kleriker, um kein Gefühl der Überfremdung in der Bevölkerung aufkommen zu lassen. Weit stärker als vor 774 empfing die Kirche reiche Privilegien und Schenkungen, musste hierfür aber eine Fülle von Leistungen und Diensten für den König übernehmen. Neben der Pflicht zur Heeresfolge oblag den Bischöfen ein Großteil der sozialen Fürsorge, die Pflege einer prosperierenden Wirtschaft und die Förderung agrarischer Innovationen; außerdem ruhte die schriftliche Administration auf ihren Schultern.

Die enge Vernetzung der oberitalienischen Kirche mit dem Reich und die Nordausrichtung der Bischöfe verbanden beide Reichsteile über die Trennmauer der Alpen hinweg. Die Bindung überlebte, wenn auch abgeschwächt, das Mittelalter und dauerte bis in das Risorgimento fort. Die enge Verknüpfung konnte reifen, da die Karolinger das Langobardenreich immer als geschlossene Einheit betrachtet hatten. In ihren Reichsteilungen wurde es stets als Ganzes weitergegeben und fungierte seit 781 als Unterkönigtum für die Herrschersöhne. Als ersten setzte Karl der Große Pippin ein, der freilich noch zu jung war, um die Regierungsgeschäfte selbständig zu führen; an seiner Stelle agierte Abt Adalhard von Corbie.

Der Erhebung Pippins ging ein neuerlicher Rombesuch Karls zu Ostern 781 voran. Damals ließ er seinen vierjährigen Sohn Karlmann vom Papst taufen, der die Patenschaft übernahm. In der Taufe erhielt Karlmann den Traditionsnamen der Karolinger und hieß fortan Pippin. Am Ostermontag wurden Pippin und sein Bruder Ludwig in St. Peter zu Königen gesalbt und Karl wies ihnen ihre künftigen Reiche zu: Pippin bekam Italien und Ludwig Aquitanien. Im Anschluss machte sich Karl an die Einlösung der Pippinischen Schenkung, allerdings in weit geringerem Umfang als der Papst gehofft haben dürfte. Er übereignete ihm nur die zum Herzogtum Spoleto zählende *Sabina Langobardica* und fiskalische Gefälle in der Toskana; auf weitergehende Ansprüche in der Toskana und in Spoleto dürfte Papst Hadrian I. in einer eigenen Urkunde verzichtet haben.

Wahrscheinlich erwartete Hadrian, Karl würde nun nach Süden ziehen, um dort die Byzantiner zu bekämpfen; aber er wurde enttäuscht. Statt Krieg zu führen, verhandelte Karl mit dem Hof am Bosporus um einen Bräutigam für seine Tochter Rotrud. Auch wenn dieses Ehebündnis nie zustande kam, hatte das Papsttum in seinem Wunsch nach mehr Selbständigkeit und Emanzipation einen herben Rückschlag erlitten.

Die Einheit des Reiches mit Reichsitalien ankert in einer politischen Grundsatzentscheidung des Jahres 800: der Erneuerung des Kaisertums im Westen. Unmittelbar nach seiner Erhebung 795 hatte Papst Leo III. Karl dem Großen sein Wahldekret, die Schlüssel zum Petrus-Grab und eine Fahne Roms übersandt sowie um Machtboten zur Vereidigung der Römer gebeten. Zum Dank schickte Karl einen Teil der Awarenbeute an den Tiber, erläuterte aber zugleich seine Vorstellungen vom künftigen Miteinander des Herrschers und des Papstes. Der Nachfolger Petri habe demnach in erster Linie für den König zu beten, um so dessen Kampf gegen die Feinde der Kirche zu unterstützen. Zudem oblag dem Papst der sakramentale Vollzug der Verehrung Gottes und der Heilsvermittlung; die faktische Aufsicht über die irdische Kirche behielt sich Karl indessen selbst vor. In Rom fand diese Auffassung wenig Gegenliebe und das Papsttum verschaffte seinem eigenen Standpunkt optischen Ausdruck. Noch vor 800 entstand ein Silberbild in St. Peter, das Petrus als Schutzherrn des Papstes und des Frankenkönigs zeigt. In Santa Susanna prangten im Apsismosaik Papst Leo und König Karl und im Triklinium des Lateran entstand ein berühmtes, heute barockisiertes Mosaik: Christus entsendet die Apostel und übergibt in diesem Kontext Petrus die Schlüssel der geistlichen Gewalt und Konstantin eine Fahne als Symbol der weltlichen Gewalt. Petrus überreicht daraufhin Leo III. das Pallium und Karl eine Fahne.

799 kam es in Rom zum Aufstand gegen Papst Leo III., dessen Lebensstil Anstoß erregt hatte. Der Papst wurde gefangengenommen, aber nicht, wie

Gentile Bellini, Prozession vor San Marco, 1496.

vielfach behauptet, verstümmelt und konnte entkommen. Ohne Aufenthalt reiste er nach Paderborn und Karl der Große versprach Hilfe, ohne zu diesem Zeitpunkt das Kaisertum mit aller Macht anzustreben. Das Haupthindernis dürfte wohl die Person des Papstes gewesen sein; dennoch erörterte man in Paderborn die wichtigsten theologischen, politischen und rechtlichen Fragen. Im August 800 kündigte Karl einen Romzug an.

Am Weihnachtstag des Jahres 800 krönte Leo III. schließlich Karl den Großen zum Kaiser, obwohl dieser mit dem Prozedere, vor allem mit der Akklamation durch die Römer, nicht einverstanden und darüber verärgert war. Sein hochkomplizierter Kaisertitel verdeutlicht die Schwierigkeiten, denen sich Karl nach der Kaiserkrönung gegenübersah: „Der erhabenste, von Gott gekrönte, große und friedfertige Kaiser, der das Römische Reich regiert und durch Gottes Gnade König der Franken und der Langobarden ist". Karl durfte um keinen Preis die Franken düpieren, deren Loyalität seine Herrschaft stützte. Zugleich beschwor die Kaiserkrönung Konflikte mit Byzanz herauf. Dort war der Herrscherthron keinesfalls vakant, sondern es regierte Kaiserin Eirene. Dass die beiden verwitweten Kaiser durch eine Ehe alle Rangstreitigkeiten aus der Welt schaffen wollten, ist wohl nur ein Gerücht; konkrete Hinweise auf Hochzeitspläne fehlen.

Vielmehr versuchten Eirene und Karl ernsten Konflikten aus dem Wege zu gehen und sich gütlich zu einigen. Einen ganz eigenen Problemkreis stellte dabei Venedig dar. Kulturell orientierte sich die Lagunenstadt an

Byzanz. Sie bildete den westlichsten Vorposten des Byzantinischen Reiches, diente aber seit jeher nicht als Speerspitze, sondern als Brücke zwischen Osten und Westen. Venedig hatte eine eigene Herrschaftsstruktur unter Führung der Dogen entwickelt, deren Residenz in Malamocco auf dem Lido 811 nach Rialto verlegt wurde. Nur wenige Jahre später (827) gelangten die Gebeine des heiligen Markus aus Alexandria nach Venedig und der Bau des Markusdomes konnte beginnen. Obwohl die Spannungen zwischen den Kaisern im Westen und Osten einigen Dogen das Leben kosteten, profitierte die Stadt vom geschickten Lavieren zwischen den Fronten, wobei sie sich ihre Parteigängerschaft durch Handelsprivilegien teuer bezahlen ließ. 812 einigten sich Karl der Große und Michael I., der Nachfolger Eirenes, auf den Sonderstatus Venedigs, dessen Eigenständigkeit fürderhin akzeptiert wurde. Ein überaus erfolgreicher Sonderweg, der im Kern letztlich wohl der Erneuerung des Kaisertums im Westen zu verdanken war.

Venedig war aber nur ein Konfliktherd auf dem Boden Italiens. Langfristig schwierig gestaltete sich das Verhältnis zum Papsttum. Karl ließ keinen Zweifel daran, dass er die Kontrolle über die Kirche im Diesseits beanspruchte und seine Nachfolger sahen dies ähnlich. Um seinen Herrschaftswillen auch über Rom nachdrücklich zu demonstrieren, ließ Karl nach seiner Kaiserkrönung Machtboten am Tiber zurück, was heftige Irritationen hervorrief. Zwar brauchten die Päpste den Schutz und die Fürsorge des Kaisers, aber an einer dauerhaften Herrschaftspräsenz in Rom lag ihnen nicht.

Von Rom aus lenkte das Kaisertum den Blick weiter nach Süden, wobei sich die Frage stellte, wie weit das Imperium Romanum eigentlich reiche und ob es Süditalien und Sizilien einschlösse. Ein brisantes Problem, das Konflikte mit Byzanz und einem ganz neuen Feind mit sich brachte.

Die militärische Ausbreitung des Islam ließ das Mittelmeer vom *mare nostrum* der Antike zum Grenzmeer werden, was nicht nur den Fernhandel mit Luxusgütern aller Art stark behinderte, sondern auch Piraterie und Übergriffe auf die Küstenregionen begünstigte. Seit 720 wurde Italien immer wieder von plündernden Sarazenen heimgesucht, die vor allem die Küsten von Sizilien, Sardinien und Korsika unsicher machten. Zudem fiel die alte Kornkammer des Imperiums in Nordafrika nun weitgehend aus. Als die Araber das Heimatbistum des Kirchenvaters Augustinus, Hippo in Algerien, überrannten, brachte man die Gebeine des Heiligen eiligst nach Cagliari. Die räuberischen Überfälle gefährdeten die kostbaren Reliquien aber auch dort, weshalb König Liutprand sie in seine Hauptstadt Pavia bringen und in der neu erbauten Kirche San Pietro in ciel d'oro ehrenvoll beisetzen ließ. Der langobardische Arianer rettete die Gebeine des katholischen Kirchenlehrers! Noch heute ruhen die Reliquien in Pavia, seit dem Spätmittelalter umschlossen von einer vielfigurigen Arca auf dem Hochaltar.

Solange die Sarazenen nur Beute suchten, glaubte man, sie kontrollieren zu können. Das änderte sich schlagartig, als sie zu Beginn des 9. Jahrhunderts verstärkt auf Landnahme aus waren. Als erstes Opfer fiel ihnen 806 die Insel Pantelleria in die Hände. Die dortigen Mönche wurden als Sklaven an die Spanier verkauft. Hier war der neue Kaiser und Schützer der *ecclesia catholica* gefordert, und Karl machte sich persönlich für die Freilassung der unglücklichen Mönche stark.

Die Verteidigungsaufgaben ruhten aber weniger auf Karl, der sich außerhalb Italiens befand, sondern auf Pippin, der nun seine militärischen Qualitäten beweisen musste. Als die Sarazenen auch Korsika und Sardinien überwältigten, rüstete Pippin eine Flotte aus und dämmte die Gefahr zunächst erfolgreich ein; aber die Beruhigung währte nur kurz. Seit 810 kontrollierten die Araber die Küstenlinien Sardiniens und Korsikas. Es war nur eine Frage der Zeit, wann sie auf Sizilien landen würden, dem lohnendsten Beutestück der italienischen Inselwelt. 827 war es so weit; die Sarazenen landeten nahe Mazara und stießen 831 nach längerer Belagerung auf Palermo vor. Dabei beließen sie es aber nicht, sondern griffen auf die Inseln Ponza, Lampedusa und Ischia aus. Auf dem Festland hatte man gehofft, dass sich die Sarazenen mit den Inseln begnügen würden – vergeblich! 838 plünderten sie Brindisi und Tarent, 840 eroberten sie die wichtige griechisch dominierte Hafenstadt Bari und spätestens jetzt hätten sich die Christen zu einer konzertanten Aktion gegen die andrängenden Muslime aufraffen müssen. Ihr Ausbleiben macht deutlich, wie uneinig die Christenheit tatsächlich war. Der eigene Vorteil wog schwerer als der gemeinsame Glaube. Vor allem Neapel suchte seinen Vorteil in wechselnden Allianzen und unterstützte die Araber bei der Belagerung Messinas. Im Gegenzug halfen die Sarazenen Neapel 836 im Kampf gegen das Herzogtum Benevent. Das Ringen der Seestädte Amalfi und Neapel um Handelsvorteile und die Vormachtstellungen auf dem Meer nutzten die Araber, um Kräfte vertraglich an sich binden, die ihnen eigentlich hätten feindlich gegenüberstehen müssen.

Gleichzeitig ging die Eroberung Siziliens weiter. 843 fiel Messina und die Araber standen plötzlich an der Meerenge den Byzantinern gegenüber.

Hartnäckigen Widerstand leistete nur noch der Osten, der dem Ansturm erfolgreicher entgegentrat als der Westen. Aber 878 musste Syrakus die Waffen strecken und 902 fiel Taormina – die Araber hatten ganz Sizilien eingenommen.

Die Handelsverträge hinderten die Sarazenen nicht, ihre Partner gelegentlich plündernd zu überfallen und weiter nach Norden auszugreifen. Bari diente ihnen dabei als vortreffliche Basis. 875 gelangten sie entlang der adriatischen Küste bis Grado!

Auch die tyrrhenische Küste durfte sich nicht in Sicherheit wähnen. Spätestens mit dem Überfall auf Rom und der Plünderung römischer Kirchen wurde schlagartig deutlich, dass die Sarazenengefahr keine räumlichen Grenzen mehr kannte. Kaum waren die Raubscharen abgezogen, begann Papst Leo IV. mit der Ummauerung des Borgo, also desjenigen Teils der Ewigen Stadt, der westlich der Engelsburg und außerhalb der schützenden Aurelianischen Mauer lag. Die nach ihm benannte Leostadt verdankt ihre fortifikatorische Sicherung den Sarazenen!

Und wo waren die karolingischen Kaiser? 824 hatte Lothar I. in der *Constitutio Romana* festgelegt, dass Kaiser und Papst je einen Beauftragten zur Überwachung der Administration im Kirchenstaat stellen sollten und der Papst nach seiner Wahl und vor seiner Weihe und Inthronisation den Abgesandten des Kaisers den Treueid leisten musste. So viel Einflussmöglichkeit ließ auf Schutz und Hilfe in der Not hoffen, aber die Karolinger ließen in Unteritalien lange auf sich warten, was wohl daran lag, dass der Süden Italiens sowie Sizilien dem Bewusstsein des Kaisers fernstand. Die fränkischen Reichsannalen, sozusagen die Hofhistoriographie, vermelden zwar eine im ganzen wirkungslose Flottenaktion des Markgrafen von Tuszien gegen die Küste vor Karthago (828), aber sie lassen nicht erkennen, dass der Hof die Tragweite der islamischen Expansion richtig eingeschätzt hätte. Spanien und die dortige Ausbreitung der Mohammedaner lagen dem Kaiser näher und hier engagierte er sich auch stärker. Zudem hielten Streitigkeiten innerhalb der Familie die Karolinger in Atem und Unteritalien rückte zunehmend aus ihrem Blickfeld. Erst fast 30 Jahre nach dem epochalen Vertrag von Verdun (843) und der langsamen Verfestigung des Ost- und des Westreiches besann sich Kaiser Ludwig II. wieder auf Italien, das in eben jener Zeit seinen Status als Unterkönigtum abstreifte. Nicht als ferne Macht, sondern in enger Zusammenarbeit mit den lokalen Führungseliten, die freilich vielfach aus dem Frankenreich stammten, konsolidierte Ludwig II. die Apenninenhalbinsel. 871 gelang ihm dank byzantinischer Flottenhilfe nach langer Belagerung die Einnahme Baris, des Zentrums der Sarazenen auf dem Festland. Die permanente sarazenische Bedrohung ganz Unteritaliens führte zur Formierung neuer Bündnisse aus alten Gegnern, die der gemeinsame Feind zusammenzwang.

Die effiziente Allianz mit Byzanz hielt nicht lange. Ludwig II. schickte sich an, Unteritalien nach eigenem Dafürhalten zu regieren, und ließ die wichtigsten Verteidigungsanlagen Benevents von loyalen Truppen besetzen. Angesichts dieser für Adelchis offenbar überraschenden politischen Entwicklung entschloss sich der Herzog, im August 871 kurzerhand den Kaiser gefangen zu nehmen.

In Erwartung eines neuen Sarazenenangriffs ließ Adelchis Kaiser Ludwig II. frei, presste ihm aber das Versprechen ab, sich niemals an ihm zu rächen. Obwohl der Papst den Kaiser in Rom von dem erzwungenen Eid lossprach, fehlten Ludwig II. die militärischen Mittel, um Adelchis zu beseitigen, der sich zwischenzeitlich mit Byzanz verbündet hatte. Die Demütigung der Gefangennahme offenbarte den Niedergang der karolingischen Kaisergewalt in Italien. 875 wandte sich der Kaiser wieder nach Norden und starb in Oberitalien. Obwohl er im Kampf gegen Herzog Adelchis nicht erfolgreich war und sein Bündnis mit Byzanz rasch zerbrach, deutete sich bei Ludwig II. die politische Vision einer „lateinischen Mittelmeermacht etwa in der Tradition des verschwundenen Langobardenreiches an“ (Schieffer, Karolinger, S. 164). Dass diese Perspektive letztlich mit Ludwig II. ins Grab sank, liegt vor allem daran, dass er keine männlichen Erben hatte.

Nutznießer des Sarazenensieges Ludwigs II. vor Bari war letztlich Byzanz, das seine Herrschaft in Unteritalien neu zu konsolidieren und seinen verhassten Fiskalismus neu zu etablieren vermochte. Dennoch blieb Unteritalien bis ins 11. Jahrhundert hinein zerrissen zwischen byzantinischer Kaiserhoheit und arabischen Emiraten, wobei die Sarazenen von der Zerstrittenheit des christlichen Lagers profitierten. Einige christliche Mächte verstanden sich sogar zu Zweckbündnissen mit den Sarazenen, und Amalfi beteiligte sich offen an deren Raubzügen entlang der tyrrhenischen Küste.

Aber nicht nur profitorientierte Seestädte koalierten mit den Glaubensfeinden, selbst Bischof Athanasius II. von Neapel warb arabische Söldner an. Zwar schlugen seine Pläne fehl, aber die Sarazenen behaupteten sich am Fuße des Vesuv und verheerten von dort aus das Umland, setzten sich in Agropoli nahe Salerno fest und plünderten das uralte Paestum. Etwa gleichzeitig bezogen sie eine Basis nahe Gaeta an der Westküste Unteritaliens und terrorisierten vor allem schutzlose Klöster. Bis 915 fielen ihnen Farfa, Montecassino, San Vincenzo al Volturno und andere Abteien zum Opfer; die Angreifer schleppten alles weg, was wertvoll schien, und steckten die ausgeplünderten Konvente in Brand. Erst 915 bereitete Papst Johannes X. gemeinsam mit Byzanz, italienischen Fürsten und Berengar I., den der Papst dann zum Kaiser krönte, dem Spuk in der Schlacht am Garigliano ein Ende. Die Sarazenen mussten ihre Aktionsplattform räumen und wurden aus dem Gebiet verjagt.

Die permanente Unsicherheit veränderte die sozialen Strukturen. Die Menschen orientierten sich angesichts der Bedrohungen und rasch wechselnder Allianzen kleinräumig und suchten Schutz in überschaubaren Einheiten. Das begünstige lokale Adelsfamilien, die wenigstens ein Mindestmaß an Ordnung und Fürsorge versprachen, dafür aber die absolute Loyalität ihrer Untergebenen forderten. Die kleinen Machtblöcke, die manchmal nur eine ummauerte Siedlung auf einem Hügel umfassten, verteidigten ihre Stellung zäh gegen jedermann und versuchten sich durch wetterwendische, aber pragmatische Politik durch die Unbilden der Zeitläufte zu lavieren. Die Kleinkammerung prägte Unteritalien weit über das Mittelalter hinaus.

Eine besondere Entwicklung durchlief Sizilien, das fest in der Hand der Araber blieb – für die Insel und ihre kulturelle Ausformung kein Nachteil! Die Mohammedaner waren gegenüber Christen und Juden tolerant und missionierten nicht mit Gewalt. Zwar forderten sie von Nichtmuslimen eine Kopfsteuer, doch war diese Abgabe weniger drückend als die fiskalischen Forderungen der Byzantiner. Sizilien erlebte unter arabischer Herrschaft eine Blütezeit in jeder Hinsicht. Seit der Antike war die Insel von Monokulturen des Getreideanbaus geprägt. Dank artifizieller Bewässerungsanlagen durchbrachen die Araber die Monokulturstruktur und bereiteten den Boden für den agrarischen Neubeginn. Sie brachten Pistazien, Zitronen, Orangen und Dattelpalmen auf die Insel und kultivierten sie in großem Stil. Der wirtschaftliche Aufschwung machte Sizilien zum attraktiven Einwanderungsland. Die Siedler, vor allem aus Nordafrika, prägten nicht nur die Kultur, sondern auch die Ortsnamen der Insel; bis heute weisen Caltagirone, Caltanissetta oder Caltabellotta auf islamische Besiedlung hin. Vor allem in der Westhälfte Siziliens dürften im 10. Jahrhundert die Muslime teilweise die stärkste Bevölkerungsgruppe gestellt haben, was auch mit der Abwanderung der Christen zu erklären ist. Denn trotz muslimischer Toleranz waren die Chancen für eine Karriere im öffentlichen Bereich für Christen gering. Daher wichen viele in das byzantinisch geprägte Unteritalien und die blühende Klosterlandschaft Kalabriens aus. Wohl eher unfreiwillig beflügelte die Migrationsbewegung den kulturellen Transfer und ließ sizilische Errungenschaften im Bildungsbereich, der Agrarwirtschaft und im Kunsthandwerk auf das Festland überschwappen.

Palermo diente den Arabern als Vorort; möglicherweise war die Stadt im 10. Jahrhundert so groß wie mehr als 500 Jahre später unter den spanischen Vizekönigen. Hier konzentrierte sich die wirtschaftliche Produktion für den Export; vor allem die Seidenweberei. Aber die Araber brachten auch arabische Übersetzungen griechischer Texte der Philosophie und Naturwissenschaften mit; Wissensschätze, die dem Abendland nun dank in Sizilien und Spanien angefertigter lateinischer Übertragungen erschlossen wurden. Gleiches gilt für die Medizin, die im arabischen Raum den oftmals obskuren Kur-Praktiken des Abendlandes weit überlegen war.

Aber Sizilien war trotz der Blütezeit nicht frei von Spannungen. Nach dem Aussterben der Aglabiden folgte nicht eine Herrscherfamilie nach, sondern zahlreiche Emirate teilten sich die Macht und befehdeten sich zeitweilig erbittert. Die interne Zerrissenheit erleichterte es den Normannen im 11. Jahrhundert erheblich, sich auf Sizilien festzusetzen.

Und wie sah es im Norden der Apenninenhalbinsel aus? Kaiser Ludwig II. hatte keine Söhne und Oberitalien zerfleischte sich in Machtkämpfen. Der Geschichtsschreiber Andreas von Bergamo, ein Zeitgenosse des Kaisers, hat die chaotische Zeit des Umbruchs als Heimsuchung bezeichnet. Allerdings schrieb Andreas aus langobardischer Sicht und war in der provinziellen Enge seines Gesichtskreises gefangen. Dass Umbruchszeiten immer auch Chancen für den Aufstieg neuer Kräfte boten, konnte er nicht erkennen.

V.

Neuanfänge des 10. Jahrhunderts

Obwohl sich Kaiser Ludwig II. zeitlebens in Italien aufhielt und das Land unter seiner Herrschaft erstaunliche Festigkeit gewann, konnte er dem Land keine dauerhafte Ordnung schenken. Wie kaum ein anderer Herrscher war er auf der Apenninenhalbinsel präsent, beschenkte Klöster und kämpfte gegen Sarazenen, Byzantiner und Langobarden. Zugleich knüpfte er aber an langobardische Traditionen an, wenn er in Corteolona Versammlungen einberief und im Konsens mit lokalen Eliten die politische Marschrichtung bestimmte – die Versammlungsregion wird unter dem Namen „Roncaglische Gefilde" in die Geschichte eingehen. Aber als man den *imperator Italiae* in S. Ambrogio in Mailand zur letzten Ruhe bettete, verfiel sein Organisationswerk. Schon der eigentümliche Titel lässt aufhorchen: bereits 75 Jahre nach der Kaiserkrönung Karl der Große war die imperiale Würde auf Italien zusammengeschrumpft, obwohl Ludwig II. am universalen Charakter seines Kaisertums nie Zweifel aufkommen ließ; aber Anspruch und Realität klafften weit auseinander.

Nach dem Tod Ludwigs II. wollte die westfränkische Seite ebenso rasch Fakten schaffen wie die ostfränkische und auch dem Papsttum war an einer schnellen Lösung gelegen. Johannes VIII. favorisierte Karl den Kahlen, den er nach Italien rief. Dieser reagierte sofort, drang in die Lombardei vor und schnitt den Söhnen Ludwigs des Deutschen, Karl III. und Karlmann, den Zugang nach Rom ab. Damit provozierte er Ludwig den Deutschen, der seinerseits ins Westfrankenreich einfiel, um Karl den Kahlen zu schädigen. Da die Westfranken – laut Hinkmar von Reims – von den italienischen Ambitionen Karls wenig begeistert waren und missbilligten, dass Karl sein bedrohtes Reich im Stich ließ, um auf der Apenninenhalbinsel Politik zu machen, hatte Ludwigs Vorstoß Erfolg, wenn auch nur kurzfristig.

Unbeeindruckt zog Karl der Kahle nach Rom und erlangte am 25. Dezember 875 die Kaiserkrone, exakt 75 Jahre nach Karl dem Großen. Bedeutsam war diese Krönung nur, weil Papst Johannes VIII. Karl ausgewählt hatte, dessen Kaisertum erst durch die päpstliche Krönung rechtliche Gestalt gewann – eine zukunftsweisende Entwicklung.

Kaum gekrönt, übertrug Karl den Sarazenenkampf Herzog Lambert von Spoleto und dessen Bruder Wido II. aus dem fränkischen Geschlecht der Widonen. Der Kaiser selbst wandte sich nach Oberitalien, wo er sich im Februar 876 in Pavia zum *defensor* und *protector* des *regnum Italiae* ausrufen ließ. Doch Karl drängte es zurück ins Westfrankenreich und die Tagesgeschäfte ruhten nun in den Händen seines Schwagers, Boso von Vienne, dessen Statthalterschaft in Italien durch eine Ehe mit der Tochter Kaiser Ludwigs II., Irmingard, zusätzlich legitimiert war.

Aber schon im Frühjahr 877 erreichte Karl ein Hilferuf des Papstes, der sich von den Sarazenen bedroht und von den Herzögen von Spoleto nicht geschützt fühlte. Karl wusste um die Gefahren und ließ seinen Sohn, Ludwig den Stammler, zum Mitregenten erheben. Die Westfranken sahen das italienische Abenteuer ungern und der Italienzug wurde zur Katastrophe. Zwar traf Karl im September Johannes VIII. in Vercelli und Pavia, gleichzeitig aber überwand der Herr des Ostfrankenreiches, Karlmann, mit Heeresmacht die Alpen. Angesichts der Bedrohung verließen die Großen den Kaiser, der beschämt aus Italien floh. Ironie des Schicksals: Er starb am 6. Oktober 877 in dem kleinen Dorf Avrieux, als er nach der Überwindung des Mont-Cenis in Sicherheit gewesen wäre.

Die Krise in Italien verschärft sich, da die späte Karolingerzeit geprägt war von schweren Krankheiten der Herrscher, plötzlichen Toden und sehr kurzen Regierungszeiten; stabilisierende Kontinuität konnte von der Krone nicht mehr ausgehen.

Zunächst hoffte 877 Karlmann, der älteste Thronerbe, auf das Kaisertum. Aber schon im November des gleichen Jahres befiel ihn in Verona eine plötzliche Lähmung; eine Erbkrankheit unter den Nachkommen Ludwigs des Deutschen. Den Schwerkranken brachte man nach Ötting am Inn, von wo er seine Ansprüche auf Italien zunächst aufrechterhielt. Offenbar hatte er bei seinem kurzen Aufenthalt südlich der Alpen Akzeptanz gefunden, denn er stellte während seiner Krankheit Urkunden für italienische Empfänger aus, die die lange Reise nach Ötting auf sich nahmen, um die herrscherlichen Dokumente zu erlangen.

Da Karlmann nicht genas, hätte das Erbe an den Sohn Karls des Kahlen,

Ludwig den Stammler, fallen müssen, gegen dessen Herrschaftsübernahme sich aber Widerstand erhob, denn Ludwig war nicht nur körperlich behindert, sondern auch politisch glücklos. Als er im Dezember 877 doch die Krone des Westfränkischen Reiches erhielt, blieb dies für Italien folgenlos, da auch er bald lebensgefährlich erkrankte.

Dabei hätte Italien eine stabilisierende Hand dringend gebraucht. Bedroht durch die Sarazenen, römische Oppositionskräfte und die Markgrafen Lambert von Spoleto sowie Adalbert von Tuszien floh Papst Johannes VIII. im Mai 878 aus der Ewigen Stadt und erreichte zu Schiff die Provence. Dort empfing ihn Graf Boso von Vienne und geleitete ihn sicher nach Troyes, wo sich indessen alsbald zeigte, dass Ludwig der Stammler nicht geneigt war, nach Italien zu ziehen. Die Verlesung der Herrscherpacta Pippins und Karls des Großen durch den Papst verklang ungehört; enttäuscht kehrte er nach Italien zurück, begleitet von Boso von Vienne, der den Papst in Pavia verließ.

Die italienische Frage blieb bis zum Tod des Ostfranken Karlmann am 22. September 880 offen. Wahrscheinlich hatte der Schwerstkranke aber zeitig dafür gesorgt, dass das italische Königtum an seinen jüngsten Bruder, Karl III., fiel, da Johannes VIII. ihn bereits 879 zur Kaiserkrönung nach Rom eingeladen hatte.

Im Oktober 880 überwandt Karl III. die Alpen, nahm in Pavia die Huldigung der Großen entgegen und wurde in Ravenna durch Papst Johannes VIII. zum König Italiens gesalbt. Zum Ärger des Papstes zog Karl III. aber nicht gleich nach Süden, sondern kümmerte sich zunächst um den aufständischen Grafen von Vienne. Erst am 12. Februar 881 empfing er die Kaiserkrone in Rom. Keiner der Protagonisten konnte ahnen, dass dieser Augenblick den „Auftakt zur langen imperialen Tradition Ostfranken-Deutschlands bilden würde“ (Schieffer, Karolinger, S. 178).

Karl III. hielt sich nur kurz in Italien auf. Zum einen opponierte der mächtige Herzog Wido von Spoleto gegen ihn, zum anderen starb am 20. Januar 882 Karls schwerkranker Bruder, Ludwig der Jüngere, und er musste sein Erbe antreten und das unter immer schwereren Angriffen der Normannen leidende Reich konsolidieren.

Dass es seit 882 nur noch zwei handlungsfähige Karolinger gab, Karl III. und Karlmann, beschnitt den machtpolitischen Aktionsradius der einstmals mächtigen Dynastie erheblich und stärkte neue Kräfte an der Peripherie des Reiches. Die Folgen der Machtlosigkeit der letzten Karolinger lassen sich vor allem in Italien ablesen. Noch 882 wurde Johannes VIII. wahrscheinlich ermordet, unbeschützt vom kaiserlichen Defensor der Kirche. Das Machtvakuum füllten der Markgraf von Spoleto, dessen Schwager Adalbert I. von Tuszien und an der Nordostflanke Berengar I. von Friaul, mütterlicherseits Enkel Kaiser Ludwigs des Frommen. Die lokalen Kräfte profitierten von der Absenz des Kaisers und nutzten die Freiräume zu eigener Herrschaftskonsolidierung. Daran änderte sich auch nichts, als Karl III. 884 nach dem tödlichen Jagdunfall seines Neffen und Adoptivsohnes Karlmann ein letztes Mal das gewaltige Karolingerreich in einer Hand vereinigen konnte. Die Todesnachricht erreichte Karl III. in der Lombardei, und er eilte zurück, das Erbe anzutreten; Italien blieb wieder einmal sich selbst überlassen. Dabei hatte sich Karl III. redlich um die Probleme seines Riesenreiches bemüht und zwischen 879 und 886 12-mal die Alpen überquert; eine körperlich imponierende Leistung und Ausdruck seines ungebrochenen Handlungswillens.

Die Unmöglichkeit der Bewältigung der Herkulesaufgaben vor Augen, förderte Karl III. den Aufstieg regionaler Machthaber. Er unterstützte Berengar von Friaul, den er als Vertrauensbeweis mit einer Strafexpedition gegen den Markgrafen von Spoleto beauftragte. Neben den Markgrafen von Friaul stiegen im Piemont die Markgrafen von Ivrea auf, die durchaus im Ringen um die Vormacht in Norditalien konkurrieren konnten.

Als Kaiser Karl III. am 13. Januar 888 von allen verlassen starb, spielten die Karolinger in Italien keine Rolle mehr. Es begann die bis 962 reichende Zeit der „italienischen Nationalkönige", ein irreführender Begriff, denn die für knapp 80 Jahre dominierenden Familien entstammten durchwegs fränkischen Geschlechtern und waren im Grunde Landfremde. Wie stark sie sich mit Italien identifizierten und dort integrierend wirken konnten, ist unklar. Zudem gab es keine nationale Abschließung Italiens, so dass der Begriff „Nationalkönige" vollständig ungerechtfertigt ist. Lediglich die Sprachgemeinschaft festigte sich allmählich. Das älteste schriftliche Zeugnis des italienischen *volgare*, das sogenannte *Indovinello Veronese*, ein Rätsel, stammt aus dem späten 8. oder frühen 9. Jahrhundert. Die Volkssprache verbreitete sich auch im Gericht, wenn Menschen prozessierten, die des Lateinischen nicht mächtig waren; hierfür steht das *Placito Cassinese* aus dem 10. Jahrhundert als besonders frühes Beispiel.

888 wurde in Pavia Markgraf Berengar von Friaul zum König erhoben. Dass er ein Enkel Ludwigs des Frommen war, wenn auch nur in weiblicher

Linie, dürfte für seine Wahl eine ganz erhebliche Rolle gespielt haben. Die Politik Karls III. hatte das Entstehen regionaler Königreiche begünstigt und der Regensburger Continuator der Fuldaer Annalen spottet darüber, wie viele *reguli* (Kleinkönige) es plötzlich in Europa gebe; allen voran Berengar von Friaul. Er errang die Anerkennung des Königs des Ostfrankenreiches, Arnolf, und traf diesen Ende 888 in Trient. Dennoch unterlag Berengar schon 889 seinem Rivalen Wido von Spoleto, der vergeblich nach der Westfranken-Krone gegriffen hatte und nun enttäuscht, aber beutehungrig nach Italien zurückkehrte.

Wido bemächtigte sich rasch des größten Teiles Italiens und erlangte am 21. Februar 891 als erster Nichtkarolinger die Kaiserkrone aus der Hand Papst Stephans V. Nur drei Monate später ließ Wido vorsorglich seinen Sohn Lambert zum Mitkönig erheben und ihn im April 892 durch Papst Formosus in Ravenna zum Kaiser salben. Damit hatte er alles getan, um in knapp drei Jahren die Dynastie zu sichern.

Allerdings hatte er nicht mit der Zähigkeit Berengars von Friaul und dem Widerstand des Papsttums gerechnet. Beide wandten sich an den ostfränkischen König Arnolf und baten um Hilfe. 893 schickte Arnolf seinen ältesten Sohn Zwentibold, dessen Vorstoß aber hinter Pavia steckenblieb. Erst als zu Beginn des Jahres 894 Arnolf selbst über die Alpen zog und Bergamo einnahm, musste Wido weichen. Fortan genoss Arnolf in Oberitalien Anerkennung, ohne die Frage des Königtums Berengars zu klären. Arnolf blieb indessen nicht in Italien, sondern wandte sich einer Strafexpedition gegen den Welfen Rudolf in Hochburgund zu.

Als er die Apenninenhalbinsel wieder in seinen politischen Fokus rückte, hatte sich die Situation dort verändert. Kaiser Wido war zwischenzeitlich gestorben, und seit Ende 894 herrschte dessen Witwe Ageltrude gemeinsam mit ihrem Sohn Lambert. Diesmal wollte Arnolf klare Verhältnisse schaffen, was zum völligen Zerwürfnis mit Berengar führte, der zwar die Hilfe des Ostfranken wünschte, nicht aber dessen eigene Machtpolitik in Italien. Im Winter 895/96 erreichte Arnolf Rom und erhielt im Februar 896 aus der Hand Papst Formosus' die Kaiserkrone, ungeachtet der Tatsache, dass Kaiser Lambert noch am Leben war. Als sich Arnolf anschickte, die Macht der Markgrafen von Spoleto zu brechen, erkrankte er an einer Lähmung und wurde sofort nach Bayern zurückgebracht. Für sein Ostfränkisches Reich traf er klare Nachfolgeregelungen, in Italien ließ er seinen unehelichen Sohn Ratold als Statthalter zurück. Die illegitime Geburt schadete Ratold nicht, aber die Uhr der karolingischen Herrschaft in Italien war abgelaufen. Ohne sich um Ratold zu kümmern, teilten Lambert und Berengar 896 die Herrschaft untereinander vertraglich, um ihre Kräfte nicht in einem sinnlosen Ringen miteinander zu verschleißen. Nach dem Tod Lamberts 898 übernahm Berengar die Macht allein.

An der Alleinherrschaft konnte er sich allerdings kaum erfreuen, denn schon 899 verheerten neue Feinde mit furchtbaren Raubzügen das Land: die Ungarn. Da es Berengar nicht gelang, die Reiterhorden zurückzuschlagen, bildete sich rasch eine Opposition gegen ihn, die im Jahr 900 Hilfe bei König Ludwig von der Provence suchte und ihn einlud, in Pavia die Krone Italiens zu erlangen. Auch Ludwig war ein Karolinger-Enkel. Zunächst konnte er sich gegen Berengar durchsetzen und wurde 901 sogar in Rom zum Kaiser gekrönt, aber von langer Dauer war seine Herrschaft nicht. 905 gewann Berengar erneut die Oberhand. Ludwig unterlag in einer Schlacht, geriet in die Hände seines Widersachers, wurde geblendet und damit im Ringen um Italien endgültig ausgeschaltet.

Nun schien der Weg frei für Berengar, der 915 in Rom sogar die Kaiserwürde erlangte. Aber nur wenige Jahre später erhoben sich seine eigenen Gefolgsleute und riefen 922 Rudolf II. von Hochburgund ins Land. 923 brachte er Berengar eine entscheidende Niederlage bei; dieser wurde nur ein Jahr später ermordet.

Aber auch Rudolf II. konnte sich nicht behaupten und blieb stets von der Hilfe seines Schwiegervaters, Burchard von Schwaben, abhängig. Seine Gegner boten Graf Hugo von Vienne die Königskrone Italiens an und wählten mit dem Enkel Lothars II. neuerlich einen Karolingerverwandten. Als der Schwabenherzog bei Novara zu Tode kam, gelang es Rudolf II. nicht, sich gegen Graf Hugo durchzusetzen. Raschestmöglich musste er sich nach Hochburgund zurückziehen.

Aber auch Hugo von Vienne stand machtlos vor den Kräften, die Italien zerrissen und zersplitterten. Zwei Gegner waren brandgefährlich: Berengar von Ivrea, der Enkel Kaiser Berengars, und Eberhard, der Sohn des Herzogs von Bayern. Zunächst lief alles gut für Hugo, der seinen Sohn Lothar zum Mitkönig erheben ließ und damit vermeintlich die Dynastie sichern konnte. Aber nach dem frühen Tod Lothars wendete sich das Blatt; Hugo geriet immer stärker unter Druck. 950 errang sein Rivale Berengar gemeinsam mit seinem Sohn Adalbert die Krone Italiens. So einfach aber war die Machtübernahme nicht. Der jung verstorbene Lothar hinterließ eine Witwe, Adelheid, die zum Kristallisationszentrum der Opposition wurde. Beim Versuch, ihren Feinden über die Alpen zu entkommen, geriet Adelheid bei Como in die Hände Berengars, der sie in einer Burg am Gardasee gefangensetzen ließ.

Vier Monate musste die wohl Zwanzigjährige in dem Kastell ausharren, bis ihr eine abenteuerliche Flucht gelang, welche die Zeitgenossen mit reicher Phantasie ausschmückten. Hrotsvith von Gandersheim weiß zu berichten, Adelheid habe sich unter dem hochstehenden, reifen Korn verborgen. Donizo von Canossa erzählt, die junge Witwe habe die Burg durch ein Loch in der Mauer verlassen können, wobei er verschweigt, wie das Loch plötzlich entstanden sein konnte. Der Mönch von Novalesa bietet eine dritte Fluchtschilderung. Danach wäre Adelheid durch einen unterirdischen Gang entkommen. Wer ihr bei der Flucht wirklich geholfen hat, bleibt fraglich. Sicher fand sie Zuflucht bei Bischof Adalhard von Reggio Emilia, der sie in die Obhut Adalbert-Attos und seiner Burg Canossa brachte, des mächtigsten Vasallen des Bischofs, der weite Teile der heutigen Emilia beherrschte.

In der krisenhaften Situation zog Otto der Große nach Italien. Bislang hatte das neue Herrschergeschlecht der Ottonen sich ganz auf das Ostfränkische Reich konzentriert. Wir wissen nicht, ob Adelheid Otto I. nach Italien rief und ihm ihre Hand sowie die Krone Italiens anbot oder ob Otto aus eigener Initiative den Vorstoß nach Süden wagte.

Berengar floh am 22./23. September 951 vor dem heranrückenden Otto I. aus Pavia. Während der Ottone, der zu dieser Zeit schon an die Kaiserkrone dachte, in der langobardischen Kapitale blieb, verfolgte sein jüngerer Bruder Heinrich Berengar. Am 23. September 951 ließ Otto in Pavia eine Urkunde ausfertigen, die mit einer Metallbulle besiegelt wurde; ein kaiserliches Vorrecht! Zudem vermitteln die Quellen den Eindruck, Otto habe mit der Hand Adelheids die Schlüssel zur Pforte des Kaisertums (Weinfurter) erhalten. Allerdings tritt Adelheid nicht sofort nach ihrer Hochzeit in den Urkunden ihres Mannes auf, sondern erstmals am 6. Februar 952.

Anfang Oktober 951 schickte Otto I. Erzbischof Friedrich von Mainz und Bischof Hartpert von Chur nach Rom, um mit Papst Agapet II. wegen der Kaiserkrönung zu verhandeln. Sie durchreisten ein schwer gezeichnetes Land. Die politische Instabilität der Apenninenhalbinsel hatte unterschiedlichste Beutegierige angelockt. Die Sarazenengefahr dauerte nach wie vor an, und die neue Bedrohung der Magyaren aus dem Osten kam hinzu. In unglaublicher Geschwindigkeit fielen sie über Italien her und gelangten auf ihren schnellen Pferden bis vor die Tore Roms. Die Ungarn dachten nicht an dauerhafte Siedlung, sondern wollten Beute machen. Sie plünderten bevorzugt schutzlose Klöster. Ummauerte Städte oder feste Burgen umgingen die Raubscharen. Dies führte zu erheblichen Besiedelungsverschiebungen, die das Gesicht des Landes geprägt haben. Die Menschen verließen die offenen Siedlungen und die wenig schützenden Herrenhöfe auf dem flachen Land und zogen sich in die schwerer zugänglichen Hügel und Berge zurück. Dass man dort zugleich besser vor der in den sumpfigen Auen drohenden Malaria geschützt war, war ein positiver, aber keinesfalls ausschlaggebender Nebeneffekt. Viele italienische Orte, die „Castello" oder „Monte" im Namen tragen, entstanden in dieser Zeit. Aber nicht nur die Landbevölkerung wich aus, selbst Bischofssitze wurden verlegt. So zog der Bischof von Populonia von der Küste in die Anhöhe nach Massa Marittima, um Plünderungen zu entgehen. Bereits befestigte Orte wurden von Neuankömmlingen geradezu überschwemmt und gewannen zunehmend städtisch-urbanen Charakter, so beispielsweise Viterbo oder Potenza in der Basilicata.

Wo man nicht ausweichen konnte oder wollte, musste man Befestigungen bauen. Man spricht in Oberitalien vom *incastellamento* des 10. Jahrhunderts – der Zeit der Ummauerung. Die Bischöfe adaptierten das Befestigungsrecht und traten in Aufgabenbereiche ein, die eigentlich den *comites* oblagen, weshalb sie in Urkunden auch als *episcopus et comes* auftraten und dadurch zu verstehen gaben, dass sie sowohl ihr geistliches Hirtenamt als auch ein weltliches Verteidigungsamt innehatten. Die Doppelfunktion beschleunigte die Übernahme der Stadtherrschaft durch die Bischöfe am Ende des 9. und zu Beginn des 10. Jahrhunderts, wie in Bergamo oder Cremona, bis sie im 11. Jahrhundert von der kommunalen Bewegung abgelöst wurden. Der weltliche Adel zog sich auf seine Burgen zurück. Aber kein Bischof verfügte über die Mittel, um allein eine Stadtmauer in kurzer Zeit aufzurichten. Er bedurfte der Finanzhilfen der innerstädtischen Führungsschichten, die zu Partnern der Bischofsgewalt aufstiegen. Im Zenit ihrer Macht konsolidierten die Bischöfe die politischen und wirtschaftlichen Verhältnisse ihrer *civitates*, erlangten aber keine überregionale Bedeutung; Ausnahmen bilden die Metropoliten von Mailand und Ravenna, die auch über die Grenzen ihrer Bischofssitze hinaus politischen Einfluss gewannen.

In Rom, dem Ziel der ottonischen Gesandtschaft, herrschte in der ersten Hälfte des 10. Jahrhunderts mit den Worten des Kardinals Baronius (1538–1607) eine „Pornokratie". Das Papsttum war zum Spielball rivalisierender

Adelsfamilien aus der Campagna di Roma und dem römischen Tuszien verkommen. Der Imageschaden war enorm. Zwar blieb das Papsttum das unangefochtene Oberhaupt der katholischen Kirche, aber den Zeitgenossen galt der Papst eher als Mythos denn als politische Kraft. Einen ekelhaften Höhepunkt erreichte die Verwilderung in der sogenannten Leichensynode von 897. Stephan IV. ließ den 896 verstorbenen Papst Formosus exhumieren und postum wegen eines Verstoßes gegen das Translationsverbot verurteilen; seine Weihen wurden für nichtig erklärt. Den verwesenden Leichnam hatte man für den Schauprozess mit einem bischöflichen Ornat bekleidet; nun schlug man ihm die Finger der Schwurhand ab, zerrte ihn aus dem Ornat und warf den nackten Toten in den Tiber. Das widerwärtige Schauspiel macht mit einem Schlag deutlich, wie tief Rom gesunken war. In rascher Folge wurden Päpste aus konkurrierenden Familien erhoben und starben oft ebenso schnell eines nicht selten unnatürlichen Todes.

Die weltliche Macht lag bis 962/63 bei Theophylakt, der als Vestarar und *magister militum* Teile des päpstlichen Schatzes verwaltete und die stadtrömische Miliz führte. Trotz seiner starken Stellung und seiner furchteinflößenden Stadtburg (an der Stelle des heutigen Palazzo Colonna) konnte er nur mit dem Wohlwollen der mächtigen Adelsfamilien regieren, weshalb er deren Exponenten auf den Papstthron half. Zur weltlichen Absicherung seiner Macht verheiratete er seine Tochter Marozia mit dem Markgrafen Alberich I. von Spoleto. Ob Marozia zugleich noch die Geliebte Papst Sergius' III. und Mutter des späteren Papstes Johannes XI. war, ist unsicher. Mit großer Wahrscheinlichkeit jedoch ließ sie Papst Johannes X. einsperren und ermorden, als er ein Bündnis mit Kaiser Berengar I. knüpfen wollte. Dennoch ist es falsch, von einem gewissenlosen Hetärenregiment zu sprechen; Marozia bedürfte einer historischen Neubewertung. Aus erster Ehe hatte Marozia einen Sohn, Alberich II., der 932 seine Mutter stürzte und deren dritten Gemahl schimpflich verjagte. Von 932 bis 955 beherrschte Alberich II. Rom und die Päpste allein. Selbstbewusst nannte er sich *princeps* und folgte langobardischen Vorbildern aus Süditalien. Papst Marinus II. bekannte offen, nichts ohne Befehl Alberichs zu unternehmen. 954 ließ Alberich die maßgeblichen Kräfte Roms schwören, seinen Sohn, den er in Erinnerung an Kaiser Augustus Oktavian genannt hatte, zum nächsten Papst zu wählen, der nicht nur die weltliche Macht, sondern auch die geistliche in der Ewigen Stadt übernehmen würde. Am 16. Oktober 955 bestieg Johannes XII. mit nur 18 Jahren den Papstthron.

Doch wir haben vorgegriffen. Die beiden ottonischen Gesandten hatten in Rom keinen Erfolg. Alberich II. dachte gar nicht daran, eine zweite weltliche Kraft neben sich in der Ewigen Stadt zu etablieren, und seien deren Aufenthalte am Tiber auch noch so sporadisch. Unverrichteter Dinge zogen die Bischöfe ab und Otto I. kehrte zurück in sein Reich, wo schwere Unruhen seiner harrten.

In Rom zeichnete sich der neue Papst durch einen zügellosen, allen Lastern zugewandten Lebensstil aus, der ihm harsche Kritik und eine starke Opposition eintrug. Angeblich liebte er Frauen ebenso wie die Jagd und rief beim Würfeln heidnische Götter an. Auch wiederholte Brandstiftung und sinnlose Grausamkeit wurden ihm vorgeworfen. Zudem geriet er durch seine unentschlossene Schaukelpolitik gegenüber Berengar II. von Ivrea rasch in politische Bedrängnis. 960 rief er Otto I. zu Hilfe und bot ihm die Kaiserkrone und wohl auch die Würde eines *Patricius Romanorum* an, um eine Ordnungsmacht in Italien zu installieren. Kardinaldiakon Johannes und der päpstliche Skriniar Azzo überbrachten das Angebot und sollten den Ottonen versöhnlich stimmen. Das war dringend nötig, hatte der Papst doch bislang das Lieblingsprojekt Ottos I. blockiert, die Gründung des Erzbistums Magdeburg. Wohl hatten die päpstlichen Gesandten eine feierliche Purpururkunde mit Goldschrift im Gepäck, das angebliche Original der Konstantinischen Schenkung, womit bewiesen werden sollte, dass der Papst frei über die Kaiserkrone verfügen sowie umfängliche Güter und Rechte fordern konnte. Das Dokument machte ganz offenbar Eindruck auf den ottonischen Hof, denn zur Vorbereitung des Romzugs fertigte man im Kloster Fulda einen Purpurrotulus an. Das einen Meter lange sowie 40 Zentimeter breite Pergament nahm Ottos Gefolge mit nach Rom.

Zu Weihnachten 961 erreichte Otto I. Pavia und am 2. Februar 962 empfing er in Rom die Kaiserkrone. Der Tag war mit großer Sorgfalt gewählt, wie überhaupt mittelalterliche Herrscher wichtige Ereignisse gerne auf heilige Tage legten. Der 2. Februar war nicht nur ein hoher Marienfeiertag, sondern auch das Fest der Darbietung Jesu im Tempel, womit die Fleischwerdung des Herrn ihren Abschluss findet. Die sakrale Überhöhung des Kaisertums findet im Tagesevangelium ihren Ausdruck (Lukas 2, 22–32). Die Krönungszeremonie begann an den Stufen der Peterskirche, sodann durchschritt das Königspaar die silberne Mittelpforte der alten Basilika, wo die Liturgie begann, und endete mit der festlichen Krönung. Offenbar traute Otto dem Papst nicht, denn als er vor der *Confessio beati Petri* betete, hielt

Alt-Sankt Peter auf einem Fresko in der Basilica di San Martino ai Monti.

sein Schwertträger ein blankes Schwert über dem Kopf des neuen Kaisers, um sein Leben zu schützen. Eine eigentümliche Szene, welche die Fragilität des Zusammenwirkens von Papst und Kaiser in Rom schlagartig beleuchtete und nicht zur Feierlichkeit des Zeremoniells passen wollte.

Wenige Tage nach der Kaiserkrönung hielten Otto I. und Johannes XII. eine Krönungssynode ab, beurkundeten die Einrichtung des Erzbistums Magdeburg und des Bistums Merseburg und am 13. Februar deponierte Otto I. den in Fulda vorbereiteten Purpurrotulus am Grab Petri, der das Ottonianum enthielt. Darin bestätigte der Kaiser die Schenkungen der Karolinger, bekräftigte aber auch die Rechte des Reiches in Rom und band die Erhebung eines neuen Papstes an die Zustimmung des Kaisers.

Der Inhalt des Ottonianums verstimmte Johannes XII., der zwar den Schutz Ottos I. benötigte, seine eigene Herrschaft aber nicht beschneiden lassen wollte. Der Kaiser verweilte nicht in Rom, sondern machte sich daran, seine Gegner auf italienischem Boden zu beseitigen. Er belagerte die Gemahlin Berengars II. von Ivrea, Willa, in ihrer Inselfestung San Giulio im Lago d'Orta. Die machtgierige Willa dachte gar nicht daran, sich dem Kaiser zu ergeben, und hielt zwei Monate lang stand, bis der Hunger sie zur Aufgabe zwang.

Damit war noch nichts entschieden, denn die Gegner des Kaisers kontrollierten geostrategisch wichtige Positionen am Fuße der Alpenpässe am Gardasee, dem Lago Maggiore sowie am Comer See, zudem hatten sie sich in der Romagna und der Pentapolis verschanzt, während Otto I. die Po-Ebene behauptete. Im Mai 963 ging er in die Offensive und schloss Berengar in der gewaltigen Bergfestung San Leo im Montefeltro ein. Der steilaufragende Bergsporn hat nur einen einzigen, leicht zu sperrenden Zugang. An eine rasche Eroberung war nicht zu denken. Im frühen Herbst verließ Otto das Belagerungsheer und eilte nach Rom, da dort der Papst mit Adalbert paktierte, dem Sohn Berengars, der von seinem Aufenthaltsort an der Côte d'Azur über Civitavecchia nach Rom gereist war.

Warum der Papst die Seiten gewechselt hatte, dürfte im Verhalten des Kaisers in der Toskana und der Lombardei begründet sein. Otto hatte Vereidigungen auf seinen eigenen Namen und nicht auf denjenigen des Papstes vorgenommen, obwohl die Gebiete laut dem Ottonianum dem Nachfolger Petri zustanden. Wahrscheinlich sah sich Johannes XII. deshalb auch seinerseits nicht mehr an Zusagen gebunden. Als das Gerücht aufkam, der Papst arbeite auch mit den Byzantinern zusammen, gab es für Otto kein Zögern mehr. Er verjagte Johannes XII., eine Synode setzte ihn wegen sexueller Verfehlungen und angeblicher Apostasie ab. An seiner Stelle erhob er Leo VIII. Aber es kehrte keine Ruhe ein. Kaum war Otto abgezogen, öffnete Rom seine Tore für Johannes XII. und Leo VIII. musste flüchten. Während der Kaiser auf militärische Verstärkung wartete, starb überraschend Johannes XII.; man munkelte, der Teufel habe ihn in Gestalt eines eifersüchtigen und betrogenen Ehemannes geholt.

Obwohl Leo VIII. noch lebte, erhoben die Römer Benedikt V. Diese Düpierung seiner Kaisergewalt konnte Otto nicht hinnehmen und zog neuerlich gegen die Ewige Stadt, die sich im Juni 964 nach kurzer Belagerung ergab. Feierlich wurde Benedikt V. im Lateran seiner pontifikalen Gewänder entkleidet und ins Exil nach Hamburg geschickt; Erzbischof Adaldag nahm ihn mit nach Norden. Otto hatte seine Schutzherrschaft über das Papsttum eindrucksvoll demonstriert. Aber zwischenzeitlich war es Juli geworden und im Heer brach nahe Lucca eine verheerende Seuche aus. Als die Krankheit sich endlich beruhigt hatte, erholte sich der erschöpfte Otto I. mehrere Wochen lang beim Jagen in Ligurien. Im November 964 war er wieder in Pavia und feierte glanzvoll das Weihnachtsfest. Als im März 965 Leo VIII. starb, erhob man in Rom im Beisein kaiserlicher Gesandter den Bischof von Narni zum neuen Papst: Johannes XIII.

Innerhalb weniger Jahre musste Otto alle Mühsal des Kaisertums schmerzlich erfahren: mühevolle Kriegszüge in Italien, die Unbilden einer fremden Witterung, todbringende Seuchen, die Katastrophe von Schismen, die notorische Unzuverlässigkeit seiner Partner sowie die Wetterwendigkeit der Römer. War die Italienpolitik der mittelalterlichen Herrscher ein politischer Irrweg? Für die Zeitgenossen stellte sich diese Frage nicht. Das Kaisertum galt als göttlicher Auftrag und höchste Auszeichnung, war doch der *Christus domini* der Stellvertreter Gottes auf Erden. Der Schutz des Papsttums galt als Christenpflicht und wurde nicht diskutiert, und die Verteidigung des Glaubens und seine Ausbreitung nach innen und außen gehörten zu den vornehmsten Pflichten des mittelalterlichen Königtums.

Die ottonische Politik ist auch nicht der Beginn einer Fremdherrschaft auf italienischem Boden. Nationale Empfindungen dieser Art waren der Zeit fremd. Möglicherweise begann das sich langsam verbreitende italienische Volgare für sprachliche Probleme zu sorgen, aber die führenden Familien der Apenninenhalbinsel hatten Wurzeln bei den Franken, Bayern, Burgundern, Alemannen oder stammten aus den verschiedenen italienischen Regionen, ohne dass sich Hinweise auf Ablehnung wegen ihrer auswärtigen Abkunft finden ließen. Auch die angeblich in ihrem nationalen Stolz durch die Italienpolitik Ottos III. gekränkten Sachsen sind nur eine, wie jüngst richtiggestellt wurde, irrige Interpretation der Quellen. Erst unter Barbarossa im letzen Drittel des 12. Jahrhunderts gibt es Hinweise auf ein politisches Italienbewusstsein; dennoch betrachtete man die Kaiserherrschaft bis weit in das späte Mittelalter hinein als etwas durchweg Positives. Dante tadelt Rudolf von Habsburg und Albrecht I. dafür, dass sie nicht zur Kaiserkrönung gekommen waren und den „Garten des Reiches" in Unordnung hatten liegen lassen. Italienisches Empfinden und der Wunsch nach einem starken Kaiser schlossen sich also keineswegs aus.

Das Kaisertum brachte auch neue körperliche Belastungen mit sich. Das äußerst strapaziöse Reisekönigtum gewann durch die Hinzugewinnung Italiens neue Dimensionen; die Italienzüge ließen die Herrscher an die Grenzen des Menschenmöglichen gehen. Aber man konnte im Süden auch viel lernen. Die antike Schriftlichkeit hatte auf italienischem Boden die chaotischen Zeitläufte recht gut überstanden; der kulturelle Transfer sowie der Export der Schriftlichkeit, der Wertschätzung schriftgestützter Verwaltung und der Anlage administrativen Schriftgutes verlief daher zumeist von Süden nach Norden und nicht umgekehrt. Aber es fehlte den Kaisern am Überblick, welche Einkünfte aus den italienischen Gebieten zu erzielen waren, und an einer langfristigen Strategie zur Beherrschung des neuen Reichsteils. Zudem mangelte es an Vorstellungen zur Verwaltung der Apenninenhalbinsel und zum Personalbedarf einer effektiven Herrschaft in Italien. Die noch vorhandenen Reste der alten langobardischen Organisation waren zwar theoretisch nutzbar; ob dies praktisch erfolgte, ist aber unbekannt. Mangels permanenter Kommunikation zwischen den Reichsteilen, ordentlicher Verwaltung und sichtbarer Präsenz des Reiches gewannen auf lange Sicht regionale Kräfte die Überhand, die durch kurzfristige Italienzüge der Herrscher kaum in die Schranken gewiesen werden konnten. Nach siebenmonatiger Belagerung der Feste San Leo musste sich Berengar ergeben und wurde in Bamberg inhaftiert. Aber Adalbert konnte nicht niedergerungen oder gar inhaftiert werden; er wich nach Korsika aus.

Es blieb den Kaisern nur, Zeichen ihrer Herrschaftsgegenwart zu setzen, die sie während ihrer Abwesenheit repräsentierten. Zu denken wäre hier an Klosterstiftungen, Denkmäler und intensive Bautätigkeit, doch lassen sich für die Ottonen nur geringe Ansätze finden. Am nachdrücklichsten demonstrierten sie ihre Herrschaft durch ihre Urkundentätigkeit. In Dokumenten und Siegeln waren die fernen Kaiser gegenwärtig!

Italien profitierte vor allem von einer ottonischen Entlastung, die vor der Erneuerung des Kaisertums ausgefochten wurde. 955 besiegte Otto I. die Ungarn endgültig auf dem Lechfeld vor Augsburg. Ein epochales Ereignis selbst für Historiographen weit im Süden Italiens, wie beispielsweise Lupus Protospatharius aus Bari. Die noch von Machiavelli aus der Rückschau als „unendlich betrüblich" bezeichnete Lage Italiens besserte sich schlagartig, als die Raubscharen ausblieben und die Sicherheit auf den Straßen und in den Orten zunahm; das *incastellamento* war nicht mehr lebensnotwendig.

Nach einem zweijährigen Zwischenspiel im Reich nördlich der Alpen kehrte Otto I. im Herbst 966 nach Italien zurück; vielleicht auf Drängen der Kaiserin Adelheid, die ihrem Sohn Otto das italische Königtum sichern wollte. Otto I. hatte zudem die dauerhafte Verankerung des Kaisertums in seiner Familie im Blick. Daher lud er gemeinsam mit Papst Johannes XIII. Otto II. zum Weihnachtsfest 967 nach Rom ein. Hier sollte er die Kaiserkrone empfangen und heiraten, denn Otto I. hatte am Kaiserhof von Byzanz um eine Porphyrogenneta werben lassen. Sein Ziel war klar: ein Mitkaisertum nach byzantinischem Vorbild und die volle Anerkennung am Bosporus.

Kaum hatte Otto II. kurz vor dem 1. November Verona erreicht, stellte ihn der stolze Vater auf einem prächtigen Hoftag den Großen Italiens vor, um Ottos II. Rolle als Mitherrscher zu unterstreichen und den Konsens der regionalen Eliten einzuholen, ohne deren Mitwirkung der Kaiser nicht herrschen und seine politischen Konzeptionen nicht umsetzen konnte. Von Verona aus reisten die beiden Ottonen nach Mantua, sodann zu Schiff nach Ravenna und von dort wieder zu Pferd nach Rom. Die demonstrative Einholung des künftigen Kaisers und seine öffentliche Präsentation an wichtigen Orten des Königreiches Italien waren genauestens geplant und sollten die Permanenz ottonischer Herrschaft südlich der Alpen demonstrieren.

Am 21. Dezember erreichte der festliche Zug den Monte Mario und am 25. Dezember 967 wurde Otto II. glanzvoll zum Kaiser gekrönt. Nun fehlte nur noch die Braut. Die Verhandlungen am Hof von Byzanz führte ein italienischer Bischof im Auftrag des Kaisers: Liutprand von Cremona, der im Frühjahr 968 nach Konstantinopel reiste, dort aber einen katastrophalen Misserfolg erlitt und die ganze Verachtung der Byzantiner gegenüber dem Kaiser im Westen zu spüren bekam.

Als Otto I. von den Problemen erfuhr, bereitete er einen Kriegszug nach Süditalien vor, um den Griechen Apulien zu entreißen. Die Vorbereitungen sollten zugleich die kaiserliche Macht in Kalabrien festigen, um sichere Basen für den Kampf in Apulien zu gewinnen. Ottos Kriegführung im Süden verlief zweigleisig. Zum einen verheerte er das Land des Gegners, ließ es aber nicht beim bloßen Akt der Zerstörung bewenden, sondern versuchte, die leidenden Gebiete in Kooperation mit dem Papsttum neu zu strukturieren. In diesem Kontext steht die päpstliche Erhebung Benevents zum Erzbistum Ende Mai 969 und dessen Ausstattung mit nicht weniger als zehn Suffraganbistümern. Die bewährte Verbindung von Expansions- und Bistumspolitik hatte Otto I. bereits erfolgreich an der Ostgrenze seines Reiches betrieben, nun übertrug er das Erfolgsmodell auf Süditalien.

Grundsätzlich stützten sich alle Ottonen, nicht nur Otto I., stark auf den italienischen Episkopat, um ihrer Herrschaft südlich der Alpen Durchsetzungskraft zu verleihen. Die Bischöfe dienten ihnen zugleich als Geistliche und weltliche Verwalter, verbesserten die Infrastruktur innerhalb ihrer Bistümer, pflegten die Straßen und fortifikatorischen Einrichtungen, kontrollierten die Landwirtschaft und die Regelmäßigkeit der Abgaben, richteten prosperierende Märkte ein und sorgten für eine geordnete Rechtsprechung. Solange der König und Kaiser die Bischöfe selbst auswählte, konnte er sich auf das Netz der Geistlichen verlassen und privilegierte sie in überreichem Maße. Wie schon nördlich der Alpen erhielten grenznahe Bistümer südlich des Alpenhauptkammes die Passhut für wichtige Straßen. Der Patriarch von Aquileja dominierte das gesamte Friaul, die Bischöfe von Como verwalteten Chiavenna und Bellinzona und die Oberhirten von Brixen und Trient kontrollierten das Etschtal; sie alle bewachten die wichtigen Pässe.

Es wäre aber ein Fehler gewesen, ausschließlich oder überwiegend ostfränkisch-deutsche Getreue auf italienische Bischofsstühle zu bringen, da ihnen der lokale Rückhalt fehlte. Zudem musste vermieden werden, dass sich ein Gefühl der Überfremdung in der Bevölkerung einstellte, wie dies offenbar unter König Hugo von Vienne der Fall gewesen war, der freiwerdende Bistümer nahezu ausschließlich mit Burgundern besetzt hatte. So begünstigte Otto I. den Aufstieg des regionalen Adels zur Bischofswürde. Damit gewann er nicht nur treue Anhänger unter den Geistlichen, sondern auch unter den Weltlichen. Solange die Macht dieser Familien nicht zu groß und vom Herrscher allzu unabhängig war, funktionierte dieses System hervorragend.

In Unteritalien entwickelte sich die neue Ordnung zunächst wenig glücklich. Der wichtigste regionale Parteigänger Ottos I., Pandulf Eisenkopf, Fürst von Capua, Spoleto, Camerino und Benevent, fiel 969 in die Hände der Byzantiner, die Kalabrien und Apulien an sich rissen. Da der Kaiser in der Lombardei weilte, leiteten Markgraf Gunther von Meißen und der sächsische Graf Siegfried den militärischen Gegenstoß – mit Erfolg. Aber das wechselnde Kriegsglück demonstriert eindrucksvoll, welcher Kraftaufwand nötig war, die Macht des Reiches so weit im Süden aufrechtzuerhalten. Otto I. kam dabei das Verdienst zu, die richtigen Männer an sich gebunden zu haben und auf längerfristige Organisation und nicht auf kurzfristigen Landgewinn hingearbeitet zu haben.

972 konnte er endlich seinen Sohn mit einer Byzantinerin verheiraten, die zwar keine Kaisertochter, aber wenigstens eine Kaisernichte war. Als Otto I. am 7. Mai 973 in der Pfalz Memleben starb, hinterließ er seinem Sohn auch relativ stabile Verhältnisse in Italien. Das war auch nötig, denn der neue Herrscher zog erst 978 nach Süden. In Unteritalien war es dank der tatkräftigen Politik Pandulf Eisenkopfs nicht zu größeren Unruhen gekommen, aber in Rom gestaltete sich die Lage schwierig: Benedikt VII., ein Anhänger der kirchlichen Reformbewegung, konnte sich nicht gegen seinen Konkurrenten behaupten und rief den Kaiser zu Hilfe.

Demonstrativ zog Otto II. nicht allein, sondern gemeinsam mit seiner Frau Theophanu und seinem 978 geborenen Sohn Otto (III.) nach Italien. Der universale Anspruch seiner Kaiserwürde stand für ihn stets außer Zweifel. Gestützt auf die Herrschaft über Rom, die Kooperation mit dem Papsttum und antike Traditionen wünschte er seine Kaiserherrschaft auf ganz Italien auszudehnen. Das war ihm den Bruch mit der Italienpolitik seines Vaters wert. Als Erstes spürte Venedig den Kurswechsel. Bislang hatten die 812 ausgehandelten Regelungen das Miteinander der Serenissima mit dem Reich stabilisiert und keine Seite focht die Abkommen an. Nun aber wandte sich Otto II. entschieden von dem Vertragswerk ab und belegte Venedig mit einer Wirtschaftsblockade, die zunächst kaum Wirkung zeitigte. Erst die zweite, 983 verhängte Handelssperre traf die Venezianer schwer; bürgerkriegsähnliche Zustände im Ringen um die Würde des Dogen erschütterten die Stadt. Otto II. war entschlossen, Venedig ganz zu unterwerfen, woran ihn nur sein früher Tod hinderte.

Auch in Unteritalien ging der Kaiser neue Wege. Otto I. hatte, nach karolingischem Vorbild, die Fürstentümer Capua, Benevent und Salerno lehnrechtlich an sich gebunden. Otto II. dagegen wollte die langobardischen Fürstentümer unmittelbar seiner Herrschaft unterstellen. Zu diesem Zweck demonstrierte er in Benevent und Salerno kaiserliche Stärke und präsentierte sich als Hüter der Gerechtigkeit. So viel imperiale Machtdemonstration war man in diesen Regionen seit langem nicht mehr gewohnt, weshalb die Annalisten von Benevent nicht wenig staunten.

Als Dreh- und Angelpunkt seiner Unteritalienpolitik diente Otto II. Salerno; von hier stieß er nach Apulien und Kalabrien vor. Die Erhebung Salernos zum Erzbistum (wohl im Frühjahr 983) sollte zum einen das byzantinische Zentrum Otranto in die Schranken weisen, zum anderen aber die Kirche Süditaliens in die Reichskirche einbinden und integrieren.

Trotz seiner insgesamt sehr kurzen Regierungszeit hielt sich Otto II. länger in Süditalien auf als die bisherigen Kaiser, was den Zeitgenossen auffiel, wobei Brun von Querfurt ihm unverhohlen reine Machtpolitik unterstellte und die St. Galler Annalen den Wunsch bemerkten, den Vater in den Schatten zu stellen. Ganz Süditalien sollte der kaiserlichen Macht unterstehen, was Krieg gegen die Sarazenen und Byzanz bedeutete. Wie schwer die hochfliegenden Pläne umzusetzen waren, ahnte Otto II. nicht. Sein Feldzug gegen die Sarazenen endete am 16. März 982 mit der katastrophalen Niederlage des kaiserlichen Heeres bei Columna Regia, einem abgegangenen Ort nahe Reggio Calabria.

Gegenüber Byzanz führte Otto II. auch psychologisch Krieg. Demonstrativ führte er während der Belagerung Tarents den Byzanz provozierenden Kaisertitel *Romanorum imperator augustus*, der seit der Kaiserkrönung Ottos III. am 21. Mai 996 für alle späteren Kaiser üblich wurde. Auf italienischem Boden stellte sich Otto II. nicht nur dem Basileus ton Romaion gleich, sondern überflügelte ihn, denn nur wer über Italien und Rom gebot, konnte der einzig wahre Kaiser sein. Seine universalen Vorstellungen fanden ein jähes Ende, als Otto II. mit nur 28 Jahren 983 starb. Er ist der einzige Kaiser, der in Rom sein Grab fand. Seine Gebeine ruhen in den Vatikanischen Grotten unter Sankt Peter. Das Reich ging schwierigen Zeiten entgegen, denn Otto II. hinterließ mit seinem einzigen Sohn, Otto III., einen unmündigen Knaben als Thronerben.

So tatkräftig Theophanu, die Mutter Ottos III., und seine Großmutter Adelheid auch waren, die lange Zeit der Unmündigkeit hinterließ tiefe Spuren und verhalf Adelsgeschlechtern zum Aufstieg, die nach dem Ende der Ottonenzeit eine wichtige Rolle in Oberitalien spielen sollten. Kaum volljährig wandte sich Otto III. selbst Italien zu und stützte sich, wie seine Vorväter, auf die Loyalität der Bischöfe. Dabei kündigte sich ein Wandel an. Hatten Otto I. und Otto II. durch die Berufung auf Bischofsthrone regionale Kräfte an sich gebunden, brachte Otto III. eigene Parteigänger und Freunde in italienischen Bistümern unter, beispielsweise Gerbert von Aurillac auf den Erzstuhl von Ravenna und einen griechischen Vertrauten seiner Mutter ins Bistum Piacenza. Grundsätzlich jedoch brach erst Heinrich II. mit der Politik seiner Vorgänger, der bevorzugt Geistliche der Hofkapelle auf Bischofsthrone berief, die für ihn alle Aufgaben der schriftlichen Administration sowie wichtige strukturelle Maßnahmen erledigten.

Eine ganz besondere Rolle in der Italienpolitik Ottos III. spielte Rom. Dort dominierten noch immer die Crescentier, die Familie des Gewaltherrn Alberich. Die Schwerpunkte ihres innerstädtischen Besitzes massierten sich an der südlichen Via Lata (im Bereich des heutigen Corso), bei der Apostel-Basilika und um die Via Recta. Ein Zweig der Familie beherrschte die Engelsburg und ließ dort ein Kastell errichten. Außerhalb der Stadt erstreckten sich die umfänglichen Liegenschaften der Familie in Latium und der Grafschaft Terracina im Süden. Ein weiterer Familienzweig kontrollierte weite Teile der Sabina mit Palästrina und Cerveteri. Konkurrenz erwuchs den Crescentiern erst im 11. Jahrhundert mit dem Erstarken der Tusculaner. Auch das Papsttum war in den Netzwerken der Crescentier verstrickt, deshalb bedeutete es ein weithin sichtbares Zeichen, als Otto III. 996 auf Bitten der Römer seinen Verwandten, den Hofkaplan Brun, Sohn des Herzogs von Kärnten, zum neuen Papst bestimmte, obwohl er noch nicht Kaiser war und daher kein Vorschlagsrecht besaß. Die Wahl eines nichtitalienischen, dem künftigen Kaiser vertrauten Papstes wies den Weg in die Zukunft: Mit Gregor V. wollte Otto III. das Papsttum aus dem Adelsgezänk der Ewigen Stadt herausreißen, doch Gregor stieß auf große Probleme. Er besaß keinerlei Hausmacht am Tiber und war ganz auf die Hilfe Ottos III. angewiesen. Die enge Kooperation der Universalgewalten wurde zur unabdingbaren Voraussetzung für die Handlungsfähigkeit des Nachfolgers Petri. Am Himmelfahrtstag 996 (21. Mai) krönte Gregor V. Otto III. in Sankt Peter zum Kaiser; unmittelbar darauf begegnete der junge Imperator erstmals Gerbert von Aurillac, der 999 Gregors Nachfolger auf dem Apostolischen Stuhl werden sollte.

Während seines Aufenthalts am Tiber hatte Otto III. nicht nur Vatikan und Lateran kennengelernt, sondern weilte auch im Kloster St. Alexius und Bonifatius auf dem Aventin, von wo aus man das Herz der Stadt überblicken konnte. Das Kloster spielte aber nicht wegen seiner spektakulären Aussicht eine wichtige Rolle, sondern wegen seiner Bedeutung für den griechisch-lateinischen Kulturtransfer. Aber die Faszination von Bildung und Kulturfülle in der Ewigen Stadt konnte nicht darüber hinwegtäuschen, dass der Aufenthalt dort in der Sommerhitze gefährlich war. Otto III. floh in die Kühle Umbriens und ließ seine Getreuen, Graf Cono von Spoleto und Camerino sowie Markgraf Hugo von Tuszien für den Schutz des Papstes sorgen. Innerhalb von drei Monaten durchzog der Kaiser nun Oberitalien, um die Präsenz seiner Herrschaft zu vergegenwärtigen und seinen Machtanspruch auf alle Teile der Apenninenhalbinsel nördlich von Rom zu unterstreichen.

Aber unmittelbar nach seiner Rückkehr über die Alpen offenbarte sich die Zerbrechlichkeit der kaiserlichen Herrschaft in Italien: Der Stadtpräfekt Crescentius verjagte Gregor V. und setzte mit Johannes Philagathos (Johannes XVI.), einem Günstling der Mutter Ottos III., einen Gegenpapst ein. Was blieb Otto III. übrig, als auf den Hilferuf seines Papstes erneut nach Italien aufzubrechen? Im Februar 998 saß er in Rom zu Gericht. Der flüchtige Gegenpapst wurde ergriffen, fürchterlich gefoltert und in einem öffentlichen Schauprozess seiner pontifikalen Gewänder entkleidet. Crescentius wurde nach schweren Misshandlungen enthauptet. Seinen Leichnam stürzte man von der Mauer der Engelsburg und hing ihn schließlich im Kreis von 12 Gefährten an den Füßen auf. Die erbitterte Rache des Papstes und des Kaisers entsetzte sogar die Zeitgenossen. Der weithin verehrte, uralte Eremit Nilus von Rosano bat öffentlich darum, den verstümmelten Johannes Philagathos in seinem Kloster pflegen zu dürfen, aber seine Bitte wurde abgeschlagen. Im Zorn prophezeite er Otto III. und Gregor V., dass Gott ihnen wegen ihrer Rachsucht nicht vergeben werde.

Noch im Jahr des Strafgerichts zeichnet sich die Rompolitik Ottos III. in der Neugestaltung seiner Bulle ab: Die Rückseite zeigt die gewappnete Büste der Roma und die Umschrift nennt die Herrscherdevise: *Renovatio Romani Imperii*, die 1001 in *Aurea Roma* umformuliert wurde. Einige Äußerungen Gerberts von Aurillac legten den Schluss nahe, Otto III. habe eine Verlagerung seines Herrschaftsschwerpunktes nach Rom auf den Palatin geplant, um an der Stelle der antiken Imperatoren sein eigenes Machtzentrum zu errichten. Solch radikale Umzugspläne dürfte es indessen nie gegeben haben; die logistischen Schwierigkeiten waren unüberwindbar. Sicher wollte Otto III. stärker als alle seine Vorgänger die kaiserliche Herrschaft vor allem in Rom intensivieren und dauerhaft verankern. Wirksame Mittel hierfür erschienen innerkirchliche Reformmaßnahmen und die Rückgabe widerrechtlich entfremdeter Kirchengüter. Die kaiserliche Gewalt sollte dem Papst helfen, die Welt zu reinigen. Dieses politische Konzept lebte auf, als nach dem Tod Gregors V. Gerbert von Aurillac zum Papst erhoben wurde, der sich in programmatischer Absicht Silvester II. nannte. Wie Konstantin der Große und Silvester I. wollten Papst und Kaiser zusammenarbeiten. In einer Schenkung betonte Otto III., dass allein Rom als *caput mundi* aus Königen Kaiser mache und daher die Ewige Stadt ein entscheidender Baustein im imperialen Herrschaftskonzept sei.

Aber die Neigung des Kaisers zu Rom erwiderten die Römer nicht. Vielmehr vertrieben sie ihn kurzzeitig. Der Kaiser starb überraschend am 23. Januar 1002 in der Burg Paterno, ohne die Lage am Tiber geklärt zu haben.

Wie dramatisch viele auf italienischem Boden den Tod Ottos III. empfanden, schildert der *Versus de Ottone et Heinrico*, den Bischof Leo von Vercelli wohl im November 1002 in Regensburg dem neuen König Heinrich II. überreichte. Mit dem Tod des jugendlichen Kaisers wäre die Welt gestorben und die Menschen von Wölfen zerfetzt worden, hätte nicht Heinrich II. den Weltuntergang gerade noch verhindert. Dies sei ein Zeichen für die besondere Erwähltheit Heinrichs. Ganz Italien riefe den neuen Herrscher zu Hilfe gegen Arduin von Ivrea und bäte zugleich um die machtvolle Stärkung der Bischöfe, vor allem natürlich Leos von Vercelli, eines Lombarden, der die Befindlichkeit der Apenninenhalbinsel sensibel erspürte.

Auch die Chronik von Venedig berichtet, die Serenissima habe sehnsüchtig auf Heinrich II. gewartet. In Oberitalien veränderte sich die politische Konstellation schlagartig, als sich Arduin von Ivrea nur zwei Wochen nach dem Tod Ottos III. zum König wählen ließ und in San Michele zu Pavia die Langobardenkrone empfing. Er empfand sich als legitimer Nachfolger Ottos in Italien, wo er rasch Akzeptanz erfuhr. Sogar der Erzkanzler für Italien, Bischof Peter von Como, ging zu Arduin über, der die Bischöfe Oberitaliens reich privilegierte. Zugleich engagierte er sich ab 1005 für die Klosterreform Wilhelms von Dijon, dessen Gründung Fruttuaria, nahe Turin am Po, zum Hauskloster Arduins wurde. In der weithin ausstrahlenden Reformabtei fanden Arduin und seine Familie ihre letzte Ruhe. Er sicherte dem Reformzentrum Schutz gegen jedermann zu und präsentierte sich als wahrer *defensor* der Kirchen und Klöster sowie als tatkräftiger Förderer der Reformidee; kein Wunder also, dass er in allen cluniazensischen und Cluny-orientierten Kreisen Anerkennung fand. Da Heinrich II. es nicht riskieren konnte, mit der Reformgruppe eine wichtige Stütze zu verlieren, zog er die Reformabtei auf seine Seite, ohne dass Abt Wilhelm seine Vorliebe für Arduin deswegen aufgegeben hätte.

Die meisten Bischöfe Oberitaliens sahen in Arduin – trotz dessen Freigebigkeit – einen bedrohlichen Feind, denn Arduin und seine Anhänger wehrten sich gegen die Rekuperation von Kirchengütern, den Rückfall kirchlicher Lehen im Todesfall und die Konzentration der Administration in bischöflicher Hand. Gerade die Bischöfe von Ivrea, Vercelli, Brescia und Novara suchten Rückhalt bei Heinrich II. in ihrem Kampf gegen den Teufel in Menschengestalt, den die Mailänder Geschichtsschreibung zwar als kriegstüchtig, aber als schwach im Geist diffamierte. Die Bischöfe schickten zwei Gesandtschaften mit Hilferufen an Heinrich II., der sich erst im März 1004 entschloss, persönlich einzugreifen.

Auf Umwegen – Arduin hielt die Veroneser Klausen besetzt – gelangte der König im Mai 1004 nach Pavia und empfing aus der Hand des Erzbischofs von Mailand die Langobardenkrone. Aber noch am Abend der Krönung (14. Mai) empörten sich die Pavesen; die Ausschreitungen nahmen überhand und der Schwager des Königs fiel. Obwohl sich Pavia bald unterwarf, wandte Heinrich schon im Juni 1004 Italien wieder den Rücken. Trotz anderslautender Versprechen mussten seine italienischen Parteigänger zehn Jahre auf den letzten Ottonen warten, der keine Eile hatte, die Kaiserkrone zu erwerben. Erst 1008/09 richtete er eine eigene Kanzlei für Italien ein, die in den Händen Bischof Eberhards von Bamberg lag – ein unübersehbares Zeichen für sein distanziertes Verhältnis zu Italien.

Den Kampf gegen Arduin von Ivrea setzten die italienischen Bischöfe bis 1014 allein fort, angeführt von Leo von Vercelli. Trotz seiner Absenz erhob der Herrscher auf italienischem Boden Bischöfe, wobei er verstärkt Mitglieder der Hofkapelle einsetzte. Das Erzbistum Ravenna erhielt sein Halbbruder Arnulf, die Patriarchen von Aquileja, deren geostrategische Bedeutung kaum zu überschätzen war, stammten für 300 Jahre aus dem Reich nördlich der Alpen und auch in der Toskana finden sich zahlreiche Bischöfe aus dem ostfränkisch-deutschen Raum, so beispielsweise Jakob von Fiesole oder Rudolf von Siena.

Erst 1012 knüpfte Heinrich II. engere Kontakte nach Italien und zum Papsttum, das er für die Bestätigung seiner Bistumsgründung in Bamberg benötigte. In Rom war es zum Schisma gekommen. Der Crescentierpapst Gregor (VI.) konnte sich nicht gegen den Tusculaner Benedikt VIII. behaupten, woraufhin der Geschlagene Heinrich II. um Hilfe bat. Dieser vertröstete den Bittsteller und ließ die Gründung des Bistums Bamberg am 21. Januar 1013 durch Benedikt VIII. bestätigen, den Heinrich II. damit als rechtmäßigen Papst anerkannte. Nun begann die Planung des Romzugs. Die Kaiseridee des letzten Ottonen fand freilich schon vor seiner Krönung bildhaften Ausdruck im berühmten Bamberger Perikopenbuch (Clm 4452), das auf der Reichenau entstanden war – sichtbares Zeugnis, dass der Herrscher nun gedanklich und politisch entschlossen war, das Kaisertum zu erlangen.

Glaubt man dem Chronisten Thietmar von Merseburg, so habe Arduin von Ivrea aufgestöhnt, als er vom Romzug Heinrichs erfuhr, und sich entschlossen, seine Krone auszuliefern und seine Söhne als Geiseln zu stellen. Die Lombardenkrone, vielleicht die eiserne Krone im Domschatz von Monza, war angesichts der Kaiserkrone praktisch ohne Wert, weshalb Heinrich II. das Angebot ausschlug. Sofort sammelten sich die Bischöfe Oberitaliens um den Herrscher, der den Jahreswechsel 1013/14 in Pavia verlebte. Aber nicht nur die Geistlichen aus der Region, sondern auch die berühmten Äbte Odilo von Cluny und Hugo von Farfa suchten die Nähe des künftigen Kaisers.

Auf der Weiterreise nach Rom hielt Heinrich in Ravenna eine Synode ab, welche die politische Marschrichtung deutlich werden ließ. Er befahl allen Bischöfen und Äbten genaue Güterverzeichnisse anzulegen und exakt zu vermerken, wer diese Güter widerrechtlich besetzt hielt. Die Bischofsmacht sollte gestärkt und diejenige der Anhänger Arduins von Ivrea empfindlich beschnitten werden. Die zupackende Politik Heinrichs II., welche bereits die Herzöge nördlich der Alpen deutlich zu spüren bekommen hatten, traf nun auch die oberitalienischen Großen mit ganzer Härte.

Am 14. Februar 1014 holte Papst Benedikt VIII. Heinrich II. feierlich in Rom ein und überreichte ihm einen goldenen Globus (Sphaira) als Symbol der imperialen Weltherrschaft und des christlichen Universums. Die Sphaira schenkte Heinrich II. später dem Kloster Cluny, um das „Zeichen des göttlichen Auftrags in die Obhut dieses besonders heiligen Ortes" zu geben (Weinfurter, Heinrich II., S. 238). Ohne Wissen des zukünftigen Geschenkes huldigte Odilo von Cluny dem Herrscher in einem Brief und stilisierte ihn zum strahlendsten Kaiser.

Aber wieder hielt sich Heinrich II. nicht lange in Italien auf und überließ das Land den noch immer nicht gelösten Konflikten, worüber sich seine Parteigänger südlich der Alpen nicht wenig beklagten. Unteritalien litt unter sich teilweise gewaltsam entladenden Spannungen, wobei die Byzantiner an Boden gewannen. Gegen die Ausdehnung des Verwaltungssystems des Katepans und die fortifikatorische Sicherung der Nordgrenze Apuliens erhob sich aber rasch Widerstand innerhalb Unteritaliens, dessen Zentrum in Bari lag. Doch der Aufstand wurde niedergeworfen und die byzantinische Expansion schritt voran. 1011 fühlten sich die Führungseliten in Salerno und Capua sowie Papst Benedikt VIII. so sehr von Byzanz bedroht, dass sie erstmals normannische Krieger anwarben und damit eine Kraft nach Italien lockten, die dort noch eine erhebliche Rolle spielen sollte.

Aber auch diese konzertante Aktion gegen Byzanz scheiterte und 1018 blieb nur ein neuerlicher Hilferuf an den fernen Kaiser, der, da der Konflikt das Verhältnis der beiden Kaiser zueinander tangierte, nicht sofort reagierte, sondern Benedikt VIII. für 1020 nach Bamberg einlud, in das neue Rom. Dort gewährte er ihm das Heinricianum, das den Schutz des Papsttums und seiner Besitzungen umfasste und in direktem Zusammenhang mit der aktuellen Situation in Unteritalien zu sehen ist. Zudem beschloss er einen dritten Italienzug, der im Herbst 1021 begann. Als der Kaiser Anfang Dezember 1021 Verona erreichte, eilten die Bischöfe von Vercelli, Mantua und Padua zu ihm. Auf dem Weg nach Süden stieß noch der Patriarch von Aquileja mit einem namhaften Aufgebot hinzu. Gemeinsam unterwarfen sie die Fürsten von Salerno und Capua und nahmen im Juni 1022 die byzantinische Hauptfestung im nördlichen Apulien ein, Troia.

Als Griechen-Sieger wandte sich Heinrich II. Montecassino zu, dem Mutterkloster des abendländischen Mönchtums. Die Mönche hatten sich griechisch orientiert, eine Entscheidung, die Heinrich II. nun revidierte. Abt Atenulf floh und der Kaiser setzte einen westlich gesinnten Abt ein, unter dessen Ägide sich Montecassino zu einer verlässlichen Stütze des Kaisertums im Süden wandelte.

Nun wäre die Zeit für eine dauerhafte Ordnung Unteritaliens gekommen, aber der Kaiser verließ das Land sehr plötzlich, so dass seine Erfolge in Apulien rasch zunichte wurden. Italien blieb Heinrich II. fremd und er konnte und wollte sich nicht dazu aufraffen, der Kaiserherrschaft dort nachdrückliche Geltung und Gültigkeit zu verschaffen und dem Land eine perspektivenreiche Neustrukturierung einzuprägen.

Während des 10. und frühen 11. Jahrhunderts war es auf italienischem Boden zu einer Vielzahl monastischer Neuerungen gekommen, von denen bislang nur Fruttuaria kurz gestreift wurde. In den Wirren des ausgehenden 9. und frühen 10. Jahrhunderts hatten viele Benediktinerabteien durch Plünderungen schweren Schaden genommen. Nur wenige kamen ungeschoren davon, so beispielsweise S. Salvatore di Monte Amiata in der südlichen Toskana oder Bobbio im Tal des Flüsschens Trebbia. Aber selbst diese litten unter den chaotischen Zuständen, denn die Stifter hielten sich mit Zuwendungen zurück. Neugründungen gab es fast gar keine mehr und dort, wo neue Konvente entstanden, entwickelten sie sich zunächst nur sehr zögerlich. Selbst das berühmte, 874 gegründete Kloster Pomposa in den Auensümpfen des Po-Deltas kämpfte gut 100 Jahre lang um das nackte Überleben; erst ab 982 erhöhte sich das Spendenaufkommen deutlich.

Pomposa, Abbazia di Santa Maria, 8./9. Jh.

Ein weiterer Grund für die wirtschaftlichen Probleme der Benediktiner war das Eremitentum, das in Italien besondere Bedeutung erlangte und auf griechische Kultureinflüsse zurückzuführen war. Nilus von Rosano lebte in Kalabrien, musste aber vor den Sarazenen zurückweichen und starb 1005 in seiner Gründung Grottaferrata südöstlich von Rom in den Albaner Bergen, wo bis heute die Messe nach byzantinischem Ritus gelesen wird – die Spuren des unerschrockenen Eremiten haben die Zeiten überdauert.

Weit größere monastische Bedeutung erlangte Romuald, der Sohn des Herzogs Sergius von Ravenna. Um für seinen Vater Buße zu tun, trat er in den uralten Konvent Sant'Apollinare in Classe bei Ravenna ein, empfand die dortige Lebensordnung aber als halbherzig und verließ das Kloster, um in dem Sümpfen nahe der Adria als Eremit zu leben. Von dort zog es ihn in die Pyrenäen nach St-Michel-de-Cuxa, wo er die *Consuetudines* von Cluny kennen- und schätzen lernte. Die sehr strenge Lebensweise faszinierte ihn; als Vater der vernunftgemäß lebenden Eremiten kehrte er nach Italien zurück. Trotz der harten Bußpraktiken, die Selbstgeißelung einschlossen, scharten sich schnell Bewunderer um ihn, die mit ihm leben wollten. Otto III. bat ihn, das traditionsreiche Kloster Sant'Apollinare in Classe zu leiten, aber als er seine Ideen dort nicht umzusetzen vermochte, warf er erzürnt dem Kaiser seinen Abtsstab vor die Füße und zog sich in die lebensfeindliche Höhe des Apennin nach Camaldoli zurück. Sein bedeutendster Schüler, der den Lehrer persönlich nicht mehr gekannt hat, war Petrus Damiani, der hochgelehrte Vordenker der Kirchenreform, der Asket im Kloster Fonte Avellana, der Theologe, Philosoph und Pragmatiker, der im Ringen der beiden Universalgewalten im sogenannten Investiturstreit das Schlimmste verhüten wollte, die extreme Zuspitzung des Konflikts aber nicht mehr miterleben musste; er starb 1072 in Faenza.

Nach einer Schwächeperiode erlebten auch die Benediktiner im 10. und 11. Jahrhundert eine fulminante Renaissance in Italien. Die Markgrafen von Canossa, die wichtigste und unaufhaltsam aufsteigende Kraft im Bereich der heutigen Emilia-Romagna, gründeten an den Nordhängen des Apennin und in der Po-Ebene allein fünf Klöster – San Benedetto Po (Polirone), S. Genesio di Brescello, Santa Maria di Felonica, S. Apollonio in Canossa sowie Frassinoro – zur Strukturierung ihres Machtbereiches, zur Bonifizierung des Landes, zur Kontrolle wichtiger Straßen und zu administrativen Zwecken. In der Toskana lösten Markgraf Hugo und seine Familie einen wahren Klostergründungsboom aus: Capolona (972) gründete er selbst, das Marien-Kloster in Florenz, die Badia, stiftete er gemeinsam mit seiner Mutter (978) und 1005 rief seine Tochter Willa Quiesa (nahe Lucca) ins Leben. Die Mönche waren wichtige Agrarinnovatoren, die mit technischem und botanischem Wissen, aber auch mit Krediten halfen, die Böden kultivierten und neue Produkte anbauten; angeblich wurde der Weinbau im Chianti-Gebiet wesentlich durch die von den Firidolfi-Ricasoli gegründete Badia a Coltibuono veredelt.

Die Klostergründungswellen erfassten rasch auch die Bischöfe, die zahlreiche Konvente innerhalb ihrer Bischofsstädte stifteten – eine Besonderheit Italiens. Siegfried von Parma ist der Fundator des Johannes-Klosters (983), Hildebrand von Florenz gründete San Miniato und Teuzo von Reggio (Emilia) den Konvent San Prospero. Die blühenden innerstädtischen Abteien spielten für das urbane Leben als Wirtschaftsfaktor – immerhin bezahlte San Zeno in Verona ein Viertel der Stadtmauer –, als spirituelle und intellektuelle Kristallisationszentren sowie als Drehscheiben des internationalen Kulturtransfers eine kaum zu überschätzende Rolle.

Aber die Konvente dienten natürlich in erster Linie dem spirituellen Leben, und hier deutet sich ein grundlegener Wandel an. Immer häufiger wurde in Stiftungen verlangt, dass die Mönche den Regeln entsprechend leben sollten und die Äbte keinesfalls durch simonistische Praktiken, also durch Geld und andere Zuwendungen aller Art, in ihre Ämter gelangen dürften. Wäre dies doch geschehen, so müssten sie hinausgeworfen werden und ein Würdigerer ihren Platz einnehmen; so beispielsweise in der Gründungsurkunde des Klosters Isola im Sumpfgebiet nördlich von Siena.

Mit den fetten Jahren des späteren 10. Jahrhunderts hatten sich vielerlei Missstände in den wohlhabenden Konventen eingeschlichen. Dies musste auch Johannes Gualbertus in San Miniato in Florenz erleben, wo er hoffnungsvoll eingetreten war. 1035 konnte er seine Augen nicht mehr davor verschließen, dass der Konvent durch Simonisten geleitet wurde. Als sein Protest nichts nützte, floh er in die Waldeinsamkeit des Pratomagno und gründete Vallombrosa. Die strenge Lebensführung lockte rasch Stifter und Mönche an, so dass die Abtei schnell expandiert. Zur Weihe der ersten Holzkirche entsandte Heinrich III. den Bischof von Paderborn als Zeichen seiner Verbundenheit. Die Weihe des Altars in der ersten Steinkirche nahm Kardinal Humbert von Silva Candida vor; ein glühender Verfechter der Kirchenreform, aber ein kompromissloser, polarisierender Geist. Eine neue Zeit der Unruhen und des Kampfes der beiden Universalgewalten, die doch nach früh- und hochmittelalterlicher Auffassung nach Gottes Willen hätten zusammenarbeiten müssen, deutete sich an.

VI.

Süditalien unter den Normannen

Als Papst Benedikt VIII. gemeinsam mit den Fürsten der langobardischen Herzogtümer Süditaliens 1018 Kontakte zu normannischen Kämpfern knüpfte, um die byzantinische Expansion in Unteritalien zu stoppen, ahnte er nicht, welch dauerhaften Einfluss sie dort erringen würden. Dass er überhaupt auf die alten Widersacher zurückgriff, deren verheerende Raubzüge noch nicht vergessen waren, zeigt die Verzweiflung der Nachfolger Petri und ihrer Verbündeten. Die Lage in Unteritalien war hochexplosiv, da die Byzantiner durch enormen Steuerdruck und erhebliche Ungleichbehandlung Bari, Trani, Barletta, Brindisi und Monopoli gegen sich aufgebracht hatten. Die dortigen Händler genossen nicht die Zollfreiheit, die das Byzantinische Reich 992 Griechen und Venezianern in Unteritalien zugestanden hatte. Daher gab es schmerzhafte Wettbewerbsverzerrungen. Obwohl Bari am Fernhandel mit Wein, Öl und Getreide sowie mit der Personenschifffahrt in der Levante gut verdiente, wollte es die Schlechterstellung nicht hinnehmen. Als sich die Geistlichkeit auf die Seite der Kaufleute schlug, eskalierte die Situation.

Was die normannischen Krieger nach Italien gelockt hatte, ist nicht ganz geklärt. In der Normandie gab es einen erheblichen Überschuss an waffenfähigen, ehrgeizigen Rittern, die von einer schier unbändigen Abenteuerlust getrieben zu sein schienen. Eine organisierte Landnahme auf italienischem Boden war zu Beginn des 11. Jahrhunderts nicht geplant. Die normannischen Herzöge dürften in die Aktion nicht eingeweiht gewesen sein. Die Krieger ergriffen wohl einfach die günstige Gelegenheit, um ihre Tüchtigkeit unter Beweis zu stellen und reiche Beute zu machen. Es war ja auch nicht das erste Mal, dass sie als Helfer nach Italien kamen. Schon 999 hatten zufällig nahe Salerno weilende Normannen Fürst Waimar von Salerno gegen die Sarazenen beigestanden. Die einmalige Episode erhielt nun durch den päpstlichen Hilferuf eine dauerhafte Fortsetzung.

Obwohl die Schlacht gegen die Byzantiner bei Cannae mit einer völligen Niederlage endete, hatten sich die Normannen als schlagkräftige Kämpfer empfohlen. Die Überlebenden blieben in Süditalien und schlossen sich den Langobarden an, ließen sich aber auch von anderen Kräften anwerben. Daher bildeten sie zunächst keine geschlossene Einheit, sondern kämpften nicht selten im Dienst verschiedener Herren, wenn es sein musste auch gegeneinander: Normannen stellten die Burghut von Troia, um im Auftrag des byzantinischen Feldherrn Boioannes die Ebene von Foggia zu bewachen und Benevent sowie die Monti della Daunia in Schach zu halten, und gehörten gleichzeitig zu den Aggressoren gegen Troia im Sold langobardischer Fürsten. Nebenher stritten sie an der Seite der Seestädte Neapel, Amalfi und Gaeta gegen die Dominanz der langobardischen Fürsten. Trotz der offensichtlichen Uneinigkeit stiegen die Normannen gesellschaftlich rasch auf.

1030 wird Rainulf Drengot als erster Normanne von Herzog Sergius von Neapel mit der Grafschaft Aversa belehnt. Nachdem er zuvor den Gegner Sergius', Pandulf IV. von Capua, unterstützt hatte, wechselte er die Seiten und heiratete die Schwester des Herzogs. Doch damit war die politische Orientierung Rainulfs keineswegs für alle Zeiten geklärt. Als seine Frau starb, heiratete er die Nichte Pandulfs IV. von Capua und ging neuerlich auf dessen Seite über; Pandulf stand im Zenit seiner Macht und Neapel versank in der politischen Bedeutungslosigkeit. Aber Pandulf überspannte den Bogen, so dass das Domkapitel von Capua, Montecassino und Pandulfs eigene Verwandtschaft König Konrad II., den ersten Salier, zu Hilfe riefen. Nach Pandulfs Flucht setzte der Herrscher dessen Neffen, Waimar von Salerno, ein, der praktisch ganz Campanien dominierte und sich sogleich der Unterstützung des Normannen Rainulf versicherte und ihn in Gegenwart des Königs mit der Grafschaft Aversa belehnte, wodurch Rainulfs Belehnung reichsrechtliche Anerkennung fand – ein Präzedenzfall, der rasch Schule machte. Die Nachricht, dass in Süditalien das Glück gewissermaßen auf der Straße lag, verbreitete sich rasch in der Normandie und zog immer mehr abenteuerlustige Normannen ins Land.

Die wichtigsten Neuankömmlinge waren die Hauteville. Tankred von Hauteville hatte aus zwei Ehen 12 Söhne, für deren Unterhalt der kleine Besitz in der Normandie nie ausgereicht hätte. Die ältesten Söhne, Wilhelm (Eisenarm) und Drogo, suchten ihre Zukunft in Süditalien, wohin ihnen mit zeitlicher Verzögerung vier ihrer Halbbrüder folgten. Zunächst dienten sie den Byzantinern, wechselten aber nach deren erfolglosem Versuch, 1038 Sizilien zu erobern, die Seiten und kämpften 1041/42 gemeinsam mit apulischen Großen gegen Byzanz, was auf lange Sicht das Ende der griechischen Herrschaft in Unteritalien einleitete.

Allerdings waren die frühen normannischen Bündnisse äußerst labil; heutige Freunde wurden morgen bekämpft und umgekehrt. So darf es nicht verwundern, dass der griechische Katepan ihnen Melfi zur Verteidigung übertrug. Er wurde enttäuscht, denn die Normannen dachten nicht daran, Byzanz dafür im unruhigen Apulien beizustehen. Vielmehr bauten sie Melfi zu ihrem eigenen Zentrum aus und schlugen sich auf die Seite der Apulier. Mit ihrer Hilfe wurden die Griechen bei Venosa di Puglia und Cannae besiegt, was einen Flächenbrand auslöste. Jetzt schlossen sich auch Bari, Monopoli oder Matera dem Aufstand an, der auf ganz Apulien übergriff. Aber dem Anführer der Apulier, Argyros, waren die Normannen nicht geheuer; er verbündete sich mit den Byzantinern. Die verhassten, aber weit entfernten Griechen waren ihm lieber als die sich in Apulien einnistenden Normannen. Sein Beispiel machte Schule und auch Bari trat wieder auf die Seite der Griechen. Offensichtlich hatten sich die Normannen zunächst wenig Freunde gemacht und ihr rasanter Aufstieg wurde von den lokalen Führungseliten mit Misstrauen beobachtet.

Plötzlich ohne Anführer wählten sich die Normannen erstmals einen aus ihren eigenen Reihen: Wilhelm (Eisenarm), der sich sofort mit Herzog Waimar von Salerno und den Langobarden verbündete und dafür sorgte, dass normannische Anführer mit Lehen ausgestattet wurden, um die normannische Macht auf eine breitere Basis zu stellen. Der Plan war klug, ging aber nicht auf, da der vertriebene Herzog Pandulf IV. aus dem griechischen Exil zurückkehrte und einen neuen Krieg in Campanien anzettelte. In der verfahrenen Situation sollte Heinrich III. helfen. 1047 bestätigte er offiziell Drogo von Hauteville, den Bruder des soeben verstorbenen Wilhelm (Eisenarm), als Grafen der Normannen in Apulien und Kalabrien sowie Rainulf II., den Sohn Rainulfs I., als Grafen von Aversa. Capua musste Herzog Waimar an Pandulf IV. zurückerstatten, so dass es künftig in Campanien zwei Gewalten gab, die sich gegenseitig in Schach halten sollten. Zugleich setzte Heinrich III. alles daran, dass die Normannen die Macht nicht in einer Hand konzentrierten, in der Hoffnung, ihre Anführer würden sich gegenseitig zügeln. Die Südgrenze des Reiches schien fürs Erste gesichert.

Beflügelt von der herrscherlichen Anerkennung richteten sich die Normannen in Benevent ein und sicherten es durch Burgen. Auf die gute Nachricht hin erschien wohl 1046 plötzlich ein weiteres Mitglied der Familie Hauteville auf apulischem Boden: Robert Guiscard (der Listige). Es gelang ihm, seinem älteren Bruder Drogo eine Burg abzuschwatzen. Er erhielt die kleine, hölzerne Festung Scribla (nördlich von Cosenza) an der Via Popilia im Norden Kalabriens – der Beginn einer phänomenalen Karriere. Scribla lag in einer unwirtlich-sumpfigen, malariaversuchten Senke; eine Festungsruine erinnert noch an den normannischen Aufstieg. Dort hielt es niemand lange aus und Robert zog schon bald in das nahe, hoch und malariafrei gelegene San Marco Argentano, wo er eine steinerne Burg errichtete. Obwohl ihm der brennende Ehrgeiz Roberts ein Dorn im Auge war, konnte Drogo dessen vorteilhafte Ehe mit Alberada, der Tochter des gut etablierten Normannen Girard von Buonalbergo, nicht verhindern; Roberts Machtbereich verlagerte sich an die Grenze zu Benevent.

Rasch fühlte sich das Papsttum bedroht. Dort hatte es nach zwei sehr kurzen Pontifikaten einen neuerlichen Wechsel gegeben: Leo IX. übernahm den Stuhl Petri. Mit ihm brach für das Selbstverständnis der Nachfolger Petri eine neue Zeit an. Wie keiner seiner Vorgänger versuchte Leo, dem Papsttum Weltgeltung zu verschaffen, wozu er eine lebhafte Reisetätigkeit entfaltete, die ihn binnen weniger Jahre sechs Mal über die Alpen führte. Schon bald nach seiner Inthronisation unternahm Leo IX. eine Wallfahrt zum Michaelsheiligtum auf dem Monte Gargano, um die Reformidee und den Kampf gegen Simonie in Unteritalien zu verbreiten und um mit den Normannen ins Gespräch zu kommen; Letzteres ohne Erfolg. Von dem Rückschlag nicht entmutigt, ernannte Leo 1050 seinen Vertrauten Humbert von Moyenmoutier zum Kardinal von Silva Candida und zugleich zum Erzbischof von Sizilien. Obwohl das Papsttum zu diesem Zeitpunkt auf der Insel keinen Einfluss besaß, steht die Erhebung für eine programmatische Neuausrichtung: Das selbst- und sendungsbewusste Reformpapsttum war nicht gewillt, Sizilien dauerhaft den Arabern zu überlassen.

Gegen die drangvolle Nähe der Normannen verbündete sich Leo IX. mit Byzanz. Da sich Heinrich III. nicht zum Eingreifen überreden ließ, schlug der Papst zu. Das Ergebnis der papalen militärischen Selbstüberschätzung war katastrophal: Das viel zu schwache Heer wurde 1053 bei Civitate aufgerieben, Leo IX. geriet in normannische Gefangenschaft. Robert Guiscard hatte seine erste militärische Feuerprobe bestanden.

Leo IX. überlebte die Niederlage nicht lange; aber die Normannen gingen gestärkt aus dem Treffen von Civitate hervor. Waren sie bislang damit zufrieden, kleinere Herrschaften aufzurichten, hatte der Listige andere Pläne, die er skrupellos umsetzte: Er wollte ganz Apulien und Kalabrien in seine Hand bekommen. Zäh rang er eine Stadt Kalabriens nach der anderen nieder. Wer sich nicht ergab, wurde mit allen Schrecken mittelalterlicher Kriegführung konfrontiert. Ohne jedes Mitgefühl wurde die Ernte vernichtet, die Felder verwüstet und die Wasserversorgung abgegraben, um die Städte auszuhungern. In seinem Expansionsdrang machte Robert auch vor seinem älteren Bruder Humfred nicht halt. Als Humfred 1057 starb, vererbte er – wohl nicht ganz freiwillig – seine Stellung als Anführer der Normannen in Apulien an Robert. Problemlos trat er das Erbe an; die Normannen hatten sich daran gewöhnt, von einem Hautville beherrscht zu werden. Die drangvolle Nähe zu Byzanz und dem Papsttum schweißte sie zusammen.

Mit neuer Kraft zwang Robert Reggio Calabria, Bari, Tarent und Brindisi in die Knie. Nennenswerte Schwierigkeiten bot ihm dabei nur sein jüngerer Bruder Roger, der sich durch den dominanten Älteren gegängelt fühlte und kurzzeitig einen Aufstand gegen ihn anstachelte. Nach ihrer Versöhnung musste der Jüngere dem Älteren jeweils die Hälfte seiner Eroberungen sowie seiner Beute abtreten, aber nun konnte sie nichts mehr bremsen. Lediglich im Norden Campaniens kamen sie nicht voran; hier expandierte Richard von Aversa. Die Normannen waren klug genug, einen Kampf in der eigenen Familie zu vermeiden. Gemeinsam griffen sie Neapel an, das sich mit letzter Kraft aus der Umklammerung befreite und bis 1131 selbständig blieb.

Angeheiratete Verwandte konnten nicht auf Schonung oder Rücksichtnahme zählen, wie Gisulf von Salerno schmerzlich erfahren musste. 1058 hatte Robert seine erste Frau wegen angeblich zu naher Verwandtschaft verstoßen und sich mit der standesgemäßeren Sichelgaita vermählt, der Schwester Gisulfs. Als Schwager Roberts wähnte er sich in Sicherheit. Ein Irrtum! Gisulf wurde niedergerungen und Salerno 1077 dem Machtbereich Roberts einverleibt. Damit war zugleich das letzte langobardische Herzogtum als selbständige Größe von der politischen Landkarte verschwunden.

Angesichts der normannischen Übermacht entschloss sich das Papsttum zum radikalen Politikwechsel, zu der faktischen Anerkennung dessen, was ohnehin nicht zu ändern war. Die Vorverhandlungen führte der Kardinalsubdiakon Hildebrand, der spätere Papst Gregor VII. Seiner Überzeugungskraft gelang es, Papst Nikolaus II., Robert Guiscard und Rainulf II. von

Aversa 1059 an den Verhandlungstisch zu bringen. In einem feierlichen Zeremoniell anerkannte der Apostolische Stuhl die normannischen Eroberungen, während im Gegenzug Rainulf und Robert ihre Machtbereiche vom Papst zu Lehen nahmen. Die Vorteile lagen auf der Hand: Die Normannen besaßen nun eine unangreifbare Legitimation ihrer Eroberungen und das Papsttum durfte auf rasche militärische Hilfe ihrer Lehnsleute hoffen. Ob die Belehnung freilich rechtens war, ist fraglich. Der ferne Königshof sah die Entwicklung mit Verärgerung, konnte aber nicht Einhalt gebieten; Heinrich III. war 1056 gestorben und seither herrschte im Reich ein minderjähriger Knabe.

Für das Papsttum bot die Allianz neben militärischem Schutz auch die Möglichkeit, die Ideen der Kirchenreform nach Süditalien und Sizilien zu tragen. Doch Nikolaus II. wusste, dass er ohne die normannischen Waffen niemals auf Sizilien wirkmächtig werden würde; ein Wissen, das sich in dem Titel ausdrückte, mit welchem er Robert Guiscard 1059 in Melfi begrüßte: Herzog von Apulien und Kalabrien und zukünftiger Herzog von Sizilien.

Der jüngste, letztlich aber erfolgreichste Hauteville war Roger, der seine politischen Ambitionen auf Sizilien konzentrierte, um aus dem Schatten seiner Brüder heraustreten zu können. Geschickt verknüpfte er sein Macht- und Gewinnstreben mit dem Heidenkampf gegen die Muslime auf Sizilien. In den Verlautbarungen klingt bereits die Kreuzzugspolemik späterer Jahrzehnte an.

1061 setzten die Hauteville auf die Insel über und eroberten durch eine List im Mai Messina und die strategisch wichtige Festung Rometa. Aber im Landesinneren kam ihr Kriegszug vor Enna zum Stehen, und auf dem Rückzug verloren sie die meisten Plätze wieder. Zu der militärischen Schlappe kamen Familienstreitigkeiten hinzu. Roger hatte seinen Bruder Robert um einen Teil Kalabriens gebeten, um seine Braut ausstatten zu können, aber Robert wies ihn zurück. Es kam zum Kampf, der die normannische Herrschaft in Kalabrien ernstlich in Gefahr brachte. Erst die mögliche Katastrophe ließ die Brüder zur Besinnung kommen.

Roger verband sich im Kampf um Sizilien mit dem Papsttum, das ihm ein geweihtes Banner schickte. Die lukrative Verbindung von Landgewinnen und Heidenkampf rief rasch noch weitere Beutehungrige auf den Plan. Vor allem die Seemächte Genua und Pisa engagierten sich in Sizilien und griffen mit ihrer Flotte Palermo an. – Zum Dank für ihren Sieg stifteten die

Pisaner 1064 ihrer Stadt einen neuen Dom. Eine Zusammenarbeit der Seestädte mit Roger gab es aber nicht, da dies seinen Bruder ernstlich erzürnt hätte. 1064 brachen Roger und Robert neuerlich nach Sizilien auf; doch auch dieser Kriegszug endete unplanmäßig. Die Einnahme Palermos misslang; notgedrungen begnügten sich die Normannen mit Plünderungen und kehrten auf das Festland zurück, wo Robert mit dem Fall Baris 1071 auch noch den letzten byzantinischen Außenposten in Apulien unterwarf. Im Kampf um Bari erprobten die Normannen erstmals ihre Flotte und verwerteten dabei ihre sizilianischen Erfahrungen. Bei ihrem dritten Vorstoß auf die Insel belagerten sie Palermo nun vom Land und vom Wasser aus. Wohl im Januar 1072 fiel Palermo durch eine Kriegslist.

Wer geglaubt hatte, dass die immer neuen Eroberungen den Expansionsdrang der Normannen bremsen würden, täuschte sich. Als nächstes Ziel geriet Benevent in ihr Visier, was sie in Frontstellung zum Papsttum brachte. Gregor VII. verhandelte selbst mit Robert Guiscard, aber seine Bemühungen blieben ohne Erfolg. Daher bannte der Papst Robert 1074 und kooperierte seinerseits mit Richard von Capua und Gisulf von Salerno, um eine schlagkräftige Allianz gegen Robert zu schmieden. Aber es gelang Gregor VII. nicht, ein machtvolles Heer aufzubieten. Schon bald quälten den Papst andere Sorgen, denn mit dem Ausbruch der heißen Phase des sogenannten Investiturstreites musste er alle Kräfte auf seinen Kampf um die Kirchenreform und gegen König Heinrich IV. konzentrieren.

Nach der Bannlösung von Canossa 1077 konnte Gregor VII. sich wieder mit Unteritalien befassen. Dort hatten die Normannen die Gunst der Stunde genutzt, Salerno erobert und rückten neuerlich auf Benevent vor, bedrohten das päpstliche Interessengebiet also gleich doppelt. 1078 bannte Gregor VII. alle Normannen, die Benevent bedrängten, und machte Robert Guiscard durch ein Bündnis mit dem Sohn Richards von Capua, Jordan, ernstlich zu schaffen.

Aber die Zeitläufte arbeiteten gegen Gregor. Als sich der Investiturstreit neuerlich zuspitzte, musste sich der Papst seinem normannischen Beschützer wieder annähern. Bald nach der zweiten Bannung Heinrichs IV. erteilte Gregor VII. Robert im Juni 1080 die Absolution und der Normanne leistete dem Nachfolger Petri den Vasalleneid. Allerdings schlug Robert aus der Notlage des Papstes Kapital. Gregor VII. musste ihn als Herrscher über Amalfi und Salerno anerkennen.

Als Heinrich IV. 1084 nach Rom kam, um am 31. März aus der Hand des

Gegenpapstes die Kaiserkrone zu erlangen, rief Gregor VII. Robert Guiscard zu Hilfe. In atemlosem Zorn musste der Papst von der Engelsburg aus zusehen, wie der Gegenpapst Clemens III. in St. Peter inthronisert wurde und anschließend Heinrich IV. die Kaiserkrone aufs Haupt setzte, aber Robert ließ nicht lange auf sich warten. Allerdings hatte sich Gregor VII. seine Befreiungsaktion anders vorgestellt. Auf die Nachricht vom Herannahen der Normannen zogen sich Heinrich IV. und Clemens III. aus Rom zurück. Die Stadt leistete den Normannen keinen Widerstand, dennoch plünderten sie Rom fürchterlich. In San Clemente erinnert noch heute der Unterschied zwischen spätantikem und hochmittelalterlichem Fußboden-Niveau an das Ausmaß der Verwüstungen. Angesichts der Gräueltaten musste Gregor VII. mit seinen Befreiern nach Süden ziehen; am Tiber hätte man ihn getötet. In Salerno lebte er als Gast und doch praktisch als Gefangener im Umfeld Robert Guiscards, wo er 1085 starb.

Nur wenige Wochen nach Gregor VII. starb auch Robert Guiscard, der sich bei der Belagerung der griechischen Insel Kephallonia eine todbringende Seuche eingehandelt hatte. Ins Hoheitsgebiet von Byzanz trieb ihn wohl der Drang nach der Kaiserkrone am Bosporus; jedenfalls berichtet dies die byzantinische Geschichtsschreiberin Anna Komnena. Mit ihm sanken auch die hochfliegenden Träume von einer normannischen Dominanz auf dem Balkan und im Mittelmeerraum ins Grab.

Erbe und Nachfolger Roberts wurde sein Sohn aus der Ehe mit Sichelgaita, Roger Borsa, was bei Roberts Erstgeborenem, Bohemund, auf erbitterten Widerstand stieß. Der Sohn Alberadas wollte sich nicht mit Tarent abspeisen lassen. Aber er wich aus, nahm am ersten Kreuzzug teil und eroberte sich kurzfristig ein eigenes Fürstentum in Antiochia; eine Herrschaft, die eigentlich der Oberhoheit des byzantinischen Kaisers unterstand. Obwohl Bohemund nach wechselvollem Schicksal nach Unteritalien zurückkehrte und dort 1111 starb, spielte er auf italienischem Boden keine Rolle mehr.

Seinem Halbbruder Roger Borsa hat das Ausweichen des blutsverwandten Konkurrenten freilich wenig genützt. Ihm fehlte die Tatkraft und Entschlossenheit seines Vaters. Damit überließ er die normannische Expansion ganz seinem Onkel Roger, der Sizilien eroberte. Allenthalben waren die Mohammedaner auf europäischem Festland am Ende des 11. Jahrhunderts auf dem Rückzug. Ihre innere Zerstrittenheit machte ein gemeinsames Vorgehen gegen ihre christlichen Feinde zu diesem Zeitpunkt unmöglich. Dieser Uneinigkeit ist auch der Erfolg des ersten Kreuzzuges geschuldet.

1088 fiel Syrakus und 1091 ergab sich als letzte muslimische Bastion Noto; damit war die Eroberung Siziliens durch Roger fast exakt 30 Jahre nach seinem ersten Übersetzen auf die Insel abgeschlossen. Geschickt erweiterte Roger seine Herrschaft nicht nur, sondern konsolidierte sie auch. Papst Urban II. ließ es geschehen, dass Roger die Kirche Siziliens nach seinem eigenen Dafürhalten organisierte und ohne Rückfrage in Rom Bischöfe berief; ja mehr als das: 1098 gewährte er ihm das Vorrecht, keine päpstlichen Legaten ins Land lassen zu müssen, wenn er dies nicht wünschte. Zudem stattete er Roger mit den Vollmachten eines päpstlichen Legaten aus und gewährte ihm das Privileg, diejenigen Bischöfe auszuwählen, welche ein Konzil besuchen durften. Damit begründete er die sogenannte *monarchia Sicula*, welche die Kirche Siziliens ganz unter die Gewalt der sizilischen Krone stellte. Die *monarchia Sicula* wurde zum andauernden Streitpunkt zwischen der Kurie und dem Hof in Palermo, der das Mittelalter lange überlebte und erst nach der Einigung Italiens unter Viktor Emanuel II. 1870 zur Ruhe kam.

Die *monarchia sicula* ermöglichte Roger besondere Toleranz gegenüber anderen Glaubensgemeinschaften, die Sizilien geprägt hatten. Niemand wünschte die Abwanderung aller Araber, auf deren Kunstfertigkeit und Wissen man nicht verzichten konnte. Sie hatten Zitrusfrüchte auf Sizilien ebenso heimisch gemacht wie die Seidenweberei, was den Herren der Insel zu Reichtum verhalf. Hätten die Muslime Sizilien verlassen, wäre die Finanzquelle rasch versiegt. Zudem verfügten die Araber über ein hervorragend funktionierendes Verwaltungssystem, das dank der normannischen Toleranz weiterarbeitete. Neben den Muslimen lebten auch viele Juden auf Sizilien, die als Kreditunternehmer und Händler, aber auch als kunstfertige Handwerker unentbehrlich waren. Noch lebten sie unbehelligt, aber die Zeit der ersten Pogrome während der Kreuzzüge war nicht mehr fern, wenn auch die schlimmsten Verfolgungen erst im 14. Jahrhundert stattfanden. Und da waren auch noch die Griechisch-Orthodoxen. Seit dem Ausbruch des Schismas zwischen Rom und Konstantinopel 1054 wohnte dem Miteinander von Orthodoxen und Katholiken erhebliches Konfliktpotential inne. Die Orthodoxen stellten die größte Bevölkerungsgruppe Siziliens und ihre Arbeitskraft war unverzichtbar, an ihre Vertreibung gar nicht zu denken. Vor allem in der arbeitsintensiven Landwirtschaft wurden sie gebraucht. Diesen religiösen Hexenkessel durch Toleranz und Integration unter Verschluss zu halten, war das Kunststück, das Roger begann und sein gleichnamiger Sohn, Roger II. (1101–1154), mit Bravour meisterte, vor allem durch Verzicht auf

Zwangsbekehrungen oder Gewaltmission. Mochten religiöse Fanatiker denken, was sie wollten: Alle Nicht-Katholiken lebten ihren Glauben dank des Wohlwollens der Normannen in Frieden, was die Akzeptanz der Eroberer und die Loyalität ihnen gegenüber enorm steigerte. Zudem dürfte die Präsenz verschiedener Religionen den Normannen ein Gefühl der Überlegenheit vermittelt und ihren gefühlten Sonderstatus als Gruppe gefördert haben.

Roger I. und Roger II. bevorzugten ihre eigenen Gefolgsleute nicht überall. In den vorwiegend muslimischen Regionen stiegen auch Sarazenen in hohe Verwaltungsämter auf. Sie nannten sich – entsprechend ihrer Tradition – „Emir", was zu *ammiratus* verballhornt wurde und die Basis für den Begriff Admiral bildet. Anders als in Kalabrien gestattete Roger den Orthodoxen auf Sizilien ihre eigene Liturgie und förderte ihre Kirchen und Klöster. Um dem Selbstwertgefühl seiner Untertanen entgegenzukommen, ließ Graf Roger Urkunden in Latein, Arabisch und Griechisch ausfertigen, wobei er vor allem in arabischen Dokumenten seinen Titel aufwertete: Er bezeichnete sich als „Malik" („souveräner Herr") oder „Sultan", wofür es freilich kein gutes administratives Äquivalent in den westeuropäischen Herrschaften gab (Plassmann, Normannen, S. 127). Aber der Begriff Sultan umschreibt gut, wie Roger und sein Sohn auf Sizilien herrschten. Während auf dem Festland Unteritaliens die Barone ihre Positionen behaupteten, unterbanden die beiden Normannen auf der Insel weitgehend die Ausbildung des Lehnswesens und belehnten höchstens ausgewählte Familienmitglieder der Hauteville. Auf Sizilien herrschten sie unumschränkt, allzuständig und allverantwortlich, wie es byzantinischen und arabischen Traditionen entsprach, auf lange Sicht aber nicht gegen die seit 1154 erstarkenden Adelsinteressen zu behaupten war.

Als Graf Roger 1101 in Mileto, seinem kalabresischen Machtzentrum zwischen Catanzaro und Reggio (1783 durch ein Erdbeben nahezu vollständig zerstört), starb, war sein spät geborener Sohn erst 6 Jahre alt. Bis zu seiner Volljährigkeit 1112 führte seine Mutter Adelasia aus der Familie der Markgrafen von Massa tatkräftig die Vormundschaft und baute Palermo zum Herrschaftsmittelpunkt aus, obwohl ihr die Stadt *de iure* nur zur Hälfte gehört hätte, aber Roger Borsa war nicht in der Lage, seinen Rechten in Palermo in irgendeiner Form Nachdruck zu verleihen.

Roger II. übernahm ein im europäischen Konzert der Mächte bestens etabliertes Fürstentum, das deutlich nach Höherem strebte, was die Heiratspolitik Graf Rogers mit seinen Töchtern verdeutlicht. Sie erhielten König Koloman von Ungarn, König Philipp I. von Frankreich, Konrad, den rebellischen Sohn Kaiser Heinrichs IV., und Raimund von Toulouse zu Ehemännern und heirateten damit – abgesehen von der Verbindung mit Toulouse – weit über Stand. Hierauf ließ sich trefflich aufbauen. Anders als sein Vater war Roger II. kein vorwärtsdrängender Eroberer, sondern ein abwägender Diplomat, der aber vor Grausamkeiten nicht zurückschreckte. Er war gebildet und beherrschte neben Altfranzösisch und Latein wohl auch Arabisch und Griechisch. Aber er war kein weltfremder Schöngeist, sondern ein Pragmatiker, der die Überzeugungskraft des Geldes einzusetzen verstand. Stets auf die Prosperität seines Machtbereiches bedacht, förderte er den Schwefelabbau und die Seidengewinnung. Da eine Insel ihre Erzeugnisse zu Schiff exportieren musste, baute er eine Handelsflotte auf, um sowohl mit Byzanz als auch mit Nordafrika besser ins Geschäft zu kommen. Sein zweiter Admiral, Georg von Antiochien, baute in der Kirche Santa Maria dell'Ammiraglio (La Martorana) eine steingewordene Erinnerung. Selbstbewusst ließ er in Mosaiken Rogers Königskrönung durch Christus und sich selbst betend zu Füßen der Mutter Gottes darstellen.

Dank der perfekt arbeitenden Finanzverwaltung sowie seiner Wirtschafts- und Fiskalpolitik wurde Roger II. rasch zum reichsten Fürsten seiner Zeit. Sizilien erlebte eine einzigartige Blüte, zumal Roger II. seine Stellung an zentraler Schnittstelle im Mittelmeer festigte. In den Kreuzzügen hielt der Pragmatiker sich zurück, um seine islamischen Untertanen nicht gegen sich aufzubringen, seine Handelsinteressen in Nordafrika nicht zu beschädigen und weil er das Unternehmen für wenig Gewinn versprechend hielt.

Als 1111 Roger Borsa und Bohemund von Tarent starben und nur unmündige Kinder als Erben hinterließen, ging es mit den Herzogtümern Kalabrien und Apulien steil bergab. Wilhelm von Apulien geriet in Abhängigkeit Rogers II., der sich seine Hilfe durch Festlandsstützpunkte teuer bezahlen ließ. Als Wilhelm 1127 überraschend starb, hätten seine Gebiete an den Papst zurückfallen müssen, aber Roger II. behauptete einfach, Wilhelm habe ihm das Erbe versprochen. Das Papsttum wollte sich damit nicht zufriedengeben und Honorius II. exkommunizierte Roger.

Die harte Kirchenstrafe erschütterte ihn wenig. Sein Selbstbewusstsein manifestiert sich in der Cappella Palatina in Palermo: Der Kultraum spiegelt das Kulturgemisch Siziliens: Neben biblischem Bildschmuck finden sich

Palermo, Cappella Palatina im Palazzo dei Normanni,
erbaut 1132–1140 unter Roger II.

leuchtende byzantinische Mosaike, teilweise mit Blattgold verziert, neben arabischen Schnitzereien und kufischen Inschriften. Der Fußboden ist reich mit Marmor und dem roten Porphyr geschmückt; dem härtesten Gestein, das dem Kaiser vorbehalten war. Porphyr suchte sich Roger II. auch für seine letzte Ruhestätte aus; die Prunksarkophage demonstrieren noch im Tod seine Stellung in der damaligen Welt. Auch im Auftreten ließ Roger keinen Zweifel daran, dass er im Grunde ein König war.

Aber Roger war nicht nur auf Repräsentation bedacht, sondern scharte auch bedeutende, vor allem islamische Gelehrte um sich, die Palermo zu einem geistigen Zentrum ersten Ranges machten. Al Idrisi (korrekt: Abu Adb Allah Muhammad ibn Muhammad ibn Abd Allah ibn Idris al-Idrisi) erstellte für ihn 1134 die verlorene silberne Weltkarte und die Tabula Rogeriana, die Europa, Asien bis zum Ural sowie Nordafrika zeigt und mit Kommentaren in arabischer Schrift ausgestattet war. Insgesamt verbrachte Al-Idrisi 18 Jahre am Hof Rogers II. Dort arbeitete er wahrscheinlich auch als Arzt oder Pflanzenheilkundiger und widmete sich neben der Geographie vor allem dem Studium der Heilpflanzen.

Die gesamte Hofhaltung konnte mit allen Königen Europas konkurrieren. Das Problem war nur: Wer sollte Roger II. die Königswürde verschaffen? Der Kaiser in Byzanz kam nicht in Frage, denn am Bosporus erinnerte man sich nur zu gut an die Verluste in Unteritalien. Der Kaiser im Westen hatte ebenfalls kein Interesse. Schließlich gab es erhebliches Konfliktpotential, seit die Herren über Sizilien die fatale Neigung entwickelten, sich mit den Gegnern der Salier sowie der frühen Staufer zu verbünden. Zudem verhinderten die Normannen im Süden die Ausdehnung des Reiches auf ganz Italien. Darüber hinaus hatten die Normannen dem Herrscher den Rang als Schutzmacht des Papstes abgelaufen, was weit mehr bedeutete als einen bloßen Prestigeverlust. Es blieb also nur der Papst, aber auch in Rom war man nicht gut auf Roger II. zu sprechen, der 1127 beim Aussterben der herzoglichen Linie Hauteville einfach den verwaisten Titel übernahm, ohne den Nachfolger Petri um Einverständnis zu fragen. Außerdem expandierte Roger II. mit Selbstverständlichkeit in Unteritalien, was dem Papst bedrohlich erscheinen musste.

Auf dem Festland fand Roger II. chaotische Zustände vor. Die Barone verselbständigten ihre Herrschaften, allerorten kam es zu Abspaltungen und die zentrifugalen Kräfte waren nicht mehr zu kontrollieren. Amalfi befreite sich aus dem normannischen Griff, ebenso Capua. Allerdings hatte Amalfi kaum mehr 10 Jahre Zeit, um sich an der zurückgewonnenen Freiheit zu erfreuen, denn 1135 und 1137 wurde es von der Seemachtskonkurrentin Pisa angegriffen und grauenvoll geplündert. Was noch übrig war, zerstörte eine gewaltige Sturmflut, die vor allem die Hafenanlagen vernichtete.

Amalfi war fortan keine Seemacht mehr; die Stadt hat sich von den Schlägen nicht mehr erholt. Neapel entzog sich dem normannischen Zugriff. In Benevent herrschte *de iure* das Papsttum, faktisch jedoch hatte sich Benevent zu einer selbständigen Kommune entwickelt, die versuchte, sich sowohl von den Päpsten als auch von den Normannen fernzuhalten.

Der allgegenwärtige Auflösungsprozess zersetzte die öffentliche Ordnung; Gesetzlosigkeit, Willkür und brutales Gewinnstreben kannten keine Grenzen mehr. Glaubt man den Klagen des Abtes Alexander von Telese, dann war niemand mehr sicher, weder bei Tag noch bei Nacht und nicht einmal die bitterarmen Bauern auf dem Feld, denen man außer dem bloßen Leben nichts mehr wegnehmen konnte. Hier ist freilich Vorsicht geboten, denn Alexander war der Biograph Rogers II., der in vier Büchern dessen Reformen und Ordnungsmaßnahmen rühmte, ohne freilich seinen Hang zur überbordenden Bürokratie zu verschweigen. Das zweifellos vorhandene Klima der Rechtlosigkeit nutzte Roger II. geschickt für seine Zwecke.

Das verunsicherte, in Einzelherrschaften zerfallende Land nahm vielerorts einen geschickten Organisator mit offenen Armen auf. Die zahlreichen Vasallenaufstände schlug Roger II. blutig nieder. Nur als sich die Barone mit Papst Honorius II. verbündeten, der die Chance witterte, die Normannen gegeneinander auszuspielen und als alleiniger Herr über Süditalien zurückzubleiben, wurde es gefährlich. Als die Barone erkannten, dass der Papst an faktischer Macht wenig zu bieten hatte, schwand diese Hoffnung allerdings schnell. Verlassen von den aufständischen Normannen musste sich der Nachfolger Petri auf Roger II. zubewegen. 1128 investierte er ihn in aller Form zum Herzog. Im Gegenzug versprach Roger, die Unabhängigkeit Capuas nicht anzutasten und das päpstliche Benevent nicht anzugreifen. Obwohl das Abkommen nach einem Achtungserfolg des Papstes aussah, legitimierte es rückwirkend nur das, was nicht zu ändern war, und die Versprechungen Rogers konnten sich schnell als Lippenbekenntnisse erweisen. Tatsächlich huldigte Capua rasch dem neuen Herzog, ohne dass Honorius II. ernsthafte Einwände hätte erheben können. Als sich schließlich 1131 Neapel Roger II. unterwarf, hatte er ganz Unteritalien in seine Gewalt gebracht.

Nun fehlte Roger II., dem großen Organisator unter den Normannen, nur noch das Königtum. Roger II. sah sich nicht als *primus inter pares*, sondern als alleiniger Herr über Unteritalien und Sizilien. Nach seinem Dafürhalten konnte nur der König als unumstrittene Ordnungsmacht auftreten und für eine hierarchische Strukturierung des Landes sorgen, woran ihm gelegen war. Das Gottesgnadentum, das in den Mosaiken der Martorana zum Ausdruck kam, hob den König auf ein neues, gleichsam überirdisches Niveau, was seine Person und seine Anordnungen unangreifbar machte und die Rangreihenfolge außer Frage stellte. Es ging Roger bei seinem Streben nach der Königswürde keineswegs nur um die Zurückdrängung päpstlicher Lehnsansprüche auf Sizilien und Unteritalien, sondern um Grundsätzliches; die Abwendung päpstlicher Forderungen war nur ein Nebeneffekt. Die Königskrone sollte Roger vor allem als integrative Klammer seines stark vergrößerten Reiches dienen. Bei der Erlangung kamen ihm freilich weniger seine militärischen und administrativen Fähigkeiten zugute als vielmehr ein unplanbarer, historischer Zufall.

Nach dem Tod Honorius' II. kam es in Rom 1130 zum Schisma. Durch einen Richtungsstreit innerhalb des Kardinalskollegiums, das sich in Anhänger der altgregorianischen Ideale und Befürworter der neuen, zisterziensisch und prämonstratensisch geprägten geistlichen Richtung gespalten hatte, wurden in anfechtbaren Wahlakten sowohl Innozenz II., den die Frangipani unterstützten, als auch Anaklet II. aus der Familie der Pierleoni gewählt. Entscheidend wurde die Parteinahme Abt Bernhards von Clairvaux, des wichtigsten zisterziensischen Vordenkers, des bedeutenden Predigers und Thaumaturgen sowie des Begründers der Mystik für Innozenz II. Seinem Votum folgten England und Frankreich, Lothar von Süpplingenburg sowie die Zisterzienser, die Cluniacenser und die Regularkanoniker.

Nur Roger II. entschied sich aus praktischen politischen Gründen für Anaklet II. Seine Strategie war deutlich: Nur der Papst mit der geringeren Anhängerzahl war auf die normannische Unterstützung angewiesen und konnte zur Übertragung des Königtums gezwungen werden. Auf halber Strecke zwischen Benevent und Salerno begegneten sie sich, und Roger leistete Anaklet II. den Lehnseid – ein klares Zeichen, dass er ihn als rechtmäßigen Nachfolger Petri anerkannte. Als Gegenleistung erhielt Roger die Königskrone. Um der Königserhebung mehr Legitimität zu verleihen, behauptete man, Sizilien sei schon in alter Zeit ein Königtum gewesen. Doch damit nicht genug: Roger holte für sich das Beste aus der unglücklichen Situation Anaklets II. heraus. Ohne päpstliches Einverständnis durfte er seinen Erben bestimmen und allein entscheiden, wer die Königskrönung vornehmen dürfe. Zudem wurde das ursprünglich selbständige Capua in das Machtgebiet Rogers integriert und auch das päpstliche Benevent musste

Palermo, Normannenpalast, erbaut unter Roger II.,
ist heute Parlamentssitz und Museum.

Roger II. für den Kriegsfall Hilfsleistungen versprechen. Da Innozenz II. immer breitere Zustimmung erfuhr, drängte die Zeit. Am Weihnachtstag 1130 wurde Roger II. mit aller erdenklichen Pracht in Palermo gekrönt.

Dank der militärischen Kraft Rogers II. konnte sich Anaklet II. in Rom behaupten. Als Lothar von Süpplingenburg 1133 zur Kaiserkrönung in die Ewige Stadt kam, blieb ihm St. Peter verschlossen; er musste sich mit San Giovanni in Laterano begnügen. Angesichts seines schwachen Heeres konnte der Kaiser nicht an einen Kriegszug nach Süden denken.

Alles lief bestens für Roger II., als er 1135 plötzlich schwer erkrankte. Sofort revoltierten Robert von Capua und Rainulf von Alife, die sich in Neapel verschanzten und dem Angriff des wieder genesenen Roger trotzten. Und schon 1137 drohte neues Ungemach. Kaiser Lothar war wieder über die Alpen gekommen und griff gemeinsam mit Innozenz II. und Pisa, das die Flotte stellte, Roger in Unteritalien an. Nach der Eroberung Salernos erhoben sie Rainulf von Alife zum Herzog von Apulien und Bollwerk gegen Roger. Aber zwischen Papst und Kaiser herrschte Uneinigkeit, wem die

Lehnshoheit über Unteritalien gebühre. Auch war Pisa verstimmt, da es ohne Beute blieb, weil Salerno nicht geplündert werden durfte. Wütend einigte sich Pisa separat mit Roger II., der nur abzuwarten brauchte, bis sich seine Gegner zerstritten. Kaum hatte Lothar Unteritalien verlassen, setzte Roger auf das Festland über und rächte sich an seinen Widersachern.

Da starb Anaklet II., und die Legitimität des Königtums Rogers geriet ins Wanken. Aber wieder kam ihm das Glück zu Hilfe. Rainulf von Alife starb im April 1139 und Innozenz II., der auf Rogers diplomatische Gesprächsversuche nicht einging, sondern die Rechtmäßigkeit von Rogers Königtum bestritt, überschätzte seine militärischen Möglichkeiten hoffnungslos. An der Spitze eines viel zu schwachen Heeres erlitt der Papst am 22. Juli 1139 bei Mignano (südöstlich von Montecassino) eine Niederlage und geriet in normannische Gefangenschaft.

Aber Roger war schlau. Gegenüber dem wehrlosen Papst trat er als demütiger Bittsteller auf, bat um Verzeihung und Erlass aller Kirchenstrafen. Zähneknirschend musste der Papst dem scheinbar Reuigen vergeben und auch Rogers Söhne Roger und Alfonso in den Versöhnungsakt einbeziehen. Das neue Bündnis mit dem Papst wurde damit auf die ganze Familie Rogers II. ausgedehnt. Am 25. Juli 1139 belehnte Innozenz II. Roger mit Sizilien; seine Söhne erhielten Capua und Apulien. Scheinbar wurde das normannische Herrschaftsgebiet geteilt, tatsächlich war dies natürlich nicht der Fall. Um dem Papst die Schmach zu ersparen, eine Verfügung Anaklets II. zu bestätigen, behauptete man in der Belehnungsurkunde, die Übertragung der Königswürde sei bereits durch Honorius II. erfolgt. Die Geschichtskorrektur rief keinerlei Kritik hervor und Rogers Königtum war endgültig in Sicherheit.

Nun ging er daran, das Reich zu konsolidieren und sein Königtum als wichtigste Ordnungsmacht zu manifestieren. 1140 erließ Roger II. die Assisen von Ariano, ein epochales, integrierendes Gesetzeswerk von 44 Artikeln zum kirchlichen Bereich, zum öffentlichen Recht – wozu auch Majestätsverbrechen, Fälschungsdelikte und Zehntrechtsfragen gehörten – bis hin zur Zulassungsprüfung für Ärzte und Strafen gegen ungerechte Richter. 39 der Bestimmungen gingen in die berühmten Konstitutionen von Melfi Friedrichs II. ein. Interessanterweise gibt es von den Assisen neben der lateinischen auch eine griechische Fassung. Neben den Assisen bestanden regionale und gentile Gewohnheitsrechte weiter, um kein Gefühl der Überfremdung entstehen zu lassen. Im Zweifel galt aber das königliche

Recht. Vor allem die Bestimmungen zum Majestätsverbrechen griffen konkret auf römisches Recht zurück. Beim Ehebruch wurde das römische Recht abgemildert; drohte Frauen dort die Todesstrafe, hatten sie im Normannenreich „nur“ mit dem Abschneiden der Nase zu rechnen. Neu und zukunftsweisend war die grundsätzliche Schuldunfähigkeit Behinderter und Minderjähriger. Mit der umfassenden jurisdiktionellen Tätigkeit markiert Roger II. einen Meilenstein der europäischen Entwicklung.

Die vorbildliche, aus arabischen, byzantinischen und normannischen Gepflogenheiten und Erfahrungen verschmolzene Administration des Normannenreichs basierte auf dem geschulten Apparat königlicher „Beamter“, die den Neid der Zeitgenossen erregten, garantierte die funktionierende Administration doch sprudelnde Einnahmen. Allerdings erkannten die Zeitgenossen auch die Schattenseite der durchorganisierten Verwaltung: die permanente Überwachung der königlichen Mitarbeiter. Die verschiedenen Traditionen spiegeln sich in den Titeln der Ämter wieder: Der Emir/*ammiratus* – Admiral – wurde bereits erwähnt. Der Protonotarius entstammte dem Byzantinischen Reich, *vicecomes* und *camerarius* der Normandie und der Logothet der Zentralverwaltung in Byzanz. Um die Einnahmen zu optimieren, legte man Listen der Hörigen und Register an, in denen jede Besitzstandsänderung verzeichnet werden sollte, um stets einen aktuellen Überblick zu besitzen. Der *catalogus baronum* informierte jederzeit über die zu Kriegsdiensten verpflichtbaren Barone. Zur Vereinheitlichung des Wirtschaftsraumes diente eine Münzreform, die durch die Verschlechterung der gängigsten Münze auch Schattenseiten hatte.

Wirtschaftlich äußerst gewinnbringend war trotz der immensen Kosten der Ausbau der Flotte, die Garantie der Kontrolle des Mittelmeers. Nach der Ausschaltung Amalfis erzwang Roger die Landung der Handelsschiffe in sizilischen Häfen. Dies trug ihm nicht nur reiche Hafengelder ein; die Schiffe mussten sich vor Ort ja auch verproviantieren. Gerade in Zeiten des Kreuzzuges stellten die sizilischen Häfen wahre Goldgruben dar.

Nach der Königskrönung effektivierte Roger II. die Außenpolitik. Als Kontrolleur des Mittelmeeres stand die Zusammenarbeit mit den Seestädten Genua, Pisa und Venedig im Zentrum seines Interesses. Das Verhältnis zur Serenissima war durch deren enge Bindung an Byzanz getrübt; auf beiden Seiten herrschten Vorbehalte. Letztlich gelang es Venedig, in Unteritalien wieder Fuß zu fassen, sehr zum Leidwesen Baris, dessen Außenhandel praktisch zusammenbrach. Pisa hatte schon Rogers Vater unterstützt, aber der Sohn arbeitete lieber mit Genua zusammen. 1116 gewährte er den Genuesen Zollerleichterungen sowie die Errichtung einer Niederlassung in Messina. Die Ligurer verkauften vorwiegend Wolltuche und Leinen nach Sizilien, das dafür Baumwolle nach Genua exportierte. Pisa war über die Bevorzugung Genuas naturgemäß nicht erfreut, aber alle militärischen Unternehmungen gegen die Normannen scheiterten.

Der nächste Bündnispartner Rogers II. war das Papsttum, das verärgert darüber war, dass sich der Normanne nicht *in persona* am Kreuzzug beteiligte. Dass die Zurückhaltung Rogers auch, wenn auch keinesfalls ausschließlich, dem Bevölkerungskonglomerat Siziliens geschuldet war, wollte man am Tiber nicht akzeptieren. Weitere Spannungen kamen hinzu: Nachfolger Innozenz' II. verweigerten Roger die Lehensbestätigung, um die Kirchenhoheit des Königs einzuschränken und Capua zu befreien; beides ohne Erfolg. Zudem missbilligten sie Rogers Toleranz gegenüber den Muslimen, aber er war zu keinen Zugeständnissen bereit. Mit Eugen III. gestaltete sich die Zusammenarbeit ein wenig erfreulicher. Er entsprach dem Herzenswunsch Rogers und erhob Palermo 1150 zum Erzbistum. Eine neuerliche Investitur war aber freilich auch vom ersten Zisterzienser auf dem Papstthron nicht zu bekommen. Daher ergriff er selbst die Initiative. Zu Ostern 1151 ließ er in Palermo seinen Sohn Wilhelm zum Mitkönig erklären und durch den dortigen Erzbischof salben. Noch deutlicher hätte er die Unabhängigkeit des Königreichs Sizilien nicht demonstrieren können. Damit freilich schreckte er seine Gegner auf. Im Vertrag von Konstanz 1153 einigten sich Eugen III. und Friedrich I. Barbarossa auf ein gemeinsames Vorgehen gegen die Normannen. Die Verbindungen zum Papsttum waren damit aus Sicht Rogers II. zunächst einmal unterbrochen; aber schon bald sollte ein weiteres Schisma die Gelegenheit bieten, sich neuerlich dem Papsttum anzunähern.

Wo Roger seine Verbündeten vorrangig suchte, verrät seine Ehepolitik. Seinen ältesten Sohn Roger verheiratete er mit der Tochter der normannischen Könige Englands. Roger II. selbst vermählte sich nach dem Tod seiner ersten Frau zunächst mit der Tochter Herzog Odos II. von Burgund und nach deren Tod mit der Lothringerin Beatrix, die ihm postum eine Tochter gebar, Konstanze.

Auf dem Höhepunkt seiner Macht starb Roger II. 1154 in Palermo und das Erbe fiel an seinen vierten Sohn Wilhelm; seine drei Erstgeborenen, Roger, Tancred und Alfonso, waren vor dem Vater gestorben. Mit Wilhelm I.

begann der Niedergang des Normannenreiches. Da er nicht gewillt war, die Macht mit den Baronen zu teilen und stattdessen Bürger in herausragende Positionen brachte, kochte die Wut hoch. Zum Opfer fiel ihr 1160 ein gewisser Maio aus einer reichen Ölhändlerfamilie Baris. Sein Tod markiert das Ende der „Beamten“ königlicher Auswahl. Nun rissen die Barone Kompetenzen an sich, denen sie nicht gewachsen waren. Gleichzeitig brauten sich dunkle Wolken am außenpolitischen Himmel zusammen. Friedrich I. Barbarossa und der neue Papst, Hadrian IV., kontaktierten die Gegner der Normannen, als Wilhelm 1155 so schwer erkrankte, dass man ihn für tot hielt. Nur die Weigerung der Großen im Heer Barbarossas, ihm nach Süden zu folgen, rettete die Normannenherrschaft. Nun stand Hadrian IV. allein; widerwillig anerkannte er Wilhelms Königtum vollumfänglich. Im Vertrag von Benevent 1156 musste er dem Normannen zusätzlich zu allem, was Roger II. besessen hatte, noch Gebiete nördlich der Abruzzen zuweisen, ohne dass sich dadurch die jährlichen Tribute an Rom erhöht hätten. Die *monarchia sicula* blieb ohne Einschränkungen bestehen. Obwohl Hadrian den Vertrag sicher ungern abschloss, markierte er eine Trendwende, die erst aus der Rückschau erkennbar ist. Das Papsttum wandte sich von seiner kaiserlichen Schutzmacht völlig ab und geriet in Frontstellung zu ihr. Die Normannen erwiesen sich in der Folgezeit als zuverlässige Partner des Papstes, so dass an einen neuerlichen Bündniswechsel nicht zu denken war. Die veränderte Konstellation verstetigte sich im langen Alexander-Schisma (1159–1177).

1166 starb Wilhelm und hinterließ mit Wilhelm II. einen unmündigen Knaben. In friedloser, unsicherer Zeit übernahm seine Witwe, Margarethe von Navarra, die Regentschaft. Sie rückte deutlich von der Politik ihres Mannes ab, begnadigte die rebellischen Barone und versuchte, Berater von auswärts zu holen, um aus den Verstrickungen der Parteien am Hof herauszufinden. So suchte sie Rat und Hilfe bei ihrem Verwandten, Erzbischof Rotrou von Rouen, und vertraute die Regentschaft dem Eunuchen Peter an, einem konvertierten Muslim. Eine unglückliche Wahl, denn Peter verschwand plötzlich mit einem Teil des königlichen Schatzes. Der Historiograph Hugo Falcandus berichtet, am Hof habe ein Klima allgemeinen Misstrauens geherrscht, und üble Gerüchte, Verdächtigungen und wilde Drohungen hätten die Runde gemacht. Nach einem weiteren Fehlgriff bei der Besetzung des Kanzleramtes ließ sich Stephan du Perche überreden, seiner Verwandten Margarethe zu helfen. Er ging überfällige Reformen an und säuberte die Richter- und Notarsgremien, aber er vertraute nur seinen eigenen Landsleuten und trat recht hochmütig auf. So verwundert es nicht, dass die Übergangenen geschickt das Gerücht streuten, die Königinwitwe und der Kanzler unterhielten ein unziemliches Verhältnis. Mit dem Sturz des Kanzlers verlor auch Margarethe jeden politischen Einfluss. Als 1171 Wilhelm II. selbst die Regierungsgeschäfte übernahm, war das Normannenreich heillos zerstritten. Aber es gelang ihm, dank der tatkräftigen Hilfe des exzellenten Kanzlers Matthäus von Ajello, die innere Zerrissenheit zu überwinden und dem Land Ruhe zu schenken.

Auch mit dem Reich kehrte 1177 wieder Friede ein. In Venedig versöhnte sich Barbarossa nicht nur mit Papst Alexander III., sondern er schloss auch einen Waffenstillstand mit den Lombarden und einen Frieden mit dem Königreich Sizilien, das er damit faktisch anerkannte. Vollends zum Bündnis wurde die neue Konstellation, als der Staufer am Hof Wilhelms II. um die nachgeborene Tochter Rogers II., Konstanze, als Braut für seinen Sohn Heinrich VI. warb. Dass Wilhelm und seine Frau damals noch keine eigenen Kinder hatten, dürfte sie wenig beunruhigt haben – der König war gerade 30 Jahre alt und seine Frau erst 18 –, aber riskant war die Verbindung dennoch. Auch am Kaiserhof hatte man sicher alle erdenklichen Planspiele durchexerziert und die Kinderlosigkeit Wilhelms II. ins Kalkül gezogen.

Doch der Gedanke an den eigenen Tod war Wilhelm II. fern und die Allianz mit dem Kaiser des Westens verlockend, würde sie doch das Normannenreich endlich auf eine Stufe mit den anderen abendländischen Königreichen stellen. Zudem orientierte sich Wilhelm II. grundsätzlich nach Westen und drängte den Einfluss der Muslime und der Griechisch-Orthodoxen zurück. Den Ausschlag für die Neuausrichtung gab wohl ein Affront: Wilhelm hatte für sich selbst um eine Braut am byzantinischen Hof geworben, die ihm auch zugesagt worden war. Als er seine Zukünftige in Tarent abholen wollte, machte man am Bosporus eine Kehrtwendung und die Hochzeit war geplatzt. Die Schmach beantwortete der junge König mit einem Vergeltungsfeldzug gegen Saloniki, Theben und Korinth. Dabei brachte er wertvolle Seidenweber und Seidenfärber in seine Gewalt, die ihr kunstvolles Wissen künftig in den Dienst der sizilischen Herrscher zu stellen hatten. Da ein Militärschlag gegen das Herz des Byzantinischen Reiches kläglich fehlschlug, war eine Eheverbindung mit dem Kaiserhaus des Westens eine Genugtuung und der krönende Abschluss des politischen Richtungswechsels.

Als Wilhelm II. 1189 ganz plötzlich starb, trat der Fall ein, den man in Sizilien gefürchtet und am Stauferhof ersehnt haben dürfte: Der König hatte keinen Erben und das Normannenreich fiel an Konstanze, die Gemahlin Heinrichs VI. Zwar hatte Roger II. noch einen männlichen Erben, Tankred von Lecce, dessen illegitime Abkunft seine Ansprüche auf die Krone aber zweifelhaft machte. Immerhin behauptete Tankred, dank starker Vorbehalte auf der Insel gegen ein staufisches Regiment, seine Ansprüche stolze fünf Jahre lang, bis er 1194 starb und der Weg frei war für die Herrschaft Heinrichs VI. und Konstanzes von Sizilien. Tankreds Witwe, Sybille, hoffte vergeblich, die Herrschaft für ihren Knaben, Wilhelm III., behaupten zu können. Sie unterwarf sich in Caltabellotta der Gnade Heinrichs VI., der Wilhelm das Erbe seines Vaters übereignete, die Grafschaft Lecce und das Fürstentum Tarent. Allerdings kamen bald Gerüchte auf, Wilhelm III. habe sich mit rebellischen Baronen verschworen, Heinrich VI. zu töten. Ohne Überprüfung dieser Vorwürfe wurden die Beschuldigten geblendet und nach Deutschland gebracht.

1194 wurde Heinrich VI. am Weihnachtstag in Palermo feierlich gekrönt. Seinen Anspruch, selbst über Sizilien zu herrschen und nicht nur als Statthalter und Stellvertreter seiner Gemahlin Konstanze aufzutreten, untermauerte er mit dem Kaisertum. Mit großer Härte ging Heinrich VI. gegen Aufständische vor und tauschte die Führungseliten aus, wobei die neuen Kräfte aus dem Reich auf Sizilien wenig Anklang fanden. Der spöttische Beiname Mucca in Cervello (Mücke im Hirn) für Konrad von Lützelhard macht deutlich, was man von den Gefolgsleuten Heinrichs VI. tatsächlich hielt. Zu maßgeblichen Eingriffen in das innere Gefüge des Normannenreiches kam Heinrich VI. nicht; er starb überraschend 1197. Zurück blieb seine Witwe Konstanze, welche die Herrschaft für ihren kleinen Sohn, den späteren Friedrich II., übernahm und alles daransetzte, den deutschen Einfluss auf der Insel zurückzudrängen, um die Gunst der Bevölkerung für sich und ihr Kind zurückzugewinnen. Kurz vor ihrem Tod 1198 bat sie Papst Innozenz III., die Vormundschaft für Friedrich II. zu übernehmen. Unter dem Enkel Rogers II. sollte Sizilien in seiner einzigartigen Besonderheit eines Schmelztiegels der Kulturen noch einmal eine Blütezeit erleben.

VII.

Zwischen Kaisertum und Adelsmacht: Ober- und Mittelitalien im sogenannten Investiturstreit

Während die Normannen Unteritalien und Sizilien zu einem straff organisierten, gut verwalteten und gewinnbringenden Königtum formten, gingen Ober- und Mittelitalien andere Wege. Zwar hatte der letzte Ottonenkaiser, Heinrich II., den italienischen Episkopat in beispielloser Weise in den Dienst des Reiches genommen, aber für eine dauerhafte Konsolidierung der Macht von den Alpen bis vor die Tore Roms reichte das nicht. Natürlich verwalteten die Bischöfe das Land im Auftrag des Kaisers, aber in seiner Abwesenheit verfolgten sie vorrangig die Interessen ihrer Bistümer. Der episkopale politische Blick richtete sich nach Norden, aber ein tiefes Gefühl dauerhafter Zusammengehörigkeit stellte sich trotzdem nur sehr bedingt ein.

Die Fremdheit enthüllte sich schlagartig, als die Bürger Pavias nach dem Tod Heinrichs II. die innerstädtische Pfalz niederrissen, das freilich längst ineffizient gewordene Verwaltungszentrum des Reiches. Vom ersten Salier, Konrad II., zur Rede gestellt, entschuldigten sich die Pavesen damit, dass es zum Zeitpunkt des Abrisses im Reich keinen König gegeben habe, dessen Rechte sie hätten verletzen können. Wipo, der Biograph Konrads II., berichtet, der Salier habe ihnen geantwortet, dass das Reich auch dann bestehe, wenn der König tot sei, so wie ein Schiff weiterfahre, dessen Steuermann gefallen sei. Die transpersonale Staatsvorstellung der frühen Salier stieß in Pavia auf wenig Verständnis; auch nach der Unterwerfung der Stadt verhinderten die Bürger die Neuerrichtung der Pfalz.

Am 23. Mai 1026 betrat Konrad II. nach einem Zug über den Brenner zum ersten Mal Mailand und tauchte in eine fremde Welt ein. Sofort wurde er in die Streitigkeiten der oberitalienischen Städte hineingezogen, speziell in die Rivalität zwischen Mailand und Ravenna. Noch handelte es sich um Konkurrenzdenken unter Erzbischöfen; schon bald aber sollten sich die

Städte von ihren Stadtherren emanzipieren und nach Selbständigkeit streben; doch davon später.

In Mailand empfing Konrad die italische Königskrone aus der Hand Erzbischof Ariberts; der eigentliche Krönungsort Pavia blieb ihm verschlossen, obwohl der Salier die Stadt belagerte und ihr Umland verwüstete. Auf seinem Weg nach Süden besuchte er Bischof Leo von Vercelli, einen der treuesten Sachwalter des Reiches in Oberitalien. Nach Leos baldigem Tod stützte sich Konrad vor allem auf den Erzbischof von Mailand, der aus der Königsnähe Vorteile im Kampf um seine geistliche Vormachtstellung zog. Aber auch in weltlicher Hinsicht profitierte Mailand vom Wohlwollen Konrads II. Er unterstellte dem Metropoliten das Bistum Lodi und verhalf dadurch dem hafenlosen Mailand zum ungehinderten Zugang zu Lodis Lambrohafen und damit dem Zugang zum Po, der wichtigsten Wasser-Kommunikationslinie Italiens.

Die Bevorzugung Mailands nahm man dem Salier in Ravenna übel, wo man ihm und seinem Tross kein Quartier zur Verfügung stellte und sich in offenen Straßenschlachten gegen die Gäste wehrte. Zwar beruhigten sich die Tumulte, aber die Szene förderte Grundsätzliches zu Tage: Vielerorts empfand man die Präsenz des Königs nicht als Ehre oder Chance, sondern als bedrückende Last, die man abzuschütteln gedachte. Die Lage Konrads wurde unhaltbar und er musste nach Norden zurückkehren, allerdings – wie Wipo schreibt – nicht wegen der unbotmäßigen Ravennaten, sondern bezwungen von der Hitze der sommerlichen Glut Oberitaliens.

In den Tridentiner Alpen erholte sich der König und brach im Herbst neuerlich nach Süden auf. Aber sein Romzug wurde wieder von einer Städterivalität behindert. Auf der Via Francigena entlangreisend, plante er in dem alten toskanischen Vorort Lucca zu rasten, das sich indessen unbotmäßig zeigte, da Luccas Konkurrentin Pisa zum König hielt und man daher mit dem Salier nichts zu schaffen haben wollte. Der Widerstand war schnell gebrochen, aber niemand konnte übersehen, wie sehr die Feindschaften der ober- und mittelitalienischen Städte die Herrschaft über Reichsitalien erschwerten. Daher suchte Konrad den Schulterschluss mit dem Adel, der vom Städtegezänk noch einigermaßen unberührt war; allen voran Markgraf Bonifaz von Canossa, der Enkel Adalbert-Attos, der Adelheid im Schutz seiner Burg Canossa beherbergt hatte. Zu den reichen Besitzungen der Familie in Emilia und Romagna erhielt Bonifaz nun aus der Hand des Saliers die Markgrafenwürde der Toskana hinzu. Damit kontrollierten die Canusiner die Via Francigena nicht nur nördlich, sondern auch südlich des Apennins bis über die Tore Luccas hinaus.

In der Toskana hatten zuvor die Nachfolger des mächtigen Markgrafen Hugo geherrscht. Hugo investierte vor seinem Tod 1001 sein Amtsgut sowie seinen Privatbesitz in überreichem Maße in Klostergründungen, und seine Erben versuchten, Teile davon mit Gewalt zurückzugewinnen – die Zahl ihrer Feinde in Klöstern und Kirchen sowie unter den Bischöfen und weltlichen Großen stieg stündlich. Es fehlte eine Ordnungsmacht, da die Herrscher sich seit den Tagen Heinrichs II. zunehmend weniger in Reichsitalien aufhielten. Das Vakuum begünstigte den Aufstieg von Adelsfamilien, die nachhaltigen Einfluss auf die Toskana gewannen: Die Aldobrandeschi beherrschten das Gebiet zwischen der Maremma bei Grosseto und Orvieto sowie zwischen dem Lago di Bolsena und den Colline Metallifere. Ihre wichtigsten Burgen lagen in Sovana, Pitigliano und am Abhang des Monte Amiata in Santa Fiora. Nur noch Ruinen erinnern an ihre Kastelle in Roccastrada, Capalbio, Arcidosso und Manciano (alle Provinz Grosseto). Aber auch die Rocca von Castiglione d'Orcia (Prov. Siena) oder die Festung auf der Isola del Giglio zeugen von ihrem Herrschaftsanspruch. Ihre Machterweiterung in der südlichen Toskana verlief reibungslos, bis sie im 13. Jahrhundert zwischen die Fronten der Stadtrepubliken Pisa und Siena gerieten.

Im Norden und Osten der aufsteigenden Kapitale Florenz etablierten sich die Guidi. Nicht zufällig adoptierte Markgräfin Mathilde von Canossa, die Tochter des Bonifaz, am Ende des 11. Jahrhunderts einen Guidi, die Besitzungen passten einfach perfekt zueinander. Allerdings funktionierte die Adoption wohl nur kurzfristig, wenn überhaupt. Trotzdem stand Guido Guerra im Juli 1115 am Sterbebett Mathildes. Bedeutend waren auch die Gherardesca, deren Einflussbereich sich um Volterra und Pisa konzentrierte, wo sie seit dem 11. Jahrhundert lebten. Tedicio della Gherardesca errang 1190 das Amt des Podestà von Pisa. Obwohl sie sich in der städtischen Hierarchie gut behaupteten, scheiterten ihre Versuche, die Macht in der Stadt ganz an sich zu reißen. Nachdem Pisa Florenz zum Opfer gefallen war, zog ein Familienzweig an den Arno und stieg auch dort im städtischen Adel auf. Der Gherardesca Ugolino fand sogar Eingang in Dantes *Divina Commedia*, wenn auch nur im *Inferno*. Zu nennen wären auch die Berardenga, die dominierende Kraft zwischen Siena und Arezzo. Den Malaspina, denen Teile Liguriens, der Lunigiana, der Garfagnana sowie Besitzungen in der Emilia und der Lombardei zu Gebote standen, wurden zahlreiche Erbteilungen zum Verhängnis; ihr gewaltiger Machtblock zersplitterte, ohne in der Bedeutungslosigkeit zu versinken. Mit diesen und anderen Adelsfamilien mussten sich die Canusiner arrangieren, um ihre Ansprüche auf die Toskana durchsetzen zu können. Da sie südlich des Apennins kaum über Privatbesitz verfügten, waren sie gezwungen, auf konsensualer Basis zu herrschen und die Adelsgeschlechter an der Macht partizipieren zu lassen.

In der Lombardei, der Emilia, Romagna und im Piemont lagen die Machtverhältnisse noch komplizierter. Große Machtblöcke zerfielen durch Erbteilungen in kleine Herrschaften, was den Aufstieg der Städte begünstigte, die Lehnsherren aber in große Unsicherheit stürzte, da sie fürchten mussten, ihren Besitz sukzessive an den hohen Adel zu verlieren. Konrad II. versuchte 1037 mit dem Lehnsgesetz gegenzusteuern, die Rechte der Valvassoren zu stärken und die Erblichkeit ihrer Lehen zu fördern. Erfolg hatte er damit freilich kaum, denn die wichtigsten Helfer fand die Krone im hohen Adel und durfte ihn nicht nachhaltig verärgern. Zudem brachte die neue Verordnung den Herrscher in Konflikt zu Erzbischof Aribert von Mailand. Für die nur kurzfristig in Italien weilenden Herrscher präsentierte sich Oberitalien extrem unübersichtlich und für Außenstehende kaum durchschaubar; machtvolle, die eigenen Rechte optimierende Herrschaft war praktisch unmöglich.

Vollends kompliziert wurde die Lage, als die Verfechter der Kirchenreform immer lauter gegen Simonie und Nikolaitismus wetterten. Die Ehelosigkeit der Priester stellte für den Kaiser kein Problem dar, aber beim Simonieverbot mussten die Alarmglocken am Hof laut schrillen. Es war nicht unüblich, sich für die Übertragung hoher kirchlicher Ämter erkenntlich zu zeigen. Wie hoch die Dankessummen waren, ist unbekannt. Allerdings klagte der Vater des Florentiner Bischofs Petrus Mezzabarba, dass ihn die Erhebung seines Sohnes 3000 Goldstücke gekostet habe. Auch wenn er im Zorn übertrieben haben mag, scheint es sich um eine gewaltige Summe gehandelt zu haben!

Bislang wurde die Simonie nur mit Worten gegeißelt. In der zweiten Hälfte des 11. Jahrhunderts änderte sich das; eine Entwicklung, die mit dem Namen Johannes Gualbertus (Giovanni Gualberti) untrennbar verbunden ist. Schon 1035 stellte der Mönch fest, dass in seinem Konvent, San Miniato, in den er mit hochfliegenden Idealen eingetreten war, Ämterkäuflichkeit zur Tagesordnung gehörte. Schockiert prangerte er die Missstände öffentlich auf dem Marktplatz an und bezog prompt Prügel. Er floh in die dichten

Wälder des Pratomagno, wo er Vallombrosa errichtete; eine strenge Reformabtei, die bald zum geistlichen Kristallisationszentrum der Toskana aufstieg, zumal Heinrich III. die asketischen Mönche bewunderte. Je strahlkräftiger Vallombrosa wurde, desto schwieriger gestalteten sich die Beziehungen zum Bischof von Florenz, in dessen Sprengel die Abtei lag. Als 1061 Petrus Mezzabarba das Hirtenamt am Arno übernahm, war das Maß voll. Der erste Aufruhr der Vallombrosaner blieb ohne Folgen, da die Bischöfe sich hinter ihren umstrittenen Amtskollegen stellten. Sie ahnten die Gefahr, die von den Hardlinern der Kirchenreform ausging. Aber die Vallombrosaner gaben nicht auf und boten ein Gottesurteil an, das Papst Alexander II. strikt untersagte, das aber dennoch vor dem Kloster Settimo stattfand. Der Vallombrosanermönch Petrus schritt unverletzt durch zwei lodernde Holzstöße hindurch; das trug ihm den Beinamen *igneus* ein, und Petrus Mezzabarba musste den Bischofsthron räumen.

In Florenz gewann bei den Auseinandersetzungen eine ganz neue Kraft politisch Relevanz: die Öffentlichkeit des einfachen Volkes. Zwar blieb der politische Einfluss der Massen situativ, war aber künftig nicht mehr wegzudenken. Eine vergleichbare Entwicklung lässt sich zeitnah in Mailand verfolgen, wo sich die kleinen Leute in der Pataria, einer ekstatisch-religiösen Bewegung, ein Sprachrohr schufen. Rasch griff die Bewegung auf benachbarte urbane Zentren über. Händeringend suchten alle in den Konflikt involvierten Parteien nach Bündnispartnern; der Adel schloss sich an das Kaisertum an und die Pataria paktierte mit dem Reformpapsttum.

Zwischenzeitlich hatte sich in Rom vieles verändert. Als Heinrich III. 1046 in die Ewige Stadt zog, um die Kaiserkrone zu erlangen, wusste er zwar, dass am Tiber manches im Argen lag, doch dürfte er kaum detailliert darüber informiert gewesen sein, dass es gegenwärtig drei Päpste gab, von denen einer, Benedikt IX., aus Überdruss sein Amt zwar niedergelegt hatte, aber noch am Leben war. Da Heinrich einen würdigen Coronator wünschte, berief er am 20. Dezember 1046 eine Synode in das circa 50 km nördlich von Rom gelegene Sutri, um die Rechtmäßigkeit der Päpste zu prüfen. Gleich vor Ort setzte er Silvester III. und Gregor VI. ab; wenige Tage später Benedikt IX. in Rom. Stattdessen erhob Heinrich III. Bischof Suidger von Bamberg, Clemens II., der ihn am Weihnachtstag 1046 zum Kaiser krönte.

Mit dem Bamberger Oberhirten begann die Reihe der sogenannten deutschen Päpste: Clemens II., Damasus II., Leo IX. und Viktor II. Der Durchbruch des Reformpapsttums gelang unter Leo IX. und Viktor II., da sie nicht Teil der sich bekämpfenden römischen Adelscliquen waren. Seine wichtigsten Berater brachte Leo IX. von außerhalb mit an den Tiber und wies damit den Weg für künftige Päpste. Die Ratgebergruppe, die man bald *cardinales* nannte, verfestigte sich und war nicht an die Person eines Papstes gebunden, was die Fortdauer der Reformziele über den Tod einzelner Päpste hinaus gewährleistete. Leo IX. nahm die Strapazen zahlreicher Reisen auf sich, um seine Ideale überall zu Gehör zu bringen; er ist der erste Reisepapst der Geschichte. Zugleich begründete er die Tradition der römischen Fasten- und Ostersynoden und schuf damit die erste Brücke institutionalisierter Kommunikation zwischen Rom und den Bischöfen in der Welt. Damit verfestigte sich das Papsttum in den Köpfen der Zeitgenossen nicht nur als ferne moralische Instanz, sondern auch als aktive politische Kraft. Das Papsttum wandelte sich zur die gesamte Christenheit umspannenden Institution. Vor allem der energische Papst Gregor VII. zentralisierte die katholische Kirche und spitzte die geistliche Hierarchie ganz auf den Nachfolger Petri zu. Dies stieß freilich überall dort auf Widerstand, wo Bischöfe und Erzbischöfe an ihren alten Rechten und Freiheiten festhielten. Gregors Gegner waren keine Feinde der Kirchenreform, keine Simonisten oder Nikolaiten, aber sie wollten ihre Kompetenzen nicht an Rom abtreten. Vor allem in den oberitalienischen Bistümern brodelte es.

In der explosiven Situation fehlte die ordnende Hand des Kaisers. Heinrich III. war 1056 gestorben und hinterließ mit seinem gleichnamigen Sohn, Heinrich IV., einen sechsjährigen Knaben. Die lange Zeit der Regentschaft schwächte die Positionen des Reiches immens und Reichsitalien sowie das Papsttum verselbständigten sich zusehends.

1059 erließ Nikolaus II. ein Papstwahlgesetz, das den Einfluss der römischen Familien zurückdrängte, künftige Schismen verhindern sollte und die Wahl eines Papstes auch außerhalb Roms zuließ, wenn die Verhältnisse in der Ewigen Stadt einen reibungslosen Wahlverlauf nicht gestatteten. Eine gewisse Einflussmöglichkeit wurde Heinrich IV. eingeräumt, wenn auch mit Vorbehalten, und jeder seiner Nachfolger würde diese Gunst neu vom Papst erbitten müssen. In die Vorbereitungen des Wahlgesetzes war der Hof nicht involviert; ein weiterer Schritt der Emanzipation des Papsttums von seinen alten kaiserlichen Beschützern.

Die Gegner der papalen Politik suchten Kontakt zur Kaiserinwitwe Agnes und forcierten dadurch ungewollt die Entfremdung zwischen Kaisertum und Papsttum. Vor allem in den oberitalienischen Bistümern hatte sich der Ärger über den Romzentralismus so sehr aufgestaut, dass er sich explosionsartig entlud. Dabei waren die Oberhirten von Piacenza, Vercelli, Treviso oder Ravenna untadelige Geistliche, die auf die Einhaltung des kanonischen Lebens achteten, die geistlichen Institutionen großzügig unterstützten und sich für die Bildung der Priester starkmachten. Auch wenn Gregor VII. Roland von Treviso entgegenschleuderte, er sei vom Teufel besessen, leitete dieser doch bravourös die Domschule von Parma. Guido von Acqui wurde sogar heiliggesprochen und ist bis heute Patron seiner Bischofsstadt.

In gravierender Fehleinschätzung der politischen Lage glaubte der Hof 1061 einen eigenen Papst einsetzen zu können, um die alte Ordnung zu bewahren. Die Wahl fiel auf Kadalus von Parma aus der Familie der Vizegrafen von Verona, die man schon wegen Veronas Schlüsselposition für den Brennerübergang begünstigte. Kadalus förderte in reichem Maße Kirchen und Klöster, vor allem seine Gründung S. Giorgio in Braida, aber sein kirchenpolitisches Denken gehörte einer vergangenen Zeit an. Die Reformgruppe hatte andere Pläne und erhob ihrerseits Bischof Anselm von Lucca, Alexander II. Nachdem sich einer der wichtigsten Vordenker der Reform, der Eremitenprior Petrus Damiani von Fonte Avellana, für Alexander ausgesprochen hatte, wurde Kadalus' Lage immer aussichtsloser. Letztlich ließ ihn die Krone im Stich; seither konnte sich kein kaiserlicher Gegenpapst mehr durchsetzen; ein deutliches Zeichen für den schwindenden Einfluss des Kaisertums in Rom.

Aber es kam noch weit schlimmer, denn die Unruhe im oberitalienischen Episkopat steigerte sich dramatisch. Kurz bevor der Streit zwischen Alexander II. und König Heinrich IV. um die Besetzung des Erzbistums Mailand eskalierte, starb der Papst überraschend. Ihm folgte Gregor VII., der zunächst den Ausgleich mit dem jungen Salier suchte. Doch kaum hatte der König die Hände frei, versuchte er seine Stellung zum Reformpapsttum und speziell zu Gregor VII. ein für alle Mal zu klären. Am 24. Januar 1076 entwarf er im Kreise der überwältigenden Mehrheit der Reichsbischöfe das Obödienzaufkündigungsschreiben an Gregor VII., mit welchem er den Nachfolger Petri zur Selbstdeposition aufforderte. Freudig schloss sich Piacenza an. Doch anders als erwartet, brach bei der öffentlichen Verlesung des Dokuments auf der Fastensynode in Rom kein Aufstand gegen Gregor VII. los, sondern die Menge griff die Überbringer der Nachricht an und hätte sie wohl getötet, wäre Gregor nicht dazwischengegangen. In spektakulärer Weise antwortete Gregor am 15. Februar 1076 in Gestalt eines Gebetes an die

Kaiser Heinrich IV. und der Gegenpapst Clemens III., rechts die Befreiung des in der Engelsburg eingeschlossenen Papstes Gregor VII. durch den Normannen Robert Guiscard. Holzstich nach Buchmalerei, 2. Hälfte 12. Jh., aus der Chronik Ottos von Freising.

Apostelfürsten Petrus und Paulus, exkommunizierte den König und entband die Anhänger des Saliers von ihren Treueiden. Faktisch kamen Eidlösung und Exkommunikation einer Absetzung gleich; aber Gregor wollte den König nicht vernichten und ließ die Möglichkeit der Rekonziliation offen. 1077 in Canossa war es so weit; Heinrich wurde vom Bann gelöst und rettete sein Königtum, aber zu einem nahezu unerträglich hohen Preis.

Der Friede zwischen den Universalgewalten währte nicht lang. 1080 bannte Gregor VII. den Herrscher erneut und verstieg sich zu der Prophezeiung, Gott würde den König binnen Jahresfrist richten; sollte dies nicht geschehen, solle man ihn vom Papstthron verjagen. Nur vier Jahre später musste Gregor von der Engelsburg aus beobachten, wie Heinrich IV. seinen Papst, Clemens III. (Wibert von Ravenna), nach Rom führte und aus dessen Hand in St. Peter die Kaiserkrone empfing. Aller Widerstand, vor allem Mathildes von Canossa, die ihre gesamten Ressourcen in den Dienst Gregors VII. stellte, konnte Heinrichs Romzug und Kaiserkrönung nicht verhindern. Gregor VII. musste seinen normannischen Befreiern nach Salerno folgen, wo er 1085 starb.

Doch auch Heinrich IV. erlitt in Reichsitalien herbe Niederlagen. Nachdem Mathilde von Canossa auf Geheiß Papst Urbans II. den fast dreißig Jahre jüngeren Herzogssohn Welf V. von Bayern geheiratet hatte, zog sich die Schlinge der Gegner um den Kaiser immer enger zu, da die süddeutschen Fürsten in ihrer antisalischen Opposition verharrten. Als dann noch Heinrichs Sohn und präsumptiver Nachfolger, Konrad, gegen den Vater rebellierte und seinerseits Kontakt zu Mathilde, Urban II. und der Reformgruppe suchte, war Heinrich IV. für fast zwei Jahre gleichsam eingesperrt in einem schmalen Landstreifen zwischen dem Gardasee und Verona. Erst nach seiner Aussöhnung mit Herzog Welf IV. von Bayern kehrte er nach Norden zurück, ohne je wieder italienischen Boden zu betreten.

Damit war der sogenannte Investiturstreit freilich noch nicht zu Ende. Das Ringen währte bis zum Wormser Konkordat 1122, das zwar Regelungen hinsichtlich der Einflussnahme des Herrschers auf die Bischofswahl und die Fragen der Investitur brachte, aber allzu viele Fragen offen ließ. Die Krone ging deutlich geschwächt aus dem jahrelangen Tauziehen hervor und büßte vor allem in Reichsitalien wichtige Machtpositionen ein. Mit dem Verlust des maßgeblichen Einflusses auf die Bischofswahlen brach das königliche Herrschaftssystem in Oberitalien nahezu zusammen. Wollte die Krone auf der Apenninenhalbinsel weiterhin Politik machen – und an einen Verzicht auf Reichsitalien hat man niemals gedacht –, dann mussten sich die Herrscher neu orientieren, neue Bündnispartner suchen und ihre Politik neu ausrichten.

VIII.

Der Aufstieg der Städte

Während in Unteritalien und Sizilien die Normannen ihr Königreich formten und in Nord- und Mittelitalien die beiden Universalgewalten um die rechte Ordnung in der Welt rangen, nutzten die Städte zwischen dem Alpensaum und Rom die Umbruchszeit, um alte Herrschaftsformen abzuschütteln und sich zu freien Kommunen zu entwickeln.

Im 10. und 11. Jahrhundert kam es in Oberitalien und der Toskana zu einem bemerkenswerten Aufschwung in der Landwirtschaft. Die Bonifizierung der Ackerflächen schritt ebenso voran wie der volkswirtschaftlich wichtige Anbau von Oliven oder die Salzgewinnung aus Meerwasser in Ravenna, Comacchio und Ferrara. Die Agrarerzeugnisse waren ebenso wettbewerbsfähig wie die toskanischen Wolltuche und wurden im lebhaften Tausch gegen Luxusgüter und Importware gehandelt. Binnenhäfen und regionale Messeplätze – wie Piacenza, Mantua, Cremona oder Pavia – stiegen auf, Florenz, Siena und Cremona entwickelten sich zu Zentren des Geldhandels.

Dank seiner Häfen errang Italien rasch einen europäischen Spitzenplatz im internationalen Warenumschlag exotischer und begehrter Nahrungsmittel sowie Luxusgüter aller Art. Vor allem an Gewürzen und Früchten, aber auch an Tuchen, Edelhölzern oder Edelsteinen konnte die wohlhabende Schicht nicht genug bekommen. Gleichzeitig intensivierte sich der Handel mit Pelzen, Leder oder eingesalzenen Fischen aus Nordeuropa, der über die Po-Ebene und Venedig abgewickelt wurde. Die Internationalität des Handels benötigte immer mehr flüssiges Kapital und begünstigte den Aufstieg von Kreditgebern.

Von der Aufbruchsstimmung am meisten profitierte schon während des 10. Jahrhunderts Venedig, dessen exzellente, durch Privilegien abgesicherte Beziehungen zu Byzanz die Handelskontrolle in der Ägäis, dem Adriatischen und Ionischen Meer aufs Glücklichste begünstigte. Aber auch weniger überragenden Städten kamen der annähernd ungebremste Wirtschaftsaufschwung und die sich allgemein verbessernde Versorgungslage zugute. Gerade in Ober- und Mittelitalien konnten alle von der neuen Entwicklung profitieren, allerdings gab es für die zunehmende Selbständigkeit der Städte und die Entwicklung freier Kommunen noch andere günstige Rahmenbedingungen.

Dank steigender Agrarerträge verbesserte sich die Grundversorgung der Menschen, was zu einer wahren Bevölkerungsexplosion führte. Gleichzeitig stieg die Unzufriedenheit in der Landbevölkerung. Die Städte boten in ihren neuen Fertigungsbetrieben gute Einkommenschancen, und wer immer konnte, machte sich in einer Stadt ansässig in der Hoffnung auf ein besseres Leben. Damit jedoch geriet die Grundlage des adligen Lebens, das auf Diensten und Agrarlieferungen beruhte, ins Wanken. Das Einkommen hielt mit den steigenden Lebenshaltungskosten nicht mehr Schritt. Da aber vor allem der Adel nach Luxusgütern trachtete, geriet sein Finanzhaushalt rasch in Schieflage, und dringend notwendige Investitionen in die Bodenmeliorisation blieben aus.

Ähnlich erging es den Bischöfen. Auch ihre Einnahmen aus landwirtschaftlicher Produktion waren begrenzt. Zudem drängten einige Landgemeinden danach, ihre Pflichten vertraglich zu fixieren und festzuschreiben; so beispielsweise Bionde gegenüber dem Domkapitel von Verona. Waren die Pflichten aber einmal festgeschrieben, durften sie auch bei erhöhtem Geldbedarf nicht angehoben werden. Da die Bischöfe zudem vielfach allzu sorglos mit dem Geld umgingen und die Ausgaben des Bistums fast ausschließlich auf seinem Haushalt lasteten und nicht auf dem des Domkapitels, verschuldeten sich zahlreiche Bischöfe hoffnungslos bei ihren Domkapiteln und bei ihren Bürgern. Konnten sie ihre Kredite nicht bedienen, mussten sie Schulden durch Verkäufe besonders attraktiver Liegenschaften und Rechte abzahlen. Zunächst erwarben die Bürger die bequem erreichbaren, für Gärten nutzbaren Grundstücke. Sodann verrechneten sie ungeliebte Pflichten mit nicht bezahlten bischöflichen Krediten. Die eingekauften Rechte gehörten fortan nicht mehr dem Bischof, sondern der Stadtgemeinde.

Unendlich teuer waren Bau und Pflege einer Stadtmauer, weshalb viele Bischöfe es begrüßten, dass sich die Bürger an den Kosten beteiligten oder diese ganz übernahmen. Aber die Stadtmauer wirkte integrierend und stiftete ein tiefes Zusammengehörigkeitsgefühl; sie schweißte die an ihr Beteiligten zusammen. Schied der Bischof aus dieser Gruppe wegen finanzieller

Probleme aus, bedeutete das mehr als eine Peinlichkeit; er wurde wehrlos und gehörte plötzlich nicht mehr zur Gruppe der für die Sicherheit der Stadt Verantwortlichen, die aus dieser Verantwortung Rechte ableiteten.

Noch drängte sich die städtische Führungselite an den Bischofshof, um dem geistlichen Stadtherrn beratend zur Seite zu stehen. Aber je mehr Rechte die Bischöfe veräußern mussten, desto nachdrücklicher pochten die Bürger auf die Umsetzung ihrer Ratschläge – ein schleichender Vorgang, der nicht zwangsläufig zu Unruhen oder Aufständen führen musste. Der Übergang von der bischöflichen Stadtherrschaft zur freien Kommune ist daher oftmals zeitlich kaum bestimmbar. In dem Moment, da die *consulta*, die Berater des Bischofs, ihre Vorschläge nicht mehr als Anregungen, sondern als Anweisungen vortrugen, war die freie Kommune geboren.

Der Prozess verlief keineswegs überall gleichzeitig oder inhaltlich parallel. Vielfach dauerte die Pattsituation zwischen dem alten bischöflichen Stadtherrn und den neuen Machthabern mehrere Generationen lang, und mindestens ebenso oft behielt man den faktisch machtlosen Bischof aus symbolischen Gründen als Stadtoberhaupt. Gerne zog man die Oberhirten als juristische Schiedsrichter heran, wie in Siena, Volterra oder Brescia. In Parma diente das bischöfliche Stadtoberhaupt nur noch zur Zierde. Es durfte zwar bis zum Beginn des 14. Jahrhunderts alle städtischen hohen Beamten ernennen, aber ihnen keinesfalls Anweisungen geben oder die Ernennung verweigern. Ein schmückendes, von der Bevölkerung geliebtes Beiwerk war auch der bischöfliche Stadtherr von Pisa; ein machtloses, aber integrierendes Symbol.

Warum hielt man in den italienischen Stadtkommunen am Schein bischöflicher Stadtherrschaft fest? Die Antwort liegt im geistlichen Bereich. Bischöfe repräsentierten die Heiligen der Domkirchen, unter deren Schutz die Städte standen. St. Ambrogio war die Integrationsfigur Mailands, Modena bekannte sich zum heiligen Geminianus, Florenz zu Johannes dem Täufer und der Madonna, Venedig zum heiligen Markus; die Liste ließe sich um jedes italienische Bistum erweitern. In der Verehrung des Stadtheiligen einte sich die Bürgerschaft und überwand soziale Gräben, denn vor dem Heiligen waren alle gleich. Mochten sich Kommunen und Bischöfe zeitweilig heftig bekämpfen, so litt doch die Verehrung für die Heiligen einer Stadt nicht darunter. Hatte sich die Lage einigermaßen beruhigt, installierte man den Bischof neuerlich als Symbolfigur und Statthalter des Heiligen, ohne dass die Oberhirten aus der Anhänglichkeit der Bevölkerung zu „ihren" Heiligen faktische Macht zurückgewinnen konnten.

Ein sicheres Indiz für den Machtwechsel in der Stadt ist das Auftreten von Konsuln, deren Gremien in Größe und Zusammensetzung stark divergierten und nach Bedarf erweitert oder verkleinert werden konnten. So wären *consules de mari* in Städten wie Florenz oder Siena sinnlos gewesen, in Pisa und Genua dagegen waren sie unverzichtbar. Konsuln für die Markt- und Gewerbeaufsicht brauchte man dagegen ebenso überall wie *consules de guerra*, denen die Organisation der Kriegführung oblag. Die Anpassungsfähigkeit der Konsuln-Gremien, die Diversifizierung ihrer Aufgaben sowie ihre Spezialisierung belegen den erstaunlichen Pragmatismus der jungen Kommunen. Aufgabenteilung erwies sich als Schlüssel zur Effizienzsteigerung, von der wiederum die Entwicklung der Stadtherrschaft entscheidend abhing. Den Konsuln standen Aufsichtsbeamte (*proveditores*) über fromme Stiftungen bei, die zudem als Schiedsrichter für den inneren Frieden sorgten. Die Zahl der *consules* und *proveditores* lässt keine Rückschlüsse auf Größe und Macht einer Kommune zu; gerade in der Frühzeit waren die Städte sehr experimentierfreudig und probierten unterschiedliche personelle Konzepte aus.

Besonders früh, nämlich schon in den 1080er Jahren, begegnen Konsuln in Lucca, Pavia und Pisa; dicht gefolgt von Mailand, Arezzo, Asti, Genua und dem kleinen Biandrate im Westen Mailands. Die frühesten Beispiele sind wohl keinem historischen Zufall geschuldet, sondern gründen in der Entwicklung dieser Städte und ihrer Bedeutung für den Handel. Lucca, die alte Kapitale der Toskana, war eine herausragende Etappenstation an der Via Francigena und zudem malariafrei. Hier befand sich eine der wichtigsten Münzstätten des Reiches. Bis in die Mitte des 11. Jahrhunderts herrschten in Lucca mächtige Herzöge, dann die Canusiner, die aber schon zu Lebzeiten der Markgräfin Beatrix und vollends während der Herrschaft ihrer Tochter Mathilde aus den Mauern hinausgedrängt wurden. Im Inneren des wehrhaften Berings füllte nicht der Bischof das Machtvakuum, sondern die Bürger, deren Reichtum auf der Herstellung hochwertiger Edelmetallgeräte und kostbarster Stoffe sowie Brokate basierte.

Pisa, einer der wichtigsten Seehäfen Ober- und Mittelitaliens, fand in wechselnden Allianzen mit den Saliern und den Markgrafen von Canossa seinen Vorteil. Mit dem Ende der salischen Herrschaft in der Toskana und dem unfreiwilligen Rückzug Mathildes von Canossa konnte sich die Stadtkommune völlig frei entfalten.

Pavia, ebenfalls an der Via Francigena gelegen, behauptete sich seit der

Langobardenzeit als Herrschafts- und Verwaltungszentrum. Hier lag die zweite große Münzstätte des Reiches. Finanzielles Potential, strategisch günstige Lage und administratives Wissen zeichnete alle drei Orte aus und prädestinierte sie dazu, an der Spitze der Entwicklung der kommunalen Selbstverwaltung zu stehen.

Glaubt man nun, die freien Kommunen hätten der einfachen Bevölkerung, dem *populo minuto*, zu Mitspracherechten in der Stadtregierung verholfen, wird man enttäuscht: Die italienischen Kommunen dominierte der *populo grasso*, also die reichen Kaufleuten und der Adel. In Mailand schafften es fünf reiche Bürger in das Konsulat, den Rest der 23 Mitglieder stellte der Adel. In anderen Städten sah es keinesfalls besser aus.

Der Adel prägte das städtische Leben. Während in Deutschland die aufsteigenden Städte gleichsam Löcher in die Landkarten der Adelsherrschaften rissen, entwickelte sich Italien anders. Die Städte sogen den Adel in ihrem Umland einfach auf, der es südlich der Alpen nicht für unwürdig erachtete, einem Gewerbe nachzukommen und in einem bürgerlichen Umfeld Geld zu verdienen. Diejenigen, die den Pesthauch der Städte (Donizo von Canossa) verachteten, waren von der urbanen Entwicklung mit ihren prächtigen Erwerbsmöglichkeiten ausgeschlossen. Diese Adelsfamilien finden sich vor allem in der Lunigiana und in anderen Gebirgsgegenden, wo sie sich auch damit über Wasser hielten, Durchreisende auszurauben oder Abgaben für sichere Passagen zu erheben. Sie entwickelten kleine und kleinste Herrschaften, die aber bis in die napoleonische Zeit überdauerten.

Die Kommunen zwangen den Adel, sich innerhalb der Mauern anzusiedeln oder dort einen Zweitwohnsitz zu errichten, in dem sie sich einen guten Teil des Jahres aufhalten mussten. Was versprachen sie sich davon? Der Adel war wehrhaft und verstärkte das militärische Potential der Stadt. Zudem sorgte seine Ansiedlung für Ruhe vor den Mauern und im *contado*, denn die innerstädtischen Adelshäuser mutierten im Konfliktfall zu Pfändern für das Wohlverhalten ihrer Besitzer. Außerdem wollte man Adlige mit besonders lukrativen oder verkehrstechnisch wichtigen Besitzungen nicht an benachbarte Städte verlieren, sondern in den eigenen Mauern wissen. Der Run auf wichtige Adelfamilien verstärkte noch die Rivalität der Städte untereinander. Zum dritten dienten sie ihren neuen Heimatstädten als Vermittler im Konflikt mit anderen Adligen oder dem Kaiser. So versuchte der Graf von Biandrate mehrfach im erbitterten Kampf zwischen Friedrich I. Barbarossa und Mailand, wo er das Bürgerrecht besaß, ausgleichend zu intervenieren.

San Gimignano

Gerne ließen sich die Gemeinden auch von ihren vornehmsten Bewohnern nach außen hin vertreten, was deren Einfluss steigerte und wovon beispielsweise die Fieschi in Genua, die Montferrati in Asti oder die Guidi in Florenz profitierten. Gerade bei letzteren führte die Ansiedlung in der Stadt und die

Versippung mit der dortigen Oberschicht freilich zu Unfrieden in der Familie. Nicht alle Guidi waren mit der Urbanisierung des Geschlechts einverstanden; die Familie spaltete sich, und die auf dem Land Gebliebenen attackierten die Städter oder Florenz selbst.

Die Ansiedlung des Adels in der Stadt prägte auch deren architektonische Erscheinung. Seine Stadthäuser glichen seinen Burgen auf dem Land und ragten mit ihren wehrhaften Türmen über die anderen Gebäude weit hinaus. Manche Kommune, wie beispielsweise San Gimignano, ähnelte mit zunehmendem Adelsanteil in der Stadt einem stacheligen Igel, so viele Türme ragten in den Himmel über der Kommune. Benjamin von Tudela, ein jüdischer Reisender aus der Zeit bald nach 1150, berichtet, er habe in Pisa 10 000 Türme gezählt. Diese Zahl ist übertrieben, aber es wird deutlich: Die Wohntürme wurden zum sichtbaren Charakteristikum italienischer Kommunen, auch dort, wo dies heute nicht mehr gleich ins Auge fällt, hatten die Städte im Mittelalter ein wehrhaftes, ja abweisendes Aussehen. Aber die Türme waren wenig wohnlich und unbequem, so dass man sie vielerorts kurzerhand kappte. In Volterra, Bologna, Lucca, Florenz, Siena, Genua oder Asti hat man die Geschlechtertürme gleichsam eingeebnet, bei genauem Hinsehen sind sie aber bis heute erkennbar; freilich kaum je so pittoresk wie die Torre Guinigi in Lucca oder die schiefen Türme Bolognas.

Doch nicht nur im äußeren Stadtbild, sondern auch im Innern drückte der Adel den Kommunen seinen Stempel auf. Er dominierte alle politischen Entscheidungsgremien der Städte, die einzelnen Stadtdistrikte (*quartieri*), Tormannschaften oder Nachbarschaften (*contrade, vicinanze*). Die Kommunen unterbanden diese Entwicklung nicht, sondern förderten sie nachdrücklich, um die militärische Schlagkraft zu erhöhen, die im ewigen Gezänk der Städte immer wichtiger wurde. Da nur der Adel zu Pferd kämpfen durfte, musste man für dessen Vermehrung sorgen. War dies durch Neuansiedlungen nicht schnell genug zu bewerkstelligen, schlug man einfach besonders wehrhafte Bürger zu Rittern. Auf den Gedanken, die Bürger ohne den förmlichen Ritterschlag zu Pferd kämpfen zu lassen, kam man offenbar nirgendwo! In Genua bewährte sich die Vermehrungsmethode 1173 im Krieg gegen die Malaspina so gut, dass man sie keine 50 Jahre später wiederholte und die Zahl der Neuadligen drastisch erhöhte. Adlige bewachten den Fahnenwagen (*carroccio*) im Kampf, um zu verhindern, dass das repräsentative Wahrzeichen einer Stadt in die Hände der Gegner fiel. Die Vorliebe für das Motiv der Tafelrunde des König Artus, beispielsweise in Modena am

Nordportal des Domes, demonstriert die Stellung des Adels in der Kommune. Mit ihm gelangten freilich auch unangenehme Eigenschaften des Adels in die Mauern: Fehde, Familienstreitigkeiten, Rache. Allerdings ist unklar, ob sich die reichen Bürgerfamilien ohne diese Vorbilder besser verstanden hätten und ob es innerhalb der Städte wirklich friedlicher zugegangen wäre.

Kaum hatten sich die Kommunen im Innern konsolidiert, sannen sie auf Erweiterung und griffen in den *contado* aus. Der *contado* (von *comitatus*) war fast immer deckungsgleich mit der bischöflichen Amtszuständigkeit, weshalb man beim Erwerb des *contado* auch stets auf sie verwies. Dabei fielen zahlreiche kleine Gemeinden den sich ausdehnenden Städten zu, was für diese aber weder spürbar mehr Freiheit noch Rechte brachte; im Gegenteil. Die Städte erwiesen sich als bedrückende Herren; jeden Versuch der Gemeinden, eigene Kommunen einzurichten, unterdrückten sie rigoros durch die Einsetzung von *podestà*, deren Politik freilich allein auf den Nutzen der großen Kommunen ausgerichtet war; auf die Belange oder Bedürfnisse der Eingegliederten nahm niemand Rücksicht. Sie mussten sich unterwerfen und diesen Akt in Vertragsform schriftlich fixieren. Im *Caleffo vecchio*, dem Stadtbuch von Siena, zeugen viele Verträge von der unglaublichen Kleinlichkeit des siegreichen Siena. In anderen Kommunen war es nicht besser; Bewohner des *contado* wurden überall als minderwertig verachtet.

Was lag da näher für einen *contadino* als umgehend in die Stadt zu ziehen? Die Kommunen begünstigten den Zuzug, wenn der Neuankömmling nicht aus dem eigenen *contado* stammte. In diesem Fall erhielt er nach nur 4 Monaten das Bürgerrecht und die persönliche Freiheit. Kam aber ein *contadino*, der einem Bürger der jeweiligen Kommune hörig war, so musste er seinem Besitzer alles abgeben, was er besaß, und erhielt das Bürgerrecht erst nach 10 Jahren. Die Städte wollten vermeiden, dass ihre *contadi* verödeten und das Ackerland brachfiel. Einzige Ausnahme war die Anlage ummauerter Tochtergemeinden, um den eigenen *contado* zu schützen. Wer sich dort ansiedelte, erhielt die gleichen Rechte, hatte aber auch die gleichen Pflichten wie die Bürger der Kommune. Seit der Mitte des 12. Jahrhunderts wurde die Ansiedlung in einer Tochtergemeinde zur echten Alternative für die *contadini*.

Vor allem in Oberitalien, im Piemont, der Lombardei, der Emilia und der Romagna finden sich viele solcher Tochtergemeinden, deren Namen von ihrer Entstehungsgeschichte zeugen: In den *borghi franchi* war man bei der Aufnahme neuer Bürger nicht wählerisch; selbst Verbrecher und Flüchtige wurden dort gerne angesiedelt, konnten sie doch trefflich Kriegsdienste leisten. Ortschaften wie Castelfranco Veneto, das von Treviso zur Absicherung des *contado* im Westen angelegt wurde, oder Castelfranco Emilia, das Bollwerk zwischen Bologna und Modena, lassen sich leicht erkennen. Aber auch Cittadella, Paduas Stützpunkt gegen Treviso, zeugt von seinem Festungscharakter. Die besorgten Kommunen ließen sich bei der Ausstattung der *borghi franchi* nicht lumpen und finanzierten oftmals den Mauerbau. Aber die Großzügigkeit der Kommunen ging auf Kosten des *contado*, dem immer mehr Abgaben abverlangt wurden. Doch es blieb nicht bei ständig zunehmenden Steuerlasten, die *contadini* mussten zudem Kriegsdienste leisten. Die massenhafte Rekrutierung Kampffähiger war auch dringend nötig, denn schon bald stritten die Kommunen nahezu permanent miteinander.

Da jede Kommune für sich den bischöflichen Amtsbezirk reklamierte, kam es leicht zu Konflikten mit Nachbarstädten, die ebenso vorgingen. Die Bistumsgrenzen waren oftmals umstritten und man focht harte Kämpfe um einzelne Pfarreien aus, vor allem wenn es sich um verkehrstechnisch bedeutsame Orte an Straßenkreuzungen oder Häfen handelte. Um die reiche Abtei Nonantola schlugen sich Bologna und Modena, um Fidenza an der Via Francigena Parma und Piacenza, den Hafen von Lodi reklamierten gleichzeitig Cremona und Mailand für sich und um die Vormachtstellung an der Etsch stritten sich im oberen Teil Verona und Padua und im unteren Teil Padua und Venedig.

Mussten sich zwei Städte einen Komitat teilen, wie beispielsweise Florenz und das viel kleinere Fiesole, eskalierte die Lage. Fiesole hätte Florenz niemals ernsthaft gefährlich werden können, aber die Stadt gab keine Ruhe, bis sie die kleine Konkurrentin beseitigt hatte. 1125 nahm Florenz die uralte Etruskerstadt ein und zerstörte sie bis auf den Dom und den Bischofspalast vollständig.

Nicht besser erging es Lodi, das Mailand ein Dorn im Auge war und 1158 vernichtet wurde. Kein Wunder, dass die vertriebenen Bewohner Friedrich I. Barbarossa um Hilfe riefen und mit seiner Unterstützung ihre Stadt etwa 7 Kilometer vom alten Zentrum entfernt neu errichteten. 1198 kam es zu beiderseitigem Vorteil zum Friedensschluss zwischen Mailand und Lodi.

Auch Rom ging mit vermeintlicher Konkurrenz nicht zimperlich um; das Opfer war die alte Etruskerstadt Tusculum. 1167 behauptete sich das Städtchen mit Hilfe kaiserlicher Truppen, aber die Gefahr war nicht dauerhaft abgewendet. Als sich Papst Coelestin III. 1191 mit Heinrich VI. versöhnte, war unter anderem Tusculum der Preis. Rom zerstörte die Stadt und verjagte die Bewohner, die sich in Frascati niederließen. Tusculum blieb in Ruinen zurück.

Ob man die zerstörerische Politik der Kommunen dem dortigen Adel anlasten kann, ist fraglich. Sicher führte er die Kampfkontingente an, aber faktisch bildete die gesamte Gruppe der freien Bürger die Kommune, auch wenn der *populo minuto* keinen Einfluss gewann und das Heer der Diener und Taglöhner nicht einmal zu dieser Gruppe gehörte. Trotz der relativen Bedeutungslosigkeit ihrer Stimme mussten die Bürger an der Vollversammlung (*parlamento, concione* oder *arengo*) teilnehmen. Hier fiel die Entscheidung über Krieg oder Frieden, wurden die Statuten gebilligt und die städtischen Mandatsträger gewählt. Doch die Entscheidungsfreiheit dieses Gremiums war nur eine Illusion. Wichtige Dinge bereitete der Rat beschlussfähig vor und die Vollversammlung beschränkte sich auf die bloße Zustimmung. Aber das Gefühl der Allzuständigkeit der Bürgerschaft wurde gewahrt und Unzufriedenheit über fehlendes politisches Mitspracherecht vermieden.

Je stärker die Kommunen wuchsen, desto notwendiger wurde eine Kompetenzenteilung, um Chaos bei Abstimmungen zu verhindern und die Vorbereitung von Vorlagen zu beschleunigen. Vor allem wirtschaftlich führende Zentren wie Venedig, Florenz, Mailand, aber auch Lucca oder Pavia verfügten früh über Konsuln mit genau definierten Kompetenzbereichen, um die merkantile Entwicklung zu fördern. Dem diente auch die seit dem Ende des 11. Jahrhunderts nachweisbare grundsätzliche Rechtsgleichheit aller Bürger einer Stadt. Bis dahin hatte man genau nach den Geburtsrechten unterschieden, was naturgemäß zu Komplikationen führte, da die Bestimmungen in den unterschiedlichen Rechten keineswegs gleich waren. Daher stellte das einheitliche für alle Bürger geltende Stadtrecht einen erheblichen Fortschritt und einen wichtigen Beitrag zur Rechtssicherheit dar. Zudem machte das Stadtrecht keinen Unterschied zwischen reichen und armen Bürgern; mochten die sozialen Differenzen im Alltag noch so groß sein, vor dem Richter waren theoretisch alle Bürger einer Stadt gleich.

Mit der Rechtsvereinheitlichung gingen intensivierte Pflege der Jurisprudenz und verbesserte Ausbildung der Richter und Notare einher sowie die Wiederentdeckung des römischen Rechts im 12. Jahrhundert. Untrennbar verbunden mit der Erinnerung an antik-römische Rechtstraditionen ist die Stadt Bologna, die Heimat der ältesten Universität Europas, die freilich noch als geistliche Korporation entstand, allerdings von der Kommune ganz erheblich finanziell unterstützt wurde. Dass in Ravenna und Pavia das Wissen um das römische Recht nie ganz verschollen gewesen war, gerät im Schatten Bolognas leicht in Vergessenheit.

Die Ausbildung gelehrter Juristen beschränkte sich nicht auf Bologna, auch in Modena, Padua, Vercelli, Reggio oder Vicenza entwickelten sich juristische Lehranstalten. Die Begeisterung für das römische Recht und der Stolz auf die wiederentdeckten kaiserlichen Rechtsquellen ließ Italien im Selbstverständnis seiner Bürger zum juristischen Lehrmeister Europas werden, was man vor allem in Paris, der zweitältesten Universitätsstadt Europas, durchaus anders gesehen hat.

Nur eine Gruppe war von der allgemeinen Rechtsgleichheit in den Kommunen ausgenommen: der Klerus. Er reklamierte für sich, überall nach kanonischem Recht verurteilt zu werden. Da der Klerus zudem noch Steuerfreiheit und die Freiheit vom Kriegsdienst genoss, kam es vielfach zu Unfrieden, da die Bürger den Sonderstatus nicht akzeptierten. Die Lage spitzte sich zu, als sich immer mehr Kaufleute die niederen Weihen geben ließen, um im Konfliktfall nach kanonischem Recht verurteilt zu werden. Niemand kannte alle Stadtrechte und das kanonische Recht gab den Fernkaufleuten im undurchsichtigen Dschungel der Rechtsgewohnheiten Sicherheit. Zudem zwangen die niederen Weihen nicht zur Einhaltung des Zölibats. Da der Kirche aus der Kaufmannspolitik kein Nachteil entstand, setzte sie dem auch nichts entgegen, zumal sie selbst zunehmend in den internationalen Handel involviert war und auf dem Gebiet des Geld- und Kreditwesens kräftig verdiente.

Die einfache Bevölkerung wollte aber nicht ohne weiteres hinnehmen, dass sich die Geistlichen Sonderrechte herausnahmen, wobei die Befreiung vom Kriegsdienst das geringere Problem darstellte. Unwille kochte empor, wenn es um Steuerbefreiungen ging. Alle genossen den Schutz der Mauern und daher sollten auch alle für deren Unterhalt bezahlen. Es war nicht einzusehen, warum gerade die reichen Kleriker von Abgaben befreit sein sollten, die kleinen Handwerker aber zahlen und zudem im Konfliktfall noch mit ihrem Leben für die Sicherheit der Kommune einstehen mussten.

Die Stimmung drohte mancherorts zu kippen, vor allem nachdem die Geistlichkeit Kirchenstrafen gegen Kritiker verhängte und Interdikte das öffentliche Leben störten. Ob diese Unzufriedenheit viele Bürger auch in die

Arme häretischer Strömungen trieb, ist nicht mit letzter Sicherheit zu sagen. Tatsächlich finden sich im 12. Jahrhundert in italienischen Kommunen immer mehr Abweichler vom katholischen Glauben, wobei die Betroffenen überwiegend aus dem *populo minuto* stammten. Der Ärger über die Sonderrechte der Kleriker mischte sich mit dem Streben nach eigenen Glaubenserfahrungen außerhalb der Kirche und der Kritik an der überreichen Geistlichkeit, deren luxuriöser Lebensstil nicht zum Ideal apostolischer Armut passte.

Die Kirche ging hart gegen Häretiker vor und strafte sie unnachsichtig. Dass die Häresien nicht zu einer uneindämmbaren Massenbewegung wurden, ist der Entstehung der Bettelorden zu danken und der Weisheit Papst Innozenz' III., der es verstand, Männer wie Franz von Assisi oder Dominicus in den Schoß der katholischen Kirche zu integrieren und nicht wegen ihrer radikalen Lebensentwürfe aus der Gemeinschaft der Gläubigen auszustoßen.

Wie brisant die kritische und explosive Stimmung werden konnte, zeigt Rom. Bevor noch Tusculum ins Visier der Bürgerschaft geriet, wünschte man die Vernichtung des Städtchens Tivoli. Unbedacht versprach Innozenz II. den Römern dessen Unterwerfung. Als er einen Feldzug unterließ, kam es 1143 zum Aufstand. In schwärmerischer Rückbesinnung auf die antike Geschichte der Ewigen Stadt erneuerte man den Senat – in der Mitte des 12. Jahrhunderts ein römischer Sammelbegriff für die Konsuln und die befristet gewählten Bürger im städtischen Rat. Bedrohlich wurde die Entwicklung, als Arnold von Brescia auftauchte, um gegen die reiche Kirche nicht nur zu predigen, sondern konkret vorzugehen.

Arnolds Kritik betraf den Papst als Stadtherrn Roms und als geistlichen Oberhirten der Christenheit. Das Anprangern der Kirche fand vielerorts begeisterte Anhänger und entfaltete ein Potential, das die Grundfesten der *ecclesia* hätte erschüttern können. In seiner Not wandte sich der Nachfolger Petri, nunmehr Eugen III., an Friedrich I. Barbarossa. Im Vertrag von Konstanz versprach der Staufer dem Papst neben einem Feldzug gegen die Normannen und Hilfe gegen die byzantinische Expansion in Unteritalien auch Unterstützung im Kampf gegen die stadtrömische Opposition. Obwohl der Vertrag nur rudimentär erfüllt wurde, erhielt der Staufer 1155 die Kaiserkrone. Es gelang, Arnold von Brescia gefangen zu nehmen und an den Papst auszuliefern; er ließ sein Leben in den Flammen des Scheiterhaufens. Aber die römische Kommune blieb teilweise bestehen, konnte jedoch den Papst als Stadtherrn nicht abschütteln. In der Folgezeit bildete Rom, die südlichste italienische Stadtkommune, mit Oberitalien vergleichbare städtische Strukturen aus, wenn auch mit antiken Anklängen.

Neben der Rechtspflege wurden die Kommunen auch in der Administration vorbildgebend. Die Kaufleute waren auf eine geordnete, schriftliche Wirtschaftsführung angewiesen. Um einen Überblick über wichtige Urkunden, tatsächlich und idealerweise zu erzielende Einnahmen sowie den Finanzhaushalt zu bekommen, legte man Amtsbücher an; die rechtsverbindlichen Dokumente wurden in Archive gebracht und in Bücher kopiert, um die kostbaren Originale zu schonen. Rasch diversifizierte sich das administrative Schriftgut und zeugt von den hervorragenden Verwalterqualitäten italienischer Bürgerschaften.

Mit den vielfältigen kommunalen Entwicklungen des späten 11. und 12. Jahrhunderts war die Basis gelegt für die Ausformung der großen Stadtrepubliken Italiens im späten Mittelalter – die indessen eine eigene Betrachtung verdienen.

IX.

Der Kampf des Papsttums gegen Friedrich II. und die Ausformung des Kirchenstaates

Auf seinem ersten Italienzug 1154 fand Friedrich I. Strukturen vor, die sich diametral vom Reich nördlich der Alpen unterschieden. Die Stadtkommunen in Piemont, in der Emilia, Romagna, Lombardei und in der nördlichen Toskana waren stabil, bildeten aber keine geschlossene Einheit, sondern zerfielen in sich permanent streitende Gruppierungen. Die innere Struktur der Kommunen mag sich ihm nicht sofort erschlossen haben, aber ihre wirtschaftliche Kraft machte sich optisch in einer Kulturblüte bemerkbar, die kaum zu übersehen war.

Die Bürgerschaft fand ihren künstlerischen Ausdruck in der Kathedrale: Auf dem Platz vor dem wichtigsten Gotteshaus kulminierte das urbane Leben, wurden alle wichtigen öffentlichen Akte vollzogen, die Konsuln vereidigt und die Fahnenwagen geweiht. Seit dem 11. Jahrhundert schmückten sich die Städte durch romanische Kirchen, worunter vor allem der Dom zu Modena als architektonisches Meisterwerk heraussticht. Die 1099 durch Lanfranc begonnene Kirche diente als Vorbild für den Neubau von San Zeno in Verona nach dem Erdbeben von 1117. Die gleiche Katastrophe zerstörte den Dom zu Parma, der neu gebaut werden musste. 1063 legte man in Pisa den Grundstein des gewaltigen Domes, fast 50 Jahre nach dem Baubeginn von San Miniato al Monte (1018) in Florenz; allerorten schuf sich die Aufbruchsstimmung steinernen Ausdruck. 1043 schließlich begann man in Venedig mit dem Bau des Markusdomes. Wie in Pisa, wo christliche Bautraditionen und orientalische Einflüsse miteinander verschmolzen, mischt sich auch in Venedig das Kunstwollen verschiedener Kulturen: Der Grundriss der Apostelkirche von Konstantinopel in Form eines griechischen Kreuzes und der extrem farbige Mosaikenschmuck weisen nach Byzanz, dem Venedig eng verbunden war und das sich der Doge Domenico Contarini zum Vorbild für den Neubau genommen hat.

Pisa, Dom mit Campanile

Bemerkte Barbarossa die Andersartigkeit und die Aufbruchstimmung in Italien? Seine Ziele waren klar: die Kaiserkrone und die Rekuperation alter Reichsrechte, die in den langen Wirren des Investiturstreites fast vollständig verlorengegangen waren. Die wenigen Inseln, in denen man sich der kaiserlichen Hoheitsrechte erinnerte, vor allem um Trient und Aquileja, reichten als Basis für die flächendeckende Rückgewinnung nicht aus, so dass sich Barbarossa neue Bündnispartner suchen musste. Er fand sie zunächst bei den alten Adelskräften, mit denen die Krone traditionell kooperiert hatte, musste aber erkennen, dass diese Koalition nicht mehr zielführend war.

So suchte der Herrscher das Bündnis mit den Städten, vor allem denjenigen, die ihrerseits Partner benötigten, um sich gegen das machtvoll expandierende Mailand zu behaupten: Pavia, Lodi, Como und Cremona, die den Staufer offen um Hilfe baten. Barbarossa ahnte 1154 nicht, wie rasch er sich im Städtestreit verstricken und welche Konsequenzen das haben würde. Ein

Beispiel mag genügen: Auf dem Hoftag von Roncaglia im Dezember 1154, mit dem der König eine alte Tradition der Heerschau auf den Roncaglischen Gefilden wieder aufleben ließ, wollte Barbarossa sich einen Überblick verschaffen, Streitfälle regeln, ein Lehnsgesetz erlassen und sich als friedensstiftende Ordnungsmacht etablieren. Hier traf er auch mit den Konsuln von Tortona und den Abgesandten Pavias zusammen; beide verfeindeten Städte suchten die Vermittlung des Herrschers. Tortona musste alle gefangenen Pavesen an Barbarossa ausliefern, was ihnen eine harte Bedingung erschien. Durch Boten wurden sie vor das Königsgericht geladen, um sich zu unterwerfen, wobei ihnen mit schweren Repressalien bei Nichtbefolgung der herrscherlichen Anordnungen gedroht wurde – Barbarossa stand auf der Seite Pavias. Da Tortona den König für parteiisch hielt, kam die Stadt der Vorladung nicht nach, woraufhin Barbarossas die Stadt belagerte. Es kam zu öffentlichen Hinrichtungen gefangener Tortonesen vor den Toren, zu Verunreinigungen der städtischen Wasserversorgung durch verwesende Leichen und zur Demonstration der militärischen Schlagkraft des Staufers durch den Einsatz von Belagerungsmaschinen. Alle Gesprächsbemühungen der Tortonesen scheiterten. Barbarossa war unversehens in Zugzwang geraten. Der Termin der Kaiserkrönung rückte näher und er wollte diesen Zeitplan einhalten. Gleichzeitig fürchtete er, durch eine Aufhebung der Belagerung seine Ehre zu beschädigen, durfte er doch Widerstand gegen die königliche Gewalt nicht ungestraft lassen. Am 18. April fiel Tortona und Barbarossa ließ seine Truppen sowie die mit der Stadt verfeindeten Pavesen ungehemmt plündern; die Soldaten Pavias ruhten nicht, bis Tortona dem Erdboden gleichgemacht worden war.

Hatte der Herrscher geglaubt, mit dieser Machtdemonstration seinen *honor* zu verteidigen und die Städtelandschaft Italiens botmäßig zu machen, hatte er sich getäuscht. Der nächste Ärger wartete schon in Rom. Auf dem letzten Streckenabschnitt von Sutri nach Rom zog dem königlichen Tross eine Abordnung des römischen Senats entgegen, die dem Staufer die Kaiserkrone für 5000 Pfund Gold anbot. Schroff wies der König das Ansinnen zurück und empfing am 18. Juni 1155 die Kaiserkrone aus der Hand des Papstes in St. Peter in Rom. Allerdings wurde das glanzvolle Zeremoniell getrübt, denn die Stadt blieb dem Kaiser verschlossen, ja mehr als das: Kaum war die Krönungsfeierlichkeit vorüber, überwanden die Römer den Tiber und griffen den Papst an. Die Kämpfe dauerten bis in die Nacht hinein und der Kaiser musste sich und den Papst in Sicherheit bringen. Die Erbitterung der

Bevölkerung erklärt sich leicht, hatte doch Barbarossa im Vertrag von Konstanz 1153 versprochen, dem Papst im Kampf gegen die städtische Bewegung in Rom zu helfen; eine Hilfe, die er nun nicht leisten konnte. Als er dann auch nicht zum Normannenkampf nach Süden weiterzog, da ihm die Fürsten die Gefolgschaft verweigerten, war das Verhältnis zum Papsttum nachhaltig gestört.

Auf seinem Rückweg brandschatzte der Kaiser Spoleto, das keine Hilfsgüter stellen wollte, und bannte Mailand, das zudem die Regalien verlor. Die Münzstätte wurde nach Cremona verlegt. Aber der Kaiser weilte zu kurz vor Ort, um seine Anweisungen auch umsetzen zu können. Kaum war er weg, zeigte sich, dass der ferne Herrscher in der lombardischen Metropole wenig ausrichten konnte.

Der zweite Italienzug diente der Stabilisierung der kaiserlichen Gewalt. Auf dem prachtvollen Hoftag in Roncaglia 1158 ließ Barbarossa minutiös alle Rechte des Reiches auflisten, wozu er Bischöfe, Adlige, aber auch Vertreter von 28 Städten um sich versammelte. Am Ende wurden Herzogtümer, Grafschaften, Münzrechte, das Recht, die Konsuln zu bestimmen, die Aufsicht über Maße und Gewichte und vieles mehr zusammengetragen. Allerdings bestanden diese Rechte nur auf dem Pergament; ihre Umsetzung vor Ort war ein ganz anderes Problem.

Vier Jahre hielt sich der Kaiser in Italien auf und demonstrierte nachdrücklich seine Herrschaftsansprüche, aber auch seine Vorstellungen von der rechten Ordnung in der Welt, was zur Konfrontation mit dem Papsttum führte. Rasch wurde er wieder in den Hader der oberitalienischen Städte hineingezogen. Entschieden stellte er sich auf die Seite der Gegner Mailands: Como, Pavia, Lodi und Cremona. Mit seiner Hilfe gelangen der Wiederaufbau Lodis und die Unterwerfung Brescias. Selbstbewusst sandte der Kaiser eigene Mandatsträger in die Kommunen, um die Ernennung der Konsuln zu lenken. In Mailand dachte man nicht daran, Einmischungen des Staufers in die innerstädtischen Angelegenheiten zu tolerieren, und warf die Legaten kurzerhand hinaus; mit schwerwiegenden Folgen. Zunächst musste Crema daran glauben, das immer an der Seite Mailands gestanden hatte. Es widersetzte sich dem kaiserlichen Befehl, die Stadtmauer zu zerstören, ihr wichtigstes Integrationssymbol. Im Januar 1160 fiel Crema und wurde dem Erdboden gleichgemacht – sehr zur Genugtuung Cremonas, das vor dem Kaiser gegen Crema geklagt hatte.

Kaum war Crema vernichtet, wandte sich der Kaiser dem unbotmäßigen

Mailand zu. 1162 musste sich die Stadt bedingungslos unterwerfen. In Neu-Lodi, auf dem Boden der verhassten Konkurrentin, erschienen die Mailänder mit Kreuzen in den Händen und blanken Schwerten im Nacken, um öffentlich vor dem Kaiser zu kapitulieren. Selbst der Mailänder *carroccio* wurde gedemütigt, die Fahne des heiligen Ambrosius sank in den Staub. Allerdings hob Barbarossa selbst den untersten Zipfel der Fahne aus Respekt vor dem Heiligen auf. Gnade durfte die Stadt nicht erwarten. Nach dem Schleifen der Mauern zog der Kaiser ein und ordnete deren völlige Zerstörung an; kaum hatte er den Ort verlassen, begann die Brandschatzung. Rainald von Dassel, der Erzbischof von Köln und Kanzler des Reiches, ließ die Gebeine der Heiligen Drei Könige aus der Kirche S. Eustorgio holen und nach Köln bringen. Während das Vernichtungswerk andauerte, feierte Barbarossa den Palmsonntag in Sant'Ambrogio vor Mailand; Ostern befand er sich in Pavia, das über die Niederlage der Rivalin frohlockte.

Aber Barbarossas Machtdemonstration weckte bei seinen Verbündeten Ängste, zumal es in Rom nach dem Tod Hadrians IV. 1159 zum Schisma gekommen war. Während sich die Mehrheit Italiens für Alexander III. erklärte, nahm der Staufer Partei für Viktor IV. Seine starre Haltung diskreditierte ihn und es bildete sich eine antikaiserliche Allianz um Venedig, Padua, Vicenza und Verona. Als Barbarossa 1167 versuchte, das Schisma mit Waffengewalt zu lösen, brach in seinem Heerlager vor Rom in der Sommerhitze eine verheerende Seuche aus, die seine Truppen erschreckend dezimierte und eine Vielzahl seiner treuesten Parteigänger dahinraffte. Der Kaiser konnte sich retten, aber sein Rückzug glich einer Flucht. Die Chance nutzend, fanden sich seine Gegner in Oberitalien im ersten Lombardenbund zusammen und die kaiserliche Herrschaft südlich der Alpen brach zusammen. Demonstrativ wurde Mailand wieder aufgebaut und es kam noch schlimmer: Zum Zeichen der eigenen Stärke errichtete die Allianz eine Bundesfestung, die zugleich die Verbindung von Genua nach Pavia und Turin sowie die Markgrafen von Montferrat blockierte. Zu allem Übel nannte man sie in programmatischer Absicht nach Barbarossas Gegner Papst Alexander III.: Alessandria – sichtbares Zeichen, dass die Kurie den Bund mit der antikaiserlicher Opposition geschlossen hatte.

Trotz der Niederlagen kehrte Barbarossa noch einmal machtvoll zurück, aber die Belagerung des verhassten Alessandria misslang. Diplomatische Kontaktaufnahmen mit dem Papst scheiterten und 1176 erlitt er eine bittere Niederlage bei Legnano. Die Schlappe wog so schwer, dass er mit den Städten und dem Papst verhandeln musste. Am 21. Juli 1177 wurden die Bedingungen in Chioggia verlesen und am 24. Juli 1177 warf sich Friedrich I. vor dem Dom in Venedig Alexander III. zu Füßen. Zweifellos hatte er keinen Blick für die Schönheit des Bauwerkes, sank doch mit dem Kaiser auch seine Herrschaftskonzeption in den Staub. Barbarossa hatte nach der Weltherrschaft gestrebt und verloren. Noch in Venedig entfalteten die Fürsten neue Handlungsspielräume, und das Papsttum ging gestärkt aus dem Schisma hervor. Nur zwei Jahre später stellte Alexander III. auf dem Laterankonzil 1179 die Weichen für die Verankerung des Vorranges des Papsttums; eine Entwicklung, die unter Innozenz III. (1198–1216) ihren Abschluss fand. In der Neuordnung der Papstwahl wurde eine Zwei-Drittel-Mehrheit verbindlich festgeschrieben; Einflüsse von außen sollte es nicht mehr geben. Zugleich erlebte das Papsttum auf allen Ebenen einen Institutionalisierungsschub, trieb die Verschriftung voran und baute das Legatenwesen aus. Während das gedemütigte Kaisertum noch um Transpersonalisierung rang, hatte das Papsttum sie längst vollzogen.

Das 12. Jahrhundert steht stellvertretend für den Ausbau der päpstlichen Autorität innerhalb der Kirche und der Welt. Der enorme Bevölkerungsanstieg hatte auch Auswirkungen auf das Papsttum. Die Pilgerströme, vor allem nach Jerusalem, Santiago de Compostela und Rom schwollen an. Für sie errichtete man Hospitäler, Straßen, Wegenetze und neue Brücken. Die Pilger belebten aber nicht nur den Ausbau der Infrastruktur, sie brachten auch viel Geld in die Wallfahrtszentren. Die sich in Rom drängenden Rompilger vermehrten das Vermögen des Papsttums ebenso wie dessen Ansehen. Seit der Mitte des 12. Jahrhunderts erlahmte der Reformeifer der Päpste spürbar. Die Nachfolger Petri widmeten sich nun dem Ausbau und der Intensivierung ihrer eigenen Herrschaft innerhalb Roms, wo sie versuchten, kommunale Tendenzen zu unterbinden, und im Patrimonium Petri, das sukzessive erweitert wurde.

Das Nachlassen des päpstlichen Reformengagements rief vielerorts Kritiker auf den Plan, die den Reichtum der Kirche anprangerten; man denke nur an Arnold von Brescia. Schon in seinem Fall hatte sich die Zuhilfenahme des weltlichen Arms des Kaisers für das Papsttum bewährt. Seit dem Treffen Barbarossas mit Lucius III. 1184 in Verona bemühte sich das Papsttum, die weltliche Gewalt grundsätzlich für die Häretiker-Bekämpfung zu instrumentalisieren.

Auf der Lateransynode 1179 präsentierte sich der Papst als alleiniges

Oberhaupt der westlichen Kirche. Nun galt es, die Herrschaft auch in Rom durchzusetzen. Dies gelang 1188 Papst Clemens III. durch einen Vertrag. Der Papst erhielt die Hoheit über die Stadt, und die Römer stellten im Gegenzug vorerst die faktische Regierung. Der Kompromiss beendete einen mehr als ein halbes Jahrhundert andauernden Streit und gestattete den Päpsten, in ihrer Stadt dauerhaft zu residieren – ein wichtiger Schritt zur vollständigen Emanzipation des Papsttums.

In Roms Senat arbeitete die Zeit zugunsten der Päpste. Seit den Tagen Alexanders III. gelangten immer mehr Adlige in den Senat und in das Kardinalskollegium, so dass sich allmählich eine Interessensgleichheit beider Gremien ergab. Um diese Tendenz zu vertiefen, bemühten sich die Päpste, Kardinäle bevorzugt aus Adelsfamilien Roms oder des römischen Umlandes zu berufen. Da die Kardinäle den Papst wählten, stammte dieser nun meist aus eben jenen Familien, und Innozenz III. gelang es, den römischen Senator zum Beauftragten des Papstes zu machen (Schimmelpfennig, S. 177).

Das Machtinteresse der Päpste galt dem Ausbau des Patrimonium Petri. Seit der Spätzeit des Investiturstreites wurde um die Mathildischen Güter gerungen. Der Nachlass der 1115 verstorbenen Markgräfin Mathilde von Canossa erregte die Begehrlichkeit von Herrschern und Päpsten gleichermaßen, obwohl niemand sagen konnte, welche Liegenschaften er eigentlich umfasste. Sicher hatten die Canusiner wichtige Verbindungswege in Oberitalien und entscheidende Apennin-Übergänge der Via Francigena kontrolliert; ihre Güter waren machtpolitisch und geostrategisch bedeutend.

Die Erweiterung des Patrimonium Petri erforderte den zügigen Ausbau der Kurie und der kurialen Administration. Da viele Petitionen an den Heiligen Stuhl sich ähnelten, entwarf der Kanzler Alexanders III., Albert von Morra, der spätere Papst Gregor VIII., Formulare und stellte ein Buch der Cursus zusammen, eine Sammlung stilistischer Redewendungen. Beides musste selbstverständlich geheim bleiben, um Fälschungen zu vermeiden, beschleunigte aber die Arbeit der Skriniare und Notare erheblich. Gefälscht wurde natürlich trotzdem, denn mit Papsturkunden ließ sich gutes Geld verdienen. Innozenz III., der große Jurist auf dem Papstthron, hob während seiner Amtszeit eine florierende Fälscherwerkstatt in Rom aus.

Immer wichtiger wurde der Kämmerer, der seit Kardinal Boso (1154–1159) für alle Einnahmen und Ausgaben des päpstlichen Hofes verantwortlich zeichnete. Um die Übersicht zu behalten, legte man Zinsbücher und Güterverzeichnisse an; das berühmteste trägt den Namen des Kardinals

Cencius, der *Liber censuum* (1192). Der Ausbau einer geordneten Verwaltung hing wesentlich von der Ortsfestigkeit des Papstes in Rom ab; erst als das Papsttum ständig am Tiber weilte, konnte die Verwaltung optimiert werden.

Mit der Weltgeltung des Papsttums stieg auch die Bedeutsamkeit kirchlicher Normen, die sich oftmals widersprachen. Um 1140 sammelte der Bologneser Jurist Gratian die Normen in seiner *Concordia discordantium canonum*, besser bekannt unter dem Namen *Decretum Gratiani*. Da die riesige Konkordanz unvollständig war, kamen weitere Sammlungen vor allem päpstlicher Dekretalen hinzu. Um 1190 trug der Paveser Dompropst Bernardus Balbi die wichtigsten Extravaganten in 5 Bänden zusammen; sie spiegeln eindrucksvoll das päpstliche Recht, das seine Durchsetzung in der westlichen Christenheit vor allem auch den geduldigen Sammlern zu verdanken hatte.

Von einer vergleichbaren Administration war das Kaisertum weit entfernt. Es gab zwar ein Reichsarchiv, aber niemand weiß, welchen Umfang es besaß. Die Herrscher konnten auf ihren Reisen über die Alpen wohl kaum umfängliche administrative Dokumente mitnehmen, was große Probleme aufwarf. Dennoch schickten sich die späten Staufer an, ganz Italien mit dem Nordreich zu vereinen. Durch den plötzlichen Tod König Wilhelms erbte Konstanze das Königreich Sizilien. Nach schweren Kämpfen konnte sich ihr Gemahl, Heinrich VI., durchsetzen und übernahm selbst die Macht im Süden Italiens. Der Schatz der Normannenkönige wurde auf den Trifels gebracht.

Aber der Kaiser erkannte, dass er unmöglich das riesige Reich beherrschen konnte, ohne treue Gefolgsleute in Schlüsselpositionen zu bringen. So übertrug er 1195 die Romagna dem Reichstruchsess Markward von Annweiler, dem er zugleich die Markgrafenwürde verlieh. Die Toskana erhielt Heinrichs VI. Bruder Philipp und das Herzogtum Spoleto der Edelfreie Konrad von Irslingen. Die landfremden Mandatsträger wurzelten erstaunlich schnell in den ihnen anvertrauten Regionen ein und knüpften Beziehungsnetzwerke mit den lokalen Adelsfamilien.

Die Einheit des Nordreiches mit Sizilien, die das Patrimonium Petri von zwei Seiten einzuschnüren drohte, schien auf Dauer gesichert, als Heinrich VI. am Stephanstag (26. Dezember) 1194 in Iesi ein Sohn geboren wurde: Friedrich Roger, der spätere Friedrich II. Man hatte kaum noch auf Nachwuchs zu hoffen gewagt, denn Konstanze war zum Zeitpunkt der Niederkunft fast zu alt für ein Baby. Zu seiner eigenen Sicherheit vertraute man das Kind Konrad von Irslingen an; es wuchs in Foligno auf. Heinrich VI. sah die Chance, die *unio regni ad imperium*, die Vereinigung des Nordreiches mit dem Königreich Sizilien, dauerhaft zu festigen und wollte schon im Dezember 1195 seinen Sohn zum Mitkönig wählen lassen, aber die Fürsten entsprachen seiner Bitte nicht. Ein herber Rückschlag für die Pläne Heinrichs, der sowohl eine staufische Erbmonarchie im sizilischen Normannenreich zu etablieren als auch die Kaiserwürde fest innerhalb der staufischen Familie zu verankern gedachte. Zur Durchsetzung des Erbreichsplans unterbreitete er dem Papsttum das sogenannte höchste Angebot, dessen Inhalt umstritten ist, das aber nie zur Annahme kam. Am 28. September 1197 starb der Kaiser nur 32 Jahre alt in Messina; er wurde in Palermo in einem Porphyrsarkophag würdevoll bestattet.

Sein Testament spiegelt seine politischen Ziele: Konstanze und Friedrich II. sollten dem Papsttum alle Rechte gemäß dem Vertrag von Benevent gewähren und einen Sicherheitseid leisten. Sollte Friedrich nach Konstanzes Tod ohne Erben sterben, fiele das Königreich Sizilien an das Papsttum. Überlebte Konstanze ihren Sohn, sollte sie bis zu ihrem Tod in Sizilien herrschen, das anschließend an die Kurie fiele. Der Papst und die Kirche sollten gegen umfängliche Kompensationen Friedrich II. das Kaisertum bestätigen.

Mit dem Tod Heinrichs VI. stürzte das Reich in eine tiefe Krise. Die staufische Herrschaft in Italien brach fast augenblicklich zusammen. Allerorten empörte man sich gegen die Landfremden; unverhohlene Vorurteile wurden laut. An symbolträchtigem Ort, direkt bei San Miniato, dem Zentrum der staufischen Reichsverwaltung in der Toskana, versammelten sich die Vertreter der Städte, um einen Eid zu leisten: Fürderhin wollte man keinen Kaiser mehr anerkennen, der nicht vom Papst ausdrücklich gebilligt wurde. Konrad von Irslingen und Markward von Annweiler gerieten unter Druck; Konrad verließ Umbrien und Markward zog sich in die Abruzzen, ins Molise und nach Apulien zurück. Besonders schwer wog, dass sich Konstanze von der Politik ihres verstorbenen Gatten lossagte. Anstatt ins Reich nördlich der Alpen ließ sie den Thronfolger nach Palermo bringen. Der unmittelbar nach dem Eintreffen der Todesnachricht nach Süden eilende Onkel Friedrichs II., Philipp, traf das Kind nicht mehr an.

Ob sich Konstanze von allem Staufischen abwandte, um das Königreich Sizilien für Friedrich II. zu retten, oder ob persönliche Gründe vorlagen, ist unklar. Ihre Rekuperationspolitik blieb erfolglos; ebenso der päpstliche Versuch, im Königreich Land zu gewinnen; der Süden versank in bürgerkriegsähnlichem Chaos. Es gelang Konstanze, Friedrich II. zu Pfingsten 1198 in Palermo zum König von Sizilien krönen zu lassen, aber das Papsttum erneuerte die Lehnsabhängigkeit des Königreiches, und auch die kirchenpolitischen Vorrechte der normannischen Könige konnten nicht aufrechterhalten werden. Als Konstanze 1198 überraschend starb, bestellte sie auf dem Totenbett den Papst zum Vormund für ihr einziges Kind.

In Rom war es im Krisenjahr 1198 zu einem Wechsel gekommen. Nach dem Tod des uralten Coelestin III. wählte man mit Lothar von Segni den erst 37 Jahre alten Kardinaldiakon von Santi Sergio e Bacco, der sich Innozenz III. nannte; das jüngste Mitglied des gesamten Kollegiums. Mit ihm betrat ein brillanter, in Paris und Bologna in Theologie und Jurisprudenz geschulter Geist die politische Bühne, der das Papsttum auf einen Höhepunkt seines Ansehens führte.

Im normannischen Königreich erzielte er zunächst kaum Erfolge, denn Markward von Annweiler setzte mit Hilfe der Pisaner nach Messina über und etablierte sich mit Unterstützung der Araber in Sizilien. Als er 1202 starb, dürfte Innozenz III. tiefe Genugtuung empfunden haben, aber es trat keine Besserung der Verhältnisse ein; im Gegenteil. Permanente Kämpfe laugten Unteritalien und Sizilien aus. Das persönliche Erscheinen Innozenz' III. in San Germano bei Montecassino brachte nur eine Beruhigung, keine dauerhafte Ordnung. 1208 endete seine Vormundschaft und er übergab Friedrich II. ein Land, das keine 50 Jahre zuvor den Neid anderer europäischer Herrscher hervorgerufen hatte, das nun aber nahezu am Boden lag. Dass sich der Papst für seine Dienste die Grafschaft Sora übereignen ließ, da Friedrich II. die geforderte Aufwandsentschädigung nicht zahlen konnte, nährte das Misstrauen des jungen Staufers erheblich.

Aber Innozenz III. verfolgte ein klares Ziel: die Rekuperation aller Besitzungen des Apostolischen Stuhles, einschließlich der Kaiserpacta und der Konstantinischen Schenkung. Von den vollmundigen Versprechungen der Herrscher war nur extrem wenig eingelöst worden, obwohl nach dem Dafürhalten der Päpste ein eigener Herrschaftsbereich für die Selbständigkeit der Nachfolger Petri unabdingbar war. Angesichts der Tumulte des 1198 ausgebrochenen deutschen Thronstreites schien die historische Chance gekommen. Die Grafschaft Sora im Nordwesten des Patrimonium Petri machte nur den Anfang; zielstrebig arrondierte Innozenz III. die Liegenschaften von der Herzkammer Rom aus.

Gleichzeitig sollten kaiserliche Vorrechte in Rom abgeschüttelt werden, die aus ihrer Stellung als Schützer der Kirche und der Päpste herrührten. Der von Heinrich VI. eingesetzte Stadtpräfekt, Petrus von Vico, musste Innozenz III. die Treue schwören; gleichzeitig unterband der neue Papst bürgerliche Selbständigkeitsgelüste. Geschickt nutzte er die Missstimmung gegen staufische Mandatsträger und rief zur Vertreibung der fremden Barbaren auf, um eigene Gefolgsleute zu etablieren. Wo immer es ging, präsentierte sich der Papst als Schlichter und Richter. Dass er dabei seine Parteigänger bevorzugte, kaschierte er geschickt. Schritt für Schritt dehnte er seinen Machtbereich von der Campagna in die Sabina, das römische Tuszien, nach Umbrien und bis in die Mark Ancona aus.

Aber es gab auch Grenzen für Innozenz III. In der Romagna prallte er am Widerstand des Erzbischofs von Ravenna zurück, der das Machtvakuum in Oberitalien zur Vergrößerung seiner eigenen Herrschaft nutzte. Auch bei den Mathildischen Gütern erzielte Innozenz III. keine Fortschritte und in der nördlichen Toskana stockte seine Rekuperationspolitik. Dennoch legte dieser Papst den territorialen Grundstein für den Kirchenstaat; nicht aus reiner Machtgier, sondern aus der Überzeugung heraus, dass nur eine eigene Landesherrschaft dem Papsttum die nötige weltliche Freiheit zur Vollendung der geistlichen Freiheit garantierte. Dass sich das Papsttum damit in weltliche Angelegenheiten verstrickte, die sein Ansehen beschädigen konnten, sah der große Jurist durchaus. Er soll gesagt haben: „Wer Pech berührt, der besudelt sich."

Das Patrimonium Petri barg in sich Sprengkräfte. Zum einen die zu geringe Homogenität der verschiedenen Besitzungen, die nach der päpstlichen Einverleibung ganz plötzlich ohne ihre alten Herrschaften dastanden. Gerade in den Gebirgen rings um die Campagna di Roma lebten eine Reihe von Adelsgeschlechtern, die für die Geschichte der Ewigen Stadt und der Päpste noch lange eine entscheidende Rolle spielen sollten: Die Frangipane und Colonna, die Capocci und Vico hatten sich schon seit längerem etabliert. An der Wende zum 13. Jahrhundert kamen die Orsini, Savelli, Annibaldi und nicht zuletzt die Conti hinzu, aus deren Mitte Innozenz III. stammte. Mit diesen Familien mussten sich die Päpste immer neu arrangieren. Daneben gab es auf dem Boden des Patrimonium Petri in Orvieto, Viterbo oder Ancona Stadtherrschaften, die sich um Anschluss an die kommunale Entwicklung in Oberitalien bemühten. Was der Papst in Rom unterdrückte, musste er hier akzeptieren. Die Campagna di Roma selbst war nur sehr dünn besie-

Der Papstpalast in Viterbo

delt, die Maremma und der Agro Pontino waren wegen der malariaverseuchten Sümpfe kein gutes Wohngebiet. Anders Umbrien, die gebirgige Sabina und die Abhänge der Ciminischen Berge. Gerne zog sich der Papst mit seinem Hof in der Gluthitze des Sommers aus Rom zurück und residierte in Viterbo, Anagni oder Perugia. Dorthin floh er, wenn es in Rom zu gefährlich wurde. Obwohl vor allem Viterbo und Anagni zeitweise eine echte Konkurrenz zur Ewigen Stadt darstellten, blieb das Papsttum auf lange Sicht doch in Rom verankert.

Zu den nicht geringen inneren Problemen des Patrimonium Petri kam ein „außenpolitisches" hinzu: Was würde das Reich zu der neuen Ordnung in Italien sagen? Die Rekuperationen waren nur möglich gewesen, weil sich das Reich im seit 1198 tobenden Deutschen Thronstreit zwischen dem Staufer Philipp von Schwaben und dem Welfen Otto IV. verzehrte. Dass in Sizilien auch noch Friedrich II., der *puer Apuliae*, lebte, hatte man nicht vergessen, aber er spielte zunächst keine Rolle. Der um Stellungnahme gebetene Papst hielt sich bedeckt, um das Vakuum zur Expansionspolitik zu nutzen.

1200/1201 entschied er sich schließlich für Otto IV., der ihm das Patrimonium Petri im nunmehr bestehenden Umfang garantierte.

Die staufische Partei wäre zu diesem Zugeständnis nicht bereit gewesen und hatte schon bei der Präsentation des eigenen Kandidaten gegen die Rekuperationen protestiert. Dennoch gewannen die Staufer zunehmend an Boden und Innozenz III. trat in Verhandlungen ein, die in der Vermählung seines Neffen mit einer Tochter Philipps enden sollten. Doch dazu kam es nicht, denn 1208 wurde Philipp in Bamberg ermordet.

Daraufhin lud Innozenz III. Otto IV. zur Kaiserkrönung nach Rom ein, nachdem der Welfe feierlich versprochen hatte, die *unio regni ad imperium* nicht zu erneuern und in Unteritalien keine Kaiserpolitik zu betreiben. Aber kaum hatte er am 4. Oktober 1209 die Kaiserkrone empfangen, schien er sich nicht an seine in Neuss und Speyer geleisteten Eide erinnern zu können, befestigte die Burg San Flaviano bei Montefiascone im römischen Tuszien und zog zum Entsetzen des Papstes nach Süden. Nach längerem Zögern bannte ihn Innozenz III. und empfahl nun – in Abkehr von seiner bisherigen Politik – Friedrich II. zur Wahl.

Friedrich II. wurde nun in Abwesenheit im Herbst 1211 in Nürnberg und nach abenteuerlicher Reise durch Italien im Dezember 1212 in Frankfurt gewählt. In der Goldbulle von Eger (12. Juli 1213) bekräftigte der Staufer dem Papst die Zugeständnisse seiner Vorgänger, überließ der Kirche von ihr beanspruchte Rechte und Liegenschaften, sicherte die freie Appellation an die Kurie zu und versprach Hilfe im Ketzerkampf. Aber das alles hätte Innozenz III. nicht beruhigt, denn die Hauptgefahr bildete in seinen Augen die Vereinigung des Nordreiches mit Sizilien. Daher ließ sich Innozenz III. von seinem ehemaligen Mündel versprechen, die Union der beiden Reiche baldmöglichst zu lösen, Garantien gab der Staufer aber nicht. Sein Versprechen war durchaus glaubhaft, denn Friedrich hatte bereits einen Sohn, der wohl im März 1212, noch vor der Abreise des Vaters, zum König von Sizilien gekrönt worden war. Zudem leistete Friedrich II. dem Papst 1212 das *ligium hominium* und untermauerte damit die Lehnsbindung des sizilischen Reiches.

Es sah so aus, als würden Staufer und Päpste gut miteinander auskommen. 1215 empfing Friedrich II. in Aachen die Krone und gelobte feierlich die Teilnahme am Kreuzzug – damit nahm das Verhängnis seinen Lauf.

Im November 1215 berief Innozenz III. das vierte Laterankonzil ein, das sich mit der Reform der Kirche, dem Kreuzzug und Kaisertum befasste, das

Innozenz III. mit der Schenkungsurkunde des Klosters San Benedetto. Fresko, 13. Jh., Subiaco, San Benedetto.

sich auf dem Konzil als eine Angelegenheit der gesamten Kirche darstellte, passend zum päpstlichen Anspruch der Approbation der deutschen Königswahl, da der deutsche König der präsumptive Kaiser sei und es dem Papst daher nicht gleichgültig sein dürfe, wer die Krone des Reiches trage. Beim Tod Innozenz' III. am 16. Juli 1216 schien das Approbationsrecht unumstritten. Trotz mancher Rückschläge konnte er auf einen sehr erfolgreichen Pontifikat zurückblicken, vor allem im Hinblick auf den Ausbau des Patrimonium Petri.

Nur zwei Tage später folgte ihm Honorius III. (1216–1227) nach, dessen Herzensanliegen der Kreuzzug war, wobei er auf die Hilfe des Staufers vertraute. Friedrich hielt sich in Deutschland auf und ließ 1220 seinen Sohn Heinrich (VII.) zum König erheben. Damit verpasste er freilich dem Papsttum eine schallende Ohrfeige, denn zur Auflösung der Union des Reiches mit Sizilien hätte sein Sohn nur mit Sizilien ausgestattet werden dürfen. Die Wahl Heinrichs (VII.) zum Mitkönig im Reich machte die Versprechungen zunichte. Honorius III. war verärgert, doch Friedrich begründete sein Vorgehen mit dem baldigen Aufbruch zum Kreuzzug, weshalb er für die Regierungskontinuität im Reich sorgen müsse. Da der Aufbruch wegen der Zurückhaltung der Fürsten nicht planmäßig am 24. Juni 1219 erfolgen konnte, schöpfte der Papst jetzt neue Hoffnung und zeigte Geduld mit dem Staufer. Allerdings drängte er ihn, unmittelbar nach der Kaiserkrönung das Königreich Sizilien seinem Sohn zu übertragen und selbst darauf zu verzichten und den Papst zum Vormund des minderjährigen Heinrich (VII.) zu bestellen. Dazu war Friedrich II. nicht bereit. Vielmehr forderte er seinerseits, dass ihm Honorius III. lebenslang die Herrschaft in Sizilien zusichere; ein Ansinnen, das der Papst erbost zurückwies.

Noch 1220 kehrte Friedrich II. nach 8 Jahren in Deutschland nach Italien zurück und empfing am 22. November die Kaiserkrone. Hinsichtlich Siziliens hatte er nur erklärt, dass das Imperium kein Recht am Königreich besäße und er es als Erbe seiner Mutter von der Kirche zu Lehen trüge. Fürderhin wolle er für Sizilien ein eigenes Siegel führen und eigene Verwalter einsetzen. Das scheinbare Entgegenkommen war wertlos, denn der Kaiser behielt Sizilien auch nach seiner Krönung in der Hand. Dass der Papst sich auf dieses Spiel einließ, ist nur damit zu erklären, dass Sizilien über die besten Häfen zur Überfahrt ins Heilige Land verfügte – denkbar günstige Voraussetzungen für den ersehnten Kreuzzug.

Während seiner Abwesenheit hatte Friedrich II. beständig Kontakt zu Sizilien gehalten, vor allem durch den unermüdlich reisenden Erzbischof Berard von Palermo. Zugleich förderte er nicht nur S. Nicola in Bari, den Deutschen Orden und die Johanniter auf Sizilien, sondern kümmerte sich auch um die Besetzung der Kanoniker an der Hofkapelle zu Palermo. Nach der Abreise der Königin und ihres Sohnes, Heinrichs (VII.), nach Norden fungierte Berard von Palermo als Statthalter. Auf dem Festland nahm Rainald Gentilis, der neue Erzbischof von Capua, einen vergleichbaren Rang ein. Seit 1219 kündigte Friedrich den Palermitanern sein baldiges Kommen an: fast eine Drohung! Die Mahnung wurde offenbar verstanden und die Kommunikation zwischen Exponenten wichtiger Familien und Diözesen des *regnum Siciliae* und den Aufenthaltsorten des Herrschers im Norden stieg sprunghaft an. So besuchten die Erzbischöfe Tankred von Otranto und Berard von Messina Friedrich II. ebenso in Deutschland wie Graf Simon von Chieti oder die Bischöfe Richer von Melfi und Walter von Penne (westl. Pescara). Offenbar bangten die sizilischen Führungseliten bei der Rückkehr des Staufers um ihre angestammten Privilegien. Was lag da näher, als die Treue durch eine beschwerliche Reise unter Beweis zu stellen.

Aber Friedrich II. neigte nicht zu Großmut, sondern wollte von vornherein als Ordnungsmacht auftreten. Noch bevor er Unteritalien betrat, verbot er eine in Neapel, Amalfi und Sorrent übliche, aber schwer lesbare Urkundenschrift. Zudem zeigte sich der Kaiser nicht jedem Besucher aus dem Süden entgegenkommend. Graf Thomas von Molise aus der Familie Celano sandte seinen Sohn vergeblich. Als Reaktion auf die kaiserliche Ungnade verschanzte sich der Graf auf seinen zwischen Isernia und Campobasso gelegenen Burgen und organisierte den Widerstand.

Den Auftakt für Friedrichs Rückkehr ins Königreich Sizilien bildete der Hoftag von Capua am 20. Dezember 1220. Kurz zuvor hatte Abt Stephan von Montecassino den Kaiser feierlich willkommen geheißen, was den Staufer nicht davon abhielt, die Rekuperation der Reichsrechte in Unteritalien auch auf Kosten des gastfreundlichen Montecassino zu intensivieren. In Capua verkündigte der Kaiser 20 Assisen, die programmatische Marschrichtung seiner Herrschaft. Er proklamierte den Herrscher zum Wahrer des Friedens und des Rechts sowie zum Beschützer der Kirchen. Dazu passte das strikte Fehdeverbot, das Verbot öffentlichen Waffentragens und des Versteckens gesuchter Verbrecher. Burgbesatzungen durften künftig ihre Burgen nur noch in Sonderfällen verlassen. Der Kaiser allein ernannte die Justitiare, die eidlich zur unparteiischen und raschen Abwicklung von Prozessen verpflichtet und zur alleinigen Instanz erhoben wurden, vor der Recht gesucht werden durfte. Die Gewohnheiten der Zeit König Wilhelms dienten als maßgebliche Vorbilder. Märkte und alle Zölle, die nach dem Tod seiner Eltern eingerichtet wurden, hob er mit sofortiger Wirkung auf; alle seit 1189 auf adligem Besitz errichteten Burgen oder Befestigungsanlagen mussten abgerissen, alle widerrechtlich annektierten Lehen zurückerstattet werden. Nur mit königlicher Zustimmung durften Kronvasallen heiraten und ihre Kinder das elterliche Erbe antreten. Wer nicht augenblicklich dem Ruf zu den Waffen zu Pferde Folge leiste, verlöre seine Lehen. Alle Güter, Liegenschaften, Rechte, Städte, Burgen, Zölle oder Märkte, die nicht als Kronlehen ausgegeben waren, fielen hundertprozentig in die Hand der Krone zurück. Daher sollten alle Lehnsnehmer bis zum Frühjahr 1221 ihre herrscherlichen Urkunden zur Prüfung vorlegen, da mit den Siegeln Konstanzes und Heinrichs VI. angeblich viel Missbrauch getrieben worden war. Bis zum Stichtag nicht vorgelegte Dokumente verloren ihre Gültigkeit und ihren Besitzern drohten Strafen und die königliche Ungnade (Stürner, Friedrich II., Bd. 2, S. 11–12).

So einschneidende Gesetze sorgten für Unruhe. Die Barone fühlten sich in ihren angestammten Rechten bedroht und in ihrer Herrschaftsgestaltung gegängelt. Vielerorts kam es zu Aufständen, die Friedrich II. mit brutaler Härte niederwarf. Die rebellischen Sarazenen, die den neuen Gesetzen nichts abgewinnen konnten, rang er in drei Feldzügen vollständig nieder und siedelte sie zwangsweise nach Lucera in Unteritalien um. Dort gestattete der Kaiser ihnen die freie Ausübung ihres Glaubens und ihrer Lebensweise, wodurch er sie zu treuen Gefolgsleuten formte. Die Sarazenen konnten innerhalb einer christlichen Umgebung ihre Eigenständigkeit nur mit Hilfe des Kaisers wahren. Sie haben Friedrich II. die Treue gehalten und ihm auch dann Waffendienste geleistet, als die Kämpfe mit der Kurie immer dramatischer wurden.

Im Mai 1221 legte Friedrich II. als Gesetzgeber nach und erließ in Messina vier weitere Assisen, die sich sozialpolitischen Aspekten widmeten: So sollten die Untertanen christlich leben, weshalb Lästerungen schwer bestraft wurden. Ausdrücklich erwähnt der Kaiser, dass vor allem beim Spiel um Geld gerne ausgiebig geflucht würde, was aber fürderhin verboten sei. Die Geistlichkeit sollte als lebendes Vorbild dienen. In einem weiteren Gesetz wies er die Juden an, sich durch Barttracht und das Tragen eines himmelblauen Übergewandes zu kennzeichnen; die Frauen mussten ein blaues Band an ihrer Kleidung oder am Kopf anbringen; bei Zuwiderhandlung drohte Enteignung – die Sarazenen unterlagen keiner Kennzeichnungspflicht. Auch der Prostitution wandte sich der Kaiser zu. Die Dirnen mussten ihre Stadtwohnungen aufgeben und in der Öffentlichkeit deutlich erkennbare Mäntel tragen sowie öffentliche Bäder meiden; nur mittwochs gestattete er ihnen den Zutritt. Die Regelungen zeigen die Verantwortlichkeit des Kaisers als Stellvertreter Christi für die Lebensweise seiner Untertanen; eine Aufgabe, der er auch in den Konstitutionen von Melfi (1231)

Rechnung trug, als Friedrich noch einmal als Hort des Rechts und der Gerechtigkeit auftrat und – fußend auf älteren Rechten – das progressivste weltliche Gesetzbuch seiner Zeit schuf. Der *Liber Augustalis*, wie man die Konstitutionen später nannte, wurde in Latein und Griechisch abgefasst und trug dem Kulturgemisch Siziliens Rechnung.

In welchem Umfang die Gesetze befolgt wurden, ist unklar, aber die Fülle von Privilegienbestätigungen zeugt davon, dass viele sich ihre Rechte vom Kaiser konfirmieren ließen. Doch die neuen Urkunden hatten nicht selten einen Pferdefuß: Sie enthielten Gültigkeitsvorbehalte bis zu gegenteiligen Anordnungen des Kaisers. Nur Klöstern gegenüber verzichtete Friedrich II. meist auf den Vorbehalt. Die Umsetzung der Assisen von Capua löste überall Unsicherheit aus. Vielfach zogen Adlige Lehen, die sie verkauft, verschenkt oder verpfändet hatten, plötzlich wieder ein, vor allem Klöster wie S. Giovanni in Fiore oder Montevergine hatten das Nachsehen. Sie mussten sich an den Kaiser wenden, um die Ausbeutung ihrer Besitzungen zu verhindern. Händeringend versuchten die Konvente, den Wiederrufsvorbehalt aus ihren Urkunden herauszuhalten, um dauerhafte Rechtssicherheit zu erlangen. Die Unsicherheit war so groß, dass auch Urkunden der frühen Normannenzeit vorlegt wurden, um den kaiserlichen Revindikationen zu entgehen.

Friedrich II. formte durch die Rückgewinnung entfremdeter Lehen und Kronbesitzes das Königreich Sizilien zu einem bestens funktionierenden, erhebliche Gewinne abwerfenden Staatswesen, das vielfach als „Modellstaat des Mittelalters“ bezeichnet wurde; wohl eine positive Übertreibung. Aber der Staufer duldete im Süden auch nicht die kleinste Güterentfremdung. Rasch wurde der Papst hellhörig, denn eine so machtvolle Politik betrieb man nicht, wenn man die Herrschaft baldmöglichst abzugeben gedachte. Honorius III. musste sich also fragen, ob sich der Kaiser noch an seine Versprechungen erinnerte.

Wie ernst es Friedrich II. mit der Herrschaft über Sizilien war, zeigt sich auch in seiner Wahl ergebener Mandatsträger für Schlüsselpositionen. Besonders wichtig wurde Thomas von Aquino (gest. 1251), der die Grafschaft Acerra erhielt und noch 1221 zum Kapitän und Oberjustitiar Apuliens und der Terra di Lavoro erhoben wurde. Sein Verwandter, Landulf von Aquino, der Vater des berühmten Theologen, Philosophen und Dominikaners Thomas von Aquino, stieg zum Justitiar der Terra di Lavoro auf. Beide, vor allem aber Graf Thomas, setzten sich nachdrücklich für die Revindikation des

Königsgutes ein und wurden in ihrem Eifer sogar in Benevent tätig, was den päpstlichen Zorn erregte.

Sonderkommissare durchreisten das Land, wie beispielsweise Petrus von San Germano, der 1226 Kalabrien systematisch nach Krongut absuchte. Der Großhofrichter Peregin von Caserta forschte 1239 in der Terra di Lavoro nach Revindikationsmöglichkeiten und sein Amtskollege Leo Mancinus aus Bari beunruhigte durch seine Aufspürtätigkeit Südapulien.

Auch mit der Beseitigung illegaler fortifikatorischer Anlagen machte Friedrich II. ernst, worunter auch Stadtmauern fielen. San Germano konnte den Abriss seiner Mauer in letzter Sekunde abwenden; andere kamen weniger glimpflich davon. Gleichzeitig baute der Staufer selbst: Burgen, Schiffe und vor allem den neuen Palast in Foggia, im Zentrum der Capitanata. An seinem bevorzugten Aufenthaltsort wollte der Kaiser seine Residenz errichten. Möglicherweise war Friedrich Sizilien wegen seiner oftmals unruhigen Kindertage fremd, es zog ihn zeitlebens nach Apulien. 1223 begann der Architekt und Baumeister Bartholomeus die Arbeiten am Palast und nach nur zwei Jahren war das Werk 1225 vollendet. Was von dem Gebäude übrig ist, erzählt nichts von der prächtigen Hofhaltung Friedrichs II. in Foggia. Glanzvolle Empfänge, herrliche Feste, die alles boten, was an Künstlern und Delikatessen zu haben war. Hier fühlte sich der Kaiser wohl. Selbst seine Nachfolger, die Anjou, weilten gerne in Foggia und feierten hier wichtige Hochzeiten. Die Anlage war weitläufig, barg im Innern Gärten und offerierte dem Hausherrn und seinen Gästen jede Bequemlichkeit. Hierhin zog sich Friedrich II. zum Jagen, zum Entspannen und zur Erholung zurück.

Aber der Kaiser hatte Foggia nicht nur wegen der guten Jagdmöglichkeiten ausgesucht. Vielmehr war es eine programmatische Wahl. Für jedermann sichtbar kehrte er Sizilien den Rücken und bevorzugte Apulien, wodurch sein südliches Königreich näher an das ‚lateinische Europa' heranrückte. Zudem lag Foggia verkehrsgünstig. Gute Straßen verbanden die Stadt mit Apulien und Oberitalien und die besten Häfen Apuliens lagen in Reichweite. Vor allem aber bestach Foggia durch die Schönheit seiner Landschaft, seine fisch- und wasservogelreichen Seen und Flüsse, seine Wälder und nahen Berge, die Zuflucht vor der Gluthitze des südlichen Sommers boten. Kaum war der Palast fertig, ließ der Kaiser Jagdschlösser errichten, worunter vor allem San Lorenzo wegen seines Tierparks berühmt war. Aber Friedrich II. dachte nicht nur an Lustschlösser, sondern auch an die Sicherheit der neuen Zentralregion seiner Herrschaft. Eine Kette von Burgen stand zur Verteidigung bereit und es gab ja noch die Festung Lucera, die wohl seit 1233 der Sicherung Foggias diente.

Zur gleichen Zeit befestigte der Kaiser die Grenzen gegenüber dem Patrimonium Petri. Entlang aller wichtigen Straßen erhoben sich nun abschreckende Burgen. Die Trassen entlang der Adria, die Via Casilina durch das Tal der Flüsse Sacco und Liri sowie die Via Valeria, die über Tagliacozzo und Avezzano verlief, wurden befestigt. Die alte Via Appia brauchte man kaum zu schützen, denn die Malaria hielt die Sumpfzonen um Terracina fest im Griff und nur wenige Reisende wählten die lebensbedrohliche Route. Im Gebirge östlich der Sabina erhob sich das Verteidigungszentrum L'Aquila. Auch wenn eine Gründungsurkunde fehlt, gemahnt der Name an das staufische Adler-Wappen. Friedrich II. hatte eine Vorliebe für sprechende Namen; so taufte er den gegen die rebellischen Bewohner von Syrakus errichteten Ort Augusta.

Gleichzeitig trieb der Kaiser den Ausbau der Flotte voran und errichtete steingewordene Macht-Demonstrationen. So entstand in programmatischer Absicht das Brückentor von Capua, gleichsam der Eingang zum Königreich Sizilien. Das Tor, Kastell Maniace in Syracus und Castel del Monte gehören zu den bedeutendsten symbolischen Bauten des Staufers, der sich hier von seiner kaiserlichen und seiner künstlerischen Seite zeigt. Das Brückentor greift auf das damals hochmoderne Doppelturmtor von Laon zurück und schließt zugleich antike Traditionen ein. Die Front zierten Medaillons und Skulpturen Friedrichs II. und hoher Mandatsträger des Kaisers – ein würdiger Eingang in sein Reich.

Neben seiner Vorliebe für die Architektur – wobei der Kaiser Antikes ebenso schätzte wie Modernes – gehörte das stets wache Interesse Friedrichs II. der Mathematik, der Philosophie und Poesie. Er liebte es mit Gelehrten zu diskutieren, die in ihm einen würdigen Gesprächspartner fanden. Sein Falkenbuch (*de arte venandi cum avibus*) vereint das Wissen arabischer Falkner und europäischer Gelehrter. In beeindruckender Weise führt der Kaiser in die Zucht, Dressur und die Verwendung der Falken auf der Jagd ein.

Es ist kein Wunder, dass der Freund der Gelehrten zum Universitätsgründer wurde, wobei vor allem Nützlichkeitserwägungen Pate standen. Friedrich II. brauchte mehr und bessere Juristen. Bologna bildete zwar hervorragende Juristen aus, aber es lag weit von Unteritalien entfernt und der Kaiser wollte eine Bildungsinstitution in der Region etablieren. Im Juli 1224 ließ er seinen Plan erstmals offiziell verlautbaren; vielleicht eines der ersten

Castel del Monte

Dokumente, die Petrus de Vinea formulierte. Friedrich II. begründete die neue Universität mit den Kosten und Gefahren für die Studenten, wenn sie sich in weit entfernte Hochschulen begeben mussten. Zugleich schrieb er Obergrenzen für Wohnungsmieten von Studenten fest, lobte Stipendien für Hochbegabte aus und regelte die Kreditnahme durch Scholaren. Gleichzeitig verfügte er, dass Bewohner des *regnum Siciliae* künftig nur noch in Neapel studieren durften, und rief alle auswärts Immatrikulierten zurück; spätestens am Michaelstag (29. September) 1224 mussten sie in Neapel sein. Mit der Gründung betrat Friedrich II. Neuland, denn in Neapel hatte es keine Gelehrtenzentren gegeben, wie in Paris, Bologna oder Salamanca. Peinlich vermied der Kaiser jede Verknüpfung seiner Universität mit geistlichen Institutionen, um Einflussnahmen zu verhindern. Dass er Neapel eine Monopolstellung verschaffte, zeigt, wie bewusst er sich der Konkurrenz alter hoher Schulen war, diese aber auszuschließen gedachte.

Gleichzeitig widmete sich der Kaiser der Wirtschaftspolitik und der Münzprägung. Die Abschaffung wuchernder Zölle verbesserte den Warenverkehr. Gemäß den Assisen von Capua mussten alle Handeltreibenden Zölle und Hafengebühren zahlen, wodurch die alten Zollprivilegien Pisas, Genuas und Venedigs ihren Wert verloren. Besonders hart traf das Genua, das den Palast in Palermo verlor und damit seine Drehscheibe im Norden Siziliens sowie die Vormachtstellung an der Ostküste der Insel. Alamannus de Costa aus Genua wurde als Graf von Syrakus abgesetzt. Genua war fassungslos; Stadt und Kaiser kamen nicht mehr zusammen.

Als Nächstes wandte sich Friedrich II. der Reform des Münzwesens zu, eine Maßnahme von weitreichender ökonomischer Bedeutung. Seit September 1221 gab die Münzstätte in Amalfi Goldtari (Tarenen) aus, die der Verherrlichung der Majestät Friedrichs II. dienten. Zum Zahlen eignete sich das Gold nicht, weshalb er auf Vereinheitlichung der Silbermünzen drängte, zumal sich im Königreich viele unterschiedliche Münzen im Umlauf befanden. Sie wurden nun gegen neue, kaiserliche Silberdenare umgetauscht. Die Münzstätten der Denare lagen in Brindisi und Messina, die Gewinne strömten in die Kassen des Herrschers. Aber auch der praktische Nutzen für den Handel war nicht zu übersehen.

Nur ein Jahr nach der Einführung der Goldtari schloss Friedrich II. die Münzstätte in Amalfi; die „Augustalen" wurden in den Folgejahren in Messina geschlagen. Die Bevorzugung der Silbermünzen näherte das Königreich der Silbermünzregionen Europa an; eine Politik, die schon bei der Verlegung des Herrschaftszentrums nach Foggia verfolgt wurde. Gleichzeitig jedoch war die Prägung von Goldmünzen zukunftsweisend. Hochkarätiges Gold erweckte Vertrauen, weshalb ihm die Zukunft vor allem im internationalen Fernhandel gehörte. Bald prägten die Handelsmetropolen Venedig mit den Dukaten und Florenz mit den Gulden Goldmünzen, obwohl jahrhundertelang niemand an die Münztradition der antiken Kaiserzeit angeknüpft hatte. Aber Goldmünzen kann nur der prägen, dem Gold ausreichend zur Verfügung steht. Es ist nicht auszuschließen, dass Friedrich II. seinen Untertanen die Silbermünzen aufzwang, „um leichter an ihre Goldvorräte zu kommen" (Stürner, Friedrich II., Bd. 2, S. 33).

Besonderes Augenmerk richtete der Kaiser auf den Ausbau der Verwaltung, vor allem der Kanzlei und der Finanzbehörden. Dabei berief er zunehmend Bürger, wie die de Matera. Dass sie alle in Neapel studiert hätten, ist auszuschließen; der Besuch einer lokalen Rechtsschule und eine Ausbildung zum Notar genügten, um in der Herrscherkanzlei aufzusteigen. Fähigen Spezialisten gab der Staufer jederzeit den Vorzug.

Neben einer funktionierenden Kanzlei brauchte das Königreich eine effektive Finanzverwaltung. Ein Baiulat war die kleinste Einheit der neuen Verwaltung, die vorzugsweise an Bürger verpachtet wurde. Die Baiuli unterstanden den Kämmerern oder Oberkämmerern, die große Regionen Apuliens betreuten. Die Spitzenkräfte kamen nicht nur aus dem Adel, wie Philippus de Vallona aus Salerno, sondern zunehmend aus den reichen Kaufmannsfamilien, wie Bartholomäus de Flicto aus Scala (nördl. Amalfi). Ihnen oblagen die Revindikationen, die Verwaltung der königlichen Dominalgüter und die Eintreibung der Abgaben. Gleichzeitig dienten sie als Appellationsinstanz. Am Hof lebte seit 1212 der Kämmerer Richard de Altavilla, bis zu seinem Tod 1239 einer der engsten Berater des Kaisers.

Die dritte zentrale Behörde war das Großhofgericht, die höchste Instanz im Königreich Sizilien. Der Aufbau und die permanente Reform der *magna curia* war Friedrich II. ein Herzensanliegen. Die lange Amtszeit der Magister bezeugt ihre sorgfältige Auswahl. Die Brüder Petrus und Roffried von San Germano dienten dem Kaiser bis 1241 bzw. 1247 und arbeiteten nebenbei als Diplomaten; auch die Geschwister Simon und Heinrich von Tocco blieben lange im Amt, Letzterer bis 1247.

So prächtig die Herrschaft im Königreich Sizilien gedieh und das Land aufblühte, so dunkle Wolken zogen sich über dem Staufer zusammen. Immerhin hatte er schon 1215 einen Kreuzzug gelobt, die Einlösung des Versprechens aber aus verschiedenen Gründen verschoben. Im März 1223 hatte er – wieder einmal – sein Versprechen erneuert, den Aufbruch für den 24. Juli 1225 terminiert und zugleich gelobt, die Tochter Johanns von Brienne, Isabella, die Erbin des Königreiches Jerusalem auf den Wunsch von Honorius III. hin zu heiraten. Aber auch daraus wurde nichts; die Hochzeit kam 1225 zwar zustande, nicht aber der Kreuzzug. Doch Honorius III. war langmütig, weshalb sein Tod am 18. März 1227 und die Wahl Hugolinus' von Ostia bedeutsam werden sollten: Gregor IX. war nicht geduldig.

Trotzdem sah es anfangs gut aus. Ab dem 21. August 1227 beaufsichtigte der Kaiser in Brindisi das Beladen der Kreuzzugsschiffe. In der Sommerhitze erkrankte er, stach dennoch am 8. September in See, musste aber nur zwei Tage später aus gesundheitlichen Gründen umkehren. Gregor IX. hielt dies für einen Vorwand und exkommunizierte den vermeintlich Eidbrüchigen am 29. September 1227.

Friedrich II. wehrte sich in Rundschreiben gegen den Bann und die Anschuldigungen. Er habe sich nichts vorzuwerfen, wogegen die Kirche ihn schon als Kind schlecht behandelt habe, sein Königreich Sizilien zerfallen ließ und das ihm zustehende Kaisertum einem Welfen gegeben habe. Aber er wusste, dass verbale Agitation ihn nicht weiterbrachte, weshalb er den Papst durch einen erfolgreichen Kreuzzug milde stimmen wollte. Am 28. Juni 1228 brach er erneut auf, um das Königreich Jerusalem in Besitz zu nehmen, das er nach dem Tod seiner zweiten Frau Isabella nur noch als Vertreter für den gemeinsamen Sohn Konrad verwaltete.

An der Kurie hoffte man auf eine lange Abwesenheit des Kaisers und fiel mit Truppen im Königreich Sizilien ein. Niemand ahnte, dass Friedrich II. sehr rasch zurückkehren würde. Mit den päpstlichen Truppen machte er kurzen Prozess, widerstand aber der Versuchung, seinerseits in das Patrimonium Petri einzufallen. Er suchte den Ausgleich mit Gregor IX., der seine Augen nicht vor den staufischen Erfolgen im Heiligen Land verschließen konnte. Daher löste er ihn, vertreten durch zwei Legaten, am 28. August 1230 vom Bann. Ein festliches Mahl des Kaiser mit den Legaten in Anagni im Elternhaus des Papstes sollte den Beginn einer glücklichen Zukunft der beiden Universalgewalten markieren. Aber der Schein trog.

Friedrich II. musste auf die Kirchenhoheit im *regnum Siciliae* verzichten, was ihn nachhaltig verärgerte. Gregor IX. misstraute dem Staufer nach wie vor, fühlte sich von der *unio regni ad imperium* bedrängt, von den Befestigungsmaßnahmen und der Truppenkonzentration an seiner Grenze bedroht und konnte es nicht gutheißen, dass Friedrich II. gegen die lombardischen Städte vorging, die einzigen verlässlichen Verbündeten des Papstes.

1230 beauftragte Gregor IX. den Kanonisten Raymund von Peñaforte, eine päpstliche Dekretalensammlung anzulegen, um die vorrangige Zuständigkeit der Nachfolger Petri auch auf dem Gebiet der Gerichtsbarkeit zu manifestieren. Daher war er besonders ungehalten, als er von den Plänen für die Konstitutionen von Melfi erfuhr, die er als Zeichen der Tyrannis wertete. Dass Friedrich II. 1228 im Zorn über die Bannung vom Papsttum die Rückgabe des Dukats von Spoleto und der adriatischen Marken verlangt hatte, beunruhigte den Papst. Die Lage spitzte sich zu, als Friedrich II. Reichsitalien nach sizilischem Vorbild verwalten wollte und nach dem glanzvollen Sieg bei Cortenuova versuchte, die Macht der lombardischen Städte zu beschneiden. Als der Kaiser dann auch noch seinen Sohn Enzio mit der Erbin der sardinischen Teilreiche Torres und Gallura, Markgräfin Adelasia von Massa, verheiratete und ihm den Titel König von Sardinien verlieh, konnte Gregor IX. nicht mehr an sich halten und der Konflikt brach erneut aus; schließlich betrachtete das Papsttum Sardinien als päpstlichen Lehnsbesitz.

Am 20. März 1239 exkommunizierte Gregor IX. den Kaiser und wiederholte die Bannsentenz vier Tage später noch einmal. Zum Vorwurf machte er ihm Eingriffe in Rom, Vorgehen gegen geistliche Würdenträger, vor allem Kardinal Jakob von Palestrina, unrechtmäßige Einflussnahme auf die Kirche des Königreiches Sizilien und Nichtunterwerfung seiner Lombardenpolitik unter ein päpstliches Schiedsgericht. Es folgten Jahre des Kampfes, der auf beiden Seiten blutig und verbissen geführt wurde und der doch keine klaren Sieger hervorbrachte. Die Flotte des Staufers schlug die päpstliche bei der Isola del Giglio, aber er musste seine Beute, einige Bischöfe und drei Kardinäle, freilassen, denn nach dem Tod Gregors IX. stand eine neue Papstwahl an und Friedrich II. wollte den Eindruck vermeiden, er verzögere durch die Gefangenhaltung mehrerer Kardinäle die Papstwahl. Neben den Waffen kämpften auch die Propaganda-Stilisten. Auf der Seite des Kaisers focht Petrus de Vinea, auf der Seite des Papsttum Kardinal Rainer von Viterbo. Beide überboten sich an Sprachgewalt, geschliffenen Sentenzen und anschaulichen Bildern. Im Krieg der Wortgewaltigen gewann die päpstliche Seite an Boden, als Kardinal Rainer Friedrich II. mit dem Antichrist gleichsetzte und ihn zum roten Pferd der Apokalypse stilisierte, das nur Unfriede bringe.

Die Wahl eines Nachfolgers für Gregor IX. war schwierig, denn die Kardinäle spalteten sich in eine pro- und eine antikaiserliche Gruppe. In der verfahrenen Situation sperrte der römische Senator Matteo Rosso Orsini die Kardinäle unter schlimmsten Bedingungen ein, um die Entscheidung zu erzwingen. Mit Erfolg! Am 25. Oktober 1241 wählten sie Kardinal Goffredo Castiglioni, Coelestin IV., der aber die Strapazen der Wahl nicht lange überlebte. Aus Angst, neuerlich eingesperrt zu werden, flohen die Kardinäle aus Rom. Erst am 25. Juni 1243 einigten sie sich auf einen neuen Papst: Sinibaldo Fieschi – Innozenz IV., ein hochgebildeter Jurist und Gelehrter aus Genua.

Friedrich II. war begeistert, hoffte er doch auf die Bannlösung und eine Einigung. Aber vergeblich! Zur Sicherheit verlegte Innozenz IV. die Kurie vom Tiber nach Lyon. Obwohl Friedrichs Truppen in der Toskana, in Oberitalien und auch im Kirchenstaat Raum gewannen, arbeitete die Zeit gegen den Kaiser. Viterbo und Parma, vormals treue Parteigänger, ließen sich von Bernardus Rolandi Rubei, dem Schwager Innozenz' IV., abwerben, und es kam noch schlimmer. Im März 1246 erhielt der Kaiser in Grosseto eine Warnung des Grafen Richard von Caserta, zahlreiche einflussreiche Verwalter und Weggefährten seien in eine Verschwörung verwickelt. Schnell bestätigte sich das Gerücht, da Pandulf von Fasanella und Jakob von Morra, zwei führende Repräsentanten der kaiserlichen Administration flüchteten. In Sizilien führte Tebaldus Franciscus die Aufrührer an, die nach dem Tod des Kaisers die Macht im Königreich an sich reißen wollten.

Aber nach einem kurzen Moment der ungläubigen Überraschung über das Ausmaß der Verschwörung handelte Friedrich. Nach und nach warf er seine Gegner nieder; am 17. Juli 1246 gab Tebaldus Franciscus in der Burg Capaccio auf. Die Rache des Herrschers war fürchterlich. Die weiblichen Verschwörer ließ er verbrennen oder lebenslang einkerkern. Die Männer wurden verstümmelt, geblendet, dann in Ledersäcke genäht und im Meer versenkt. Tebaldus und fünf weitere Unglückliche stellte man mit ihren grauenvollen Verstümmelungen zur Abschreckung öffentlich aus und führte sie im Reich herum, damit jeder sehen konnte, was den Gegnern Friedrichs II. drohte. Sein wichtigster literarischer Streiter, Petrus de Vinea, geriet ebenfalls in Verdacht. Im Turm von San Miniato beging er Selbstmord.

Aber das furchtbare Strafgericht besserte die Lage des Staufers nicht nachhaltig. 1249 geriet Enzio in Bologna in Gefangenschaft. Mit ihm verlor der Kaiser einen sehr fähigen Feldherrn. Entlastung brachten die Militäraktionen Ezzelinos da Romano und Uberto Pallavicinis in Oberitalien. Plötzlich schien alles wieder offen. Da erkrankte Friedrich II. auf einem Jagdausflug im Dezember 1250. In Castelfiorentino machte er sein Testament. Ungeachtet des Kriegstreibens war er entschlossen, seinem Sohn Konrad IV. das Imperium und das Königreich Sizilien zu hinterlassen. Anschließend beichtete er Erzbischof Berard von Palermo und starb am 13. Dezember 1250 in eine Zisterzienserkutte gehüllt; seine letzte Ruhe fand er in einem monumentalen Porphyrsarkophag in Palermo.

Konrad IV. eilte auf die Todesnachricht hin nach Italien, um sein Erbe anzutreten. Aber er starb schon 1254 an einer tückischen Darmerkrankung in Lavello, östlich von Melfi. Mit ihm sank auch die staufische *unio regni ad imperium* ins Grab. Der plötzliche Tod Friedrichs II. und das frühe Ende Konrads IV. schenkten dem Papsttum den Sieg; die letzten Staufer rieben sich im Kampf gegen Karl I. von Anjou auf, der 1268 Konradin auf dem Marktplatz von Neapel hinrichten ließ.

X.

Das Zeitalter der Kommunen

Mit dem Tod Friedrichs II. ging aus der Sicht des Reiches eine Welt unter. Das Kaisertum in seinem umfassenden, mittelalterlichen Selbstverständnis sank mit ihm ins Grab. Auch wenn es nach dem letzten großen Staufer noch eine Reihe spätmittelalterlicher Kaiser gab, rückte Italien doch weit aus dem Blickfeld des Reiches. Aber bedeutete das Ende der Staufer auch aus Sicht der Apenninenhalbinsel eine Zäsur? Wohl kaum!

Im Frieden von Konstanz 1183 fanden Barbarossa und der Lombardenbund einen Kompromiss. Der Kaiser akzeptierte widerwillig die Selbständigkeit der Kommunen, die ihre Regalien innerhalb der Stadtmauern und teilweise auch im *contado* behielten und ihre städtischen Beamten selbst wählten. Im Gegenzug wahrte der Staufer die prinzipielle Oberhoheit über die Kommunen, die ihm bei Italienzügen materielle Hilfe leisten mussten. Grundsätzlich sollten die Städte alle 10 Jahre den Treueid ablegen.

Barbarossa hatte aus Schaden gelernt und schaltete sich diplomatisch in die städtischen Nachbarschaftsstreitereien ein. Besonders zu Mailand knüpfte er enge Beziehungen und ging ein Bündnis gegen Cremona ein, das zuvor treu auf der Seite des Staufers gestanden hatte. Zum Schaden seiner alten Weggefährtin unterstützte er nun den Wiederaufbau Cremas.

In Piemont, dem Montferrat, in Teilen Venetiens, der Emilia und der Romagna konnte das Reich Boden gutmachen. Ebenso erfolgreich agierte der Herrscher in seinen späten Jahren in der Toskana und dem Herzogtum Spoleto; San Miniato al Tedesco, strategisch günstig auf halbem Wege zwischen Pisa und Florenz gelegen, wurde zum Verwaltungszentrum ausgebaut. Hier musste selbst ein mit gut 230 Kilometern recht weit entfernter Ort wie Gubbio seine Steuern entrichten. Heinrich VI. übertrug 1191 den Mönchen auf dem Großen St. Bernhard, denen die Passhut oblag, jährlich 20 Pfund Silber aus San Miniato, dessen Funktionsradius damit weit mehr als 500 Kilometer umfasste. Bis in das erste Drittel des 14. Jahrhunderts sind hier Reichsvikare nachweisbar, obwohl das Imperium als Ordnungsmacht keine Rolle mehr spielte. Bedauerlicherweise wurde der Turm von San Miniato al Tedesco, von dessen Zinnen aus man bei guter Sicht bis ins Arnotal, nach Fucecchio, zu den Pisaner Bergen und sogar zum Apennin blicken konnte, im zweiten Weltkrieg gesprengt; heute erinnert nur eine Rekonstruktion an den staufischen Verwaltungsmittelpunkt in der Toskana.

Aber die stärksten Kräfte zwischen dem Alpensaum und der Grenze zum Patrimonium Petri waren die Städte. Die Bevölkerungszahlen stiegen bis zum ersten Auftreten der Pest 1348 stark an und die Bewohner drängten sich in den Kommunen. Die Urbanisierung schritt voran. Lebten vor 1250 mehr Menschen im *contado* als in der Stadt, so verödete danach mancherorts das Land und die Städte platzten buchstäblich aus allen Nähten. Piacenzas 1156 neu angelegte Mauer umfasste eine Fläche, die sechs Mal so groß war wie das alte römische Legionslager und es reichte immer noch nicht! Bis zur Pestwelle verdoppelte sich die Zahl der Piacentiner noch einmal, und neue Wohngebiete mussten erschlossen werden. Vergleichbar sah es in Florenz, Genua, Mailand, Bologna, Lucca, Como, Pistoia, Neapel oder Palermo und selbst im kleinen San Gimignano aus. Überall wurden die alten Mauern zu eng. Besonders mutige Städte starteten das Großprojekt „Mauerbau" noch in den Kämpfen des Alexander-Schismas, beispielsweise Florenz 1172. Andere Kommunen warteten auf Frieden und machten sich dann – wie Lucca 1206 – ans kostenintensive Werk.

Die Landflucht warf bald Probleme auf. Adel und Bischöfe lebten von den begrenzten Abgaben ihrer Ländereien, die nicht erhöht werden durften, um das Einkommen dem gestiegenen, allzu menschlichen Wunsch nach Luxus anzupassen. Zum anderen ließen sich die Liegenschaften mit den schwindenden Arbeitskräften kaum mehr effektiv bewirtschaften. Um Massenfluchten abzuwenden, erleichterte man das Leben der Verbliebenen, was wiederum die Renditen der Grundbesitzer schmälerte. Die eklatante Diskrepanz zwischen adligem Realeinkommen und tatsächlich anfallenden Ausgaben für ein standesgemäßes Leben mit vielen Annehmlichkeiten ließ Zahlungsschwierigkeiten entstehen, die nur mit Krediten oder Landverkäufen ausgeglichen werden konnten. Vielerorts waren Adelsfamilien und vor allem Bischöfe hoffnungslos überschuldet; der Ausverkauf der noch verbliebenen Rechte und Besitzungen begann.

Auch für die Städte hatte die Landflucht Schattenseiten. Die schwindenden Agrarerträge ließen Grundnahrungsmittel knapp und teuer werden. Ständig wiederholte und neu eingeschärfte Exportverbote für Getreide fruchteten nichts. Wer den besten Preis bot, erhielt den Zuschlag; gegen diesen Händleruninstinkt nützten alle Verbote nichts.

Gleichzeitig internationalisierten sich die Märkte. Große Handelszentren hielt es nicht mehr im Land; sie erschlossen neue, ferne Absatzmöglichkeiten. Schon 1123 verschaffte sich Venedig gewaltsam Zugang zum Handel mit dem Roten Meer. Gut dreißig Jahre später (1154) gründete Pisa eine Niederlassung (*fondaco*) in Alexandria. Genua griff noch vor der Mitte des 12. Jahrhunderts Almería und Tolosa im moslemischen Spanien an und startete einen schwungvollen Handel mit den Almohaden und Almoraviden in Spanien, Nordafrika und auf den Balearen. 1204 gelang Venedig auf dem 4. Kreuzzug durch den Angriff auf Byzanz der Durchbruch im Handel mit den Anrainern am Kaspischen und am Schwarzen Meer; zugleich erhielt es Zugang zu den Karawanenwegen nach China. Genua, das zunehmend stärker in Konkurrenz zur Serenissima trat, reagierte und verbündete sich mit Kaiser Michael Paläologus zur Rückeroberung Konstantinopels. Aus Dankbarkeit gestattete ihnen der Basileus eine Niederlassung in Pera am Goldenen Horn sowie weitere Stützpunkte am Schwarzen Meer. Der ungeheure Aufbruchsgeist Genuas manifestiert sich in seinen Werften in Kaffa auf der Krim und an anderen Hafenorten am Schwarzen und Kaspischen Meer. Bis zum Ende des 13. Jahrhunderts drangen die genuesischen Händler in die Teppichhochburgen Täbriz, Astrakhan und Kerman vor. Venedig schickte im Gegenzug die Brüder Niccolò und Maffeo Polo in den Jahren 1255–1266 nach China; auf ihrer zweiten Reise von 1271–1295 nahmen die beiden Niccolòs Sohn Marco mit, der seinen berühmten Reisebericht 1297 in einem genuesischen Gefängnis niederschrieb.

Die dank Genua, Venedig und Pisa reichlich vorhandenen Luxusgüter konnten nicht allein in Italien abgesetzt werden. Für den Aufstieg der großen Städte war es daher entscheidend, dass ihre Kaufleute nach Norden expandierten; zunächst in die Champagne, ins Rheinland und nach Flandern, von wo sie Tuche und Eisenwaren mitbrachten.

Die bisherigen Dimensionen sprengte Genua, als es die Alaunbergwerke bei Focäa und Trapezunt am Schwarzen Meer erhielt. Alaun, ein Salzgemisch aus Kalium- und Aluminiumsulfat, war in der Gerberei und der Tuchherstellung unverzichtbar – erst um 1800 wurde es durch chemische Substanzen ersetzt – und machte Genua zum wichtigsten Handelspartner der flandrischen Tuchmetropolen. Unter Umgehung der Champagnemessen unterhielt Genua regelmäßigen Schiffsverkehr mit Brügge; bald zog Venedig nach und richtete ebenfalls einen eigenen Galeerenverkehr ein.

Der enge Kontakt mit flandrischen Tuchen verbesserte die Qualität heimischer italienischer Produkte enorm. Um Verona, Treviso und Mailand etablierten sich Wollwebereien für die Erzeugung von einfachen Gebrauchstuchen. Edle Wolle stammte aus England, Nordafrika und Spanien. Das meiste Geld ließ sich mit der Veredelung von Rohprodukten verdienen; vor allem Brescia, Cremona, Piacenza und Bologna befassten sich mit Schur und Färben von rohen Tuchen. In Florenz verdankte eine Straße dem Gestank, dem Dunst der Siedereien und dem ungeheuren Lärm der Walkwerke ihren Namen: Calimala. Trotz schlechter Arbeitsbedingungen, geringer Löhne und gesundheitsfeindlicher Arbeitsmaterialien boten die Webereien und die Tuchveredelungsbetriebe vielen Zugezogenen Arbeit.

Wolle war aber nur ein Rohstoff, um Textilien aller Art herzustellen. Dank des Orienthandels gelangte ägyptische und sizilianische Baumwolle und Seide vermehrt nach Europa. In Poggibonsi, Arezzo, Cortona und Pontremoli spezialisierte man sich auf Baumwolltuche. Viel luxuriöser und daher auch gesuchter war Seide. Lucca mauserte sich zum führenden Zentrum der Seidenverarbeitung und exportierte seine schönen und teuren Erzeugnisse seit 1150. Um 1330/40 erreichte das Handelsvolumen mit etwa 100 000 Pfund für Seidentuch seinen Höhepunkt. Der Stolz der reichen Kaufleute kannte kaum Grenzen und sie errichteten mitten in der Stadt, in Konkurrenz zum Dom, ihre eigene Kirche: San Michele in Foro, wobei man sich in der Gestaltung der Fassade Anregungen aus Pisa holte und im überreichen Dekor an die Domfront anknüpfte, die Giudetto da Como 1204 vollendet hatte. Freilich baute Lucca diese Kirche, als sein Stern sank. Die Stadt besaß keinen Hafen. Den Ausbau von Viareggio torpedierte die Konkurrentin Pisa mit allen Mitteln, so dass die beiden Städte permanent im Krieg miteinander lagen. Erst die entscheidende Niederlage Pisas 1284 bei Meloria gegen Genua, der Verbündeten Luccas, beendete den Konflikt.

Seit dem 12. Jahrhundert bekriegten sich Pisa und Genua, da das reiche Pisa den Aufstieg Genuas nicht ertrug. Man stritt um alles, vor allem um Anteile am Weltmarkt, um die Abgrenzung der Interessensgebiete sowie um Sardinien und Korsika. Am Ende des 11. Jahrhunderts belehnte der Papst Pisa mit den beiden Inseln, doch die Stadt konnte die Vorrangstellung nicht halten. Nur Sardinien blieb den Toskanern; Korsika fiel an Genua, das sich

Lucca, San Michele in Foro. Baubeginn 1143, Westfassade Anfang des 13. Jh.

freilich trotz vertraglicher Abkommen in sardinische Angelegenheiten mischte, was den erbitterten Hass auf beiden Seiten schürte. Dabei interessierten sich beide Städte lediglich für die Küstenstreifen der Inseln; das Landesinnere blieb nahezu unberührt. Ein weiterer Dauerstreitpunkt war der natürliche Hafen des Golfs von La Spezia, den keine Partei besetzen konnte; der Hafen blieb öde. Die Erbitterung erreichte ihren Höhepunkt, als Genua zur Verteidigung seines Interessensgebietes Portovenere zur Festung ausbaute und Pisa mit der Befestigung des gegenüberliegenden Lerici antwortete. In der Seeschlacht vor Meloria endete der Streit. Die Früchte des Sieges über Pisa ernteten aber weder Genua noch Lucca, sondern Florenz, die unaufhaltsam aufsteigende Wirtschaftsmacht am Arno.

Das immense Wirtschaftswachstum verlangte nach frischem Geld und Krediten. Das Bankgewerbe entstand in Italien, was bis heute an Begriffen wie Konto und Giro erkennbar ist. Die Eigenfinanzierung der weitläufigen Geschäfte war nicht mehr möglich. Schon früh nutzten Händler ihre Kontakte zur Kurie in Rom, sammelten auf ihren Reisen die Einkünfte des Papsttums und verfügten so kurzfristig über flüssiges Kapital. Aber das reichte nicht. Nach 1250 häufen sich Wechselbriefe im bargeldlosen Zahlungsverkehr.

Rasch handelten Großkaufleute nur noch mit Geld, wobei sich ein kleines Problem auftat: Den Christen war im Neuen Testament das Zinsnehmen verboten worden; aus reiner Menschenfreundlichkeit verlieh aber niemand Geld, weshalb Verschleierungstaktiken gesucht und gefunden wurden. So versteckte man den Zins in überhöhten Währungsumrechnungskursen oder falschen Rückzahlungsangaben und umging so das Wucherverbot. Bald verzichtete man aber auf den schönen Schein und beruhigte sein Gewissen durch fromme Stiftungen, die zudem die öffentliche Reputation steigerten. So kam das Zinsnehmen auf Umwegen geistlichen Institutionen zugute.

Geld brauchte eigentlich jeder; je höher er in der gesellschaftlichen Hierarchie stand, desto mehr. So wurden die italienischen Bankhäuser bald zu Kreditgebern der europäischen Könige und ab 1230 auch der Päpste. Dies war nicht ganz ungefährlich, denn die Zahlungsmoral der prominenten Kundschaft ließ zu wünschen übrig. Synonym für Geldverleiher oder Wucherer verwendete man den Begriff „Lombarden", da Asti und Chieri besonders früh ins Geldgeschäft eingestiegen waren und Piacenza als Kreditgeber Genuas enge Kontakte zu den Messen der Champagne besaß. Um 1280 galten die Scotti aus Piacenza neben den Riccardi aus Lucca als die sichersten Bankhäuser Europas.

Nicht lange blieben die Oberitaliener auf dem lukrativen Geldmarkt allein; die Toskaner holten auf. Vor allem Siena profitierte von der Erschließung der Silbergruben in Montieri, konnte sich aber dennoch nicht gegen Mailand und Florenz durchsetzen. Mailand war durch seine Lage prädestiniert zum Handels- und Geldumschlagplatz. Von hier aus ging es zu den Bündner Pässen und dem St. Gotthard, der um 1170 erschlossen wurde. Um einen Hafen zu besitzen, schloss sich Mailand eng an Genua an. Nachdem die Genuesen Pisa gedemütigt hatten, dominierten sie den Handel nach Nordwest- und Mitteleuropa, da man dank des niedrigen und gut begehbaren Giovi-Passes ohne Mühen in die Lombardei und von dort aus zu den Champagnemessen oder ins Rheinland gelangte.

Der wirtschaftliche Aufschwung hätte für alle Kommunen gereicht, aber der Neid, das Konkurrenzdenken und die Rivalitäten kamen nicht zur Ruhe, im Gegenteil. Der sprichwörtliche *campanilismo* ließ die Städte keinen Frieden finden. Hasserfüllt zogen sie ins Feld und brachten teilweise sehr kuriose Beutestücke mit, die trotz ihrer Wertlosigkeit als sichtbare Zeugnisse der Schmach der Konkurrenten dienten. Die Viterbesen montierten 1167 ein römisches Stadttor ab, das ihnen die Römer im Jahr 1200 wieder entrissen und darüber hinaus noch die Gemeindeglocke Viterbos, einen Torschlüssel und eine Sperrkette erbeuteten. Noch seltsamer mutet der in Modena aufbewahrte hölzerne Löscheimer an, den man 1325 Bologna abgejagt hatte; er erhielt einen Ehrenplatz im Glockenturm des Domes. Der Eimer fand sogar Eingang in die klassische italienische Literatur: Der 1565 in Modena geborene und 1635 dort verstorbene Alessandro Tassoni, Sekretär des Kardinals Colonna und Mitglied der römischen Akademien der Umoristi und Lincei, widmete ihm das komisch-heroische Gedicht in 12 Gesängen „La secchia rapita“. Damit ist der geraubte Bologneser Eimer das Hauptthema des ersten komischen Epos der Neuzeit.

Die Kämpfe eskalierten rasch und wurden bedrohlich, was Florenz und Siena erleben mussten, die seit 1114 immer wieder gegeneinander Krieg führten. 1260 kam es zur Schlacht bei Montaperti im Tal der Arbia. Obwohl die Florentiner die verhassten Sienesen praktisch schon zurückgedrängt hatten, riss Siena das Ruder noch herum. Dante berichtet noch 50 Jahre später erschüttert von dem Ereignis: Die Arbia habe sich rot vom Blut der Erschlagenen gefärbt und am liebsten hätten die Sienesen Florenz dem Erdboden gleichgemacht. Nur die aus Florenz verbannten Bürger konnten es erreichen, dass die Arnometropole erhalten blieb. Aber die Demütigung war

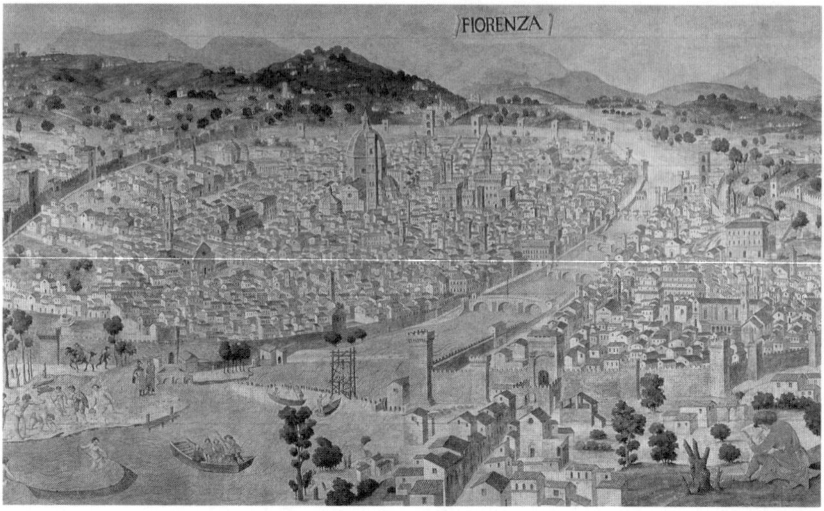

Ansicht von Florenz um 1490. Aquarell von Francesco und Raffaello Petrini nach einem Kupferstich von Francesco Rosselli.

enorm. Ein Esel zog die Florentiner Fahne mit dem Bild Johannes' des Täufers durch den Dreck. Die öffentliche Blamage vergaß man am Arno nicht. Schon 1269 folgte die Rache. Siena unterlag bei Colle di Val d'Elsa und Florenz verwies die Konkurrentin auf Dauer ins zweite Glied; Siena war fortan nicht mehr wirklich gefährlich.

Die Zersplitterung Oberitaliens im endlosen Städtekampf wurde nur gekittet, wenn ein gemeinsamer Feind auftauchte. Die Opposition gegen Barbarossa einte die Städte zum ersten Lombardenbund, der zerbrach, als die Gefahr vorüber war. Die nächste Bedrohung ging von Friedrich II. aus und die Städte schlossen den zweiten Lombardenbund, um ihre Autonomie zu verteidigen. Der kommunale Widerstand verhinderte die Einführung der Administration nach sizilischem Vorbild. Doch die Zusammenarbeit der Kommunen war nicht von Dauer. Kaum war der Staufer tot, zerfiel der Lombardenbund und der alte Hader setzte wieder ein.

Aber die Städte stritten nicht nur gegeneinander; fast noch schlimmer waren die Auseinandersetzungen im Innern. Florenz bietet das beste Beispiel. Durch eine Ehrverletzung bei einem Festbankett auf der Burg Campi entbrannte ein heilloser Streit, der zunächst durch eine Eheverbindung beigelegt werden sollte. Aber Buondelmonte de' Buondelmonti hatte keine Lust zur Heirat und brüskierte die Familie der Braut gleich doppelt. Er ließ die festlich Geschmückte sitzen und verlobte sich am gleichen Tag mit einer anderen Frau. Als er seine neue Braut am Ostermorgen 1216 heimführen wollte, geriet er in einen Hinterhalt: Die tödlich Beleidigten überfielen den festlichen Zug und ermordeten Buondelmonte. Damit begann ein Streit, der Florenz in seinen Grundfesten erschütterte und der verbunden ist mit den Parteinamen der Guelfen und der Ghibellinen. So jedenfalls berichtet es der sogenannte Pseudo-Brunetto Latini, der wohl nur die Spitze des Eisbergs zeigt. Sicher nachweisbar sind die Parteinamen für päpstliche und kaiserliche Anhänger in Italien erst um 1240. Die Guelfen standen dabei für die kommunale Bewegung und die Gegnerschaft zum Kaiser, die Ghibellinen für die Adelsherrschaft. Beide Gruppen ließen sich freilich nicht säuberlich voneinander trennen. Zudem wurden die Begriffe unscharf, als man kaisertreue Kommunen, wie Pisa oder Siena, als ghibellinisch bezeichnete, wonach ihre Gegner automatisch guelfisch sein mussten. Gleiches galt auch für innerstädtische Familien. Die della Torre in Mailand waren Guelfen, daher mussten ihre Feinde, die Visconti, Ghibellinen sein. So wurden die alten Parteibegriffe zu plakativen, aber sinnentleerten Etiketten ohne klare politische oder soziale Aussage. Die Zugehörigkeit zu Guelfen und Ghibellinen spaltete die Familien. Der Begriffswirrwarr kulminiert in der Person Papst Nikolaus' III. Da er die Übermacht Frankreichs auf italienischem Boden bekämpfte, stilisierte man ihn zum Ghibellinen. Allerdings stammte er aus der Familie der Orsini, traditionelle Guelfen!

Der schier unendliche Hader – teilweise kämpften, wie in Lucca, einzelne Stadtviertel gegeneinander – schwächte die wirtschaftliche Entwicklung und deshalb suchten die Kaufleute nach einer Lösung. Aus den eigenen Reihen war niemand dazu in der Lage, dem Töten ein Ende zu setzen, weshalb man auswärts Hilfe suchte und einen Podestà bestellte.

Experimente mit Stadtregenten auf Zeit gab es seit 1150, aber seit ca. 1190 beriefen nahezu alle Kommunen auswärtige Podestà. Die Kandidaten mussten einen guten Ruf haben und von Adel sein, um als Friedensstifter und neutrale Richter die Gräben zuzuschütten, die der innerstädtische Streit aufgerissen hatte. Damit alle Parteien sie als Intervenient anerkannten, war adlige Abkunft unverzichtbar.

Für den Adel kam das neue Berufsfeld wie gerufen, war es doch eine standesgemäße, zudem reichlich entlohnte Aufgabe. Erfolgreiche Podestà konnten sich vor Aufträgen der Kommunen kaum retten und machten beeindruckende Karrieren. So leitete Matteo Gerardi de Corrigia aus Parma zunächst Piacenza, wurde dann von Bologna abgeworben und übte sein Amt später in Mantua, Padua, Cremona, Modena, Perugia, Pistoia und Reggio aus. Seine administrative Begabung, sein Vermittlungsgeschick sowie seine Fähigkeit, sich auf die jeweiligen Probleme einer Stadt einzustellen, müssen ganz hervorragend gewesen sein.

War man mit einem Podestà zufrieden, traute man auch dessen Verwandten viel zu, weshalb sich Podestà-Dynastien bildeten, wie die Rossi aus Parma.

Natürlich hatten die Kommunen Angst, die Podestà könnten die Macht dauerhaft an sich reißen und die kommunale Autonomie beseitigen, was vermieden werden musste. Um sicherzugehen, durfte sich der Podestà nicht mit einer innerstädtischen Familie verbinden. Daher musste er bei Amtsübernahme verheiratet sein, sonst hätte ein unvorstellbares Wettrennen begonnen, wer seine Tochter am schnellsten mit dem mächtigsten Mann der Stadt vermählen könnte. Mitbringen durfte der Podestà seine Gemahlin aber nicht, da man fürchtete, sie könnte zu großen Einfluss auf ihn ausüben und zu viel Ehrgeiz entwickeln. Zudem musste der Podestà fast isoliert leben; private Einladungen und Besuche in einzelnen Familien waren streng verboten, um ihn aus dem lokalen Gezänk herauszuhalten. Aus dem gleichen Grund war es ihm untersagt, in der Stadt Grundbesitz zu erwerben. Die Dienstzeit betrug ursprünglich ein Jahr, wurde aber auf ein halbes Jahr verkürzt, da die strengen Auflagen sonst nicht durchzuhalten waren. Am Ende seiner Dienstzeit kam die Stunde der Wahrheit und er musste der Stadt Rechenschaft ablegen: Hatte er Erfolg, winkte reicher Lohn, andernfalls drohten empfindliche Strafen bis hin zum Tode. In Verona hat sich eine Liste der Podestà erhalten, die hinter jedem Namen in knapper Form verzeichnet, was man von seiner Amtsführung gehalten hat. Das Urteil reicht von unbrauchbar, guten Willens, was bekanntlich kein Lob ist, geldgierig, räuberisch bis zu empfehlenswert und hervorragend.

Zu Beginn war das Podestà-Projekt sehr erfolgreich. Aber mittelfristig gelang es den rivalisierenden Familien, Einfluss auf die Wahl des Podestà zu gewinnen, was das Amt ad absurdum führte, da ein parteiischer Podestà schlimmer war als gar keiner. Als der Podestà von Verona 1271 beeiden musste, Recht zugunsten derer zu sprechen, die die Stadt beherrschten, hatte das Amt seinen Sinn verloren.

Wollte man keinen Podestà, konnten auch Bischöfe, Päpste, Äbte oder eloquente Mönche, wie der Dominikaner Johannes von Vicenza, als Vermittler und Berater fungieren. Ihre Erfolge waren aber stets kurzfristig und situativ. Eine grundsätzliche Besserung erreichten sie nicht.

Nun sollte es die Gesetzgebung richten. Statutengesetzgebung gab es in allen Städten, nicht nur in Italien. Überall hoffte man, durch die Regelung aller nur denkbaren Einzelfälle Konflikte zu vermeiden. Heraus kam die schier unglaubliche Bevormundung der Bürger, deren Alltag Paragraphen terrorisierten. Der Rat kümmerte sich einfach um alles. Er reglementierte die Kleidung, damit niemand mehr schien als er tatsächlich war, er erließ Luxusverordnungen, um öffentliches Prunken einzuschränken und die Zahlungsunfähigkeit von Familienvätern mit allzu vielen putzsüchtigen Töchtern zu verhindern. Es gab Vorschriften über die Maximalhöhe von Adelstürmen, das durchaus sinnvolle Verbot des Waffentragens innerhalb der Mauern und vieles mehr. Adelsfraktionen, die sich sogar eigene Statuten gegeben und ihre Mitglieder vereidigt hatten, wurden unterbunden, denn sie stellten Sprengkräfte in der Stadt dar.

Doch die ausgetüftelten, erschreckend kleinlichen Statuten brachten keinen Durchbruch. Zu leicht ließen sie sich zur Waffe siegreicher Parteien gegen aktuell Unterlegene schmieden.

Aber woran krankten die Kommunen? Die Zeitgenossen machten sich ihre Gedanken und Machiavelli gab in seiner Geschichte von Florenz eine überlegenswerte Deutung. Das Problem sei die Feindschaft der Bürger und der Adligen, da die Adligen nur befehlen, die Bürger nicht gehorchen wollten. Auch Dante sah die Probleme wesentlich darin begründet, dass der Adel in die Stadt aufgenommen worden war.

Damit trafen beide einen wunden Punkt. Der Adel hatte mehrere Einkommensquellen, so dass ihn Handelsprobleme weniger existentiell bedrohten als Bürger. Am schlimmsten stand es um den *popolo minuto*, den jede Schwankung der Wirtschaft in bitterste Armut stoßen konnte. Die Unzufriedenheit der Masse der Handwerker wuchs, denn sie schufteten für geringen Lohn, dienten im Kriegsfall als Infanteristen und hatten in der kommunalen Politik dennoch nichts zu sagen. Sie wollten die Macht des Adels beschneiden und organisierten sich nachbarschaftlich in Stadtvierteln oder Zünften, um selbst Einfluss zu nehmen und nicht immer nur die Kosten zu tragen. Seit 1244 gab es in Parma einen *capitano del popolo*, angelehnt an das Amt des Podestà. Kurioserweise beauftragte der *popolo minuto* zumeist Adlige mit dem Capitanat, doch anders hätte ihr Exponent wohl kaum Gehör gefunden.

Vollkommen stimmlos blieben Tagelöhner, Gelegenheitsarbeiter und Bettler. Die Handwerker orientierten sich gesellschaftlich nach oben und wollten mit ihnen nichts zu schaffen haben, galten sie doch als unzuverlässig, bestechlich, ja minderwertig. So riegelten sie ihre Gruppe nach unten hin nahezu hermetisch ab.

Aber das alleinige Vorhandensein der *commune populi*, der Vertretung der Handwerker, und des *capitano del popolo* schuf keinen Frieden. Daher verständigten sich viele Städte darauf, die Kompetenzen der Popolanen und der Adligen zu definieren und auseinanderzuhalten, was indessen nur schlecht gelang. In Mailand kristallisierten sich vier Gruppen heraus, selbstverständlich ohne die Unterschichten. 1214 durften die Mercanti sogar Abgesandte ins Kollegium der Konsulen schicken, aber zu einer Befriedung Mailands führte das nicht. Vielmehr stritten sich nun vier Gruppen bis aufs Blut. Die logische Folge war das Verbot aller Sondergruppierungen und Kommunitäten; künftig sollte jeder Bürger Zugang zum Konsulat haben.

Bevor der Blick auf Florenz gerichtet werden soll, dem wichtigsten Beispiel für Zunftherrschaft in Italien, ein Wort zur Blüte der Städte im 13. Jahrhundert. Angesichts der dauernden Streitigkeiten sollte man glauben, dass die städtische Kultur am Boden lag, doch weit gefehlt. In der ersten Hälfte des 13. Jahrhunderts wird allerorten gebaut. Neue Kirchen symbolisierten das bürgerliche Selbstbewusstsein. In Verona stellte man 1187 den Dom und nur gut 13 Jahre später San Zeno fertig. Cremona weihte 1190 den neuen Dom und freute sich am ebenfalls neuen, achteckigen Baptisterium. Pisa errichtete 1153 die runde Taufkirche auf der Piazza dei miracoli und selbst in Borgo San Donnino legte man 1207 den Grundstein der neuen Kathedrale, die ein Schmuckstück der Romanik werden sollte. In Lucca legte man die Fundamente für den Dom zu Beginn des 13. Jahrhunderts, als Pistoia schon stolz zwei Kirchenneubauten vorweisen konnte: San Giovanni fuori Civitas und San Bartolomeo in Pantano. In Assisi errichtete Giovanni von Gubbio um die Jahrhundertmitte die Kathedrale zu Ehren des heiligen Rufino, in Rom wuchs Santa Maria in Trastevere empor und in Ancona errichtete man in byzantinischen Formen die Kathedrale San Ciriaco.

Aber es wurde nicht nur Geistliches gebaut. Von den Stadtmauern war bereits die Rede, gleichzeitig benötigten die Städte aber auch Amtsgebäude, wie den Palazzo della Ragione in Mailand.

Für die inspirierenden neuen Kirchen schufen Bildhauer Meisterwerke der Plastik. Mailand leistete sich sogar die Reiterstatue des Podestà Oldrado vor dem Palazzo della Ragione. Gekrönt wurde die schöpferische Phase der plastischen Kunst durch Benedetto Antelami, dessen Arbeiten in Parma von tiefer Religiosität und faszinierender Kunstfertigkeit zeugen.

Allerorten blühte auch die lateinische Literatur auf. In den Städten entwickelte sich eine Vielzahl von Annalenwerken und Chroniken, die sich mit den Schicksalen von Mantua, Modena, Piacenza, Parma, Faenza und vielen anderen beschäftigten. Man sparte nicht mit Häme gegenüber verhassten Nachbargemeinden; ganz im Gegenteil. Tolosanus von Faenza berichtet im Brustton der Überzeugung, dass die Ravennater allesamt Hasenfüße seien, die Bewohner Forlìs glichen dem Esel in der Löwenhaut der Fabel, könnten aber nicht über ihre Jämmerlichkeit hinwegtäuschen. Auch feinsinnige Autoren verkniffen sich keinen Seitenhieb. Dante sah in den ekelhaften Pisanern eine Schande für die Menschheit, die unvorstellbar eitlen Sienesen seien wahnbesessen und wie die grauenvollen Genuesen voller Laster und ohne Tugenden. Überhaupt nichts Menschliches fand der große Dichter an den armen Bewohnern Fiesoles, die er bestenfalls noch zum wilden Getier rechnete.

Hervorragende Quellen sind die Annalen von Genua des Caffaro (gest. 1163), der *Liber de regno Siciliae* des Ugo Falcandus und der *Liber ad honorem Augusti* des Petrus de Ebulo. Auch die Ewige Stadt stand nicht zurück; in die um 1150 entstandenen *Mirabilia Romae* flossen zahlreiche römische Legenden ein.

In der ersten Hälfte des 13. Jahrhunderts entsteht auf breiter Front volkssprachige Literatur. Der Sonnengesang des Franziskus von Assisi nimmt dabei einen besonderen Rang ein. Fast gleichzeitig entstand am Hof Friedrichs II. – wo sonst – die sogenannte sizilianische Schule italienischer Lyrik, gebildet wohl nach Vorbildern aus der Provence.

Doch zurück nach Florenz. Dank des Engagements auf dem internationalen Geldmarkt, der Kunstfertigkeit der Veredelungsindustrie, des Wissens um die Herstellung schöner Pelze und edelster Schmuckstücke wurde die Stadt am Arno reich, sehr reich. Ihre Gewerke organisierten sich in 21 Zünften, die Großunternehmern ebenso offenstanden wie Gesellen; den Tagelöhnern und Hilfsarbeitern blieben sie verschlossen. Die Spanne der Zünfte schloss Notare und Juristen ebenso ein wie Ärzte – zu ihnen gehörte Dante –, Bankiers und Geldwechsler oder Textilgewerbe und Rauchwarenhersteller. Am vornehmsten war die Zunft der Calimala. Der Spottname wurde zum Inbegriff der Zunft der Textilgroßhändler und Großbankiers. Ihr stolzes

Wappen zeigt einen Adler, der in seinen Fängen einen Wollballen hält. Acht Zünfte bildeten die Spitzengruppe der *arti maggiori*. In den illustren Kreis stiegen 1281 fünf weitere Zünfte auf, die sich mit überregionalem Handel beschäftigten. Davon abgegrenzt waren neun Zünfte der *arti minori*, die zwar lokal unentbehrlichen, aber überregional unbedeutenden Handel trieben.

Die Zünfte verfestigten sich rasch und errangen so viel Einfluss, dass sie 1250 die Regierung des *primo popolo* gegen das heillos zerstrittene Adelsregiment aufzustellen vermochten. Jedes Stadtviertel wählte aus seiner Mitte Älteste, die dem von auswärts berufenen *capitano del popolo* zur Seite standen. Zehn Jahre ging das gut; aber mit der Schlacht von Montaperti endete die Herrschaft des *primo popolo*. Die Macht rissen zunächst die Ghibellinen, nach 1267 die Guelfen an sich. Die acht *arti maggiori* erstritten Mitspracherechte und ihre Zunftprioren nahmen als Mitglieder des Rates Einfluss. Aber das war keine gute Lösung. Der Streit zwischen Guelfen und Ghibellinen kam auch durch päpstliche Vermittlung nicht zur Ruhe. Das Konglomerat aus Zünften, *primo popolo* und Adelsgeschlechtern erwies sich als inkompatibel und regierungsunfähig. Stillstand und Selbstzerfleischung konnte sich das Handelszentrum aber nicht leisten.

Daher erkämpften die nunmehr zwölf Zünfte der *arti maggiori* die Macht und übernahmen alle kommunalen Gremien. Ein guter Ansatz, aber der Adel fand sich mit seiner faktischen Entmachtung nicht ab. 1292 wurde die Zunftherrschaft verschärft und die Mitglieder der *arti minori* drangen in die kommunale Verwaltung vor. Um nichts dem Zufall zu überlassen, erließ man die *ordinamenti della giustizia*, nach dem Vorbild Bolognas, der wichtigsten Partnerstadt der Arnometropole. Alle politische Macht lag künftig in der Hand der Zünfte; der Adel wurde für zunftunfähig erklärt und unter Ausnahmerecht gestellt; selbst bei kleinsten Vergehen drohten ihm härtere Strafen als den Popolanen. Eine Polizeitruppe von 1000 Bewaffneten unter dem Kommando des *gonfaloniere della giustizia*, zeitweilig der höchste Beamte in Florenz, überwachte die Einhaltung der *ordinamenti*. Das konnte nicht gut gehen. Rückblickend beklagte der Florentiner Chronist Paolo Pieri die *ordinamenti* als Maßnahmen himmelschreiender Ungerechtigkeit.

Trotzdem blühte Florenz zu dem architektonischen Schmuckstück auf, das bis heute begeistert. Dabei wurde maßgeblich, dass italienische Stadtrepubliken – keineswegs nur Florenz – keinen Markt oder Straßenmarkt in ihrem Inneren zum alleinigen Zentrum wählten und dadurch ein grundsätzlich anderes Gesicht entwickelten als die großen Handelsstädte nördlich der Alpen. Giovanni Villani (1280–1348) geht in seiner Geschichte von Florenz ausführlich auf den Geist der Kaufleute, die Wirtschaftsbereiche und das Aussehen seiner Kommune ein. Zunächst wurde nach der Erweiterung von 1172–1175 noch einmal eine Mauer nötig. Diesmal sollte es endgültig sein und die Stadt baute nach den Plänen Arnolfos di Cambio von 1284 bis 1333 eine neue Mauer, die 650 Hektar umschloss und damit Florenz auf das Sechsfache erweiterte. Auf einer Länge von 8,5 Kilometern zählten die staunenden Zeitgenossen 73 Türme und 15 Torburgen. Die großzügige Anlage reichte bis zum Ende des 19. Jahrhunderts aus und bot reichlich Platz für Parkanlagen. Daneben rüstete sich Florenz noch in anderer Hinsicht für den neuen Rang als Handelszentrum. Bis 1218 gab es nur eine Brücke über den Arno: den Ponte Vecchio, der freilich nur halb so breit war wie heute, so dass sich die Karren und Warenladungen jämmerlich stauten. Daher errichtete man in rascher Folge drei weitere Arnobrücken: den Ponte alla Carraia (1218–1220), den Ponte des Podestà Rubaconte (1237, heute Ponte alle Grazie) und schließlich 1252 den Ponte alla Trinità. Die Kalkulationen der Stadtherren erwiesen sich als tragfähig: Erst kurz vor 1850 musste eine weitere Brücke über den Arno geschlagen werden, diesmal aus Eisen.

Die Blütezeit der Kommune veränderte das Stadtbild auch im Inneren. Hatte es zunächst innerhalb der Mauern nur die Badia, das Benediktinerkloster, als monastisches Zentrum gegeben, kamen nun fünf große geistliche Institutionen hinzu, die sich ganz der Seelsorge widmeten. Den Anfang machten die Dominikaner 1221, die von 1246–1278 Santa Maria Novella errichteten. Ihnen zeitlich dicht auf den Fersen waren die Franziskaner, die sich 1226 am Arno niederließen und mit Santa Croce von 1295–1370 ihre Hauptkirche bauten. Die beiden großen Bettelorden blieben nicht lange allein. 1248 kamen die Serviten in die Stadt und legten ihr geistliches Zentrum in die Kirche SS. Annunziata, zwei Jahre später die Augustiner in Santo Spirito und schließlich die Karmeliten, die seit 1268 in der Stadt nachzuweisen sind, deren monumentale Kirche S. Maria del Carmine aber erst aus dem 14. Jahrhundert stammt.

Selbst Orden, die traditionell Städte mieden, ließen sich in Florenz nieder, um in dem geistigen, geistlichen, kulturellen und merkantilen Zentrum präsent zu sein. Die Vallombrosaner übernahmen S. Trinità und S. Maria Maggiore, die Zisterzienser San Frediano, die Silvestriner S. Marco und die Umiliaten Ognissanti. Die Kirchen erhielten große Vorplätze, die bei gutem Wetter als Predigtraum dienten, aber auch als Marktplätze genutzt wurden.

Huldigungsfest auf der Piazza della Signoria. Gemälde, anonym, Ende 16. Jahrhundert.

Große offene Plätze hatte es zuvor in Florenz nicht gegeben und die neuen Anlagen beschäftigten den Rat bis in das 17. Jahrhundert hinein.

Eingeteilt war die Stadt in vier Quartieri, im letzten Drittel des 12. Jahrhunderts ausgeweitet auf Sestieri. Die Neuordnung hatte aber keinen Bestand; 1292 ging man auf die alte Vier-Teilung zurück. Innerhalb der Quartieri dienten die Pfarreien als Unterorganisationseinheiten. Man war Florentiner, gehörte aber zu einem Stadtviertel und zu einer Pfarrei; selbst in den Krieg zog man in seiner Pfarreinheit.

Seit den Tagen des *primo popolo* investierte die Stadt in öffentliche Bauten und Platzgestaltungen; kein Zufall, dass zur selben Zeit die Goldmünzen-Prägung begann, Ausdruck des ungeheuren Selbstbewusstseins der Stadt. Während der *primo popolo* den Bau des Bargello veranlasste, des ersten Stadtpalastes, entwarf die Regierung des *secondo popolo* einen Gesamtbebauungsplan. Er umfasste den Domneubau, der 1296 begann. Nur zwei

Jahre später legte man den Grundstein für den Palazzo Vecchio. Nicht vergessen darf man Santa Croce, denn die Stadt beteiligte sich an der Finanzierung der gewaltigen Kirche. Noch zum 1282/83 entwickelten Bauplan gehört Or San Michele (1340), die Loggia dei Lanzi (Baubeginn 1378) und der Campanile (errichtet seit 1334).

Die riesigen Neubauten verwandelten die Stadt für ein Jahrhundert in eine Dauerbaustelle. Sie entstanden aber nicht auf freier Fläche, sondern mussten in mühevoller Kleinarbeit auf den Trümmern des zuvor abgerissenen Häusergewirrs aufgerichtet werden. Eine Straße, die heutige Via Calzaiuoli, verband die monumentalen kommunalen Bauten der Stadtregierung, der Domneubau nicht ausgenommen. „Man wollte sich in Welt und Überwelt gesichert sehen. Eine gute, feste, heilige Stadt bedurfte des Wohlstandes, unüberwindbarer Mauern und der alles beherrschenden Stadtkirche. In dieser Achse und der Mannigfaltigkeit ihrer Bauten begriff sich der Stadtstaat als Einheit" (Braunfels, Stadtbaukunst, S. 52).

Das Stadtbild war und ist beherrscht von gewaltigen Kirchen, was den Blick auf das spirituelle Leben lenkt. Auch hier gab es reichlich Unfrieden in den Kommunen. Während des 12. und 13. Jahrhunderts hatte sich die Gläubigkeit gewandelt. Der Zugang zum Glauben und der Heiligen Schrift geschah in der Verinnerlichung religiöser Übungen und im persönlichen Gebet; die Verbreitung der Mystik gestattete einen gleichsam persönlichen Zugang zu Gott. Das rief keinen Zweifel an Gott oder den Heiligen hervor, wohl aber an der Heilsvermittlung des Klerus und dessen vielfach als anstößig empfundenen Lebensweise. Innozenz III. wies zwar den Hirten Schuld an der Verirrung der Herde zu, aber er beklagte bitter die Vielzahl der Irrgläubigen in Viterbo und Orvieto. Auch in Mailand sammelten sich viele Häretiker, wenn man den Worten des Wanderpredigers und späteren Kardinals Jakob von Vitry glauben darf. Die Kirchenbautätigkeit in Florenz macht ein grundsätzliches Übel deutlich: Der enorme Bevölkerungsanstieg konnte von den bereits bestehenden Pfarrkirchen nicht bewältigt werden; die Seelsorge lag vielfach im Argen, denn es fehlte an Priestern für die einfache Bevölkerung. Der Priestermangel wurde noch durch die schlechte Ausbildung der Geistlichen verschärft. Die Missstände trieben diejenigen, die in der Kirche ihren Halt verloren hatten, in die Arme vor allem der Katharer, der größten religiösen Laienbewegung des Mittelalters, die sich gegen die materialistische Welt stellte, deren Niedergang aber nach dem Albigenserkreuzzug Innozenz' III. 1209 nicht mehr aufzuhalten war.

Die Katharer griffen Tendenzen auf, die in Italien schon lange in der Luft lagen. Bereits die Vallombrosaner nahmen Anstoß am Luxusleben des Klerus, das mit dem *pauper* Jesu und der Apostolischen Armut nicht vereinbar war. In den Stiftungsurkunden für Vallombrosa findet sich neben der allgegenwärtigen Furcht vor der Allmacht des Schöpfers die Liebe zu Gott. Die neue Innigkeit ermöglichte die individuelle Vertiefung in das Leben und Leiden Jesu, dem Vorbild wahrhaft christlichen Lebens. Die neue Gläubigkeit offenbarte die Diskrepanz zwischen Ideal und tatsächlichem Erscheinungsbild der Weltkirche und der Mönche.

Vor allem die Zisterzienser gewannen durch Frömmigkeit und Askese starken Zulauf. Ihre erste Niederlassung auf italienischem Boden, S. Maria del Tiglieto (nahe Acqui im Piemonte), wurde 1120 gegründet; rasch folgten Morimondo bei Mailand oder Fossanova bei Terracina. Auf Bernhard von Clairvaux selbst gehen Chiaravalle della Colomba im Piacentino, Chiaravalle di Milano, Casamari bei Frosinone in Lazio oder Tre Fontane zurück. Normalerweise wirkten die Zisterzienser, wie auch die Wilhelmiten oder Kartäuser, aber auch die Anhänger Joachims von Fiore, auf dem Land, wo sie viel zur Bonifizierung des Bodens beitrugen. Erst das Aufkommen der Bettelorden lockte die Zisterzienser vereinzelt in die Städte; auf das Florentiner Beispiel wurde bereits hingewiesen.

Andere radikale Denker hatten weniger Glück und wurden in die Ketzerei abgedrängt, so der Kaufmann Petrus Valdes aus Lyon, der in den Städten großen Zulauf fand. Nach der Verketzerung seiner Lehren flohen seine oberitalienischen Anhänger in die Wälder und Bergtäler der Westalpen; fürderhin spielten sie für das urbane Leben keine Rolle mehr.

Dass es Innozenz III. gelang, Franziskaner und Dominikaner trotz ihrer dezidierten Armutsforderung und der darin ruhenden Kritik an der Amtskirche in die katholische Kirche zu integrieren, verhinderte eine Häresieflut. Franz von Assisi und Dominikus fanden scharenweise Anhänger in der Bürgerschaft, die von der buchstäblichen Nachfolge Jesu in bitterster Armut fasziniert waren, sich selbst den neuen Idealen anschlossen oder die Bettelorden mit Stiftungen überhäuften. Dass der extreme Zulauf die Ideale der ersten Stunde aufweichte, ließ sich nicht verhindern; die noch jungen Franziskaner und Dominikaner wurden vom Ansturm der Gläubigen geradezu überschwemmt, aber radikale Lebensentwürfe vertragen keine Massen.

Vor allem die Dominikaner wurden die wichtigsten Helfer des Papsttums im Kampf gegen die Häresie. Mit ihrem Namen ist die Durchführung der Inquisition verbunden und damit unvorstellbares Leid der durch Folter zu Geständnissen Getriebenen, in Kerkern Verendeten oder auf den Scheiterhaufen Verbrannten. Dabei war der Inquisitionsprozess anfänglich als neuer Weg zur objektiven Wahrheitsfindung eingeführt worden.

Dass die Häresien so viel Zulauf erhielten, lag auch an der Zunahme der Lesefähigkeit, wodurch sich ein persönlicher Zugang zu religiösen und biblischen Texten erschloss. Die neue Literalität sehnte sich nach Werken in der Volkssprache. Zu Beginn des 13. Jahrhunderts sammelte man in Bologna zum ersten Mal italienische Volkslieder und schrieb sie auf. Von anderen Literaten war bereits die Rede, nicht aber von dem wohl berühmtesten Dichter Italiens: Dante Alighieri, geboren 1265 in Florenz, gestorben 1321 in Ravenna. Der Autor der *Divina Commedia* beeinflusste nicht nur Giovanni Boccaccio, sondern Generationen von Humanisten und Renaissance-Gelehrten, die sein Werk zwar teilweise kritisch ablehnten, sich der Faszination seiner Sprachkraft aber nicht entziehen konnten. Schon früh fand Dante literarischen Kontakt zur ersten Garde der volkssprachlichen Dichter, wie Guido Cavalcanti oder Cino da Pistoia. Aber er engagierte sich auch politisch und diente seinem geliebten Florenz als Mitglied im Rat des *capitano del popolo* 1295/96 oder als Diplomat an der Kurie Papst Bonifaz' VIII. Als es 1300 am Arno zu Unruhen kam, wurde Dante Alighieri verbannt; ein ruheloses Leben folgte. Zwar fand er Aufnahme an etlichen Adelshöfen, unter anderem bei den Guidi in Poppi, aber eine neue Heimat fand er nicht. 1321 ist er in Ravenna gestorben und dort auch begraben worden. Die berühmte Leiche wollte Florenz dem kleinen Ravenna nicht überlassen und unternahm wiederholte Versuche, die Gebeine zurückzuholen. Bis heute denkt man in Ravenna aber nicht daran, den Florentinern diesen Gefallen zu tun, und daher ist der Kenotaph Dantes in Santa Croce in Florenz noch immer leer.

XI.

Das Königreich Neapel und Sizilien

Aus Sicht des Papsttums endete das Stauferreich im Süden bereits vor dem Tod Friedrichs II. mit seiner zweiten Bannung auf dem Konzil von Lyon 1245. Seither betrachteten die Nachfolger Petri die Krone des Königreiches Sizilien als vakant. Die Versuche Konrads IV., in Italien Politik zu machen, überging das Papsttum mit Stillschweigen. Da die Päpste das *regnum Siciliae* über längere Zeit nicht selbst verwalten konnten, begann die Suche nach einem Nachfolger der Staufer, die sich indessen schwierig gestaltete. Zunächst wandte sich die Kurie an den englischen Königshof, doch dort winkte man ab. Erst als am Tiber mit Urban IV. ein Franzose den Stuhl Petri bestieg, war die Entscheidung gefallen. Der neue Papst ergriff Partei für den fünften, postum geborenen Sohn König Ludwigs VIII. von Frankreich und Blankas von Kastilien, den jüngeren Bruder des amtierenden Königs Ludwig IX., Karl von Anjou.

1245 eroberte er im Auftrag seines königlichen Bruders die Provence und empfing ein Jahr später die Grafschaften Maine und Anjou zu Lehen. Auch auf dem sechsten Kreuzzug bewies Karl seine Fähigkeiten als Organisator und Feldherr. Das Papsttum hatte einen Fürsten gewählt, der das Zeug dazu hatte, das Königreich Sizilien machtvoll zu lenken. Zunächst jedoch lehnte Karl das Angebot ab, da sein Bruder Sizilien nicht für vakant hielt und nicht gegen die aus seiner Sicht legitimen staufischen Ansprüche agieren wollte. Erst als 1258 Manfred seinen Neffen Konradin überging und den Thron in Palermo bestieg, änderte der französische Hof seine Meinung.

Obwohl die Verhandlungen deutlich machten, dass Karl von Anjou keine Marionette des Papstes sein würde und sich nicht zum Erfüllungsgehilfen eignete, ging kein Weg mehr an ihm vorbei, obwohl im Kardinalskollegium warnende Stimmen laut wurden. Am 28. August 1265 belehnte der ebenfalls aus Frankreich stammende Nachfolger Urbans IV., Papst Clemens IV., Karl in Rom mit dem Königreich Sizilien und am 6. Januar 1266 krönte er ihn feierlich. Unmittelbar darauf wandte sich Karl nach Süden und nahm den Kampf gegen Manfred auf. Nur wenige Wochen später trafen sie in Benevent aufeinander. Manfred, der die Gefahr unterschätzte, fiel, sein Heer wurde teilweise aufgerieben. Mit einer einzigen Schlacht eroberte Karl Sizilien; nennenswerter Widerstand regte sich nirgends. Die Familie Manfreds wurde gefangen genommen; Karl vermied eine öffentliche Hinrichtung und ließ sie in einem Kerker elend zugrunde gehen.

Karl wusste, dass er die Herrschaft nur dann kampflos übernehmen konnte, wenn er Sizilien nicht zu sehr vor den Kopf stieß. Die Administration ließ er weiterarbeiten; nur die Finanzverwaltung legte er in die Hände eigener Parteigänger aus Frankreich. Aber sein abweisendes, als arrogant und kühl empfundenes Wesen stieß das *regnum Siciliae* ab. Ohne von Skulpturen auf Charaktere schließen zu wollen, strahlen die berühmte Büste in den Kapitolinischen Sammlungen und die Statue Karls vor dem Palazzo Reale in Neapel doch eine eisige Kälte aus.

In Rom war man besorgt, denn Karl dachte nicht daran, sich an getroffene Vereinbarungen zu halten und seine Herrschaft auf das *regnum Siciliae* zu beschränken. Friedrich II. hatte Getreue in Podestà-Ämter auf Lebenszeit gebracht und kreierte geschickt zusammenhängende Podestàschaften, aus denen sich nach seinem Tod Signorien entwickelten. Hier wollte Karl ansetzen und sich in den Genuss der Steuereinnahmen dieser Städte bringen. Sogar Florenz unterstellte sich seiner Signoria – ein klarer Verstoß gegen das Abkommen mit dem Papsttum, was den Anjou nicht störte.

Die Spannungen lösten sich in Luft auf, als der letzte, von den Protagonisten offenbar halbvergessene Staufer sich daranmachte, sein Erbe anzutreten: Konradin. Der Unerfahrene kam mit viel zu geringen Truppen ins Land und konnte Karl nicht gefährlich werden. Bei Tagliacozzo prallten ihre ungleichen Heere aufeinander. Konradin geriet in Gefangenschaft und wurde am 29. Oktober 1268 auf dem Marktplatz in Neapel öffentlich geköpft. Als das Haupt des letzten Staufers im Dreck der Gosse lag, tauchten seine letzten Parteigänger unter.

Die Ghibellinen in Ober- und Mittelitalien erlitten eine schwere Niederlage, als Florenz, das sich den Guelfen angeschlossen hatte, Siena bei Colle di Val d'Elsa niederrang, die Stadt zur Unterwerfung zwang und alle Ghibellinen aus Sienas Mauern verbannte. Damit hatten die Guelfen überall die Herrschaft übernommen und Karl stand auf dem Höhepunkt seiner Macht.

Doch die Herrschaft über Sizilien und Teile Italiens genügte dem ehrgeizigen Anjou nicht. Seine unumstrittene Macht ließ ihn an den Aufbau eines großen Mittelmeerreiches denken. Mit Nordafrika hatte er bereits erfolgreich Kontakte geknüpft, da fiel sein politischer Blick auf Byzanz. Schon 1267 schloss Karl durch päpstliche Vermittlung mit dem lateinischen Kaiser von Konstantinopel, Balduin II. von Courtenay, einen Vertrag, der ihm die Hoheit über Korfu, Morea und Epirus gewährte und die Rückeroberung Konstantinopels beinhaltete. Das verlockte Karl, da ihm das Abkommen ein Drittel aller Eroberungen versprach. Es gelang ihm, auf dem Balkan Anhänger zu werben, als der Papst 1268 starb. Wohl wissend, dass seine Pläne an der Kurie wenig Gegenliebe fanden, verhinderte Karl für längere Zeit die Neuwahl eines Nachfolgers Petri und schickte 1270 Truppen auf den Peloponnes.

In diesem Augenblick machte ihm der Plan seines Bruders für einen siebten Kreuzzug einen Strich durch die Rechnung, die zuvor so glatt aufzugehen schien. Den Wünschen Ludwigs IX. konnte Karl sich nicht widersetzen und er vertagte den Krieg gegen Byzanz. Als 1271 mit Gregor X. ein neuer, Karl kritisch gegenüberstehender Papst erhoben wurde, war an einen Feldzug nach Osten vorerst nicht zu denken. Also engagierte sich der ruhelose Karl in Jerusalem und richtete 1277 seine Herrschaft in Akkon auf.

Gleichzeitig rüstete er neuerlich gegen Byzanz, denn 1276 war Gregor X. gestorben und mit Martin IV. ein Mann erhoben worden, der politisch von Frankreich abhängig war und auf einer Linie mit den antibyzantinischen Absichten Karls lag. 1281 schloss sich Venedig dem Anjou an und der Krieg konnte beginnen. Im Frühjahr 1282 sollte die Streitmacht ausrücken.

In diesem Moment brach auf Sizilien eine Revolte los, der sich unglaublich rasch nahezu die gesamte Insel anschloss. Entzündet hatte sich der Volkszorn an Übergriffen von Soldaten in Palermo; hier begann der Aufstand am 30. März 1282. Die sogenannte „Sizilianische Vesper“ markiert das Ende der Herrschaft Karls in Sizilien und mehr als das. Sie beendete die von Sizilien aus betriebene Hegemonialpolitik im Mittelmeerraum und damit den politischen Traum, den bereits Robert Guiscard und Roger I. verfolgten.

So plötzlich und ohne Vorwarnung hatte sich Sizilien freilich nicht erhoben. Im Untergrund arbeiteten staufische Parteigänger zäh an der Unterwanderung der französischen Vormacht und brachten Netzwerke eigener Getreuer in Stellung. Unterstützt wurden sie durch den byzantinischen Kaiser, der mit reichlichen Zahlungen nicht sparte, wenn sein Gold dazu diente,

„Grausame That an den Franzosen auf der Sicilianischen Vesper begangen".
Kupferstich von Matthäus Merian d. Ä., 1630.

den überaus lästigen Anjou zu beseitigen. Zudem gab es noch eine Kraft, die Ansprüche auf Sizilien anmeldete: Aragón. Manfreds Tochter, Konstanze, hatte König Peter III. von Aragón geheiratet und Aragón dachte gar nicht daran, die daraus resultierenden Erbansprüche aufzugeben. Noch war nicht klar, wie die Sache ausgehen würde: Karl hatte seine Truppen nach Messina eingeschifft und kämpfte in diesem Teil der Insel nicht ohne Erfolg. Papst Martin IV. stellte sich auf die Seite des Anjou und bannte alle Rebellen. Dessen ungeachtet landeten zur gleichen Zeit König Peter III. und seine Gemahlin Konstanze in Trapani, wo ihnen eine Welle der Begeisterung entgegenschlug, die das Paar als die wirklichen Könige der Insel willkommen hieß.

Die Kontakte Aragóns und Siziliens rührten nicht erst von der Hochzeit Peters III. her. Aragón war gleichsam ein zweigeteiltes Land, zerbrochen in Katalonien am Mittelmeer und dem Landesinneren. Im kargen, von Adelsherrschaften dominierten Landesinneren interessierte man sich nicht für Sizilien; ganz anders in Katalonien. Die Grafschaft war dicht besiedelt und reich an Gewerben aller Art. Allerdings konnte sich Katalonien praktisch nicht selbst versorgen und war auf Getreideimporte angewiesen. Da man ohnehin in Wirtschaftsbeziehungen mit Sizilien stand, lag nichts näher, als das Getreide von dort zu beziehen. Da die Hafenstädte Kataloniens im Dauerkonflikt mit ihren Konkurrenten im Süden Frankreichs lagen, war ihnen die Machtübernahme des Anjou ein Dorn im Auge; sie bedrohte ihre Versorgung mit Grundnahrungsmitteln. Zudem brach der Fernhandel Barcelonas ein. Alle Schichten litten unter der veränderten politischen Lage, das einfache Volk hungerte und die großen Kaufleute mussten drastische Ertragseinbußen hinnehmen. Es verwundert daher nicht, dass Katalonien zu jedem Opfer bereit war, um Karl aus Sizilien zu vertreiben.

Die Entscheidung führte die Flotte herbei. Die aragonesischen Schiffe erwiesen sich als geschickter und die Inseln Capri, Ischia und Procida entglitten den Anjou. Da nützte es nichts, dass Frankreich zur Entlastung den Krieg nach Aragón trug und auf päpstliches Geheiß einen Angriff startete. Die Anjou konnten sich nicht behaupten und der Erbe Karls I., Karl II., fiel in die Hände der Aragonesen. 5 Jahre schmachtete er in Gefangenschaft. Als er tief gedemütigt zurückkehrte, war sein Vater seit Jahren tot. 1285 starben nahezu gleichzeitig Karl von Anjou, König Philipp III. von Frankreich und Papst Martin IV.; damit lebte von den maßgeblich an der Vesper Beteiligten nur noch Peter III. von Aragón.

Peter III. setzte in Sizilien auf die Kräfte, die gegen Karl von Anjou standen: den lokalen Adel, den Klerus und die Bürger. Kaum gelandet, berief er in Palermo einen Ständetag ein und versprach, wie der gute Normannenkönig Wilhelm II. zu herrschen. 1286 traten die Stände noch einmal zusammen, um die Krönung von Peters Nachfolger, Jakob II., zu feiern.

Die Katalanen agierten sehr zielgerichtet. Ihnen ging es allein um die Kornkammer Sizilien. Unteritalien interessierte sie nicht; sie brauchten Getreide, keine Weideflächen oder Gewerbebetriebe; Orangen und geschickte Handwerker hatten sie selbst genug. Deshalb unterstützten sie Peter III. bestenfalls halbherzig, als er versuchte, die Meerenge von Messina zu überwinden und auf dem Festland Fuß zu fassen; zu wenig für die dauerhafte Machtübernahme. Das alte Königreich Sizilien der Staufer zerfiel in zwei Teile.

Durch einen genealogischen Zufall fiel Jakob II. die Macht sowohl in Sizilien als auch in seinem Mutterland Aragón zu. Auf Drängen Papst Bonifaz' VIII. erklärte er sich bereit, auf Sizilien zu verzichten, wofür er mit Korsika und Sardinien entschädigt wurde, das freilich Pisa gehörte. Aber den

Toskanern waren im Dauerstreit mit Genua die Hände gebunden. Sizilien fiel an den Papst zurück, der die Insel neuerlich dem angiovinischen König übertrug. Allerdings hatte er die Rechnung ohne die Sizilianer gemacht. 1296 kamen die Vertreter der Insel zusammen und boten dem König ihrer Wahl die Krone an: Friedrich, der jüngere Bruder Jakobs II.

Ungeachtet der Gefahr akzeptierte Friedrich und sah sich plötzlich mit einer Phalanx von Feinden konfrontiert, zu denen neben dem Anjou und dem Papst auch sein eigener Bruder Jakob II. gehörte. Aber er ließ sich von der illustren Gegnerschaft nicht einschüchtern und konnte seine Herrschaft auf Sizilien festigen. Im Frieden von Caltabellotta kam es 1302 zu einer endgültigen Lösung: Karl II. von Anjou erhielt Unteritalien, durfte aber weiterhin den Titel eines Königs von Sizilien führen. Friedrich behielt die Insel, musste aber akzeptieren, dass nach seinem Tod Sizilien an die Dynastie auf dem Festland fallen würde. Um eine heillose Titelverwirrung zu vermeiden, bezeichnete er sich künftig als König von Trinacria und griff damit die antike Bezeichnung des auf drei Säulen im Meer ruhenden Sizilien auf.

Der Erbfall zugunsten der Anjou trat indessen niemals ein; zwar hatte Karl II. Nachfolger, sie hielten sich jedoch nicht an die vertraglichen Regelungen von Caltabellotta. 1314 überfiel Robert der Weise, der Nachfolger des 1309 gestorbenen Karls II., Sizilien und erlitt eine Niederlage, was ihn indessen nicht davon abhielt, zwischen 1316 und 1341 noch weitere elf Versuche zu starten, Sizilien in seine Gewalt zu bringen – jedesmal ohne Erfolg. Schon nach dem ersten Militärschlag kündigte Friedrich den Vertrag von Caltabellotta wegen des einseitigen Bruchs der Regelungen auf. Zur Sicherung seiner Herrschaft ließ er seinen Sohn und Erben, Peter, zum Mitregenten erheben und nahm in programmatischer sowie provozierender Absicht den Titel „König von Sizilien“ an.

Die Bewohner der Insel standen hinter ihrem aragonesischen Herrscher, aber die langen Kämpfe blieben nicht ohne tiefgreifende Folgen. Die wirtschaftlichen Ressourcen gingen nach fast 30 Jahren Krieg zur Neige und die sizilianische Flotte verfiel, da die Verluste kaum mehr ausgeglichen werden konnten und für Reparaturen das Geld fehlte. Das blühende Sizilien erlebte einen lang anhaltenden Abstieg.

Da im Kampf vor allem der Adel benötigt wurde, profitierte er am meisten von dem langen Ringen. Weite Teile des Krongutes und Besitzungen der Städte mussten den Adligen übereignet werden, um ihre Gefolgschaft zu sichern. Gleichzeitig pochten die Stände auf ihre Rechte, da sie den Aragón ins Land geholt und zur Etablierung verholfen hatten. Der Umgang mit Ständetagen war den Aragón vertraut, aber die politische Gratwanderung wurde dadurch nicht leichter. Der sizilische Landtag überdauerte in seiner politischen Bedeutung das Mittelalter um Jahrhunderte. Erst 1812 wurde er, der faktisch nur noch auf dem Papier bestand, aufgelöst. Um ein Gegengewicht zur Adelsmacht zu schaffen, förderte die Krone die Städte, aber ohne durchschlagenden Erfolg. Die Situation verschärfte sich, als der Adel sich in zwei Parteien spaltete: die Catalani und die Latini. Als Catalani bezeichneten sich die Aragonesen, die mit Peter III. und seinen Nachfolgern ins Land gekommen waren. Sie konzentrierten sich auf den Osten der Insel, vor allem um Catania und in der Valle di Noto. Die Latini dagegen entstammten der alten normannischen Oberschicht. Sie massierten sich im Süden und Westen sowie um Messina herum; ihnen oblag also zugleich die Wache an der Meerenge zum Festland.

1372 fand der permanente Kampf gegen das angiovinische Unteritalien ein Ende. Im Frieden von Aversa anerkannten das Papsttum und die Anjou in Neapel den ohnehin nicht zu ändernden Status quo. Sizilien wurde definitiv von Unteritalien getrennt und unterstand Aragón, das die Insel als Sekundogenitur beherrschte. Damit jedoch wurde Sizilien nicht nur vom Festland getrennt, sondern die Insel schied praktisch aus der Geschichte Italiens aus und führte ein sich immer stärker dem spanischen Kulturkreis annäherndes Eigenleben. Die Feindschaft zu Unteritalien blieb bestehen und an der Meerenge von Messina standen sich für lange Zeit spanische und französische Herrscher auf dem Boden des alten Normannenreiches gegenüber.

Sizilien ist die Trennung vom Festland schlecht bekommen. Der Adel versuchte ohne Rücksicht auf die wirtschaftlichen Folgen seine Macht durchzusetzen, ging rigoros gegen Städte und konkurrierende Adelsherrschaften vor und schreckte auch vor der Annektierung des Krongutes nicht zurück. Die mit großer Härte geführten Auseinandersetzungen verwüsteten die einstmals blühende Agrarlandschaft ebenso wie die vielbewunderten Gewerbeanlagen. Die Krone hatte schon der Krieg gegen die Anjou an den Rand des Bankrotts getrieben; was noch übrig war, wurde nun verzehrt. Der furchtbare Einfall der Pest tat ein Übriges und dezimierte die ohnehin schon geschwundene Bevölkerung. Bis zum Tod Martins II. 1410 war Sizilien zu einem der ärmsten und machtlosesten Staatswesen Europas verkommen. Vom bewunderten und beneideten, mehr als reichen Machtgebiet der großen Normannenkönige war nichts mehr übrig.

Da änderte es auch nichts, dass Sizilien nach dem Willen Johanns von Aragón künftig keine Sekundogenitur mehr, sondern untrennbar mit Aragón verbunden sein sollte. Bis ins 18. Jahrhundert herrschten auf Sizilien spanische Vizekönige, die mit dem Rest Italiens nichts mehr zu tun hatten. Selbst als 1435 Alfons IV. Süditalien den Anjou entriss, änderte es nichts an der Isolation Siziliens. Die beiden Teilreiche wurden nicht verbunden, sondern in Neapel herrschte künftig eine Nebenlinie; an der italienischen Ausrichtung Unteritaliens änderte das wenig.

Unteritalien ging einen anderen Weg. Um sich von Aragón abzuheben, bemühten sich die Anjou um Reformen und Prosperität. Schon 1283 wurde auf einem Ständetag in San Martino in Kalabrien proklamiert, dass künftig die Usancen Wilhelms II., des Guten, wieder gelten sollten. Hierfür suchten Karl von Anjou und sein gleichnamiger Sohn Karl II. den Schulterschluss mit dem Papsttum. 1285 übernahm Karl II. die Regierungsgeschäfte nach dem Tod des Vaters und berief einen Ständetag nach Neapel ein, der die alte Tradition aufleben ließ. Allerdings gewannen auch in Unteritalien die Adligen die Oberhand in der Ständeversammlung, zum Schaden der Städte.

Die Anjou akzeptierten zu Lebzeiten Karls II. (1285–1309) und Roberts des Weisen (1309–1343) den Verlust Siziliens nicht und versuchten mehrfach, die Insel zurückzugewinnen. Ihre Erfolglosigkeit belastete nicht nur ihr Ansehen, sondern auch die königliche Kasse. Wären die Einnahmen so reichlich geflossen wie zu Zeiten Friedrichs II., wäre das Defizit vielleicht auszugleichen gewesen, aber die Einkünfte gingen zurück. Die Anjou übernahmen zwar die effizient arbeitende staufische Finanzadministration, aber das Steueraufkommen schwand. Apulien produzierte zwar weiterhin reichlich Getreide, dessen hohe Exportpreise satte Gewinne versprachen, aber der Handel lag nicht in der Hand des Königs oder regionaler Großer, sondern der Venezianer. Solange das Verhältnis Unteritaliens zu Venedig ungestört funktionierte, konnte man die wenig lukrative Lösung ertragen; schwierig wurde es, wenn Konflikte mit der Serenissima ausbrachen.

Sie ließen nicht lange auf sich warten. Venedig bekam Streit mit der Kurie um den Zankapfel Ferrara, was den Süden Italiens eigentlich nicht tangierte. Aber als Lehnsmann des Papstes stellte sich Robert von Neapel auf die Seite des Nachfolgers Petri, um ein Zeichen für andere Mitglieder der Guelfen-Partei zu setzen. Die Folgen waren eine starke Verstimmung Venedigs und die jahrelange Unmöglichkeit, apulisches Getreide gewinnbringend zu verkaufen. 1316 einigte man sich endlich; aber der Friede demütigte

Neapel. Obwohl das Königreich hohe Entschädigungen an die Venezianer zahlte, blieb die Stimmung von Misstrauen getrübt.

Die Bevorzugung Venedigs schadete den unteritalienischen Häfen schwer. Die Serenissima erhob in dem von ihr kontrollierten Teil der Adria von allen Handelsschiffen Zölle und erzwang, dass sie ihre Ladungen in Venedig und nicht anderwärts löschten. Zur Überwachung patrouillierten venezianische Schiffe entlang der Küste. Der Eigenhandel der unteritalienischen Häfen, allen voran Baris, kam praktisch zum Erliegen. Die alten Steuer-, Zoll- und Handelsprivilegien wirkten sich fatal für das Königreich Neapel aus. Wenig geschickte Agrarbewirtschaftung kam hinzu: Apulien besaß riesige Weideflächen und große Viehherden, wäre also in der Lage gewesen, im internationalen Wollhandel eine Rolle zu spielen. Aber man achtete zu wenig auf die Zucht edler Wollschafe, und apulische Erzeugnisse blieben weit hinter der Qualität englischer oder spanischer Wolle zurück.

Eine apulische Spezialität war indessen überall sehr gefragt: In der Umgebung von L'Aquila in den Abruzzen sammelte man Safran aus einer Krokusart. Safran war im Mittelalter und ist bis heute das teuerste Gewürz; aber das Sammeln der Staubfäden war eine äußerst mühselige Arbeit. Auf ein Kilogramm Safran kamen gut 80 000 Blütenstempel. In der Saison bot die Plackerei zahllosen Arbeitern Lohn und Brot – die Gegend heißt nicht umsonst *terra di lavoro* –; aber die Erntezeit war kurz. Zudem blieben die meisten Gewinne nicht im Land: Den Profit machten überregionale Händler.

Finanziell ging es Neapel eher schlecht; zudem vernachlässigten die Könige Apulien, das Herzland des staufischen Unteritalien, worüber sich vor allem in der Umgegend von Foggia Unmut breitmachte. Da die Anjou wenig Toleranz bewiesen und die Freiheiten der Sarazenen in Lucera drastisch beschnitten, kam es zu Aufständen. Karl II. ließ daraufhin die Sarazenen grausam niedermetzeln; Lucera legt archäologisches Zeugnis des Massenmordes ab.

In der andauernden Krise mussten die angiovinischen Könige die Gefolgschaft des Adels immer neu erkaufen und das Krongut blutete völlig aus. Die durch Friedrich II. eingedämmte Zersplitterung Unteritaliens in einzelne Adelherrschaften schritt nun schnell voran, da Treue nur für immer neue Lehnsvergaben zu haben war. Kurzfristig schien sich kein anderer Weg für schnelle Waffenhilfe aufzutun; langfristig war diese Politik für das Königtum ruinös, ja selbstmörderisch.

Trotz des unaufhaltsamen Ausverkaufs präsentierten sich die Anjou bis zum Tod Roberts des Weisen prächtig. Die glückliche Eheverbindung mit einer ungarischen Prinzessin und das Aussterben der Arpaden ermöglichten ihnen den Griff nach der Stephanskrone, die 1290 das Haupt Karl Martells zierte, des ältesten Sohnes Karls II. Robert der Weise übernahm ohne Probleme die Macht seines Vaters in Unteritalien. Sein Beiname war keine panegyrische Schmeichelei, sondern trug der hohen Bildung und Feinsinnigkeit Roberts Rechnung. Er war es, der Petrarca in Rom zum Dichter krönte. Den jugendlichen Giovanni Boccaccio, der in Neapel eigentlich den Beruf des Kaufmanns erlernen und ausüben sollte, zog er an seinen Hof, wo er entscheidende kulturelle und geistige Prägungen erhielt. Tino di Camaino arbeitete seit 1324 fast nur noch für Robert. Er schuf die Königsgräber in S. Maria Donna Regina, San Domenico Maggiore und S. Chiara, aber auch die städtebaulich wichtige Kartause sowie die Umgestaltung der Außenanlagen des Castel Nuovo, der neuen Stadtburg Karls I., die freilich im 15. Jahrhundert noch einmal völlig umgestaltet wurde. Bis 2006 tagte der Stadtrat Neapels in der Sala dei Baroni in eben jener Burg der Anjou. Die berühmten Maler Simone Martini und Giotto di Bandone arbeiteten ebenfalls im Auftrag Roberts, der bei Simone Martini etliche Porträts in Auftrag gab; das berühmteste dürfte dasjenige Ludwigs von Toulouse sein. Auch auf dem Vomero bauten die Anjou, wobei sie bei der Anlage des Castels Sant'Elmo wohl kaum der wunderschöne Blick auf den Golf von Neapel beeindruckt haben dürfte, als vielmehr die freie Sicht auf die Stadt.

Die kulturelle Hochblüte hielt aber nur bis zu Roberts Tod; anschließend verfiel das Königreich in erschreckender Geschwindigkeit. Zu seinen Lebzeiten freilich schien sich alles zum Guten zu wenden, trotz finanzieller Schwierigkeiten. Als treuer Lehnsmann der Kurie war Robert Generalkapitän des Kirchenstaates, Reichsvikar im päpstlichen Auftrag für die Toskana, Senator in Rom, Herr über Florenz, Genua und andere guelfische Städte sowie Rektor in der Romagna.

An seinem Widerstand scheiterte letztlich die Erneuerung des Kaiserreiches durch den Luxemburger Heinrich VII. Viele Kräfte hatten ihn als Ordnungsmacht ins Land gerufen; keiner nachdrücklicher und mit hochfliegenderen Träumen als Dante Alighieri, der in seiner Schrift *De monarchia* die ghibellinische Sicht des Kaisertums ausgebreitet hatte. Heinrich VII. war bereit gewesen, als Friedensstifter und Vermittler dem Land Ruhe und Ordnung zu bringen, aber er stieß schnell an seine Grenzen. Überall drängten die Verbannten zurück in ihre Heimatstädte; auch die Visconti nach Mailand, die Heinrich VII. mit den Torriani versöhnte. Um sich die Loyalität der Städte zu sichern, setzte er zahlreiche Vikare ein, die ihrerseits nicht überall eine glückliche Politik betrieben; zudem forderte der Luxemburger Geld und Geiseln. Während die ghibellinischen Städte wie Pisa oder Genua Heinrich VII. freudig begrüßten, verschloss Florenz seine Tore und setzte sich an die Spitze eines Bündnisses toskanischer Städte gegen die Neuerrichtung der Kaiserherrschaft.

Trotz vieler Widrigkeiten gelangte Heinrich VII. nach Rom, musste sich aber mit einer Krönung durch drei Kardinäle im Auftrag des Papstes begnügen und hinnehmen, dass die Zeremonie am 29. Juni 1312 nur in San Giovanni in Laterano stattfand; St. Peter blieb ihm verschlossen. Mittlerweile hatte nämlich Robert der Weise den Widerstand der Guelfen formiert und die Leostadt besetzen lassen, um die Krönung zu verhindern. Erbost verkündete der neue Kaiser die Reichsacht gegen Robert den Weisen, verbündete sich mit König Friedrich von Sizilien und schickte sich an, gegen Neapel zu ziehen. Ungeachtet dessen, dass er selbst ihn ins Land gerufen hatte, wandte sich Papst Clemens V. von Heinrich VII. ab und drohte ihm mit dem Kirchenbann für den Fall des Angriffs auf Neapel. Ungerührt machte sich der Luxemburger dennoch auf den Weg nach Süden, starb aber schon am 24. August 1313 in Buonconvento.

Das kurze Zwischenspiel des Kaisertums hatte Italien keinen Frieden gebracht und allerorten standen die Guelfen gegen die Ghibellinen in Waffen und umgekehrt. Robert war die Prüfung seines militärischen Geschicks durch den Fiebertod des Kaisers erspart geblieben. So widmete er sich in den ihm noch verbleibenden gut 20 Jahren ganz seiner hegemonialen Stellung in Italien und der Förderung der Kunst und Kultur in Neapel.

Robert hatte zwei Söhne, die beide lange vor dem Vater verstarben. Da sie keine männlichen Kinder hinterließen, war das Schicksal des Königreichs beim Tod Roberts 1343 offen und die Übermacht der Anjou brach schlagartig zusammen.

Ganz ohne Nachkommen waren die Anjou aber nicht geblieben: Zwei Enkelinnen überlebten den Großvater und konnten den Thron erben; zum Zuge kam die sechzehnjährige Johanna. Sie war seit 1333 mit Andreas aus der ungarischen Linie der Anjou verheiratet. Die Ehe war nicht glücklich und als Andreas ermordet wurde, beschuldigte man Johanna der Drahtzieherschaft. Um Rache zu üben, fiel Ludwig von Ungarn, ein Neffe Andreas', im Königreich Neapel ein. Obwohl Johanna versuchte, ihre Stellung durch eine zweite Ehe mit dem Fürsten von Tarent zu sichern, musste sie zum Papst nach Avignon fliehen. Er glaubte den Beteuerungen ihrer Unschuld und bestätigte sie in ihren Rechten. Aber das nützte ihr zunächst wenig. Erst nach dem Abzug Ludwigs kehrte sie nach Neapel zurück; eine Einigung mit Ungarn gelang. Aber die Lage blieb angespannt, denn der Adel stand keineswegs geschlossen hinter Johanna, sondern teilte sich in Anhänger der Linie von Tarent, also Johannas Linie, und derjenigen von Durazzo, die sich zu den ungarischen Anjou bekannte. Als sich Johanna im Schisma 1378 auf die Seite des Gegenpapstes stellte und sich dadurch Urban VI. zum Feind machte, erklärte der Papst sie für abgesetzt. Die Krone erhielt Karl von Durazzo. Johanna gab noch nicht auf. Trotz mehrerer Ehen hatte sie keine eigenen Kinder, also adoptierte sie kurzerhand Ludwig I., den Bruder des Königs von Frankreich. Aber auch er konnte ihr nicht helfen und musste zusehen, wie Karl von Durazzo Neapel eroberte, Johanna gefangen nahm und 1382 erdrosseln ließ.

Damit war der Kampf um das Königreich Neapel noch nicht abgeschlossen. Die Nachkommen Ludwigs I., die jüngeren Anjou aus einer Seitenlinie der Valois, dachten gar nicht daran, auf ihre Ansprüche zu verzichten. Die ausbrechenden Unruhen ermöglichten letztlich den Durchbruch der angiovinischen Linie Durazzo, aber das Land litt furchtbar. Nachdem sich die Durazzo endlich durchgesetzt hatten, besaßen sie zwar eine Krone, aber vom Reichtum des Königreiches Neapel war nichts mehr übrig.

XII.

Im Land der Signoren

Während sich die Anjou den Süden Italiens mit den Aragón teilen mussten und die beiden Königreiche Sizilien und Neapel dem Niedergang entgegengingen, erlebten die Mitte und der Norden Italiens eine neuerliche Veränderung im Machtgefüge. Alle innerstädtischen Bemühungen, den Hader aus den Mauern zu verbannen und Frieden – sei es auch nur um des wirtschaftlichen Wachstums willen – zu gewährleisten, waren gescheitert. Das neue Zauberwort für die Erlösung vom Dauerstreit hieß zumindest in Oberitalien „Signoria".

Was man den *podestà* bisher peinlich verwehrt hatte, wählte man nun bewusst: die dauerhafte Beauftragung mit dem Stadtregiment. Da die Herrschaft der Vielen keinen Erfolg brachte, versuchte man es nun mit der alleinigen Gewalt eines Einzelnen oder einer Familie. Durch die Zentralisierung der Macht auf eine Person, die allerdings leicht tyrannische Züge annehmen konnte, gelang das kaum mehr Gehoffte: Die Städte fanden ihren inneren Frieden und konnten sich wieder den Geschäften widmen. Dass dies nur durch nackte Gewalt möglich geworden war, schien niemanden wirklich zu stören. Vielmehr überschlugen sich die Chronisten mit dem Lob der Signoren. Es erstaunt nicht wenig, dass Ezzelino da Romano, der Herr über Verona, Vicenza, Padua und andere Städte, von Gerardus Maurisius als treusorgender Regent bezeichnet wurde, klebte an seinen Händen doch das Blut Unzähliger. Aber was galt das schon, wenn nur die Kämpfe endeten.

Die Signoren wussten, worauf es ankam. Die alten Parteiblöcke der Guelfen und Ghibellinen mussten verschwinden. Daher verbot Rodolfo Visconti, Gewaltherr von Parma, 1366 den Gebrauch dieser Namen und drohte allen mit dem Tod, die ihn dennoch verwendeten. Natürlich war es mit der bloßen Nichtnennung der Begriffe nicht getan, aber ein Anfang war gemacht. Gian Galeazzo Visconti von Mailand untersagte von „Volk" zu sprechen, wenn man nicht tatsächlich alle Bewohner ohne Unterschied meinte. Die Stadtbevölkerung sollte nicht mehr in *popolo grasso, popolo minuto* und das Heer der Tagelöhner aufgespalten werden, sondern zur fast schon egalitären Einheit verschmelzen. Man kann die Nivellierung als nackten Terror betrachten; die Kommunen sahen in ihr offenbar eine Befreiung.

Allerdings saß die alte Angst vor dauerhafter Bevormundung tief. Daher gestattete man zunächst nicht, dass der Signore mehrere Amtszeiten hintereinander im gleichen Amt verbrachte, und begrenzte die Dauer der Beauftragung. Aber die Erleichterung über den Erfolg weckte rasch den Wunsch, besonders guten Signoren weitere Amtsperioden zuzugestehen. Signoren, die sich an anderer Stelle bewährt hatten und daher begehrt waren, forderten unverhohlen längere Amtszeiten, auch weil sie wussten, wie effektive Stadtregimente funktionierten; dauerhafte Erfolge brauchten Zeit und benötigten daher längerfristige Beauftragungen. Wer das nicht akzeptieren wollte, musste sich eben einen anderen Signoren suchen.

Die Auswahl des Signoren war kompliziert. In Rom fragte man, um ganz sicherzugehen, an der hohen Schule von Bologna nach einem geeigneten Kandidaten. Dort empfahl man Brancaleone degli Andalò, der als militärisch versiert und grundsätzlich unbestechlich galt sowie über fundierte juristische Kenntnisse verfügte. Die Wahl war selten glücklich. Er griff buchstäblich mit der Pranke des Löwen am Tiber durch, brach die Adelstürme, öffnete die Schuldgefängnisse und räumte in jeder Hinsicht mit den Wirren auf. Es gelang ihm sogar, Colonna und Annibaldi zur Beendigung ihres Privatkrieges zu zwingen. Kein Wunder, dass man ihn ein zweites Mal engagierte, diesmal gleich für mehrere Jahre, aber er starb schon 1258 noch vor dem Ende seiner regulären Amtszeit. Da er alle von der Stadt vorgegebenen Regeln einschließlich seiner Befristung peinlich genau beachtete, kann man ihn eigentlich noch nicht als echten Signoren bezeichnen; er wies aber den Weg.

Die Terminologie für den Signoren schwankt in der Frühzeit zwischen *podestà, rector* oder *dominus*. Rektoren kannte man in den oberitalienischen Kommunen schon lange; sie hatten, wie der *podestà*, begrenzte, klar umrissene Kompetenzen, die sie nicht überschreiten durften. *Dominus* – ein Begriff aus dem Lehnswesen – hingegen bezeichnete den Herrn über Leben und Tod.

Die Signorien entstanden auf unterschiedliche Weise, vor allem aus dem Podestat oder Volkskapitanat, manchmal auch dadurch, dass die siegreiche

Partei in einer Stadt die Macht mit Gewalt an sich riss, aber sie hatten alle ein Ziel: Legalisierung ihrer ungeheuren Machtfülle, wobei ihnen die Anerkennung durch die Bürgerschaft nur die zweitliebste Alternative war. Weit besser war die kaiserliche oder die päpstliche Anerkennung. War das erreicht, schafften die Signoren die kommunalen Einrichtungen nicht augenblicklich ab. Es war gar nicht nötig, hatten sie doch faktisch jede Macht verloren und störten nicht weiter; aber die Fiktion des Mitspracherechts der Stadtbevölkerung blieb erhalten.

Allerdings musste auch den einfältigsten Bürgern bald klar werden, dass Signoren keine Partizipation an der Stadtherrschaft gewähren und keinerlei Einmischung in ihr Regiment dulden würden. Wie hätte dies auch geschehen sollen? Alle Signoren entwaffneten umgehend die Bürgerschaften; innerstädtische Organisationen, wie die alten Quartieri oder Vicinanze, verloren ihre militärische Bedeutung; die Städte büßten ihr eigenes Aufgebot ein. Der bewaffnete Bürger gehörte der Vergangenheit an; die Zukunft der Städte war zivil. Ohne die permanente Ablenkung durch Waffendienste und Kriegslogistik konzentrierten sich die Kaufleute wieder ganz auf ihr Gewerbe – für weite Kreise offenbar eine positive Entwicklung, hatte man den aktiven Kampf doch als kosten- und zeitintensiv, vor allem aber als höchst gefährlich empfunden.

Zur Unterstützung ihrer Herrschaft brauchten die Signoren kein Sammelsurium relativ ungeübter Waffenträger, sondern eine überschaubare, kampferprobte und schwerbewaffnete Söldnertruppe, deren Präsenz Angst und Schrecken vor der Gewalt des Signoren permanent aufrechterhielt und das Funktionieren der Signorie garantierte. Die Söldnertruppen waren keine Eigenleute des Signoren, sondern mietbare Haudegen, denen Hemmungen gegenüber Grausamkeiten aller Art völlig fremd waren. Sie entwickelten sich bald zur übelsten Plage ganz Ober- und Mittelitaliens, ohne dass versucht worden wäre, ihrem Unwesen ein Ende zu bereiten. Vielmehr gewöhnte man sich an sie; zu kostbar war der neugewonnene Friede innerhalb der Mauern. Während ihres Dienstes für einen Signoren bezogen die Söldner zumeist in Burgen Quartier, die der Signore zu ihrem Schutz in oder bei ihrem Auftragsort errichten ließ.

Zunächst stammten die Söldner zum überwiegenden Teil aus der Provence und Katalonien; die Kämpfe zwischen den Anjou und den Aragón hatten sie ins Land gelockt. Bald wusste man in ganz Europa, dass man auf italienischem Boden leicht gutes Geld verdienen konnte, wenn man kriegs-

John Hawkwood. Fresko, 1436, von Paolo Uccello, auf Leinwand übertragen.
Florenz, Dom Santa Maria del Fiore.

tüchtig war und ohne Mitleid. Solange die Söldner in *condotta* dienten, mochte es noch einigermaßen angehen, aber in den Phasen zwischen zwei Verpflichtungen plünderten sie hemmungslos das Land aus und entwickelten sich zu einer verheerenden Geißel für ganze Regionen.

Rasch übernahmen besonders skrupellose Condottieri das Kommando, deren grauenvoller Ruf ihnen weit vorauseilte. Sie kamen, wie ihre Truppen, nicht selten aus der Fremde, so beispielsweise der Engländer John Hawkwood (1320/23–1395), den die Italiener Giovanni Acuto, den Scharfen, nannten. Er kommandierte als einer der ersten die „Weiße Kompanie", die mehr als 5000 Mann umfasste – darunter 3500 schwer gepanzerte Reiter – und ausschließlich aus Briten bestand. Typisch für ihn wie für andere ausländische Condottieri und Söldner war seine im Hundertjährigen Krieg gesammelte Kampferfahrung; John Hawkwood suchte gleichsam nach einer Beschäftigung in Kriegspausen. Er verdingte sich zunächst im Dienst Pisas gegen Florenz, dann für die Visconti in Mailand, für Papst Gregor XI. und Florenz ernannte ihn schließlich zum *capitano del popolo*. Am Arno setzte er sich mit einem gewaltigen Jahressold zur Ruhe. Mit einer illegitimen Tochter Bernabò Viscontis verheiratet – ein legitimes Kind wäre dem Mailänder Signoren doch zu schade für den Söldnerführer gewesen –, knüpfte er dank seiner fünf unehelichen Töchter ein Netz von Condottieri-Beziehungen. Stolz ließ er sich hoch zu Roß mit dem Kommandostab abbilden; das Fresko prangt bis heute im Dom zu Florenz.

Nur selten gelang den Condottieri der Sprung in die Signorie. Eine Ausnahme bildete Castruccio Castracani aus Lucca, der allerdings kein klassischer Signore war; die Toskana war ohnehin kein Land der Signorien. In Lucca wurde er zunächst befristet, bald aber auf Lebenszeit mit der Signorie beauftragt und dehnte seinen Machtbereich zügig auf Pisa, Pistoia, Prato und Volterra aus, so dass seine Macht rasch bis an die Tore von Florenz heranreichte. Innerhalb seines Zuständigkeitsbereiches, der fast den gesamten Nordwesten der Toskana umfasste, sicherte er den Frieden mit allen Mitteln. So zog er in Pontremoli, einer wichtigen Etappenstation an der Via Francigena, kurzerhand eine Mauer quer durch die Stadt, um Streithähne voneinander zu trennen. Als Anführer der Ghibellinen fügte er Florenz 1325 bei Altopascio eine furchtbare Niederlage zu, die man am Arno nicht vergessen hat. Castruccio ebnete als wichtigster Helfer Ludwigs des Bayern dessen Weg nach Rom buchstäblich mit dem Schwert. Ludwig belohnte die Unterstützung mehr als großzügig. Noch vor dem Empfang der Kaiserkrone ernannte er Castruccio zum Reichsvikar für die Toskana, zum erblichen Herzog von Lucca und zum Bannerträger des Heiligen Römischen Reiches. Zudem verlieh er ihm ein Wappen mit Rautenmuster zum Zeichen der Verbundenheit mit dem Kaiser. Damit hatte Castruccio seine Signorie in bestmöglicher Form legitimiert. Zum ersten Mal wurde eine Stadtherrschaft in ein Fürstentum umgewandelt; weshalb Castruccio Castracani den Prototyp aller Signoren darstellt.

Aber von Dauer war sein Fürstentum dennoch nicht. Seine Söhne konnten sich nicht behaupten und das Herrschaftsgefüge löste sich praktisch in nichts auf. Schlimmer noch: Man ächtete das Gedächtnis Castruccios und meißelte alle Darstellungen seines Wappens aus, um ihn dem Vergessen anheimzugeben. Er hat die Zeiten dennoch überdauert, denn kein Geringerer als Machiavelli widmete ihm eine exemplarische Biographie und verglich ihn mit Philipp von Makedonien und Scipio, denen er es hätte gleichtun können, wäre er eben nicht in Lucca, sondern in der Ewigen Stadt oder in Griechenland geboren.

Die Bevölkerung spielte in der Signorie keine politische Rolle. Die Signoren schafften schnellstmöglich alle Parteien innerhalb einer Stadt ab, worunter vor allem der Adel zu leiden hatte. Die Kaufleute fanden sich mit der politischen Bedeutungslosigkeit erstaunlich leicht ab, garantierte ihnen der Signore doch die ungestörte Ausübung ihrer Geschäfte. Die verlässlichste Stütze fanden die Signoren aber bei den kleinen Leuten, die sich plötzlich auf einer Stufe mit dem vormaligen *popolo grasso* wähnten – eine kolossale Fehleinschätzung der tatsächlichen sozialen Verhältnisse! Dennoch erfüllte die politische Entmachtung der Oberschicht die breite Masse mit tiefer Zufriedenheit.

Aber wer sagte, dass ein Signore nur eine einzige Stadt beherrschen durfte? Im Veneto, der Emilia und der Romagna drängten die Signoren immer danach, mehrere Städte unter ihrer Macht zu vereinen. Das beste Beispiel ist Ezzelino da Romano, der Schwiegersohn Friedrichs II. Der Herr von Verona griff siegessicher nach Vicenza, Padua, Feltre, Trient, Treviso und Bassano aus und duldete keinen Widerstand. Als Padua dennoch revoltierte, ließ er zur Abschreckung tausende Geiseln erwürgen. Auch wenn die Chronisten übertrieben haben, muss es ein furchtbares Massaker gewesen sein. Nur Mailand konnte er nicht unterwerfen. 1259 fiel Ezzelino in die Hände seiner Feinde, die ihm indessen nichts mehr anhaben konnten: Er starb an seinen im Gefecht empfangenen Wunden.

Viele Signoren, darunter Uberto Pallavicini, nahmen sich Ezzelino zum leuchtenden und nachahmenswerten Vorbild. Auf dem Höhepunkt seiner Macht gebot Uberto über Cremona, Borgo San Donnino und Pavia, Novara, Piacenza und Vercelli. Für begrenzte Zeit integrierte er sogar Mailand in seine Herrschaft. Nach seinem Tode löste sich der Zusammenschluss sofort auf, denn die Pallavicini verfügten über kein eigenes Fürstentum, das Kontinuität hätte schaffen können.

Immer entschied der Augenblick der Erbfolge über die Signorie. So groß die Macht des Signore auch war, sie endete definitiv mit seinem Tod, seiner Vertreibung oder seinem Amtsverzicht. Eine Vater-Sohn-Erbfolge war aus Sicht der Auftraggeber weder vorgesehen noch erwünscht. Vielmehr musste die Signorie nach jedem Wechsel neu begründet werden. Natürlich kämpften die Signoren um die Erbfolge ihrer Söhne und so wurde die Signorie zur Brücke von der Stadtrepublik zum erblichen Fürstentum. Die Städte erkannten die Tendenz und manche steuerten ihr mit extremen Maßnahmen entgegen. In Pisa entmachtete man 1287 Graf Ugolino della Gherardesca nach dreijähriger Signorie und mauerte ihn gemeinsam mit seinen noch unmündigen Söhnen in einem Hungerturm ein; keiner aus diesem Zweig der Familie sollte je wieder in Pisa herrschen. Es war nötig, alle männlichen Nachkommen mit dem Entmachteten zu vernichten, denn die Signorie kannte keine Primogenitur und griff auch auf illegitime Kinder zurück; es erbte immer der Begabteste.

Bevor im Signorenland Oberitalien einzelne Signorien vorgestellt werden, gilt ein kurzer Blick der Sonderform Genuas. Hier gelangten die Boccanegra über den Weg des *capitano del popolo* an die Macht, die es dank ihres Familienmitglieds Simone sogar bis in die italienische Oper geschafft haben. Sie kamen praktisch aus dem Nichts. In den Genua bis in die Grundfesten erschütternden Adelskämpfen blieben sie passiv, was ihnen den Ruf der Überparteilichkeit eintrug. Allerdings erwies sich Guglielmo Boccanegra (1257–1262) als keine glückliche Wahl, denn kaum an der Macht entpuppte er sich als gewalttätiger Tyrann, der Ratsbeschlüsse in den Wind schlug, hemmungslos die Stadtkasse plünderte, Schiedsgerichtsurteile nach Gutdünken abänderte oder ganz überging und sich im Handumdrehen bei den Adligen und Kaufleuten gleichermaßen unbeliebt machte. Es kam, wie es kommen musste. Eine Adelsrevolte unter Führung der Grimaldi verjagte die Boccanegra. Aber ihre Feinde saßen nur im *popolo grasso*; die einfachen Leute bewahrten die Boccanegra in bester Erinnerung, weshalb 1339 Simone

Boccanegra, ein Nachfahre Guglielmos, als Anführer der Partei der Popolaren die Signorie errang und nach venezianischem Vorbild zum Dogen erhoben wurde. Obwohl jedermann annahm, dass er sofort Rache üben würde, beschützte er zum allgemeinen Erstaunen die Grimaldi, die es dennoch vorzogen, auf ihre Besitzungen in Monaco auszuweichen, wo ihre Nachkommen bis zum heutigen Tag residieren. Zuvor freilich hatte Simone sie politisch ebenso entmachtet wie andere bedeutende Familien Genuas, die Fieschi, die Doria und die Spinola.

Simone herrschte fünf Jahre lang mit harter Hand und unbeirrbar ghibellinischer Ausrichtung; aber er ertrug es nicht, von den eigenen Leuten verraten zu werden, dankte ab, kehrte aber zurück und blieb Doge bis zu seinem Tod 1363. Erst nach seinem Ende erkannte die Stadt, was sie an ihm gehabt hatte. Genua ging als Zankapfel zwischen den Mailänder Visconti und dem König von Frankreich unsicheren Zeiten entgegen, während im Inneren die Adorno mit den Campofregoso stritten.

Nun zu Oberitalien. Wie viele Signorien es im Verlauf des späten Mittelalters gegeben hat, ist unklar, da bei kurzfristigen Herrschaften kaum zwischen verlängertem Amt und echter Signorie unterschieden werden kann. Bevor Oberitalien zum Land der Signoren mutierte, kam es vielerorts zu äußerst blutigen Auseinandersetzungen zwischen den mächtigsten Familien; begreiflicherweise wollte jede den Signoren stellen. So schlugen sich in Mantua die Torelli und die Sambonifacio oder in Bologna die Lambertazzi, Pepoli und Geremei. Wer immer die Oberhand gewann, griff sofort auf benachbarte Städte aus. Glaubt man dem Chronisten Rolandinus von Padua, dann herrschte zwischen Adria, den Alpen und der Etsch ein Kampf jeder gegen jeden. Geradezu unfassbar ist, dass zugleich viele Städte eine wirtschaftliche und kulturelle Blütezeit erlebten.

Eine der wichtigen Familien, denen der Sprung von der Signorie in das erbliche Fürstentum gelang, waren die Este. Sie tragen den Namen ihrer Stammburg, die sie freilich erst nach dem Jahr 1000 errichteten, als sie sich aus der Verwaltung der tuszischen Markgrafschaft und der Herrschaft in Ligurien kommend in der Mark Verona und den Euganeischen Bergen etablierten. Seit alters verfügten die Este über ein breites Beziehungs- und Verwandtschaftsnetzwerk, das weit über Italien hinausreichte; so begründeten sie die Linie der jüngeren Welfen, deren Nachfahren bis heute den englischen Thron innehaben.

Nach Zwischenstationen in Mantua und Verona erwarben die Este Ferrara, das zum Zentrum ihrer Herrschaft aufstieg. Zunächst mit dem Amt des Podestà beauftragt, errangen sie schließlich die Signorie und 1264 wurde der damals erst 17-jährige, zudem illegitime Obizzo d'Este zum *dominus perpetuus* ausgerufen; nur zwei Jahre später dehnte er seine Macht auch auf Modena und Reggio aus. Innerhalb der mehr als wohlhabenden Handelsstadt Ferrara setzten sich die Este gegen die rivalisierenden Salinguerra durch, aber eine andere Konkurrenz ließ sich nicht so leicht aus dem Feld schlagen: die Kurie.

Das Papsttum erhob Anspruch auf die Romagna, wobei es sich nicht nur auf die karolingischen Kaiserpacta stützte, sondern auch auf die Anerkennung durch Rudolf von Habsburg. Solange die Este Erben hatten, war die Gefahr gebannt, aber als Azzo VIII. 1306 ohne Nachkommen starb, griff das Papsttum auf Ferrara zu. Die Signorie der Este zerfiel und innerhalb Ferraras brachen Unruhen los, denn außer dem Nachfolger Petri hatte es auch Venedig auf die reiche Stadt und ihren wichtigen Po-Hafen abgesehen. Ferrara war vor allem wegen seiner überregionalen Messen begehrt; hier mussten alle Waren in flache Kähne mit wenig Tiefgang umgeladen werden, die stromaufwärts verschifft werden sollten. Die seetüchtigen Schiffe schafften es bis Ferrara, wären aber weiter stromaufwärts auf Grund gelaufen.

Venedig konnte sich gegen die Kurie nicht behaupten, aber Ferrara litt sehr unter den heftigen und blutigen Auseinandersetzungen. Gerne erinnerte man sich in dieser Krise an das friedliche Regiment der Este zurück und sehnte sie förmlich wieder herbei.

Auch in Modena wünschte man sich bald nichts sehnlicher als die Rückkehr der Este, nachdem die Signorien des Passerino Bonaccolsi aus Mantua, des Grafen Francesco Pico della Mirandola sowie des päpstlichen Nepoten Bertrand du Pouget alle Schattenseiten der Signorie offenbart hatten. 1336 waren die Este wieder in Modena. In Reggio dauerte es noch gut 70 Jahre und etliche Signorien länger, bis man sich auch dort wieder gerne unter den Schutz der Este begab (1409).

In Ferrara stabilisierte sich ihre Herrschaft vor allem durch den radikalen Politikwechsel der Kurie. Künftig sollte kein päpstlicher Nepote dort als apostolischer Vikar herrschen, sondern die Este, wofür sie die stolze Summe von 10000 Florentiner Gulden jährlich als Zins zu entrichten hatten. Den Preis zahlten Rinaldo, Obizzo und Niccolò vielleicht zähneknirschend, im Innersten aber sicher gerne, denn nun war ihnen die Legitimation ihrer Herrschaft und damit der entscheidende Schritt zum erblichen Fürstentum

Die Wasserburg der Este in Ferrara.

geglückt. Zwar wusste jeder, dass ein Vikariat wieder entzogen werden konnte, und auch Venedig legte seine Ambitionen im Raum Ferrara keineswegs für alle Zeiten auf Eis, aber die Este konnten dennoch einigermaßen beruhigt an den Ausbau ihrer Herrschaft gehen.

Sie begannen mit einem repräsentativen Bauwerk, das ihrem neuen Rang entsprach: ein Schloss in Gestalt einer gewaltigen Wasserburg. Im Wettstreit mit den Konkurrenten, vor allem den Visconti in Mailand und den Gonzaga in Mantua, gestalteten die Este ihr Ferrara zur modernen Residenzstadt, in der Humanismus und Renaissance früh Einzug hielten. 1385 begann Niccolò II. mit dem Bau des Castello Estense, dem Zentrum eines der strahlendsten Fürstenhöfe Europas! Ursprünglich lag die gewaltige quadratische Anlage, an deren vier Ecken sich jeweils ein Turm erhebt, am Stadtrand, wurde aber durch die enorme Stadterweiterung des Jahres 1492 ins Zentrum der Stadt katapultiert, als nach dem Willen Herzog Ercoles I. d'Este Ferrara durch die sogenannte *Addizione Erculea* auf die doppelte Größe anschwoll.

Gleichzeitig mit dem Bau des neuen Castellos legten die Este auch ihr Lustschlösschen an, den Palazzo Schifanoia, der in angenehmer Atmosphäre in den schönen Sommermonaten aufs heiterste die Langeweile verjagen sollte (*schifare la noia*). Doch damit nicht genug: Neidvoll blickte der europäische Adel auf die *delizie*, die Lustorte und Schlösschen der Este auf dem Land, beispielsweise Mesola oder Belriguardo, deren einstige Pracht kaum mehr zu erahnen ist. Den Höhepunkt der Signorie erlebte Ferrara, als Borso d'Este 1452 den Titel Herzog von Modena und Reggio von Kaiser Friedrich III. kaufte und 19 Jahre später von Papst Paul II. Ferrara als erbliches Lehnsfürstentum erhielt.

Stetiger Aufstieg und Reichtum ihrer Signorie ermöglichten es den Este nicht nur als Bauherrn prachtvoll aufzutreten, sondern auch Kunst und Kultur in reichem Maße zu fördern und ein Hofleben zu entfalten, das seinesgleichen suchte. Cosmè Tura kam als Hofmaler nach Ferrara, das zuvor in der Malerei keine Rolle gespielt hatte. Aus den Estensischen Rechnungsbüchern geht hervor, dass man den begehrten Künstler am Hof zu halten suchte, indem man sein Gehalt kurzerhand verdoppelte. Pisanello porträtierte Lionello, den Sohn Niccolòs III., unter deren Ägide Ferrara vollends zum Zentrum der Kunst und Kultur wird. 1492 begannen die Arbeiten für den Palazzo dei Diamanti, dessen Außenfassade durch 12 000 Marmorblöcke verziert war, die wie Diamanten einen Facettschliff aufwiesen. Die auffällige Dekoration fand rasch Nachahmer und beeinflusste die schmückende Architektur aller wichtigen zeitgenössischen Höfe.

Doch nicht nur der schönen Kunst galt die Aufmerksamkeit der Este: Alberto V. gründete eine Universität. Sein Sohn, Niccolò III. machte aus der hohen Schule ein Zentrum des Humanismus. Einen unbestreitbaren Höhepunkt stellte der Vortrag des *Orlando furioso* durch Ludovico Ariosto am Hof der Este dar. Ariosto, der Sohn eines estensischen Hofbeamten, studierte zunächst Jura, sattelte aber rasch auf Sprach- und Dichtkunst um. Er trat in den Dienst des Kardinals Ippolito I. d'Este, mit dem er sich aber nicht verstand, weshalb er bald zu Herzog Alfonso I. d'Este wechselte. Für ihn arbeitete er vorwiegend als Berater und Diplomat. Ab 1516 widmete er sich in Ferrara ganz der Abfassung seines Hauptwerkes, dessen Vortrag fulminant gewesen sein muss und für die Literatur ebenso weitreichende Folgen zeitigte wie Tassos *Aminta* und *Gerusalemme liberata*, die ebenfalls in Ferrara erstmals zum Vortrag kamen.

Die Este waren unbestreitbar in der ersten Liga angekommen; die kleine Eitelkeit, dass sie angesichts ihrer politischen Bedeutung ihren Stammbaum dem Zeitgeschmack entsprechend bis zu Herkules verlängerten, mag angesichts des wahrhaft märchenhaften Aufstiegs verständlich scheinen. Als Papst Alexander VI. Borgia einen Gemahl für seine Tochter Lucrezia suchte, fiel seine Wahl 1502 auf Alfonso d'Este. Er war keineswegs die Verlegenheitslösung für eine illegitime Papsttochter, sondern die beste Partie, die sich dem Borgia auf italienischem Boden bot. Die skandalumwitterte Lucrezia wandelte sich in Ferrara zur mustergültigen Landesmutter; allerdings blieb ihr nach dem Tod Alexanders VI. und den schweren politischen Unruhen, die Italien in ein internationales Schlachtfeld verwandelten, kaum etwas anderes übrig.

Nicht erst in schwerer Zeit begeisterten sich die Este für die neueste Kriegstechnik, die sich durch die Erfindung des Schießpulvers vollkommen wandelte. Während die restlichen Höfe Italiens noch auf herkömmliche Waffen setzten, ließen die Este Kanonen gießen; ihr ganzer militärischer Stolz ist bis heute im Innenhof des Wasserschlosses zu bewundern.

Als 1541 Kaiser Karl V. zu einem Fürstentreffen nach Lucca lud, saß Ercole II. d'Este und eben kein Medici zu seiner Rechten, obwohl die Herzöge aus der Toskana alle Hebel in Bewegung gesetzt hatten, um dieses Vorrecht zu genießen.

Eine ähnlich blühende Signorie entfalteten die Gonzaga in Mantua. Die bestenfalls mittelgroße Stadt bestach durch ihre schier uneinnehmbare Lage in einer Flussbiegung des Mincio, der dort Seen bildet und die Stadt auf drei Seiten einschließt. Die vierte Flanke schützte eine ausgedehnte Sumpfzone. Die im 12. Jahrhundert angelegte Mauer war eigentlich unnötig, für das

Selbstgefühl der Bürger und deren inneren Zusammenhalt aber von unschätzbarem Wert. Bis in das 19. Jahrhundert hinein galt Mantua – neben Peschiera, Verona und Legnano eine Eckbastion des österreichischen Festungsvierecks – als respekteinflößende Festung.

Die Gonzaga saßen seit dem 10. Jahrhundert in der Nähe Mantuas und stiegen als Vasallen des Klosters San Bendetto Po (Polirone) und als Valvassoren der Markgrafen von Canossa auf. Bis in das 13. Jahrhundert hinein gaben sich mehrere Podestà und Signoren in Mantua gleichsam die Klinke in die Hand, bis mit Luigi Gonzaga 1327 eine mehr als 300 Jahre währende Zeit der Stabilität und einheitlichen Herrschaft anbrach; für Mantua eine mehr als glückliche Zeit. Schon 1328 erlangte Luigi die überaus begehrte, legitimierende Ernennung zum Reichsvikar; gut 25 Jahre später bestätigte Kaiser Karl IV. die Regelung Ludwigs des Bayern. Die Bindung an das Reich bewährte sich und verhalf den Gonzaga zu weiteren Gunsterweisen: Sigismund erhob 1433 während seines Romzuges Giovanni Francesco I. zum Markgrafen, und 1530 machte Kaiser Karl V. Federigo II. sogar zum Herzog. Bis zum Aussterben der Gonzaga 1627 saß die Familie in Mantua, das nach ihrem Ende dramatisch verfiel.

Die Gonzaga vermochten beides: erfolgreich Krieg führen und die schönen Künste pflegen. Obwohl sich aus dem agrarisch dominierten Mantua keine gewaltigen Reichtümer abschöpfen ließen, unterhielten die Gonzaga einen phänomenal prächtigen Hof, um den sie nicht wenig beneidet wurden. Ihr Hauptaugenmerk galt dem Ausbau des Palazzo Ducale, der vom 14. bis zum 17. Jahrhundert sukzessive auf einen Komplex von 15 Höfen mit insgesamt 500 Zimmern auf einer Fläche von 34 000 m^2 ausgedehnt wurde. Berühmte Künstler arbeiteten hier während der unterschiedlichen Erweiterungsphasen, zu nennen wären nur Andrea Mantegna, der die berühmte Camera degli Sposi schuf, oder Giulio Romano, ein Schüler Raffaels, der die herzoglichen Räume im Corte Nuovo freskierte.

Ein prachtvoller Hof brauchte aber auch ein repräsentatives Lustschloss für die Sommermonate. Federico II. Gonzaga übertrug die Arbeiten am Palazzo del Tè Giulio Romano, der für seinen Auftraggeber einen frühen Bau des Manierismus schuf, ohne radikal mit den Grundregeln klassischer Renaissance-Baukunst zu brechen, wie sie Leon Battista Alberti in *De re aedificatoria* zusammengefasst hatte.

Eine ähnlich wichtige geostrategische Schlüsselstellung wie Mantua hatte Verona, wo die Herren della Scala die Signorie errangen. Auf der Basis

Ludovico III. Gonzaga mit Familie und Hofstaat. Fresko, 1465/74, von Andrea Mantegna. Mantua, Palazzo Ducale, Camera degli Sposi.

ihres aus dem Wollhandel stammenden Reichtums stieg Mastino I. unter Ezzelino da Romano zum Podestà auf. Nach Ezzelinos Tod hielt Mastino seine Stellung, übernahm zusätzlich das Amt des *capitano del popolo* und machte sich rasch bei allen Bevölkerungsgruppen beliebt. Sein gewaltsamer Tod riss Verona in einen Abwärtsstrudel, aber die Familie kämpfte sich an die Spitze zurück. 1311 übernahm Cangrande die Alleinherrschaft. Auch er war nicht nur ein unerschrockener, skrupelloser Haudegen, sondern zugleich, wie seine Signoren-Konkurrenten Oberitaliens, ein kunstsinniger Mann und Mäzen. Lange beherbergte er Dante, ohne dabei die Erweiterung seiner Signorie auf Vicenza, Padua, Belluno, Feltre und Treviso aus den Augen zu verlieren. Nach seinem Tod drängte sich der Sohn des Luxemburgers Heinrich VII., König Johann von Böhmen, in die Signorie, doch konnte er dauerhaft weder Frieden noch Zusammenhalt stiften. Mastino II., der Sohn Cangrandes, hatte weniger Probleme und führte die della Scala zum Höhepunkt ihrer Macht. Auch er setzte mit repräsentativen Bauten steinerne Herrschaftsmonumente, vor allem das Kastell und die befestigte Etschbrücke; aber den della Scala blieb nicht die Zeit, Verona städtebaulich nachhaltig zu prägen. Schuld war der Familienzwist, auf dessen Konto mehrere Brudermorde gingen. 1388 endete die Scaliger-Herrschaft und Verona wurde zur Beute anderer Signoren. Der Reichtum der Stadt stammte aus den Einnahmen des Transitverkehrs nach Deutschland und der Holzimporte aus Tirol, die man per Floß flussabwärts transportierte. Der Handel mit dem schönen roten Veroneser Marmor kam noch hinzu und machte Verona begehrenswert.

Eher unglücklich verlief auch die Signoriegeschichte in Padua, der zweitältesten Universität Italiens, 1222 durch den Exodus Bologneser Magister und Studenten entstanden. In einem blutigen Aufstand hatte sich Padua aus der Tyrannei Ezzelinos da Romano gelöst, wurde aber seiner Freiheit nicht froh. In Kämpfen mit den Scaligern machten sich die Carrara einen Namen, die aus den Euganeischen Bergen stammten und verwandtschaftliche Beziehungen zum venezianischen Adel unterhielten. 1316 erklärte die Serenissima sie zu *nobili*.

Aber Jacopo da Carrara erkannte rasch, dass Padua der Macht der della Scala nichts entgegenzusetzen hatte. Um seiner Stadt ein sinnloses Blutvergießen zu ersparen, übertrug er seine Herrschaft auf Herzog Friedrich den Schönen von Österreich, der einen Grafen als Stellvertreter entsandte. Aber der Plan misslang, da Friedrich von Österreich Ludwig dem Bayern unterlag und in die Gefangenschaft des Wittelsbachers geriet. Padua brauchte einen neuen Signoren; die Wahl fiel abermals auf die Carrara. An der Gesamtsituation hatte sich nichts geändert und noch einmal zeigten die Carrara erstaunliche Klugheit und verzichteten zugunsten Cangrandes della Scala. Cangrande wusste diese Einsicht zu schätzen und erhob Marsiglio da Carrara zu seinem Stellvertreter in Padua.

Als es zum Kampf zwischen Venedig und den della Scala kam, konnte sich Padua aus der Herrschaft der Scaliger befreien, kam aber vom Regen in die Traufe, da Venedig der Stadt einen Vasallenvertrag aufzwang, der sie langfristig an die Serenissima band und der souveränen Stadtentwicklung sehr hinderlich war. Dennoch blühte auch unter den unglücklichen Carrara die Kultur auf. Francesco I. (1355–1388) nahm Petrarca auf und übereignete ihm ein Landhaus in Arquà, wo der bewunderte Gelehrte und Dichter bis zu seinem Tod 1374 lebte. Zugleich förderte Francesco I. die Universität nach Kräften; ihren Aufstieg zu europäischer Bedeutung hat er aber nicht mehr miterlebt.

Dauerhaft erdrückte das übermächtige Venedig Paduas Entfaltungspotential. Zwar gelangen einige Erfolge, aber sie blieben Episoden, die lediglich den Hass Venedigs schürten, das auf eine Gelegenheit lauerte, um Padua unter die eigene Herrschaft zu zwingen. Als der letzte legitime della Scala auf der Flucht aus Verona einem Giftanschlag zum Opfer fiel, kam das Gerücht auf, Francesco I. da Carrara habe den Mord auf dem Gewissen. Da sich auch Gian Galeazzo Visconti aus Mailand in das Ringen um das Erbe der Scaliger einschaltete, suchte Padua Schutz bei Venedig. Das war die Chance der Serenissima. Überraschend verbündete sie sich mit Gian Galeazzo Visconti und gemeinsam nahmen sie die Carrara in die Zange. Nahezu augenblicklich brach die Signorie zusammen; Francesco I. und sein gleichnamiger Sohn wurden in Monza inhaftiert; Padua gehörte fortan den Visconti.

Aber Francesco II. Novello kam frei und kehrte, begeistert aufgenommen, nach Padua zurück. Diesmal wollte Venedig selbst zum Zug kommen. In einer lückenlosen Belagerung rang die Seemetropole 1405 die kleine Universitätsstadt nieder; die Carrara wurden sicherheitshalber ermordet – nie wieder sollten sie nach Padua zurückkehren.

Entscheidend für die Geschichte Oberitaliens war immer Mailand. Hier formierten sich in der *motta*, dem Zusammenschluss des niederen Adels, und der *credenza di Sant'Ambrogio*, der Organisation der Handwerker, zwei Gruppen, die dem Adelsgezänk ein Ende bereiten wollten. Nach längerem Ringen zwischen den Herren della Torre und den Pallavicini setzte sich schließlich Otto Visconti durch, den der Papst zum neuen Erzbischof von Mailand bestimmt hatte, ohne vorher lange das Domkapitel zu fragen. Die Metropoliten führten seit langem den hohen Adel und Otto Visconti durfte sich auf dessen Solidarität verlassen. Zum Signoren konnte der Geistliche sich allerdings nicht aufschwingen, denn die della Torre verbündeten sich mit dem in der Lombardei und dem Piemont stark aufgestellten Markgrafen Wilhelm VII. von Montferrat. Otto wurde gezwungen, auf das Amt des *dominus perpetuus* zu verzichten. Aber Wilhelm VII. konnte sich nicht halten, da ihn das Feldherrn-Glück verließ. 1280 verlor er die Signorie in Turin und 1282 diejenige in Mailand. Er endete in einem eisernern Käfig, worin ihn die Bürger von Alessandria jämmerlich umkommen ließen. Mit ihm starb auch die Bedeutung der Markgrafen von Montferrat; sein unmündiger Sohn starb 1305 ohne Erben.

Mit dem Tod Wilhelms VII. war Mailand wieder frei für die Visconti. 1287 stellten sie mit Matteo den *capitano del popolo*, dessen Stellung 1294 Adolf von Nassau mit der Ernennung zum Reichsvikar legitimierte. Aber damit waren die Machtverhältnisse in Mailand noch lange nicht geregelt. Die della Torre kehrten zurück und rissen die Signorie an sich, ohne dass die zeitweilig verjagten Visconti den Kampf aufgaben. Piemont und Lombardei wandelten sich zum unruhigen, verworrenen Kriegsschauplatz. Daher ist es verständlich, dass Dante den aus Deutschland nach Rom ziehenden Luxemburger Heinrich VII. so überschwänglich als Friedensfürst und Ordnungsgewalt begrüßte. Der zukünftige Kaiser war auch willens durchzugreifen, aber sein Befehl, alle Verbannten zurückkehren zu lassen, führte nicht zur erhofften Versöhnung, sondern zur Verschärfung der Situation. Die Visconti gewannen Heinrich VII. für sich und vertrieben die Torrigiani. Matteo Visconti wurde zum Reichsvikar ernannt und erhielt damit im Augenblick der Übernahme der Signorie auch die erhoffte Legitimierung. Die Visconti retteten ihre neue Stellung über den Tod des Kaisers 1313 hinaus; ihre Herrschaft über Mailand ist das nachhaltigste Zeichen der Herrschaft Heinrichs VII. in Italien. Bis zu ihrem Aussterben 1447 beherrschten sie Mailand und entwickelten sich zur mächtigsten Familie Oberitaliens, deren Herrschaftsausdehnung grenzenlos zu sein schien. Nach Mailand übernahmen sie die Signorie in Como, Pavia, Lodi, Vercelli, Piacenza, Cremona, Crema, Brescia und Bergamo; der nächste Ausgriff erfolgte nach Asti, Alessandria, Tortona, Alba, Bobbio und in die Lunigiana. Zeitweilig mussten sich sogar Bologna und Genua beugen, wenn auch nicht dauerhaft. Dass sie beim Ausgriff nach Bologna die territorialen Interessen der Kurie verletzten, interessierte die Visconti wenig; ihr Verhältnis zu den Päpsten war ohnehin immer mehr als gespannt.

Ihre Annektierung Genuas verärgerte Venedig, doch darauf nahmen die Visconti keine Rücksicht und wichen auch einem Krieg nicht aus; zu wichtig war der Hafen für den Handel der Po-Ebene, der seit alters über Genua lief.

Probleme bekamen die Visconti vor allem innerhalb der Familie. 1354 übernahmen drei Neffen des Erzbischofs Giovanni Visconti die Macht zu gleichen Teilen, Mailand und Genua sollten allen gehören. Eine solche Regelung kann nicht gutgehen. Jeder der drei fühlte sich ungerecht behandelt und zurückgesetzt. Erst als ein Neffe starb, beruhigte sich die Lage. Bernabò und Galeazzo II. teilten hälftig untereinander und befriedeten ihre Machtbereiche durch nackten Terror. Beide waren erfindungsreich, wenn es um besonders furchtbare Foltermethoden oder andere Untaten ging. Die Angst ging um und panischer Schrecken und furchtsames Schweigen legten sich über das Visconti-Land; es herrschte Grabesruhe.

Während Bernabò nahezu permanent Krieg führte, widmete sich Galeazzo II. auch schöneren Dingen. Er schenkte seiner Residenzstadt Pavia die Universität. Zugleich flocht er ein internationales Beziehungsnetzwerk und verheiratete seine Tochter mit einem Sohn Eduards III. von England und seinen Sohn mit einer Tochter Johanns II. von Frankreich. Nach seinem Tod versuchte Bernabò, die Macht der Visconti ganz an sich zu reißen, hatte aber nicht mit der Durchsetzungsfähigkeit seines Neffen, Gian Galeazzo, gerechnet, der den Onkel eigenhändig ermordet. Mit Gian Galeazzo erreichten die Visconti den Höhepunkt ihrer Macht, doch gehört dies zu den Staatswesen der Frührenaissance, die eine gesonderte Betrachtung verdienen.

XIII.

Der Kirchenstaat

Neben den Anjou und Aragón im Süden, dem Kaisertum und den Signorien im Norden beanspruchte während des hohen und späten Mittelalters auch das Patrimonium Petri einen festen Platz auf der politischen Landkarte Italiens. Vor allen Herrschaftsformen auf der Apenninenhalbinsel – abgesehen von der Kommune, die am inneren Hader zerbrach – besaß das Papsttum einen unschätzbaren Vorteil: Es war nicht an die Vater-Sohn-Erbfolge gebunden, sondern als Institution gleichsam für die Ewigkeit eingerichtet, weshalb es Krisen auf lange Sicht trotzen konnte, die Fürstenfamilien mit Leichtigkeit zu Fall gebracht hätten. Durch die Ausformung des Kardinalkollegiums im 11. Jahrhundert überlebten die Ideen der Kirchenreform sowie überpersönliche Anliegen der kirchlichen Hierarchie den Tod der Päpste. Früh entwickelte schriftliche Administration, Registerführung und die Anlage eines umfassenden Archivs garantierten Dauerhaftigkeit sowie Nachhaltigkeit und bewahrten vor dem Vergessen. Zudem gab es zwar zu allen Zeiten Kritik an Päpsten, doch traf diese meist nur einzelne Personen, nicht aber die Institution. Selbst auf dem Höhepunkt des Investiturstreites erwog niemand ernsthaft, das Papsttum abzuschaffen. Alle Ansätze zur inneren Reform betrafen Aspekte der Lebens- und Amtsführung der Geistlichkeit, stellten aber die Spitze der katholischen Kirche nicht in Frage. Ebenso wenig dachte man daran, das Patrimonium Petri zu zerschlagen und den Papst auf Rom zurückzuwerfen. Sicher waren Größe und Umfang des Kirchenstaates umstritten, aber die Ansicht Innozenz' III. hatte sich durchgesetzt, wonach die Nachfolger Petri sich nur frei entwickeln könnten, wenn ihnen ein eigenes Territorium zur Verfügung stünde.

Allerdings mangelte es den Päpsten zumeist an einer effizienten und zielorientierten, langfristigen Territorialpolitik. Daher konnten die anderen Machthaber auf dem Gebiet des Kirchenstaates Rekuperationsbemühungen eher gelassen gegenüberstehen; Schwächeperioden des Papsttums waren gleichsam abzusehen und abwartbar, so dass sich blutige Aufstände kaum lohnten. Viel zu sehr verstrickten sich die Päpste in die internationale Politik, um sich unabgelenkt und ausschließlich dem Ausbau des Kirchenstaates zu widmen.

Extrem kurze Amtszeiten der Päpste und lange Sedisvakanzen schadeten dem Kirchenstaat. Clemens VII. schrieb einmal an Michelangelo, um ihn zu schnellerem Arbeiten anzutreiben, dass Päpste niemals lange leben würden. Blickt man auf die lange Reihe der Nachfolger Petri, so muss man seinem pessimistischen Urteil recht geben. Zwischen Innozenz III., der 1198 den Thron Petri bestieg, und Paul VI., der 1559 starb, gab es 50 Päpste, die Gegenpäpste nicht mitgezählt. Statistisch gesehen kämen demnach auf jeden Papst etwas mehr als 7 Pontifikatsjahre, doch darf man so nicht rechnen, denn die Zahlen suggerieren eine berechenbare Abfolge, die es nicht gab. Jeder Pontifikatswechsel bedeutete einen Moment der Unsicherheit und möglicher abrupter Politikwechsel, vor allem als Guelfen und Ghibellinen Italien spalteten.

Die Internationalisierung des Papsttums schuf neue Probleme. Seit den Tagen Leos IX. brachten sich Päpste ihre engsten Berater und Mitarbeiter aus ihrer Heimat mit, um eigene Vertrauensleute am Tiber zu haben und sich nicht in lokale Streitereien zu verstricken. Jeder neue Papst veränderte so das Erscheinungsbild der Kurie, vor allem, wenn viele Kardinäle neu berufen wurden. Zudem kam im Spätmittelalter noch das Problem der Versorgung der Verwandten oder gar der eigenen Kinder hinzu. Nepotismus und Nativitismus gestalteten zuweilen maßgeblich die Politik der päpstlichen Landesherren. Daneben galt es, auch die *familia* zu versorgen, diejenige Klientel des Papstes, die nicht mit ihm verwandt war. Das Problem potenzierte sich, da jeder Kardinal über eine *familia* verfügte, die bei seiner Ernennung eine angemessene Ausstattung erwartete. Die angesehenste *familia* war ohne Zweifel diejenige des jeweiligen Papstes und bestand vorwiegend „aus den Mitgliedern der päpstlichen *capella*“ (Schimmelpfennig, Papsttum, S. 197). Die Zugehörigkeit zu den bedeutenden *familiae* wurde zum Schlüssel für eine Karriere an der Kurie und innerhalb der weltlichen Posten, die das Papsttum zu vergeben hatte.

Trotz dieser Widrigkeiten erwies sich der Kirchenstaat hinsichtlich seiner Organisation gegenüber anderen Herrschaften überlegen. Zwar hatten die Staufer wirksame Verwaltungselemente geschaffen, die jedoch nach dem

Tod Friedrichs II. schlagartig zerfielen. Die spätmittelalterlichen Herrscher knüpften mit den Reichsvikariaten an diese Ordnungsmodelle an, doch bestätigten die Verleihungen stets nur das, was zuvor von Signoren gewaltsam geschaffen worden war. Gestaltend oder auswählend konnten die Herrscher nicht eingreifen. Es blieb ihnen bestenfalls die Option, den Reichsvikariat nicht zu übertragen – was aber kaum Folgen zeitigte.

Dem Kirchenstaat fehlte eine funktionstüchtige Gesamtverwaltung, aber die Provinzialverwaltungen arbeiteten auch bei Sedisvakanzen und Papstwechseln recht reibungslos. Aufgeteilt war das Patrimonium Petri in sechs Teile: die Campagna-Marittima im Südosten Roms, die Sabina im Nordosten der Ewigen Stadt, das römische Tuszien, das den Bereich zwischen den Abhängen des Monte Amiata und dem Unterlauf des Tibers abdeckte, dem Dukat von Spoleto, der in etwa dem heutigen Umbrien entsprach, der Mark Ancona und am nördlichsten die Romagna. Rudolf von Habsburg verzichtete während der Verhandlungen um den Erwerb der Kaiserkrone, die er dann doch nicht erhielt, auf alle Reichsrechte in der Romagna.

Alle Teilgebiete verwalteten weltliche Rektoren *in temporalibus*, denen zur Unterstützung je ein Geistlicher zur Verfügung stand. Langfristig ungünstig wirkte sich aus, dass die Rektoren nicht innerhalb ihrer Verwaltungsbereiche leben und residieren mussten, weshalb viele lieber die Annehmlichkeiten Roms genossen, als in einem abgelegenen Flecken Umbriens zu hausen. Das Rektorat versprach reiche Einnahmen und bereitete keine nennenswerte Mühe; es war prädestiniert, um an Nepoten des Papstes ausgegeben zu werden und andere Familienmitglieder zu versorgen. Da jeder Rektor bei der Amtsübernahme mit dem Papst aushandelte, welchen Prozentsatz der Abgaben er für sich behalten durfte, bot das Einkommen der Rektoren phantasievolle Gestaltungsmöglichkeiten und war grundsätzlich nach oben offen. Einziger Pferdefuß war die Amtsdauer, denn obwohl sie zwar unbefristet erhoben wurden, konnten sie bei Missfallen jederzeit abberufen werden; zudem endete das Rektorat immer mit dem Tod des Papstes. Da niemand wissen konnte, wie lange er das lukrative Amt versehen würde, lag es nahe, sich möglichst rasch zu bereichern, um für die ungewisse Zukunft vorzusorgen.

Den Rektoren oblag die Jurisdiktion ebenso wie die Vereidigung der Barone und das militärische Aufgebot. Zudem beriefen sie Landtage ein, deren Besuch verpflichtend war. Das Patrimonium Petri war also ein Ständestaat, auch wenn Theorie und Praxis zuweilen weit auseinanderklafften. Wie oft die Landtage einberufen werden mussten, lag im Ermessen des Rektors und hing wesentlich von dessen Finanzbedarf ab. Das Drehen an der Steuerschraube war oftmals die einzige für die Untertanen erkennbare Amtshandlung nicht weniger Rektoren, was vielfach zu Unfrieden führte. Nicht selten wurde dann gegen Rebellen das Interdikt verhängt, um größtmöglichen Druck auszuüben; zumeist mit Erfolg.

Vor allem in den von Rom weit entfernten Gebieten der Romagna, aber auch in Umbrien regte sich häufig Widerstand. Die wohlhabenden Kommunen fühlten sich von den ständig steigenden Abgabenlasten über die Maßen bedrückt. Zudem beherbergten die Städte Bankiers, bei denen Päpste und Rektoren gleichermaßen tief in der Kreide standen, was den Respekt vor ihren Anordnungen nicht eben erhöhte. Sowohl in Umbrien als auch in der Romagna entwickelten sich Stadtherrschaften, und die päpstlichen Ansprüche bestanden oft nur auf dem Pergament, ohne jedoch je aufgegeben zu werden.

Rom selbst gehörte keiner der sechs Provinzen an. Um die Stadtherrschaft stritten sich das Papsttum, der Adel und seit 1143 die Bürger, was dem geistigen und geistlichen Prestige Roms nichts anhaben konnte. Aber der zermürbende Hader entfremdete das Papsttum immer stärker von Rom. Vielfach mussten Päpste auf andere Residenzorte ausweichen; im heißen Hochsommer weilten sie freiwillig in der kühleren Umgebung Roms. Gleichzeitig hatte sich das Papsttum im Endkampf mit den Staufern weit von Deutschland entfernt und lehnte sich nun zunehmend an Frankreich an. In Lyon, das *de iure* noch zum Reich gehörte, faktisch aber französisch beeinflusst war, wurde 1245 die zweite Bannung gegen Friedrich II. ausgesprochen.

Die Krone Frankreichs profitierte von der Allianz mit dem Papsttum, das bei der Bekämpfung der Katharer ebenso half wie bei der Unterstützung Karls I. von Anjou. Als sich die Nachfolger Petri nach dem Tod Bonifaz' VIII. ganz Frankreich zuwandten und sich dauerhaft in Avignon niederließen, löste dies nicht den zu erwartenden Protest aus. Man hatte sich daran gewöhnt, dass die Päpste sich nicht ständig in Rom aufhielten, wenn auch nicht jahrelang. Heinrich von Susa (Hostiensis) brachte mit dem Schlagwort *ubi papa, ibi Roma* den Standpunkt seiner Zeitgenossen auf den Punkt.

In Rom selbst breiteten sich Adelsgeschlechter aus, die aus der Campagna stammten. Die Orsini beschlagnahmten die Engelsburg und machten sich im Borgo breit, wo sie bald in drangvolle Nähe zu den Savelli gerieten. Die Anquillara saßen in Trastevere und die Vico auf der Tiberinsel. Der Quirinal gehörte den Colonna und auf den Ruinen der Thermen des Trajan etablierten sich die Capocci. Esquilin und Viminal eigneten sich die Conti an, die Familie Innozenz' III. Ebenfalls neu empor stiegen die Annibaldi, die ihren Machtbereich vom Lateran Richtung Colosseum vorschoben, bis sie das Colosseum den Frangipani abringen konnte, die damals ebenso niedergingen wie die Pierleoni.

All diese Geschlechter ordneten sich dem Papst nur unter, wenn er aus ihrer Familie stammte. War dies der Fall, erwarteten sie reichen Lohn für Treue und Hilfe. Seit den Tagen Innozenz' III. waren der Versorgung der *familia* und dem Nepotismus Tür und Tor geöffnet. Dante lag mit seiner Einschätzung, Nicolaus III. (1277–1280; Orsini) sei der erste nepotistische Papst gewesen, fast 100 Jahre zu spät. Den Bogen überspannte Bonifaz VIII., der die päpstliche Weltherrschaft auf einen neuen Höhepunkt und an den Rand des Abgrundes trieb. Er machte seine Familie, die Caetani, in den wenigen Jahren von 1294–1303 zu den reichsten Grundbesitzern in der Maremma und der Campagna und führte einen wahren Vernichtungsfeldzug gegen die Colonna, denen er jede friedliche Einigung verweigerte. Ähnlich rigoros ging er im Streit mit Philipp dem Schönen von Frankreich vor. Im Vollgefühl seiner Macht und vermeintlicher Sicherheit plante der Papst, am 8. September 1303 den König von Frankreich zu exkommunizieren. Aber es kam anders. Am Vortag nahmen Sciarra Colonna, der die Caetani abgrundtief hasste, gemeinsam mit dem Kanzler Philipps des Schönen, Guillaume Nogaret, den Papst in Anagni gefangen. Obgleich der Nachfolger Petri rasch befreit wurde, hat er den Schreck nicht lange überlebt.

1308 übersiedelte Papst Clemens V. definitiv nach Avignon, das die Päpste 1348 kauften, um sich auf Dauer an der Rhône einzurichten. Die katholische Kirche ließ sich von Südfrankreich ebenso gut führen wie von Rom aus. Gerade während der sogenannten babylonischen Gefangenschaft entzog das Papsttum den Domkapiteln das Wahlrecht der Bischöfe und zog es ganz an die Kurie; die Herrschaft des Papstes über die Kirche war vollendet.

Was in geistlicher Hinsicht problemlos möglich war, erwies sich auf weltlichem Gebiet als praktisch undurchführbar. Der Kirchenstaat löste sich auf, obwohl die Päpste in zahllosen Kriegen versuchten, seiner Atomisierung entgegenzuwirken. Ein erheblicher Teil des avignonesischen Fiskalismus wanderte in Militärausgaben auf italienischem Boden.

Nachdem Clemens V. auch das Kardinalkollegium nach Südfrankreich gerufen hatte, brauchte er in Italien andere Stützen, um seinen Anspruch auf den Kirchenstaat aufrechtzuerhalten. Er suchte Rückhalt bei König Robert von Neapel und dem Luxemburger Heinrich VII. Keine gute Idee, bemühte sich Robert doch die Kaiserkrönung Heinrichs zu hintertreiben und kam als Anführer der Guelfen und Senator Roms als Bündnispartner für den künftigen Kaiser ohnehin nicht in Frage. Clemens V. stellte sich dann auch bald ganz auf die Seite Neapels; eine Politik, die sein Nachfolger Johannes XXII. weiterführte.

Um im Kirchenstaat Boden gutzumachen, entsandte Johannes XXII. seinen Neffen Bertrand du Pouget, nachdem die Friedensbemühungen Roberts von Neapel in Oberitalien an der Expansion der Visconti kläglich gescheitert waren. Bertrand agierte deutlich glücklicher; Modena, Reggio und Parma unterstellten sich ihm, und in der Romagna setzte er den päpstlichen Machtanspruch tatsächlich um. Allerdings geriet er in Konflikt mit den Este, die keine Einmischung in Ferrara duldeten. 1329 söhnte sich der Papst mit den Este aus und ernannte die Brüder Rinaldo, Obizzo und Niccolò zu päpstlichen Vikaren, was die Spannungen zu Bertrand indessen nicht aus der Welt schuf.

Steigende Steuern und Übergriffe der südfranzösischen Truppen machten Bertrand schnell verhasst und an vielen Orten kam es praktisch gleichzeitig zu Aufständen. Die Romagna entglitt den Händen des Nepoten, die Emilia sagte sich von ihm los und selbst in Bologna duldete man ihn nicht länger. Mit dem nach Nationalgefühl schmeckenden Schlachtruf „Tod dem Nepoten und allen, die provenzalischer Zunge sind“, verjagte man ihn. Da er in Italien keine Chancen mehr sah, kehrte er im Frühjahr 1334 nach Avignon an den Hof des enttäuschten Papstes zurück.

Johannes XXII. hatte zwischenzeitlich ganz andere Probleme. Im Reich war es 1314 zur Doppelwahl zwischen Ludwig dem Bayern und Friedrich dem Schönen von Österreich gekommen. 1322 besiegte der Wittelsbacher bei Mühldorf seinen Konkurrenten und plante seinen Romzug. Obwohl sich der Papst als Vermittler anbot, um Zeit für seine eigene Italienpolitik zu gewinnen, ging Ludwig nicht auf in seinen Augen sinnlose Gespräche ein. Vielmehr bestellte er mit Berthold von Marstetten-Neuffen einen Reichsvikar, was den Papst nachhaltig verärgerte, hatte er doch einen eigenen Vikar ernannt. Die Zeichen standen auf Sturm, der sich auch in der Propaganda entlud. Auf der Seite des Wittelsbachers stritten mit den Franziskanern

Michael von Cesena, Bonagratia von Bergamo, Wilhelm von Ockham und Franz von Ascoli wortgewaltige Gegner des Papstes, die ihm vor allem hinsichtlich der Armut Christi schwerwiegende Irrtümer vorwarfen. Sie vertraten die Ansicht, Christus und die Apostel wären arm, verfügten also über keinerlei Besitz, was das Generalkapitel 1322 in Perugia bestätigte. Daraufhin verzichtete Johannes XXII. auf den gesamten Besitz des Franziskanerordens. Seit Innozenz IV. und Nikolaus III. verwalteten die Päpste die reichen Güter des Ordens treuhänderisch, um den Anschein der völligen Armut der Franziskaner zu wahren; nun entlarvte der Papst das Konstrukt der Ordensarmut als Fiktion. 1323 stigmatisierte Johannes XXII. die Behauptung, Christus sei im Sinne des Kapitels von Perugia arm gewesen, als Häresie. Damit lieferte er Ludwig dem Bayern ein höchst willkommenes Stichwort. Gemeinsam mit den Franziskanern in seiner Umgebung bereitete er neue Schläge gegen die Kurie vor.

Unbeirrt von allen Schwierigkeiten erlangte der Wittelsbacher am 17. Januar 1328 in Rom die Kaiserkrone; allerdings aus der Hand Sciarra Colonnas und nicht in St. Peter, sondern auf dem Capitol im Angesicht des römischen Volkes. Es handelt sich um die einzige Kaiserkrönung aus Laienhand seit der Karolingerzeit! Dass kein Kardinal auch nur in der Nähe war, mag sich aus dem Umstand erklären, dass sich Ludwig seit 1324 im Kirchenbann befand.

Alle, die sich vom Kaiser ein machtvolles Auftreten und einen Feldzug gegen Neapel erhofft hatten, wurden bitter enttäuscht. Ludwig strebte rasch nordwärts und erhob so hohe Abgaben, um seine Kasse wenigstens einigermaßen zu füllen, dass er nur Unwillen und Abscheu zurückließ. Seinen Kampf gegen Johannes XXII. führte er nördlich der Alpen weiter; Italien benötigte er dazu nicht.

Als Karl IV. zur Kaiserkrönung nach Rom kam, geschah dies fast im Stil eines Kurzbesichtigungsprogramms für besonders Eilige. Nur einen einzigen Tag durfte er sich nach dem Willen des Papstes in der Ewigen Stadt aufhalten. Sofort nach dem Empfang der Kaiserkrone musste er die Stadt wieder verlassen. Dass Karl IV. gegen die Auflagen verstieß und sich als Pilger verkleidet mehrfach in Rom aufhielt, war für das Kaisertum und seine Bedeutung auf dem Boden Italiens belanglos. Da auch die Krönungen Sigismunds und Friedrichs III. nicht sehr viel anders abliefen, sank das Kaisertum für Italien zur marginalen Größe herab.

Nachdem Ludwig der Bayer Rom verlassen hatte, erstickte die Stadt im

Der Lateran. Zeichnung von Maarten van Heemskerk (1498–1574).
Von der Loggia verkündete Papst Bonifaz VIII. 1300 das erste Jubeljahr.

Krieg der Colonna gegen die Orsini. Da Rom wirtschaftlich vor allem vom Papsttum und den Pilgerströmen lebte, kam der Auszug der Päpste nach Avignon einer ökonomischen Katastrophe gleich. Die Bevölkerungszahlen gingen drastisch zurück und innerhalb der alten Mauer entstand plötzlich Platz für Weideflächen. Die öffentlichen Gebäude verkamen und die antiken Bauten erlitten schwere Schäden, denn Marmor ließ sich trefflich zu Kalk verbrennen und so riss man ab, was nur möglich war. Sogar die Kirchen befanden sich in keinem guten Zustand; angeblich waren in Sankt Peter und dem Lateran die Dächer eingestürzt. Dass die Päpste dem Verfall tatenlos zugesehen hätten, entspricht aber nicht den Tatsachen. Seit den Tagen Clemens' V. bemühten sie sich von Avignon aus, nicht nur den Kirchenstaat, sondern auch Rom in Stand zu halten. Zwar kamen sie nicht selbst an den Tiber, obwohl sie den Wunsch zurückzukehren öffentlich verlautbarten, aber langjährige Legationen, wie diejenige Bertrands du Pouget, bezeugen ihr waches Interesse. Wichtige Restaurierungsarbeiten und Förderung der Kunst gingen aber vor allem von Kardinälen aus, die selbst aus Rom stammten. So begünstigte Kardinal Giacomo Caetani Stefaneschi zahlreiche Künstler, die in Rom arbeiteten; der berühmteste unter ihnen war Giotto. Benedikt XII. ließ die Peterskirche ebenso renovieren wie den Lateran und entsandte seinen Legaten Bertrand de Déaux, der in Rom so viel Einfluss gewann, dass er Statuten für die Kommune erlassen konnte, die sogar für lange Zeit befolgt wurden.

Trotz der Bemühungen herrschten in Rom zeitweilig chaotische Zustände. Händeringend bat die Stadt den fernen Papst, er möge 1350 zum heiligen Jahr erklären, um Rom, dessen Kirchen und Wirten aufzuhelfen, obwohl Bonifaz VIII. bestimmt hatte, dass nur alle 100 Jahre ein heiliges Jahr ausgerufen werden solle. Mitten in der Krise besann man sich am Tiber auf die antike Größe der Stadt. Nicht zufällig wurde Petrarca in Rom und eben nicht in Neapel zum Dichter gekrönt. Die heroisierende Erinnerung kulminierte in der Person des Notars Cola di Rienzos, dem Sohn eines römischen Schankwirtes, der eigentlich Nicolo Lorenzo hieß, dessen Name aber der römische Dialekt zu Cola verschliff. 1347 gelangte er an die Macht, nachdem er sich zuvor durch eine Gesandtschaftsreise nach Avignon einen guten Namen gemacht und vom Papst die Zusage für das heilige Jahr 1350 erhalten hatte. Durch einen Handstreich entmachtete er den Adel und schwang sich zum Tribun der Freiheit und Befreier der römischen Republik auf. In seinem Titel spiegelten sich idealisierende Antikenrezeption und soziale Wunschträume einer gerechteren Gesellschaft sowie christliche Ideale wider. Das Schillernde und Fantastische seiner Persönlichkeit und die hohen Ideale seiner Herrschaftsideen begeisterten vor allem das einfache Volk. Aber auch große Denker ließen sich anstecken: Petrarca, ein Freund Colas, feierte ihn als Junius Brutus, Camillus und Romulus. Sichtbarstes Zeichen seiner Machtübernahme war die Aufrichtung einer Steinplatte mit der *lex regia* Vespasians, die sich im Kern mit dem Kaisertum und dessen Übertragung durch das Volk befasste. Die Platte war in einem Altar der Lateranbasilika vermauert worden; dort schlug man sie heraus und stellte sie im Konservatorenpalast auf dem Kapitol auf, wo sie heute noch steht.

Politisch verfolgte Cola klare Vorstellungen: Er sah Rom an der Spitze eines italienischen Staatenbundes und schrieb die Beseitigung jedes adligen Willkürregiments auf seine Fahnen. Die Umsetzung hatte er sich freilich nicht überlegt; ebenso wenig, welche Reaktionen sein Programm auslösen könnten. Für das Papsttum wie für den Adel bedeutete der schwärmerische Volkstribun eine echte Gefahr. Als die Barone gegen ihn rüsteten, erhob Cola enorme Steuern, um den Waffengang zu finanzieren. Es kam zum Aufruhr und zum blutigen Treffen an der Porta San Lorenzo; Cola floh kopflos in die Abruzzen, wo er drei Jahre lang praktisch als Eremit lebte und dadurch von der Pest verschont blieb. Im Frühjahr 1350 kehrte er verkleidet zurück; das heilige Jahr war in vollem Gange. Nach weiteren unruhigen Jahren konnte er sich 1354 noch einmal in Rom als Senator kurzfristig durchsetzen. Aber Cola überspannte den Bogen. Selbstgerecht, tyrannisch und ohne Augenmaß in Selbstdarstellung und Amtsführung erhob er immer höhere Steuern; das war den Römern zu viel. Am 1. August 1354 überraschte ihn ein Aufstand und er geriet in Gefangenschaft. Noch vor Prozessbeginn fiel Cola einem Attentat zum Opfer. Die wütende Menge schändete seine Leiche und stellte sie öffentlich zur Schau.

Zwischenzeitlich ergriff Innozenz VI. Maßnahmen zur Rückkehr der Päpste nach Rom und betraute den spanischen Kardinallegaten Gil Albornoz mit der militärischen Unterwerfung des Kirchenstaats. Albornoz nahm es mit seiner Aufgabe genau und betrieb zwischen 1353 und 1365 mit Unterbrechungen eine höchst effektive Revindikationspolitik. Überall im Kirchenstaat zeugen seine Burgen vom unbeugsamen Willen, das Patrimonium Petri ganz in die Hände der Päpste zurückzubringen. Kardinal Albornoz gilt neben Innozenz III. als zweiter Gründer des Kirchenstaates, dies aber weniger wegen seiner militärischen Erfolge, sondern wegen seiner Konstitutionen, die unter dem Namen *costituzioni egidiane* bis 1812, teilweise sogar bis zur Auflösung des Kirchenstaates 1870 die Grundlage der Verfasstheit des Patrimonium Petri bildeten (Schimmelfpennig, Papsttum, S. 244). In Bologna gründete er ein spanisches Kolleg und stattete es so reich aus, dass es bis heute von dem Vermögen leben kann.

Die militärische Rückgewinnung startete Albornoz in Montefiascone, das dem Papsttum treu geblieben war und eine ideale Ausgangsbasis darstellte. Der Ort wurde stark befestigt; von hier aus griff Albornoz auf den Lago di Bracciano und den Lago di Bolsena aus. Viterbo hielt dem Ansturm des Kardinals nicht stand und musste es hinnehmen, dass er an der Porta Fiorentina eine Zwingburg errichtete.

Rom selbst betrat der Kardinal nie. Zunächst hatte er gehofft, Cola di Rienzo könnte die Stadtherrschaft im päpstlichen Sinn führen, aber auch nach dessen Tod sah er keine Veranlassung, selbst in der Ewigen Stadt tätig zu werden. Er benannte einen Senator, vergleichbar dem Podestà oberitalienischer Kommunen, und legte der Kommune 1363 Statuten auf, die sich an ober- und mittelitalienischen Städten orientierten. Bis zur Rückkehr der Päpste entfaltete sich die Kommune gut; dann freilich musste es geradezu zum Konflikt kommen.

In einer wahren Herkulesarbeit ließ Albornoz den Kirchenstaat in den

Marken, Umbrien, der Romagna sowie der Sabina Wirklichkeit werden. Dabei war er klug genug, die regionale Administration nicht im Sinne der Kurie neu zu strukturieren. Wo immer es ging, arbeiteten die lokalen Signoren weiter; vielfach ernannte er sie zu päpstlichen Vikaren, um ihre Zugehörigkeit zum Kirchenstaat zu untermauern. Die größten Erfolge feierte der Kardinal in der Sabina und Umbrien, wo er die Hoheit des Papstes eindrucksvoll manifestierte. Um sein Werk zu schützen, errichtete er auch hier an allen wichtigen Orten gewaltige Festungen, die das Stadtbild von Assisi, Spoleto oder Orvieto bis heute prägen.

Nicht nur dank seiner respekteinflößenden Burgen, sondern auch wegen seiner Bemühungen um Rechtssicherheit und Gerechtigkeit kehrte in den Albornoz-Gebieten Ruhe und Frieden ein. Es wäre falsch, von Grabesruhe zu sprechen, denn der Kardinal zähmte die Signoren und rottete sie nicht aus. Päpstliche Statthalter waren für manche Stadt angenehmer als die Signoren, die sie vorher ausgeplündert hatten; so dürfte Bologna über den „Verlust“ Bernabò Viscontis nicht traurig gewesen sein. Jeder wusste, dass man mit dem Kardinal leben konnte, solange man sich an die Regeln hielt. Die Angst vor seiner Macht befriedete die Straßen und wirkte sich positiv auf Handel und Gewerbe aus.

Nun war der Weg frei für die Rückkehr der Päpste von der Rhône an den Tiber. Den ersten Versuch unternahm Urban V., den Albornoz in Corneto (heute Tarquinia) feierlich begrüßte. Den festlichen Einzug Urbans in Rom hat der Kardinal nicht mehr erlebt; er starb zwei Monate vor der Vollendung seines Lebenswerkes. Kaum war Albornoz tot, regte sich an manchen Orten Widerstand, und die von ihm durchgesetzte Ordnung weichte stellenweise auf, ohne freilich plötzlich zusammenzubrechen. Am 16. Oktober 1367 betrat Urban V. Rom und machte sich sofort daran, St. Peter und den Lateran zu renovieren sowie den Papstpalast nach dem Vorbild Avignons auszubauen. Im Lateran wollte der Papst nicht leben, da er zu exzentrisch lag. Sein erklärtes Ziel war es, das Papsttum zur stärksten Kraft auf der Apenninenhalbinsel zu machen, wozu freilich zunächst einmal die Visconti in Mailand entmachtet werden mussten. Das war leichter gedacht als getan, denn Florenz leistete keineswegs die erhoffte Hilfe. Nun erwartete Urban V. sehnsüchtig die Ankunft Karls IV., der allerdings militärisch wenig bewirkte und lediglich einen den Ist-Zustand stabilisierenden Frieden aushandelte. Enttäuscht und der vielen Probleme müde, verließ der Papst Rom und residierte in Viterbo und Montefiascone. 1370 kehrte er schließlich auf Drängen seiner

Kardinäle nach Avignon zurück. Auch die flehenden Bitten Brigittas von Schweden und Katharinas von Siena konnten ihn nicht halten. Nur zwei Monate nach seiner Rückkehr nach Südfrankreich ist er gestorben.

Urbans Nachfolger wurde Gregor XI., der sofort nach seiner Erhebung die Rückkehr nach Rom als wichtigstes Ziel auf seine Fahnen schrieb. Berechtigterweise sorgte er sich um den Erhalt des Kirchenstaates und die unverzichtbare, materielle Grundlage des Papsttums. Als es in Perugia zu Aufständen kam und die kleinen Bürger ihre Stadt dem Papsttum unterstellten, entsandte Gregor XI. Legaten nach Perugia und Bologna, die aber durch ihre geldgierige und tyrannische Politik nur Missstimmung hervorriefen. Gegen den Versuch, die päpstliche Herrschaft über die ganze Toskana auszudehnen, erhob sich ein Bündnis, das Florenz, Siena, Arezzo, Lucca und Pisa mit den Visconti und Königin Johanna von Neapel schlossen. Möglicherweise hatte man das mutige Zugehen auf die Visconti gewagt, um einer gefährlichen Allianz des Papsttums mit Mailand zuvorzukommen. Glaubt man dem Florentiner Staatskanzler und Humanisten Coluccio Salutati, dann wurden überall im Kirchenstaat Flaggen mit der Aufschrift „Libertas" verteilt, um die Bevölkerung gegen das weltliche Regiment des Papsttums aufzurütteln.

Gregor XI. glaubte, die Unruhen gingen von Florenz aus, und belegte die Stadt, die kurz zuvor noch zu den Verbündeten des Apostolischen Stuhles gehört hatte, mit dem Kirchenbann. Mit der militärischen Durchführung des Krieges gegen die Unbotmäßigen betraute er Kardinal Robert aus dem Hause der Grafen von Genf, der mit seinem bretonischen Aufgebot bei Bologna Stellung bezog. Dagegen rüstete Florenz mit aller Macht und rief eine neue Kriegsbehörde aus acht Beauftragten ins Leben; im Volksmund nannte man sie die „heiligen Acht".

Trotz des unübersichtlichen Kriegestrubels verließ Gregor XI. am 13. September 1376 Avignon für immer und kehrte Anfang 1377 nach Rom zurück. Unermüdlich hatte die junge Dominikanernonne Katharina von Siena den Papst mit glühenden Worten zur Rückkehr aufgerufen. Rom sehnte sich aus wirtschaftlichen und politischen Gründen nach dem Papst und man kritisierte, der Nachfolger Petri überließe seine Diözese einfach sich selbst.

Ungeachtet der Rückkehr des Papstes ging der Krieg im Kirchenstaat mit unverminderter Härte weiter. Die Bretonen um Kardinal Robert richteten in Cesena ein fürchterliches Blutbad an, ohne dass dies etwas zur Entscheidung beigetragen hätte. Vor allem aus merkantilen Interessen drängte Florenz auf Frieden, den pikanterweise Bernabò Visconti vermittelte. Im Februar 1378 traf man sich in Sarzana, aber noch vor Abschluss der Gespräche starb Gregor XI. am 27. März in Rom.

Bereits am 7. April 1378 versammelte sich das Konklave, um rasch einen neuen Papst zu wählen; die Wünsche Gregors XI., die er kurz vor seinem Tod in einer Konstitution niedergelegt hatte, hielt sein Kämmerer geheim und beeinflussten das Konklave nicht. In Rom forderten die Bürger lautstark die Wahl eines Römers oder wenigstens eines Italieners. Die Mehrheit der Kardinäle einigte sich auf Bartolomeo Prignano, den Erzbischof von Bari; doch die Römer wollten einen Geistlichen aus ihrer Stadt erzwingen. Aus Angst vor der Gewalt des Mobs erhoben einige Kardinäle in Windeseile den uralten Francesco de' Tebaldeschi und flohen aus dem Palast. Kaum hatte sich die Lage etwas beruhigt, kehrten die meisten Kardinäle zurück und inthronisierten den Erzbischof von Bari, Urban VI.

Schon bezweifelte man vielerorts die Rechtmäßigkeit des Papstes und verwies nicht zu Unrecht auf die Wirren im Konklave. Auch Kardinäle äußerten sich kritisch und korrespondierten mit allen politischen Größen ihrer Zeit darüber. Die Empörung war deshalb so groß, weil Urban VI. angesichts des Glanzes und der Pracht seines neuen Amtes jedes Maß verlor. Zum Leidwesen seiner schrumpfenden Anhängerschar plauderte er offenherzig darüber, dass ihn allein der Heilige Geist erwählt habe, was der Kritik am Konklave neue Nahrung gab. Selbstherrlich und sprunghaft machte er sich allerorten Feinde. Als er schließlich behauptete, die Porträts der Nachfolger Petri im Lateran würden nun, da er amtiere, plötzlich lächeln, während sie zuvor immer trüb und traurig gewesen seien, blamierte er sich auch noch vor seinen letzten Getreuen.

Im Sommer eskalierte die Situation. Der Papst verließ Rom Richtung Tivoli und die Kurie fand sich in Anagni ein. Von dort aus teilte sie Urban VI. mit, dass er kein Recht mehr auf sein Amt habe, sich aber neuerlich zur Wahl stellen dürfe. Alle Vermittlungsversuche der Kardinäle Orsini, Corsini und de Borsano schlugen fehl. Schließlich verloren die französischen Kardinäle die Geduld und erklärten am 20. Juli die Papstwahl für ungültig. Genau zwei Monate später einigten sie sich in Fondi auf Kardinal Robert von Genf, Clemens VII. Das Schisma war ausgebrochen und ließ sich für die nächsten Jahrzehnte nicht mehr kitten.

Es war schwer zu entscheiden, wer denn nun der rechte Papst sei.

Bürger, Herrscher und Adlige haderten mit der Situation, und bis zum heutigen Tage ist die Frage nicht hundertprozentig entschieden. Für den Kirchenstaat hatte die lange Unsicherheit naturgemäß fatale Folgen. Clemens VII. kehrte gemeinsam mit der Mehrheit der Kurialen 1381 nach Avignon zurück und errang die Anerkennung Frankreichs, Kastiliens, Schottlands (in Opposition zu England, das sich für Urban VI. entschied), Aragóns und Navarras.

Urban VI. blieb in Italien, wo er eine neue Kanzlei aufbauen musste. Er zählte Deutschland zu seinen Anhängern, die Mehrzahl der Machthaber auf italienischem Boden, England und Portugal, das nur ungern den Kandidaten Kastiliens anerkannt hätte. Die Orden konnten sich nicht auf einen Papst einigen; der Riss ging tief und spaltete Franziskaner, Zisterzienser und Dominikaner. Schwierigkeiten innerhalb einzelner Kirchen und Gemeinden wurden nun vor dem Hintergrund des Schismas ausgetragen. Stellte sich der Bischof auf die Seite eines Papstes, erklärten sich das Domkapitel oder die Bürger für dessen Gegenpapst. Selbst die Kardinäle schwankten und wechselten die Seiten.

Das Chaos erzeugte ein Machtvakuum. Da man im Kirchenstaat nicht wusste, welchem Papst man die Treue halten sollte, bekannte man sich am besten zu gar keinem und trieb die eigenen Interessen nach Kräften voran. Das Patrimonium Petri zerfiel, woran auch energisch agierende Päpste, wie Bonifaz IX., nichts zu ändern vermochten.

Als das lange Schisma zur Glaubenskrise auszuarten drohte, suchte man die Lösung in einer Neuwahl, um sich nicht nachsagen zu lassen, man habe in unlauterer Absicht eine Partei begünstigt. 1409 sollte der unerträglichen Doppelung der Päpste und Kurien in Pisa ein Ende bereitet werden, aber es kam anders. Schon 1408 hatten die römischen und avignonesischen Kardinäle zum Konzil geladen, aber die Angst, der französische Einfluss könnte die Überhand gewinnen, machte die Vorbereitungen langwierig und kompliziert. Das Konzil begann unter denkbar schlechten Auspizien; beide Päpste antworteten auf die Einladung mit der Einberufung jeweils eigener Konzilien. In Perpignan wurde die Rechtmäßigkeit Benedikts XIII. bestätigt und Gregor XII. begab sich nach Rimini, um im Schutz der Malatesta sein Konzil vorzubereiten.

In Pisa wurden beide Päpste zu Ketzern erklärt und abgesetzt. An ihrer Stelle erhob das Konzil Alexander V., doch damit war das Problem nicht behoben; es hatte sich vielmehr potenziert, denn nunmehr gab es drei Päpste.

Auch der Tod Alexanders V. 1410 entschärfte die Lage nicht, denn seine Anhänger erhoben umgehend mit Johannes XXIII. einen neuen Papst.

So konnte und durfte es nicht weitergehen. Auf dem Konzil von Konstanz (1414–1418) fiel die Entscheidung. Gregor XII. verzichtete 1415 auf sein Amt und Benedikt XIII. wurde 1417 für abgesetzt erklärt, was er indessen bis zu seinem Tod 1423 nicht akzeptierte. Am 11. November 1417 wählte man dann Martin V., Odo Colonna.

Vor Martin V. lag schier Unleistbares. Er musste die Kurien dreier Päpste übernehmen, hatte aber zugleich mit erheblicher Finanzknappheit zu kämpfen. Daher kehrte er auf dem schnellsten Weg nach Rom zurück, um den Kirchenstaat neu zu strukturieren, da er dessen Einkünfte keinen Tag entbehren konnte. Doch schon auf dem Weg in die Ewige Stadt wurde ihm klar, welche Schwierigkeiten bei der Machtübernahme im Kirchenstaat auf ihn warteten. Das lange Schisma hatte sich der Condottiere Braccio da Montone (Andrea Fortebracci) zunutze gemacht und weite Teile Mittelitaliens und des Kirchenstaates unter seine Herrschaft gezwungen. In Rom selbst konnte Braccio nicht Fuß fassen, hier besetzte sein Gegner, Muzio Attendolo Sforza, die wichtigsten Positionen. Da die Condottieri wie ein Sperrriegel wirkten, benötigte Martin V. vom 16. Mai 1418 bis zum 28. September 1420 über zwei Jahre, um von Konstanz nach Rom zu gelangen.

Als er endlich feierlich in Rom einzog, fand er den Kirchenstaat in Auflösung und Rom in schrecklichem Zustand vor. Vespasiano da Bisticci berichtet, Rom sei zu einem Dorf von Viehhirten herabgesunken, deren Herden in früheren Ladenlokalen nächtigten. Bologna war eine freie Kommune geworden, in Benevent agierte Muzio Attendolo Sforza im Auftrag Königin Johannas II. von Neapel, Perugia, Assisi und weite Teile Umbriens gehörten faktisch Braccio da Montone und in der Romagna sowie den Marken war die Lage vollends unübersichtlich; hier gaben sich verschiedene Gewaltherren die Klinke in die Hand.

Aber die Neuorganisation des Kirchenstaates wurde durch glückliche Todesfälle begünstigt. Braccio da Montone starb bei der Belagerung L'Aquilas, Muzio Attendolo Sforza ertrank im Fluss Pescara. Als die Malatesta sich in einer Familienfehde gegenseitig zerfleischten, konnten die Marken teilweise wieder unter die Obödienz des Papstes gebracht werden. Bologna unterwarf sich und selbst in Rom zerbrach die Autonomie des Senats für immer. Am meisten halfen Martin V. freilich seine Verwandten aus der Familie der Colonna, wodurch er bald in den Ruf geriet, nur für

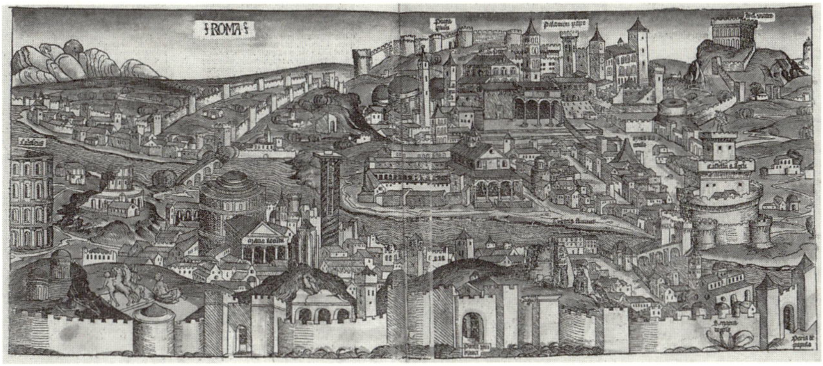

Rom in der Schedel'schen *Weltchronik* von 1493 (Bl. 57v/58r).

seine Verwandten zu sorgen. Von seinem 1431 gewählten Nachfolger, dem Venezianer Eugen IV., verlangten die Kardinäle daher den Verzicht auf exzessiven Nepotismus und das Versprechen, den Colonna manches von dem wieder abzujagen, was sie dank Martin V. an sich gebracht hatten.

Keine leichte Aufgabe, denn die Colonna dachten nicht daran, sich kampflos teilenteignen zu lassen. Es kam zu einem der letzten Adelskriege in Rom und Umgebung. Der mitleidlos geführte Kampf richtete entsetzliche Schäden an. Als in Rom dann auch noch die Republik ausgerufen wurde, floh Eugen IV. 1434, um sein Leben zu retten. Neun Jahre verbrachte er im toskanischen Exil, bevor er 1443 nach Rom zurückkehrte. Den Krieg führte Kardinallegat Giovanni Vitelleschi mit äußerster Brutalität und verwandelte Rom sowie sein Umland in einen Friedhof. Der letzte der Vico, Verbündete der Colonna, wurde geköpft, die Colonna-Hochburg Palestrina praktisch eingeebnet. Das Wüten machte auch vor geistlichen Einrichtungen nicht halt. So erbeutete der Legat die Türpfosten der Kathedrale von Palestrina und ließ sie in seinen Palast in Corneto (Tarquinia) einmauern.

Vitelleschi endete durch Mord, nach längerer Gefangenschaft in der Engelsburg; der Täter und seine Hintermänner wurden nie zur Rechenschaft gezogen. Aber sein Vernichtungswerk hatte nicht die erhoffte Stabilität gebracht. Dies gelang erst unter Papst Nikolaus V.: Tommaso Parentucelli, der aus Sarzana stammte und sein Brot zeitweilig als Hauslehrer in Florenz verdienen musste. Aber dem hoch gebildeten Humanisten ist Roms

Rückkehr zur Normalität und längst unwiederbringlich verloren geglaubter Größe zu verdanken.

Rom war fortan eine unangefochten päpstliche Stadt. Nach Eugen IV. musste bis zu den Tagen Pius' IX. im 19. Jahrhundert kein Papst mehr aus der Ewigen Stadt fliehen. Unter Nikolaus V. erholte sich das geschundene, heruntergewirtschaftete, teilweise verwüstete Rom, und die Renaissance konnte auch hier Einzug halten. Unter seinem Pontifikat erlebte Rom, die neue Kulturstadt, 1452 die letzte Kaiserkrönung.

XIV.

Humanismus und Renaissance – Hochblüte Italiens am Ende des Mittelalters

Seit der Mitte des 13. Jahrhunderts erlebte die städtische Kultur in Italien eine einzigartige Hochblüte, obwohl die Kommunen sich schon im Niedergang befanden. Die lateinische Literatur behauptete sich ungebrochen bis in die Mitte des 14. Jahrhunderts und prägte noch immer das geistige Leben. Im theologischen und philosophischen Bereich schloss Italien zum lange führenden Frankreich auf. Allen voran war der Aufschwung dem Dominikaner Thomas von Aquin, dessen *Summa Theologiae* alsbald europaweit berühmt wurden, und dem franziskanischen Ordensgeneral und Kardinal Bonaventura von Bagnoregio geschuldet, die beide 1274 starben. Beide Theologen und Gelehrten widmeten sich auch der Exegese, worin sie im Augustinergeneral Gregor von Rimini sowie den Dominikanerpredigern Hugo von Prato und Bartholomäus aus Pisa würdige Nachfolger fanden. Aber Thomas von Aquin verfasste in *De regimine principum* auch eine bedeutende Abhandlung über die politischen und christlichen Theorien des Mittelalters, wobei der zweite Teil der Schrift nicht von ihm, sondern von Ptolemäus von Lucca stammt.

Das kanonische Recht blühte ebenso auf wie die medizinische Wissenschaft; beides fand reichen literarischen Niederschlag. Noch immer gab es auf der Apenninenhalbinsel eine bedeutende Historiographie und viele Städte legten sich seit dem 12. Jahrhundert eigene Chroniken zu, um die regionale Geschichte der Nachwelt zu übermitteln, beispielsweise Genua, Mailand und Verona. Der Doge Andrea Dandolo verfasste das bis 1339 reichende *Chronicon Venetum*. Auch der Süden schuf sich eigene schriftliche Erinnerungswerke durch Bartolomeo di Neocastro und Saba Malaspina, die sich der Geschichte Siziliens widmeten. In der *Chronica* des Salimbene von Parma erlebte die Stadtgeschichtsschreibung Oberitaliens einen unbestreitbaren Höhepunkt.

Seit der Mitte des 13. Jahrhunderts meldete sich die volkssprachliche Literatur nachhaltig zu Wort. Zunächst orientierte man sich gerne an französischen Vorbildern, doch gelang Guido d'Arezzo als Wegbereiter und vollends Guido Guinizzelli in Bologna und Guido Cavalcanti in Florenz, einem Freund Dantes, der Durchbruch des *dolce stil nuovo*. Ausgezeichnet war der weiche, liebliche Stil durch neue Gefühlstiefe, durchdrungen von idealisierten Frauenbildern, und verfeinerter psychologisierender Liebeslyrik. An diesem Stilideal bildete sich der junge Dante heran. Aber man wollte auch geistliche Erbauungsliteratur, in der Jacopone da Todi ein Meister war.

Im 14. Jahrhundert wandelt sich die italienische Kultur erneut, auch wenn sie den mittelalterlichen Charakter nicht völlig abschütteln konnte. In Dantes genialem Wurf der *Divina Commedia* spiegeln sich die Geschichte, politisch, religiös und weltlich, sowie alle Sehnsüchte und Hoffnungen seiner Zeit. Zu Unrecht im Schatten des gewaltigen Hauptwerkes steht seine Schrift *De monarchia*, die sich gegen das weltlich-päpstliche Herrschaftssystem richtet und zu den großen theoretischen politischen Schriften einer anbrechenden neuen Zeit zählt.

Ganz der neuen Rückwendung zur Antike und damit der Frührenaissance verbunden, der freilich in ihren Anfängen zunächst etwas Puristisches und Manieriertes anhaftete, war Francesco Petrarca, ein Alleskönner. Er schrieb im klassischen Versmaß des Hexameters lateinische Dichtungen und Traktate, um bewusst an den Glanz der klassischen Antike anzuknüpfen, und zugleich volkssprachliche Gedichte von großer Sensibilität. Sein Werk steht an einer Zeitenschwelle und gehört nicht mehr dem Mittelalter zu, sondern wies den Weg in die Renaissance und wurde zum Vorbild für Generationen von Literaten. Nicht vergessen werden darf Giovanni Boccaccio mit seinem *Decamerone*, der Szenen aus dem täglichen Leben in wunderbar kunstvolle und zugleich zupackende Prosa goss. Noch viele weitere wären zu nennen, aber Dante, Petrarca und Boccaccio haben die Zeit nach ihnen am nachhaltigsten beeinflusst und geprägt. Überall nahm die Kenntnis der klassischen antiken Autoren spürbar zu; Cicero, Plautus, Lucretius und andere wurden verstärkt gelesen, ohne dass sie im Mittelalter jemals in Vergessenheit geraten wären. Petrarcas Werk setzten der Florentiner Coluccio Salutati, der päpstliche Sekretär Poggio Bracciolini, der Römer Lorenzo Valla oder Francesco Filelfo fort, der aus den Marken stammte.

Aber die Renaissance sah keineswegs nur zurück und erstarrte nicht in klassischer Gelehrsamkeit. Von der Historiographie, die Politik, Wirtschaft und Soziales gleichermaßen deutend erfasste, war bereits die Rede. Minutiöse empirische Naturbeobachtung schüttelte die Fesseln der überlebten Scholastik ab und führte zu neuen Einsichten in den Naturwissenschaften und der Medizin. Auch die Baukunst und überhaupt die bildende Kunst wandelte sich und mit ihr veränderten die Städte ihr Gesicht. Die großen Bildhauer und Baumeister Arnolfo di Cambio, Nicolo und Giovanni Pisano, aber auch Giotto wurden zwar weiterhin bewundert, aber man wollte von ihrem gotischen Stil weg. Ähnliches gilt für die Malerei: Cimabue, Giotto oder auch Orcagna hatten tiefe Spuren hinterlassen, doch den Weg in die neue Zukunft wiesen andere.

Die Bildhauer studierten die Antike, ohne sie in ihren Werken lediglich nachzuahmen. Kraftvoll hauchten sie ihr neues Leben ein: Jacopo della Quercia, der wundervolle Reliefs an der Außenfassade von San Petronio in Bologna schuf, Lorenzo Ghiberti, dem die Türen des Baptisteriums in Florenz zu verdanken sind, Donatello, dessen Hauptwerke sich im Bargello in Florenz bewundern lassen, und seine Schüler Andrea Verocchio sowie Antonio Pollaiuolo. Gleichzeitig arbeiteten die Della Robbia, deren vielfarbige Terracotta-Reliefs ebenfalls die Zeiten vielbestaunt und bewundert überdauerten.

In der Malerei überlebte in den zarten Madonnen Beato Angelicos aus Fiesole und Benozzo Gozzolis noch das 14. Jahrhundert. Die neuen Meister hießen Piero della Francesca, Andrea del Castagno und Masaccio, die durch die Wucht und die Schonungslosigkeit ihrer Malereien die Zeitgenossen ebenso erschreckten wie faszinierten. Piero della Francesca schuf ganz neue Tiefenperspektiven und Raumharmonien und Verrocchio oder Domenico Ghirlandaio taten es ihm nach.

Umwälzungen gab es auch in der Architektur. Man wollte weg von der mittelalterlichen Baukunst und besann sich auf antikes Formenmaterial, vor allem Rundbögen und Architrave. In der Kuppel von Santa Maria del Fiore aus der Meisterhand Filippo Brunelleschis in Florenz gewann die Renaissance ihr erstes perfektes Anschauungsobjekt. Brunelleschi sind freilich auch andere entscheidende Initialbauten der Renaissance geschuldet: die alte Sakristei in San Lorenzo und die Pazzi-Kapelle bei Santa Croce.

Aber auch außerhalb von Florenz wurde modern gebaut. So errichtete Leon Battista Alberti im Auftrag der Malatesta in Rimini einen Tempel und er baute in Mantua die Kirche S. Andrea. Das Gotteshaus umfasst nur ein

Kuppel des Doms Santa Maria del Fiore von Florenz.

Schiff, das zudem tonnengewölbt ist; es wird mit seinen Seitenkapellen zum Vorbild für die Barockbauten des 16. Jahrhunderts.

Die bislang genannten Künstler waren Florentiner oder Toskaner, aber während des 15. Jahrhunderts diversifizierte sich ihre Gruppe und wurde dadurch erheblich bereichert. Den herzoglichen Palast in Urbino schuf der Dalmatiner Luciano Laurana, der möglicherweise auch den Entwurf für den Triumphbogen Alfons' von Aragón im Castelnuovo in Neapel fertigte. Unbekannte bauten in Rom den Palazzo Venezia sowie die Cancelleria.

Aber nicht überall war man von der neuen Baukunst rückhaltlos begeistert. In Mailand legte man zu Zeiten Gian Galeazzo Viscontis den Grundstein des Mailänder Domes, ganz im Geist der Gotik. 50 Jahre später baute der Florentiner Filarete ebenfalls in Mailand das große Hospital, das der Renaissance angehört. Auch in Venedig schuf man noch im 15. Jahrhundert Meisterwerke der Gotik, zu erinnern wäre nur an die Fassade des Dogenpalastes.

Manch einem gelang eine Synthese von Mittelalter und Renaissance, wie beispielsweise Pisanello oder Gentile da Fabriano, die auf gotischer Linienführung aufbauend den kraftvollen Ausdruck der Renaissance meisterlich formten.

Angesichts der Überfülle an Künstlern, Dichtern und Denkern verwundert es nicht, dass Machiavelli unbescheiden vermutete, Italien sei einfach dazu geboren, bereits abgestorben geglaubte Dinge neu zu erwecken.

Im Gegensatz zur Kunst ist es schwierig, in der Politik Neuerungen der Renaissance zu fassen. Die fortschreitende Verschriftung und Effektivierung der Administration begann schon im Mittelalter und war ein gesamteuropäisches Phänomen, freilich mit vielen Ungleichzeitigkeiten. Die Monstrosität mancher Fürsten war ebenfalls nicht neu und kein Charakteristikum einer veränderten Zeit. Oftmals wurde vermutet, die kühle Staatsräson sei vielleicht das wichtigste Merkmal des Renaissancefürsten. Aber auch hier sind Zweifel angebracht, denn kühl und rational kalkulierende Herrscher gab es zu allen Zeiten, und manchen Renaissancefürsten konnte man beim besten Willen nicht als kalten Herzens und kühlen Sinnes überlegend bezeichnen.

Nach den Zersplitterungen, ja Atomisierungen des 14. Jahrhunderts brachte das 15. Jahrhundert vielfach Stabilisierung und Konsolidierung, doch gilt dies nicht speziell für Italien, sondern ist ein gesamteuropäisches Phänomen. Am Anfang des 16. Jahrhunderts waren die Staaten ausgeformt, welche die Geschichte und Geschicke der Neuzeit bestimmen sollten. Eine nationale Einigung hat Italien nicht erfahren, aber eine deutliche Reduzierung der kleinen Staatswesen und damit eine Festigung der politischen Verhältnisse.

Zu einer entscheidenden politischen Größe wurde das Königreich Neapel, obwohl es lange durch Erbstreitigkeiten paralysiert schien. 1382 fiel Königin Johanna I. einem Mordanschlag zum Opfer, und die älteren sowie die jüngeren Zweige der Anjou kämpften unerbittlich um die Nachfolge. Johannas Herrschaft überschatteten viele Unglücke. Aus ihren Ehen mit Ludwig von Tarent, Jakob von Majorca aus der spanischen Linie der Aragón und Otto von Braunschweig hatte sie zwar Söhne bekommen, aber diese starben früh. Der letzte männliche Anjou des Zweiges Neapel war Karl von Durazzo. Als Johanna im Schisma Clemens VII. anerkannte, sprach ihr Urban VI. das Königreich ab und bot es König Ludwig von Ungarn an, der jedoch aus Altersgründen ablehnte und Karl von Durazzo benannte. Daraufhin adoptierte Johanna den Bruder König Karls V. von Frankreich, Ludwig I.; doch zu spät. Karl von Durazzo war bereits von Urban VI. belehnt und gekrönt worden. Im Juli 1381 öffnete ihm Neapel seine Tore und Johanna musste sich ergeben. Im Mai 1382 wurde sie erdrosselt und der Krieg um das Erbe begann.

Nur vier Jahre später wurde auch Karl von Durazzo ermordet, als er nach der Krone Ungarns griff. Sein noch minderjähriger Sohn Ladislaus konnte die Macht nicht sofort übernehmen und es folgten Jahre der Zerfleischung. 1390 zogen die Franzosen in Neapel ein, doch sie konnten sich nicht halten, denn der mittlerweile volljährige Ladislaus erwies sich als fähiger Stratege und machtvoll auftretender Landesfürst. Er vertrieb die jüngeren Anjou und nutzte das Chaos im Kirchenstaat zur Machterweiterung. Dem Neapolitaner-Papst Bonifaz IX. lieferte er Kriegstruppen und von seinem Nachfolger Innozenz VII. erlangte er die Ernennung zum Rektor der Campagna und Marittima auf fünf Jahre. Gregor XII. betraute ihn mit der Verwaltung des Kirchenstaates und 1409 rückte Ladislaus unter dem Vorwand, das Konzil von Pisa bekämpfen zu wollen, in die Toskana ein. Die Aussöhnung mit Johannes XXIII. trug ihm 1412 die Ernennung zum Bannerträger der Kirche ein. Offenbar strebte er nach der Hegemonie in Italien und der Einigung des Landes unter seiner Krone. Angeblich ließ er sich den Wahlspruch auf seine Kleider sticken: *aut Caesar aut nihil*; eine Devise, die später Cesare Borgia übernahm. Aber Ladislaus starb im August 1414 ohne männliche Erben.

Die Macht fiel an seine verwitwete und kinderlose Schwester, Johanna II. Praktisch vom ersten Augenblick ihrer Thronübernahme an spekulierte man über ihre möglichen Erben. Auf Drängen des Papstes und ihres fähigsten Condottieres Muzio Attendolo Sforza sollte sie Ludwig III. aus der jüngeren Linie der Anjou adoptieren, aber sie entschied sich für Alfons V., König von Aragón und Sizilien. 1421 kam der Adoptivsohn nach Neapel und gewann rasch die Oberhand, was zum Bruch mit Königin Johanna II. führte, die sich nun doch Ludwig III. annäherte. 1423 widerrief sie die Adoption Alfons' V. und übertrug sie auf Ludwig III., dem es gelang, die Aragonesen zurückzuschlagen. Als Ludwig starb, trat sein Bruder René in dessen Rechte ein. Doch bei Johannas Tod 1435 konnte er sich nicht am Erbe freuen, denn er geriet in burgundische Gefangenschaft. Der Weg für Alfons V. von Aragón war endgültig frei. Zunächst sah es freilich so aus, als würde auch er rasch in Kerkerhaft verschwinden, da sich Filippo Maria Visconti seiner bemächtigte. Aber es gelang dem Aragonesen, sich während der Haft mit dem Visconti anzufreunden, und zur grenzenlosen Überraschung seiner Zeitgenossen verließ er den Visconti-Kerker unbeschadet und schnell. Machtvoll kehrte er nach Unteritalien zurück, eroberte Neapel, erlangte die päpstliche Belehnung und vereinte noch einmal Sizilien und das Königreich Neapel in

Rückkehr der aragonesischen Flotte in den Hafen von Neapel.
Gemälde von Francesco Pagani, Mitte des 16. Jh.

einer Hand; aber die Union sollte eine auf seine Lebenszeit begrenzte Episode bleiben. Als Alfons 1458 starb, beerbte ihn sein illegitimer Sohn Ferrante in Neapel, Sizilien und Aragón aber fielen an Alfons' Bruder Johann II. Neapel hatte unter den langen Kämpfen und den wirren Verhältnissen am Hof wirtschaftlich schwer gelitten und sank in seiner Bedeutung tief herab, zumal die Könige auch ihren Einfluss im Patrimonium Petri vollständig einbüßten; dennoch gehörte das Königreich zu den fünf bestimmenden Kräften auf der Apenninenhalbinsel.

Der mächtigste italienische Signore, der planmäßig seine Herrschaft erweiterte, war Gian Galeazzo Visconti. 1378 trat er das Erbe seines Vaters, Galeazzo II., an und wurde zum Reichsvikar in der Lombardei ernannt. So gewalttätig und machtbesessen die Visconti auch waren, die Herrschaft Gian Galeazzos zeichnete sich durch Gerechtigkeit und Weitblick sowie die Förderung der Wirtschaft aus und machte den Signoren innerhalb seines Machtbereiches sehr beliebt. Nur bei seinem Onkel Bernabò Visconti stellten sich keine wärmeren Gefühle für den Neffen ein; ganz im Gegenteil. Vielleicht dachte er sogar daran, ihn ein für alle Mal aus dem Weg zu räumen. Aber Gian Galeazzo gelang es, den im Alter immer grausameren Bernabò in Mailand im Mai 1385 gefangen zu nehmen. Der Rat von Mailand, dem Namen nach noch immer Herr über die Stadt, billigte Gian Galeazzos Vorgehen. Bernabò landete im Kerker, wo er bald starb, wahrscheinlich durch Gift.

Nun gehörte Gian Galeazzo das gesamte Visconti-Land, das in den Genuss seiner fürsorglichen Regierung kam. Er besetzte den Staatsrat mit Sachkennern, nicht mit Günstlingen, und förderte weiterhin Wirtschaft,

Kunst und Kultur. Die Humanisten an seinem Hof lebten sorglos, mussten aber in ihren Schriften die Person des Visconti verherrlichen. Zur Repräsentation diente auch der Domneubau in Mailand. In seiner zweiten Hauptstadt Pavia stiftete er die Kartause als Stein gewordenes Herrschaftssymbol und würdige Grablege der herzoglichen Familie.

Doch die Verwaltung des Ererbten genügte Gian Galeazzo nicht. Mild und effizient im Innern regierend, strebte er nach der Ausbreitung seiner Macht. Als Erstes fiel Venezien in seinen Blick. Gemeinsam mit Francesco von Carrara fiel er in das Gebiet der della Scala ein und besetzte 1387 ihren Machtbereich. Lange erinnerte er sich nicht an das Bündnis mit den Carrara, sondern einigte sich vertraglich mit Venedig über die Aufteilung der Carrara-Besitzungen, die der Visconti aber auf Dauer nicht halten konnte.

Kaum war der Vertrag unterschriftsreif, wandte sich Gian Galeazzo Mittelitalien zu, wo er sich mit den Este und den Gonzaga verbündete. Solchermaßen verstärkt griff er Bologna an und erklärte – nach einem Hilferuf Pisas, das vor einem Angriff der Albizi zitterte – Florenz den Krieg. Machtvoll schlug Gian Galeazzo die Florentiner Condottieri zurück und übernahm in Pisa selbst die Signorie; Assisi und Perugia ergaben sich ihm ungeachtet ihrer Zugehörigkeit zum Kirchenstaat.

Nach den bisherigen Erfolgen schien es Gian Galeazzo an der Zeit, für seine legitimierende Rangerhöhung zu sorgen. 1395 verlieh ihm König Wenzel den Herzogstitel und wandelte die Visconti-Besitzungen in das Herzogtum Mailand sowie die Grafschaft Pavia um. Für den König hatte die Großzügigkeit freilich böse Folgen, denn die Kurfürsten beschuldigten ihn der Verschleuderung des Reichsgutes und setzten ihn ab. Dem Visconti konnte das egal sein.

Beflügelt von den Erfolgen griff er nach Genua aus, um den für Mailand so wichtigen Hafen zu kontrollieren. Daraufhin schlossen sich im September 1396 Florenz, Ferrara, Mantua, Padua und der König von Frankreich zu einem Bündnis zusammen. Im Oktober des gleichen Jahres unterstellte sich Genua Frankreich; Marschall Boucicault regierte als Abgesandter der französischen Krone, bis die Stadt 1409 den neuen Machthaber verjagte.

Die wachsende Macht des Visconti, die zu keinem geringen Teil auf der Tüchtigkeit der von ihm beschäftigten Condottieri Alberich von Barbiano, Jakob del Verme, Facino Cane und Carlo Malatesta beruhte, beunruhigte die anderen Mächte Italiens. Sie hofften auf die Hilfe König Ruprechts von der Pfalz, mussten aber zusehen, wie dessen Heer 1401 bei Brescia aufgerieben wurde. Damit hatte Gian Galeazzo im Norden seines Machtbereiches Ruhe und konnte sich ungestört wieder seinen Ambitionen im Süden widmen.

Schon 1397 hatte er die Gonzaga angegriffen, die sich gerade noch rechtzeitig mit Venedig verbündeten: 1398 schloss der Visconti einen Waffenstillstand, 1400 dann Frieden mit den Gonzaga und machte künftig einen Bogen um Mantua. Stattdessen wandte er sich wieder seinen Eroberungsplänen für Florenz zu. Zunächst nahm er im Handstreich Bologna, dessen Signore Giovanni Bentivoglio eine militärische Schlappe einstecken musste. Die Bürger der Stadt waren offenbar begeistert von ihrem neuen Herrn und empfingen ihn mit offenen Armen.

Mit Pisas neuem Herrn, Jacopo d'Appiano, einigte sich Gian Galeazzo vertraglich, in Lucca unterstützte er die Guinigi, die Florenz feindlich gegenüberstanden. Als die Malaspina die Lunigiana an ihn verloren, zog sich die Schlinge um Florenz immer enger zu. Das Gerücht ging um, zielgenau von Mailänder Hofpanegyrikern gestreut, Gian Galeazzo würde sich nach der Eroberung von Florenz zum König von Italien krönen lassen, doch es kam anders. Am 3. September 1402 erlag Gian Galeazzo einer Seuche und starb im Feldlager.

Der ebenso kühne wie kluge Politiker hatte testamentarisch die Teilung seines Machtbereichs unter seinen Söhnen, Giovanni Maria Visconti und Filippo Maria Visconti, verfügt. Auch seinen illegitimen Sohn, Gabriele, vergaß er nicht; er erhielt Pisa und die Lunigiana. Gian Galeazzo wollte Zwist unter seinen Kindern vermeiden, aber er war zu früh gestorben. Alle drei männlichen Erben waren minderjährig; die Regentschaft übernahm die Herzoginwitwe, aber Minderjährigkeitsregierungen waren Schwächephasen, die beutegierige Nachbarn in kürzester Zeit anlockten. Der Papst riss Assisi, Bologna und Perugia wieder an sich, Siena kam frei und die Carrara und Este beeilten sich, ihren Teil von der Beute abzubekommen, worüber sie freilich in Konflikt mit Venedig gerieten. Große Probleme bereiteten die Condottieri, die ihren Anteil an den Eroberungen Gian Galeazzos forderten und teilweise erbittert gegeneinander kämpften. Gian Galeazzos Witwe und sein Kanzler gerieten in Gefangenschaft; Herzogin Katharina überlebte die Kerkerhaft nicht lange. Die Herrschaft der Visconti zerfiel und gleichzeitig zeigten sich bei den beiden legitimen Söhnen charakterliche Schwächen, wie der Hang zu unbeherrschter Grausamkeit. Angeblich hatte Giovanni Maria Spaß daran, Verurteilte von eigens zu diesem Zweck gezüchteten Hunden zerfleischen zu lassen.

Als Boucicault von Genua aus versuchte, Mailand anzugreifen, empörte sich Genua und unterstellte sich 1409 dem Markgrafen von Montferrat. Boucicault musste nach einer Niederlage gegen Facino Cane Italien verlassen. Unmittelbar darauf wurde der Condottiere vom amtierenden, aber unfähigen Herzog mit der Regierung Mailands und Pavias betraut. Er bemühte sich nach Kräften, Ordnung in das zerfallende Visconti-Reich zu bringen, aber ihm blieb wenig Zeit. 1412 erkrankte der verhasste Herzog so schwer, dass Mailand eine Verschwörung gegen ihn anzettelte. Im Mai wurde er während der Messe in der Gotthards-Kirche in Mailand ermordet. Am gleichen Tag starb auch Facino Cane. Sofort verheiratete sich der zwanzigjährige Filippo Maria Visconti mit der 42 Jahre alten Witwe Facinos, Beatrice di Tenda. Ihre Hand trug ihm neben einem gewaltigen Vermögen auch die Städte Tortona, Alessandria und Novara ein, und nur darum ging es dem Visconti: Bald wurde er Beatrices überdrüssig und ließ die angeblich Untreue hinrichten. Stolz rückte er in Mailand ein und ließ sich nur einen Monat nach dem Tod des Bruders zum Herzog ausrufen. Mit Hilfe des Condottiere Francesco Bussone da Carmagnola gelangen Filippo Maria vor allem in der Lombardei Landgewinne, und er hatte auch ein glückliches Händchen bei Vertragsabschlüssen. 1421 erlangte er sogar Genua zurück und setzte einen Dogen ein. Aber bald zerstritt sich der Herzog mit seinem Condottiere und Francesco Bussone trat in die Dienste Venedigs, das er gegen den Visconti aufhetzte, tatkräftig unterstützt von Florenz.

Gabriele trat sein Erbe nur kurzfristig an. Klug erkannte er, dass er die nordwestliche Toskana niemals würde halten können, und verkaufte seine Besitzungen an das reiche, triumphierende Florenz. Das Geld der Kaufleute erreichte, woran die Waffen gescheiterte waren: einen eigenen Hafen am Mittelmeer. Der Hafen von Pisa war zwar wegen mangelnder Pflege schon stark versandet, aber Geld und gute Arbeiter schufen rasch Abhilfe.

Florenz aber stieg zur Weltmacht der Großhändler, Großbankiers und Fernkaufleute auf und exportierte extrem teure, am Arno hergestellte Luxusartikel in aller Herren Länder. Florenz wurde zur zweitreichsten Stadt Italiens nach Venedig. Bonifaz VIII. hatte die Stadt im Heiligen Jahr 1300 als das fünfte Element neben Feuer, Wasser, Luft und Erde bezeichnet. Das treffende Bild drängte sich auf, da Florentiner Kaufleute wie die vier Elemente einfach überall zu finden waren. Und tatsächlich war es schwer, in den Wirtschaftszentren Europas in der ersten Hälfte des 14. Jahrhunderts keine Florentiner anzutreffen. Doch die verheerende erste Pestwelle und der Krieg gegen die Kurie hatten der Arnometropole schweren Schaden zugefügt. Die Wirtschaftskrise traf naturgemäß die kleinen Leute besonders hart, und 1378 kam es zum Aufstand der Ciompi. Der Spottname, den man wohl treffend als „Taugenichtse" übersetzen kann, bezeichnete keineswegs arbeitsscheue Tagediebe, sondern hart schuftende Wollkämmer und Wollschläger, die für einen Hungerlohn den Reichtum der Calimala erwirtschafteten. Die Ciompi wollten Erleichterungen für Verbannte und Schuldner sowie die Bildung besonderer Zünfte für die verschiedenen Handwerkergruppen erreichen, um spezifische Interessen besser vertreten zu können. Ihr Bannerträger wurde Michele von Lando, der nach der Besetzung des Palazzo della Signoria eine Signorie einsetzte, die sich je zu einem Drittel aus Vertretern der kleinen, mittleren und reichen Bürger zusammensetzte. Aber damit waren die kleinen Leute nicht zufrieden; es kam neuerlich zu Unruhen. Michele verlor die Macht rasch wieder und die schwerreichen Albizzi erkämpften die Herrschaft zurück. Nach außen hin war Florenz auch weiterhin eine Zunftrepublik, tatsächlich jedoch zählte allein der Wille der Albizzi, und es herrschte die Oligarchie.

Damit oblag den Albizzi aber auch die gesamte Außenpolitik, vor allem die Erweiterung auf Kosten der geschwächten Visconti in der Toskana. Allerdings erzielte die Familie hier kaum Erfolge, was ihrer Reputation schadete. Trotz vieler Anstrengungen gelang es nicht, Lucca dauerhaft zu vereinnahmen. Des weiteren machten sich die Albizzi durch ihre einseitige, allein auf ihre wirtschaftlichen Interessen zugeschnittene Steuerpolitik unbeliebt. Die Zahl der Unzufriedenen wuchs und fand ihr Sprachrohr in den Medici.

Die Medici lassen sich seit der zweiten Hälfte des 13. Jahrhunderts in Florenz nachweisen, wo sie politisch kaum eine Rolle spielten. Dass Salvestro de' Medici kurzzeitig während des Krieges gegen die Kurie das Amt des *gonfaloniere della giustizia* übernahm, blieb zunächst eine Episode. Um mehr politischen Einfluss zu gewinnen, lavierten die Medici zwischen dem Volk und den Albizzi, was ihnen 1400 eine eindringliche Ermahnung und einigen Familienmitgliedern sogar die Verbannung eintrug. Danach widmeten sie sich ganz den Geschäften und ließen zunächst die Finger von der Politik. Unter Giovanni di Bicci erzielte ihre Bank märchenhafte Gewinne, und die Medici stiegen zu Bankiers des Papstes auf. Trotz ihres Reichtums galten die Medici in Florenz immer als Freunde und Anwälte der kleinen Leute, was sich im späteren Ringen mit den Albizzi als großer Vorteil erweisen sollte.

Dank der politischen Zurückhaltung und der wohlwollenden Fürsprache Niccolòs da Uzzano, dessen Wort bei den Albizzi zählte, versöhnten sich die Medici mit der Oligarchie und wurden wieder zu öffentlichen Ämtern zugelassen. Nachdem Florenz mehrere erfolglose, aber die Steuerlast unerträglich steigernde Kriege gegen die Visconti geführt hatte, gerieten die Albizzi stark unter Druck. Als sich Giovanni di Bicci gegen Gewalt und für Steuererleichterung aussprach, stieg das Ansehen der Medici so stark, dass sie mit den Albizzi praktisch auf einer Stufe standen.

Aber nach dem Tod Niccolòs da Uzzano gewann eine radikale Strömung im Umfeld der Albizzi die Oberhand, und das Drängen der Medici auf gerechtere Lastenverteilung in der Stadt stieß auf empörtes Unverständnis. Zwischenzeitlich war Giovanni di Bicci verstorben und hatte seinen Söhnen Cosimo und Lorenzo unglaubliche Reichtümer hinterlassen. Cosimo wurde zum Sprecher der Mediceer-Partei. Man warf ihm vor, im Krieg gegen Lucca zum Schaden von Florenz mit Francesco Sforza paktiert zu haben, und verbannte ihn 1433 auf zehn Jahre nach Padua. Dort erwartete ihn freilich kein freudloses Notquartier, sondern ein luxuriöses Exil, das ihm die erfolgreiche Weiterführung seiner Bankgeschäfte gestattete.

Doch schon im Herbst 1434 rief man die Medici zurück. Bei den Wahlen kam es zum Umsturz, die Medici übernahmen die Macht und vertrieben die Albizzi. Die nächsten 30 Jahre lang beherrschte Cosimo de' Medici Florenz wie ein absoluter Monarch. Aber er war klug genug, alles zu vermeiden, was nach außen hin die republikanischen Traditionen verletzte; die Fassade der Zunftrepublik blieb unangetastet. Cosimo, der große Mäzen, gewann das Vertrauen des Humanisten auf dem Papstthron, Nikolaus' V., und wurde 1447 zum Hofbankier der Kurie ernannt. Damit standen Reichtum und Ansehen der Medici auf dem Höhepunkt. Ohne das Vermögen ernsthaft zu strapazieren, ließ Cosimo seiner Leidenschaft für prunkvolle Bauten und die schönen Künste freien Lauf und tätigte zudem eine Unzahl wohltätiger Stiftungen. Auch wenn die Zeiten nicht immer friedlich waren, erlebte Florenz eine Phase des Friedens und des Wohlstandes.

Cosimo strebte in der Politik vor allem nach dem Gleichgewicht der Kräfte, die sich in kunstvoller Balance gegenseitig in Schach hielten. Als er 1464 in seiner Landvilla in Careggi starb, hatte er seine Ziel erreicht, und die Stadt ehrte ihn nicht zu Unrecht als *pater patriae*; ein Titel, der ihm postum verliehen wurde und den er aus Rücksicht auf die Stimmung in der Stadt zu Lebzeiten auch wohl kaum getragen hätte. Florenz beschritt den Weg zur

Cosimo de' Medici. Gemälde, um 1518/19, von Jacopo Pontormo.

fürstlichen Alleinherrschaft, ohne dass dies äußerlich sofort zu erkennen gewesen wäre. Die Stadt war aus dem Konzert der italienischen Mächte nicht mehr wegzudenken.

Den reichsten Profit aus der Krise des Herzogtums Mailand schlug jedoch Venedig, wobei der Aufstieg zur alleinigen Seemacht auf italienischem Boden freilich schon viel früher gelang. Nur Genua stellte eine ernsthafte Konkurrenz dar, weshalb die beiden Seemächte zu erbitterten Feinden wurden. 1378 kam es zum Krieg um die Vormacht in der Levante. Hinter Genua standen die Carrara, Aquileja und der König von Ungarn, auf Seiten Venedigs kämpften Zypern, Aragón und die Visconti. Obwohl die Partei Venedigs weit mächtiger erschien, wurde die Serenissima enttäuscht, denn ihre Bündnispartner hielten sich aus dem Kampf heraus. So verlor die Stadt Chioggia, während Ungarn die Stützpunkte in Dalmatien attackierte. In Venedig herrschte Endzeitstimmung, und der Hunger zermürbte die Bevölkerung. In einem letzten Kraftakt gelangen die Rückeroberung Chioggias und die Zerschlagung des Belagerungsrings um Venedig. Als zufällig gleichzeitig die venezianische Flotte aus der Levante zurückkehrte, wendete sich das Kriegsglück. Dank eines raschen Friedensschlusses in Turin erholte sich die Serenissima bald von den wirtschaftlichen und materiellen Schäden.

Aber am Rialto erkannte man einmal mehr, dass Venedig unbedingt Festlandsbesitz brauchte, um im Kriegsfall darauf zurückgreifen zu können. Die Terra ferma sollte die Lagune mit Lebensmitteln versorgen und als Aufmarschfeld ebenso dienen wie als Weideplatz. Als Gian Galeazzo Visconti starb, musste dies Venedig wie ein Geschenk des Himmels erscheinen. Die Serenissima ging auf Beutetour. Ihr erstes Opfer wurde 1405 Padua, es folgten Feltre, Verona und Bassano. Aber die Erweiterung des venezianischen Herrschaftsgebietes fand auch schlagkräftige Gegner, und Venedig führte Krieg gegen den Patriarchen von Aquileja und König Sigismund. Doch das Glück war mit der Seemacht. Sie überrannte das einzige geistliche Landesfürstentum deutschen Musters in Italien und erweiterte ihr Territorium fast bis an den Fuß der Ostalpen. 1437 anerkannte der Kaiserhof den Status quo; Venedig war zur Landmacht geworden.

Politisch hatte sich die Serenissima vom erblichen Doganat der Parteciaci, Candiani und Orseoli über einen längeren Zeitraum hinweg praktisch zu einer Adelsrepublik gewandelt, in welcher der Doge die Stadt zwar repräsentierte, die Macht aber mit vielen Gremien teilen musste, zu denen allein die wichtigsten Adelsfamilien Zugang hatten. Damit ging Venedig im Grunde den umgekehrten Weg wie Florenz.

Mächtigster und hartnäckigster Gegner der Venezianer waren die Visconti, deren Macht unter Filippo Maria neu erstarkte. Er konnte und wollte der Ausdehnung der Lagunenstadt auf der Terra ferma nicht tatenlos zusehen, gerieten die beiden Mächte doch rasch in drangvolle Nähe zueinander. Nach dem Weggang Francesco Bussones da Carmagnola musste sich Filippo Maria nach neuen Condottieri umsehen. Er fand den fähigen Niccolò Piccinino und den noch weit begabteren, von seinen Soldaten nahezu abgöttisch geliebten Francesco Sforza, den Sohn Muzio Attendolo Sforzas. Mit ihm verlobte er seine einzige illegitime Tochter Bianca Maria; legitime Kinder hatte Filippo Maria aus drei Ehen nicht gewonnen. Gleichzeitig boykottierte Filippo Maria im Hintergrund die Pläne des Condottiere, eine eigene Signorie zu erlangen.

Als Francesco Sforza nach mehrmals verschobener Hochzeit erkannte, dass er die Hand Bianca Marias wohl niemals erhalten würde, lief er zu den Venezianern über. Dort kämpfte er an der Seite Gattamelatas (Erasmo da Narni) erfolgreich gegen Mailand. Obwohl ihn die Serenissima 1439 in den Stand der *nobili* Venedigs erhob, wechselte Francesco erneut die Seiten, als sich sein möglicher Schwiegervater wieder im Aufwind befand.

Der Augenblick war gekommen, als die Bestrebungen Francescos, in den adriatischen Marken eine eigene Signorie aufzubauen, den Widerstand des Papstes, Neapels, des Visconti und des Condottiere Niccolò Piccinino hervorrief. Francesco erschütterte diese Allianz wenig, konnte er doch Florenz und Venedig auf seine Seite ziehen und zudem noch Aragón zur Neutralität überreden. Als Filippo Maria das Potential Francescos erkannte, stellte er sich auf seine Seite, und das Papsttum trug den Schaden des plötzlichen Einverständnisses des Visconti mit seinem präsumptiven Schwiegersohn und verlor große Teile der Marken.

Aber die neue Freundschaft war nicht von Dauer. Diesmal kämpfte der Herzog an der Seite des Papstes, Sigismondo Malatestas und Alfons' von Neapel gegen den Sforza, der trotz seines militärischen Könnens auf verlorenem Posten gestanden hätte, wäre Filippo Maria nicht am 13. August 1447 gestorben.

Nun stellte sich die spannende, in ganz Europa seit Jahren diskutierte Frage, wer den Visconti beerben würde. Aspiranten auf das reiche Erbe gab es genug: den Bruder der Herzoginwitwe, Ludwig IX., Herzog von Savoyen, sodann den Markgrafen von Montferrat und den Herzog von Orléans, ein Nachfahre Valentina Viscontis. Die stärksten Argumente konnte jedoch König Alfons von Neapel vorweisen, denn angeblich hatte Filippo Maria ihn testamentarisch zum Erben eingesetzt. Aber da war auch noch Francesco

Sforza, der Dauerverlobte Bianca Marias, die zwar nur eine illegitime Visconti, aber das einzige Kind ihres Vaters war. Diesen Augenblick nutzten die Mailänder zum Befreiungsschlag; sie riefen die Ambrosianische Republik aus, der sich Como, Novara und Alessandria anschlossen. Wie ein Lauffeuer ergriff die Freiheitsparole auch andere Städte des Visconti-Gebietes: Pavia und Parma befreiten sich, Lodi und Piacenza unterstellten sich Venedig. Francesco Sforza trat vorübergehend in die Dienste der Ambrosianischen Republik, verärgerte diese aber bald durch die Annahme der Signorie in Pavia. Zum Leidwesen Mailands verbündete sich der Sforza mit Venedig und besetzte den breiten Landstrich zwischen der Adda, der projektierten Grenze der Republik Mailand zu Venedig, und dem Tessin. Der Expansionsdrang wurde aber auch der Serenissima rasch wenig geheuer und sie wechselte die Seiten. Im September ging Venedig ein Bündnis mit der Ambrosianischen Republik ein. Francesco Sforza zog den Belagerungsring um Mailand enger; die neuen Verbündeten konnten ihn nicht sprengen. Der Hunger arbeitete zu Gunsten Sforzas. Im Frühling 1450 öffnete Mailand seine Tore und Francesco Sforza nahm den Titel Herzog von Mailand und Graf von Pavia an, ohne beim Kaiser nachgefragt oder dessen Einverständnis eingeholt zu haben.

In den folgenden Jahren herrschte Krieg, wobei Venedig nun mit Neapel zusammenging und Florenz unter den Medici ebenso an der Seite Mailands stritt wie Bologna und Mantua. Der Konflikt zog rasch weite Kreise und endete erst, als die Schreckensnachricht vom Fall Konstantinopels in die Hände der Türken Europa erreichte. Im April 1454 schloss man in Lodi Frieden. Mailand behielt Parma und Piacenza und Venedig Brescia, Bergamo und Lodi; die Adda trennte die Interessensbereiche der beiden Kontrahenten. Im August des gleichen Jahres schmiedeten Mailand, Venedig und Florenz eine heilige Allianz, die den Frieden in Italien sichern sollte. Nachträglich traten ihr Alfons von Aragón und der Papst bei. Damit waren die fünf entscheidenden Mächte Italiens unter einem vertraglichen Dach geeint und man durfte hoffen, dass die Bedrohung durch die Türken den Friedensbemühungen Dauerhaftigkeit verleihen würde.

So geschlossen, wie es auf den ersten Blick erscheint, waren die fünf großen Machtblöcke nicht. Vielfach wurden sie von kleineren Herrschaften durchdrungen, was die Zeit des friedlichen Gleichgewichts zwischen dem Frieden von Lodi 1454 und dem Einmarsch Karls VIII. 1494 aber nicht wirklich belastete. So konnten sich die Republiken von Genua, Lucca und Siena behaupten, kleinere Fürstentümer wie Savoyen oder die Este in Ferrara durchaus eigenes Gewicht erlangen und selbst kleinste Herrschaften wie die Signorie von Piombino auskömmlich leben. Noch immer gab es kaiserliche Lehen, von denen die größeren in den Händen der Markgrafen von Finale an der westlichen Riviera oder den Markgrafen Malaspina in Carrara und Massa lagen. Aber auch die kleinen Lehen in der Lunigiana und den Langhe erwiesen sich als erstaunlich überlebensfähig.

Die lange Friedenszeit des sorgfältig ausbalancierten Gleichgewichts zwischen 1454 und 1494 tat Italiens Wirtschaft gut, auch wenn Frankreich, Deutschland oder Spanien aufholten. Der dortige Aufschwung intensivierte nur den Handel. Aber es zeigten sich schon unverkennbare Zeichen einer drohenden Rezession. Die Florentiner und Mailänder Wollexporte gingen zurück, da die englischen Erzeugnisse zwar gröber, aber wesentlich billiger waren. Seit dem 12. Jahrhundert lieferte England feinste Wolle, doch das Rohprodukt wurde nicht auf der Insel, sondern vor allem in Italien veredelt. Aber seit den Tagen Heinrichs VII. baute England eine eigene Wollindustrie auf, die günstige Stoffe herstellte. Ausgeglichen wurden die Verluste nur teilweise durch die Seidenindustrie vor allem in Mailand, Florenz und Genua, denn auch hier gab es Absatzprobleme. Unberührt davon blieben die seidenen Luxustuche aus Lucca und Genua, denn noch war die Konkurrenz aus Flandern und Brabant nicht zu einer echten Bedrohung herangewachsen.

Auch auf dem internationalen Geldmarkt zeigten sich erste Krisen, und die Risiken allzu leichtfertiger Kreditvergaben forderten ihre Opfer. Schon vor der Mitte des 14. Jahrhunderts brach das Florentiner Bankhaus der Bardi und Peruzzi zusammen; sie hatten zu sehr auf die Zahlungsfähigkeit Englands vertraut. Die Pleite zeitigte weitreichende Folgen. Man vertraute den Florentiner und in ihrem Gefolge auch den Genueser Bankhäusern nicht mehr blind. Zwar blieb Florenz bis zum Ende des 15. Jahrhunderts der wichtigste europäische Bankenplatz, aber im Ausland schliefen die Geldfachleute nicht und wuchsen zu ernster Konkurrenz heran.

Zudem litt Florenz langfristig unter der Politik Cosimos de' Medici, denn der kluge Kaufmann tat alles, um Rivalen auszuschalten und deren Vermögen kleinzuhalten, um auf dem Bankensektor die alleinige Führungsmacht zu behaupten. Die steuerlichen Veränderungen wurden zwar von der Masse der Florentiner begrüßt, belasteten aber die Vermögen der führenden Familien, so dass keine blühende Bankenlandschaft entstehen konnte. Das war doppelt nachteilig; schwankte das Geld-Imperium der Medici, traf es

Florenz mit voller Härte, zudem wehrten sich die anderen Familien heftig gegen die neuen Alleinherren. 1433 und 1494 wurden die Medici vertrieben, 1478 entgingen sie nur knapp einem verheerenden Mordanschlag. Nach dem Tod Lorenzos des Prächtigen brach ihr Bankhaus zusammen, da sich die neue Prachtliebe nur schlecht mit den Kaufmannstugenden der Aufstiegsphase vertrug. Die Einnahmen hielten mit den gewaltigen Aufwendungen nicht mehr Schritt. Die Stelle der Medici auf dem internationalen Geldmarkt-Parkett nahm bezeichnenderweise keine italienische Bank ein, sondern die Fugger aus Augsburg.

Die verheerende Pestwelle in der Mitte des 14. Jahrhunderts hatte so vielen Menschen das Leben gekostet, dass der Mangel an Arbeitskräften auch im nachfolgenden Jahrhundert nicht ausgeglichen werden konnte. Landarbeiter wurden abgeworben und mit ihnen wanderten bislang ängstlich gehütete Produktionsgeheimnisse. Dennoch erholte sich die Landwirtschaft dank vielfältiger Investitionen, die Entwaldung der fruchtbaren Landstriche schritt erschreckend schnell voran, man brauchte Platz für exzessiven Weizenanbau.

Weitreichende Folgen hatte die türkische Expansion, der 1453 Konstantinopel zum Opfer fiel und die letztlich die großen Mächte Italiens an den Verhandlungstisch von Lodi trieb. Das sensible Gleichgewicht des späten 15. Jahrhunderts war auch das Ergebnis der Unfähigkeit der fünf Ausschlaggebenden, sich machtvoll über die jeweils anderen vier erheben zu können. Florenz war zu schwach, Aragón im Innern beschäftigt, der Kirchenstaat zu ungefestigt, Mailand im Grunde satt und Venedig stand im Krieg mit den Türken.

Die osmanische Expansion behinderte den internationalen Warenverkehr, wobei die alten Karawanenstraßen von Innerasien in die Levante bereits durch die Ausweitung des Tatarenreiches aufs schwerste beschädigt worden waren. Nach der türkischen Eroberung Konstantinopels fiel ein wichtiges Handelsdrehkreuz zwischen Osten und Westen aus. Es dauerte lange, bis die italienischen Seemächte wieder Lagerhallen und Schiffsanleger am Bosporus nutzen durften, und die Kosten hierfür waren horrend. Zudem war man nie sicher, ob Mehmed II. die einmal getroffenen Vereinbarungen nicht umgehend widerrief.

Zuerst traf es Genua. Seine Außenposten am Schwarzen Meer wurden von Süden her aufgerollt und nach 1460 planmäßig beseitigt. Weder die Krim noch die Positionen an den Flussmündungen von Don und Dnjestr ließen sich halten. Die Casa di San Giorgio, die genuesische Vereinigung der Großkaufleute, die erheblichen Einfluss auf das Stadtregiment ausübte, stand vor dem Abgrund. Da half es wenig, dass Venedig mit Hilfe Skanderbegs von Albanien und Matthias Corvinus von Ungarn den Vormarsch der Türken auf dem Balkan stoppte und 1464 den Peloponnes zurückgewann. Auch die Serenissima konnte sich nicht lange über die Erfolge freuen. Genua war nach dem Verlust seiner Außenposten auf seine heimische Industrie zurückgeworfen, aber nur die Werften waren noch turmhoch der Konkurrenz überlegen. Und selbst hier war Genua verletzlich, war es doch auf permanente Holzlieferungen angewiesen und dadurch erpressbar.

Venedig hatte gehofft, die Liquidation der genuesischen Stützpunkte würde den Ausdehnungsdrang Mehmeds II. befriedigen, und ihre Positionen blieben verschont. Seit 1205 beherrschten die Venezianer Kreta und im 15. Jahrhundert gelang es ihnen, sich Zypern einzuverleiben. Der letzte König aus dem Haus Lusignan hatte eine Venezianerin geheiratet, Caterina Cornaro. Als ihr Gemahl starb, übernahm die Serenissima Zypern gleichsam als Statthalter der Witwe, die dafür immerhin eine ansehnliche Pension erhielt. Mit Zypern gelang Venedig die Annektierung eines reichen Agrarlandes mit lukrativen Bodenschätzen.

Zuvor schon ließen sich die Beziehungen zu Mehmed II. gut an. 1454 erhielten die Venezianer einen Meistbegünstigten-Vertrag der Pforte, und der Doge wurde sogar als Freund des Sultans an den Bosporus eingeladen, um einem Fest in der Familie Mehmeds beizuwohnen. Aber das gute Einvernehmen hielt nicht lange. Wegen einer Nichtigkeit kam es zum Krieg, den Venedig fast allein führen musste und der durch die osmanische Flotte extrem gefährlich wurde. Erschwerend kam hinzu, dass Genua und Florenz heftig gegen die Serenissima intrigierten. 1470 verlor Venedig mit Nekroponte auf Euböa seinen wichtigsten Stützpunkt in der Ägäis. Aber es kam noch schlimmer, da die Türken Friaul heimsuchten und die Terra ferma verwüsteten. 1479 musste Venedig einem Vertrag zustimmen, der keinerlei Gewinne brachte und horrende Tribute an die Pforte festschrieb. Aber für die Handelsprivilegien und die relative Sicherheit war kein Preis zu hoch, auch wenn man sich zähneknirschend die Demütigung eingestehen musste.

Das Schlimmste war der Verlust der Vorherrschaft in der Adria, denn die Türken griffen nur ein Jahr nach dem Friedensschluss nach Otranto aus, brannten den Ort nieder und töteten die männliche Bevölkerung. In den alten Volksliedern Otrantos lebt der Schock bis heute fort. Es war nicht abzusehen, wer Mehmed II. Einhalt gebieten sollte und wie weit er seine Eroberungen treiben würde; die Europäer konnten sich nicht zu einer konzertierten Aktion durchringen. Da starb der Sultan am 3. Mai 1481. Als der Papst die Nachricht erhielt, ließ er mehrtägige Dankgebete abhalten.

Überaus rasch erholte sich die Serenissima von den fürchterlichen Schlägen und konsolidierte die Wirtschaft, ja steigerte sogar die Einnahmen. Dies mag auch dem Umstand geschuldet gewesen sein, dass nach Mehmeds Tod das Osmanenreich in inneren Wirren gefangen war. Obwohl die Osmanen bei der Thronbesteigung ihre Geschwister töten ließen, um potentielle Rivalen auszuschalten, gelang einem Bruder Bajesids II., der die Macht seines Vaters übernahm, die Flucht. Dschem wurde vom Großmeister des Johanniter-Ordens in Rhodos gefangengenommen und an Frankreich ausgeliefert. Später gelangte das kostbare Beutestück in die Hand des Papstes. Bajesid zahlte bereitwillig den jeweiligen „Besitzern“ seines Bruders enorme Summen, damit sie ihn keinesfalls an den Bosporus zurückkehren ließen. Die Zahlungen an den Apostolischen Stuhl betrugen fast ein Fünftel des gesamten Jahreseinkommens der Kurie.

Deren Finanzsituation hatte sich durch einen Zufallsfund ohnehin schlagartig verbessert. In der Montagna di Tolfa, im Nordwesten der Ewigen Stadt, hatte man Alaun gefunden, das für die Herstellung und das Färben edler Tuche sowie für die Lederproduktion und die Papierproduktion unentbehrlich war und zuvor für teures Geld importiert werden musste. Die bisherigen Gruben befanden sich allesamt auf dem Hellespont und gehörten damit den Türken. Die Montanindustrie im Patrimonium Petri erlebte eine explosionsartige Entwicklung und man war fast so weit, zu den anderen großen Bergbaustaaten Europas aufzuschließen, als Alaun entbehrlich wurde, da man andere Färbe- und Produktionstechniken entwickelte. Vor allem der große Humanistenpapst Pius II. hegte die Hoffnung, durch den Alaunhandel das Kapital für einen neuen Kreuzzug zu gewinnen – vergeblich, der Kreuzzug kam nicht zustande.

Der Handel mit Luxusgütern war durch die osmanische Expansion so sehr erschwert, dass man fieberhaft nach einen Seeweg nach Indien suchte. Aber die genuesischen Entdecker starteten nicht von Italien aus. Geld und Ausrüstung für die gewagten Reisen ins Unbekannte gab es anderwärts leichter. Cristoforo Colombo segelte unter der Flagge Portugals und Spaniens und Giovanni Gaboto unter dem Zeichen der Krone Englands.

Aber Italien galt trotz des spürbaren Niedergangs noch immer als europäische Handelsvormacht, von der man viel lernen konnte, weshalb Kaufmannsfamilien ihre Söhne gerne nach Mailand, Venedig und Florenz schickten, um sie in den Wissenschaften oder der Buchführung unterrichten zu lassen. Und Italien war noch immer das bestaunte, bewunderte Land der Kunst und Kultur, in dem die antiken Klassiker durch kritische Texteditionen zu neuen Ehren kamen. Der Glanz der Fürstenhöfe blendete die Besucher, wobei vor allem Venedig und Florenz zum Ziel staunender Betrachter wurden.

Dass es hinter den glänzenden Fassaden teilweise drunter und drüber ging und der schöne Schein kaum noch gewahrt werden konnte, sah man nicht auf den ersten Blick. Florenz war keineswegs die friedliche Stadt der Medici, die dort jenseits allen Neides herrschten. Mit dem Tod Cosimos war diese Zeit vorbei. Cosimos Sohn Piero, der die Herrschaft seines Vaters unangefochten übernahm, litt seit langem an Gicht, einem häufig in der Familie auftretenden Leiden. Erfolgreich führte er die Politik seines Vaters fort, ohne dessen dominierende Stellung einzunehmen. Als er nur 5 Jahre nach Cosimo starb, hinterließ er zwei Söhne: Lorenzo und Giuliano. Aber die Zeichen standen auf Sturm.

Fast unbemerkt waren die Pazzi aufgestiegen, die nun mit Papst Sixtus IV. aus dem Haus della Rovere gemeinsame Sache machten. Die Pazzi unterschätzten in ihrem Streben nach Macht wohl, auf welchen Partner sie sich eingelassen hatten. Sixtus IV. betrieb eine geradezu exzessive Nepotenpolitik. Zwei seiner Neffen, Pietro Riario und Giuliano della Rovere, machte er zu Kardinälen, obwohl beide noch keine dreißig Jahre alt waren. Riario starb bald, aber Giuliano riss an sich, was er bekommen konnte. Ein dritter Papstneffe, Girolamo Riario, war Laie und wurde mit Imola belehnt sowie mit Katharina Sforza verheiratet. Ein weiterer Neffe, Giovanni della Rovere, ehelichte die Tochter Federigos da Montefeltro, des genialen Condottiere und kunstsinnigen Mäzens, den seit 1474 der Titel eines Herzogs von Urbino schmückte; daneben erhielt Giovanni noch den Vikariat von Senigallia. Lorenzo de' Medici sah die Nepotenpolitik mit Argwohn, kam sie doch den Florentiner Interessen gefährlich nahe. Seine Sorge war nicht unberechtigt, denn Girolamo Riario gab sich mit Imola nicht zufrieden und wünschte sich Florenz.

Einen ersten Schlag gegen die Medici führte der Papst selbst, indem er sich von ihrem Bankhaus abwandte und die kurialen Finanzen den Pazzi übertrug. Die Pazzi ihrerseits verbündeten sich mit Girolamo Riario und ihr

Ziel war eindeutig: die Beseitigung der Medici-Brüder. Wieweit der Papst um das Komplott wusste, ist fraglich; aber Mord ging ihm eindeutig zu weit. Dennoch führte man den blutigen Plan aus. Während des Hochamtes im Dom zu Florenz sollten beide Brüder erschlagen werden. Als sich selbst hartgesottene Kriegsmannen weigerten, in der Kirche zu morden, übernahm ein Geistlicher den Auftrag. Seine Ungeübtheit und Ungeschicklichkeit rettete Lorenzo das Leben; er entkam leicht verletzt in die Sakristei. Aber Giuliano wurde getötet. Die Medici rüsteten zur Rache, obwohl sich Sixtus IV. trotz der Bluttat für die Partei seines Neffen erklärte und Florenz mit dem Interdikt bestrafte. Der Krieg begann.

Lorenzo erhielt Waffenhilfe von Mailand und Venedig und es gelang dem eloquenten Medici auch, den König von Neapel von der Parteinahme für das Papsttum abzubringen. Angesichts dieser Phalanx lenkte Sixtus IV. ein und es kam 1480 zum Frieden.

Aber die Nepotenpolitik Sixtus' IV. gefährdete das empfindliche *equilibrio* auch weiterhin. Um Girolamo Riario einen Ersatz für das entgangene Florenz zu bieten, brach der Papst einen Krieg mit den Este und mit Ferrante von Neapel vom Zaun, wozu er ein Bündnis mit der Serenissima einging. Aber Girolamo wurde erneut enttäuscht. Die streitenden Parteien einigten sich in Bagnolo auf einen Frieden, der den Status quo festschrieb; pikanterweise ohne zuvor die Kurie gefragt zu haben.

Als kleine Entschädigung für die zerplatzten Träume erhielt Girolamo Forlì aus dem Erbe der Ordelaffi. Nach dem Tod des Nepoten verteidigte seine Witwe das Erbe für den gemeinsamen Sohn, der sich indessen gegen Cesare Borgia nicht behaupten konnte. Die kleine Herrschaft zerfiel und in Forlì zogen erneut die Ordelaffi ein. 1504 war es auch damit zu Ende, denn Papst Julius II., „*papa terribile*", auch ein della Rovere, zog sowohl Forlì als auch Imola an sich und verleibte sie dem Kirchenstaat ein.

Besser hatte es Giovanni della Rovere getroffen. Mit der Hand der Tochter Federigos da Montefeltro hatte er in die kometenhaft aufgestiegene Familie eines begnadeten Condottiere eingeheiratet. Federigo, von Sixtus IV. zum Dank für seine militärischen Dienste zum Herzog von Urbino ernannt, schuf in der kleinen Stadt in seinem gewaltigen Palast einen weithin ausstrahlenden Musenhof. Die feinen Marmorarbeiten und die erlesenen Intarsien im Studierzimmer des Palastes, die einzigen Reste der einstmals mehr als prachtvollen Ausstattung, zeugen von höfischem Geschmack, den man dem Kriegsmann kaum zugetraut hätte. Federigo war abseits der Schlacht-

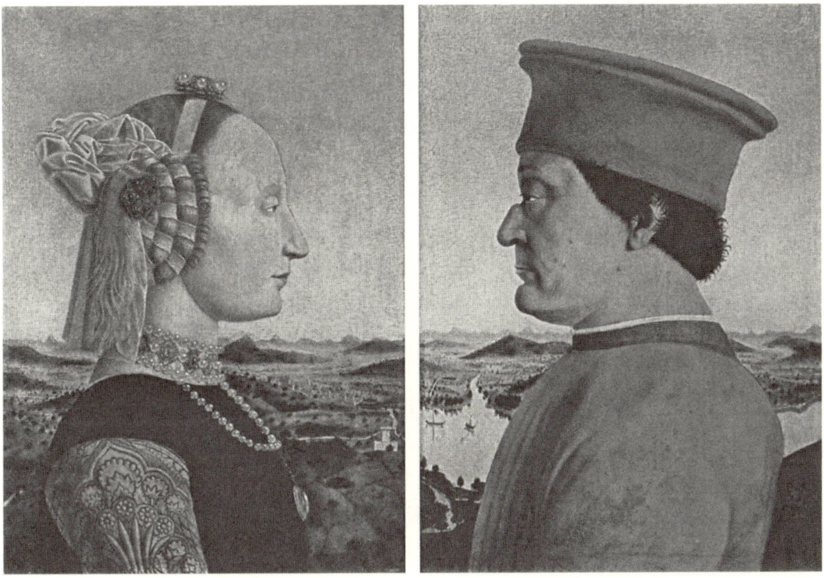

Federigo da Montefeltro und seine Gemahlin Battista Sforza.
Gemälde von Piero della Francesca, 1472.

felder stets auf feinste Formen bedacht, weshalb er sich nur im Profil abbilden ließ, hatte er doch im Kampf eine Wunde an der Nasenwurzel empfangen, die eine Gesichtshälfte stark verunzierte. So wollte er sich nicht für Zeitgenossen und Nachwelt abbilden lassen; die repräsentativen Porträts zeigen nur seine Schokoladenseite.

Da Federigos Sohn Guidobaldo, dem nichts von der Schlagkraft und Durchsetzungsfähigkeit seines Vaters anhaftete, keinen Sohn hatte, adoptierte er Francesco Maria della Rovere, der 1508 die Herrschaft in Urbino antrat. Bis 1626 konnte sich die Familie behaupten.

Nach dem Tod Sixtus' IV. 1484 wurde Innozenz VIII. Cibo erhoben, der zwar die Unverfrorenheit besaß, seine eigenen Kinder im Vatikan vor aller Augen zu empfangen, der aber dennoch nicht dem ausufernden Nepotismus seines Vorgängers huldigte. Das beruhigte vor allem die Toskana und machte den Weg frei für eine neue Allianz, mit der vor wenigen Jahren niemand gerechnet hätte. Innozenz VIII. verheiratete Franceschetto Cibo mit einer nichtehelichen Tochter Lorenzos de' Medici. Damit rückte Florenz an das Papsttum heran und Innozenz VIII. ernannte Lorenzos erst 13-jährigen

Sohn Giovanni zum Kardinal. Giovanni hat es später selbst auf den Stuhl Petri gebracht und als Leo X. dafür gesorgt, dass Franceschettos Sohn 1520 in Massa und Carrara zur Herrschaft gelangte.

Allianzenverschiebungen innerhalb der fünf bestimmenden politischen Größen Italiens blieben niemals ohne Folgen auf das Gesamtgefüge. Innozenz VIII. wandte sich, auch auf Anraten Kardinal Giulianos della Rovere, von Neapel ab, was dort zu neuerlichen Wirren führte, begünstigte das Papsttum doch plötzlich französische Ansprüche auf das Königreich, die längere Zeit auf Eis gelegen hatten, aber niemals aufgegeben worden waren. Ferrante ging als Sieger vom Platz, aber die Unruhen hatten Neapel unnötig geschwächt.

Doch französische und spanische Interessen prallten nicht nur in Unteritalien aufeinander, auch in Genua wollten beide Seiten Boden gewinnen. Der Konflikt wurde durch das Eingreifen Mailands noch zusätzlich angeheizt, da die Stadt im Interesse der Wirtschaft Genua als wichtigsten Hafen behaupten wollte und verhindern musste, dass auswärtige Streitereien auf genuesischem Boden ausgetragen wurden. Schon wieder geriet das Gleichgewicht in Schieflage.

Die Tendenz zum Ungleichgewicht verstärkte sich noch, als Francesco Sforza starb und ihm sein Sohn Galeazzo Maria folgte. Galeazzo hatte weder die Fähigkeit noch die Klugheit, Ausgewogenheit, Fürsorglichkeit oder die militärische Geschicklichkeit des Vaters geerbt. Die Anhänglichkeit der Untertanen war binnen weniger Jahre verspielt, in denen sich Galeazzo Maria ausschließlich seinen Leidenschaften hingab, zu deren Finanzierung er die Steuern permanent erhöhte und mit größter Brutalität eintreiben ließ. Er fiel einem Attentäter zum Opfer. Trotzdem ging die Macht ohne Probleme an seinen unmündigen Sohn Gian Galeazzo über, für den seine Mutter ein kluges und respekteinflößendes Regiment führte. Bona von Savoyen hätte die Jahre bis zur Mündigwerdung ihres Sohnes zum Wohle Mailands verwenden können, wäre sie nicht von Lodovico il Moro, ihrem Schwager, verdrängt worden. Er kerkerte seinen Neffen ein, um an seiner Stelle zu regieren, wollte aber noch zusätzliches Kapital aus seiner fetten Beute schlagen. So verheiratete er Gian Galeazzo mit der Enkelin des Königs von Neapel. Als dieser darauf drängte, Gian Galeazzo nun endlich für volljährig zu erklären – immerhin war er schon zwanzig Jahre alt –, ließ Lodovico seinen Neffen kurzerhand erdrosseln. Da der Täter nicht ohne Grund die Rache der Aragonesen fürchtete, motivierte er Frankreich, seine Ansprüche auf Unteritalien und das Königreich Neapel neu ins politische Spiel zu bringen. Für den Fall, dass die Franzosen in Unteritalien Krieg führen würden, gelobte er ihnen Waffenhilfe. Damit rief er eine auswärtige Macht ins Land, die zu diesem Zeitpunkt wohl keine Invasion plante.

Das Gleichgewicht funktionierte nicht mehr, die fünf Mächte hielten sich nicht mehr in Schach und Italien trieb in die Katastrophe. Wer hätte das Verhängnis aufhalten sollen? In Florenz starb 1492 Lorenzo und hinterließ die Herrschaft seinem bestenfalls mäßig begabten Sohn Piero II. Sein arrogantes Auftreten gepaart mit offenkundiger Unfähigkeit ließen den Zorn am Arno rasch hochkochen, und Piero wurde bei der ersten Niederlage vertrieben. Genua hielt seit längerem große Stücke auf Frankreich und die Valois hatten mit Asti einen festen Stützpunkt auf italienischem Boden geerbt. Der Papst wäre möglicherweise in der Lage gewesen, das Unheil zu bannen, aber in Rom kam ein Spanier auf den Stuhl Petri, Rodrigo Borgia, Alexander VI. Ein sanftmütiges, ausgleichendes Wesen konnten ihm auch die größten Schmeichler nicht nachsagen. Und in Neapel starb 1494 Ferrante, wodurch sich die Nachfolgefrage wieder einmal stellte. Die glückliche Zeit der Dominanz der Großen Fünf war definitiv vorbei; düstere Wolken zogen über der Apenninenhalbinsel auf und binnen kurzem wurde in Italien um die Vorherrschaft in Europa gekämpft.

XV.

Die Katastrophe des internationalen Kriegsschauplatzes

In seiner berühmten Geschichte der romanischen und germanischen Völker von 1494 bis 1535 postulierte Leopold von Ranke 1824 das Jahr 1494 zum Epochendatum: Mit dem Einfall der Franzosen in Italien begänne das europäische Staatensystem. Nach dieser Zäsur würde jede politische und militärische Veränderung in allen Teilen des Abendlands Reaktionen hervorrufen. Die europäische Staatenwelt war so stark ineinander verzahnt, dass sie auf Gedeih und Verderb miteinander verbunden schien. Manchem galt 1494 gar als Endpunkt des Mittelalters und Beginn der Neuzeit.

Über Epochengrenzen kann man trefflich streiten und als Endpunkte des Mittelalters ließen sich viele Daten anführen, aber die grundsätzliche Beobachtung Rankes ist nicht von der Hand zu weisen. Es gab zwar schon vor 1494 ein Staatssystem in Europa, aber erst am Ende des 15. Jahrhunderts hatte es sich so sehr verdichtet, dass Veränderungen in einzelnen Ländern oder Grenzübergriffe nicht mehr geschehen konnten, ohne die Aufmerksamkeit des Abendlandes zu erregen; und oftmals war es mit dem bloßen Aufhorchen nicht getan.

Das ineinandergreifende System setzte die flächendeckende, einigermaßen lückenlose und kontinuierliche Kommunikation der Machtzentren voraus, die über ein ähnliches Informationsniveau verfügten. Dabei lassen sich diverse Kommunikations- und Informationsebenen unterscheiden. Sie reichten von der hohen Diplomatie über ständige Gesandtschaften, dauerhafte Nuntiaturen, regelmäßige Berichterstattungen der offiziellen Geschäftsträger bis in die ins Dunkel gehüllte Welt der geheimen Informanten und getarnten Investigatoren. Um brisante Nachrichten möglichst rasch zu erfahren, schreckte man vor Bestechung, Schmeichelei, Drohung oder Folter nicht zurück; zu wichtig war es geworden, unmittelbar auf Neuigkeiten zu reagieren, gegebenenfalls neue Allianzen zu schmieden oder alten, vermeintlichen Freunden ein gesundes Misstrauen entgegenzubringen. Die Korruption an den Schaltstellen war weit verbreitet und die Käuflichkeit der Mandatsträger vielfach nur eine Frage des Preises. Meister der illegalen Informationsbeschaffung waren vor allem die kleineren Herrschaften, weniger die großen Staatswesen, die glaubten, auf anrüchige Praktiken verzichten zu können. Vor allem die fünf entscheidenden Mächte Italiens hatten die Kunst, auf allen nur denkbaren Wegen zu kommunizieren und Nachrichten zielführend zu lancieren, zur Perfektion verfeinert. Von ihnen lernte Europa auch dann noch, als Italien zum Schlachtfeld herabgesunken war.

Aber die verheerenden Jahre von 1494 bis 1535, als sich die Lage in Italien wieder einigermaßen beruhigt hatte, waren nicht nur dunkle Zeiten des Schreckens; sie umfassen fast die gesamte Arbeitsphase Michelangelos, auf dessen reiches Schaffen noch einzugehen sein wird. Flankiert werden die gut 40 Jahre von zwei theologischen Ausnahmeerscheinungen, die nicht besser zu den Zeitläuften passen könnten. Den Beginn markiert Girolamo Savonarola, der berühmte Florentiner Bußprediger, dessen *vanitas vanitatum vanitas* dem luxuriös-heiteren Treiben am Arno diametral entgegenstand und vielleicht gerade deshalb erdrutschartige Aufmerksamkeit erregte. Am Ende steht die Gründung der Gesellschaft Jesu durch den Visionär und Mystiker einer neuen Zeit Ignatius von Loyola.

Dass Karl VIII. 1494 in Italien einmarschierte, überraschte im Grunde niemanden wirklich, und doch verfolgte man sein Auftreten mit atemlosem Staunen, was auch an seinem beeindruckenden Heer gelegen haben dürfte. Die Kriegstaktik hatte sich grundlegend gewandelt. Die Infanterie wurde zum Schlüssel für siegreiche Schlachten, weshalb sich reiche Herrscher bemühten, die besten Söldner anzuwerben. Am schlagkräftigsten hatten sich die Schweizer erwiesen, deren Disziplin und Fähigkeit im Umgang mit langen Lanzen rasch berühmt wurde, weshalb sich Frankreich verstärkt um sie bemühte. Dank der Vorbilder in den eigenen Reihen konnte Frankreich, wie später auch Spanien, die Taktik der Schweizer kopieren und auf ihre eigenen Truppen übertragen.

Grundlegend wandelten sich aber vor allem die Waffen. Das Schießpulver war zwar schon seit dem 13. Jahrhundert bekannt, aber erst im 14. Jahrhundert tauchten Handfeuerwaffen auf, die jedoch erst im 16. Jahrhundert so handlich wurden, dass sie verstärkt im Kampf eingesetzt werden konnten. Das Zauberwort um das Jahr 1494 hieß schwere Artillerie. Auf italienischem Boden hatten nur die Este die Zeichen der Zeit erkannt, und ihre Kanonen waren ihr ganzer Stolz. Als Karl VIII. mit seiner Feldartillerie einzog, begriffen auch andere Mächte, dass künftige Siege auf Kanonen beruhen würden. Hinsichtlich der Artillerie war Frankreich führend im Abendland.

Frankreich engagierte sich schon lange in Italien; vor allem im Süden hatte man die Ansprüche der jüngeren Anjou nicht vergessen, die auf dem Erbweg an Frankreich fielen. Asti gehörte einer Nebenlinie der Valois, und an Genua zeigte die Krone Frankreichs stets größtes Interesse. In die Auseinandersetzungen zwischen Mailand und Venedig mischte sich in den letzten Jahren immer auch Frankreich ein. Nun wollte Karl VIII. Fakten schaffen und das Machtgeplänkel beenden; er wollte das Königreich Neapel und Italien und damit die Hegemonie in Europa!

Um den Rücken frei zu haben, schloss Frankreich Frieden mit Spanien, Habsburg und England. Vor allem die Einigung mit Spanien war eine diplomatische Meisterleistung, denn dort beobachtete man mit Bangen die Kriegsvorbereitungen. Aber Frankreich versicherte, man werde Sizilien nicht angreifen. Mit ausdrücklicher Billigung Mailands marschierte Karl VIII. sodann in Italien ein. Der Feldzug verlief praktisch ohne Zwischenfälle, die italienischen Machthaber wichen der Armee der schweren Reiter, der Schweizer Reisläufer und der Feldartillerie aus; Widerstand wäre dem Selbstmord gleichgekommen.

Ohne Schwierigkeiten gelangte Karl VIII. ins Piemont, wo ihn in Pavia Ludovico il Moro freudig empfing. Sodann zog er entlang der ligurischen Küste in die Romagna und von dort aus in die Toskana. Nachdem Fivizzano gefallen war, eilte Piero de' Medici Karl VIII. entgegen, zahlte ihm nicht nur die horrende Summe von 200 000 Gulden, sondern lieferte auch noch die Grenzfestungen Pisa und Livorno aus. Da er die Florentiner nicht um Erlaubnis gefragt hatte, brach ein Aufstand los. Im November 1494 vertrieb man die Medici, und die neue Regierung des Volkes erreichte in Verhandlungen wenigstens eine leichte Besserung der harten französischen Konditionen. Aber Pisa blieb verloren und konnte sich in der Folgezeit wieder selbständig organisieren – für Florenz eine schwere Schlappe.

Diesen Augenblick nutzten Girolamo Savonarola und seine Anhänger, um nicht nur die verhassten Medici zu verjagen, sondern selbst die Macht zu übernehmen. Solange der fanatische, dominikanische Bußprediger nur die Sittenlosigkeit und die Verweltlichung des Klerus anprangerte, ließ ihn der Apostolische Stuhl gewähren. Als er jedoch in aller Öffentlichkeit auch das Papsttum scharf attackierte, machte er sich Alexander VI. Borgia zum erbitterten Feind. Zunächst erteilte der Papst Savonarola Redeverbot, was er jedoch ignorierte. 1497 verhängte Alexander VI. daraufhin den Bann gegen den Bußprediger und schließlich das Interdikt über Florenz. In der angespannten Lage brachen die Eifersüchteleien zwischen Franziskanern und Dominikanern offen aus. Savonarola bot ein Gottesurteil an, um die Rechtmäßigkeit seiner Ansichten zu beweisen, wich dann aber aus. Daraufhin beschuldigten ihn die Franziskaner offen des Betruges und der Ketzerei. Er wurde im Kloster San Marco, wohin er sich geflüchtet hatte, gefangengenommen und schließlich Ende Mai 1498 öffentlich auf der Piazza della Signoria verbrannt.

Das Jammerbild, das Florenz beim Erscheinen Karls VIII. und unter Savonarola bot, hinterließ tiefe Spuren im Selbstverständnis der Stadt. Ging man bislang davon aus, Florenz sei zum Lehrmeister Europas bestimmt, suchte man in der Not nach fremden Vorbildern. Savonarola selbst pries Venedig als nachahmenswertes Beispiel an, und nicht wenige waren seiner Ansicht. Die plötzliche Instabilität der Verhältnisse riss dem selbsternannten Vorort der städtischen Freiheit den Boden unter den Füßen weg. Pessimismus und depressives Grübeln machten sich breit. In ungeahnter Schonungslosigkeit erörterten die großen Denker die politische Situation und analysierten die Realität ohne Schönfärberei und idealisierendes Wunschdenken. Die meisterlichen Werke Machiavellis und Guicciardinis fußten auf diesem radikalen Stimmungsumbruch, der die Augen für die politischen und gesellschaftlichen Tatsachen geöffnet hatte.

Karl VIII. tangierten die Verhältnisse in Florenz kaum; er zog unbeirrt weiter nach Süden. Silvester 1494 verbrachte er in Rom, ohne den Papst zu sehen, der es vorzog, in der Sicherheit der Engelsburg auszuharren, aber Zugeständnisse hinsichtlich des Weitermarsches der Franzosen machte. Die Zurückhaltung des Papstes zahlte sich aus; der Durchzug Karls VIII. beeinträchtigte den Kirchenstaat und die Politik Alexanders VI. nur wenig.

Das gewaltige Heer praktisch vor Augen, dankte in Neapel König Alfons II. zugunsten seines Sohnes Ferdinand II. ab, der sich auch nicht stellen wollte, sondern zunächst nach Ischia und dann nach Messina floh. Am 22. Februar 1495 zog Karl VIII. in Neapel ein, ohne die Belehnung durch Alexander VI. erlangen zu können. Der Papst dachte gar nicht daran, dem scheinbar mühelos Italien unterwerfenden König entgegenzukommen. Vielmehr machten sich Sorgen breit, was nach der Niederwerfung des Königreiches Neapel noch kommen würde. Weder Alexander VI. noch

Mailand, Spanien, Venedig oder Kaiser Maximilian glaubten, dass sich Karl VIII. mit dem Erreichten begnügen würde. Daher schlossen sie 1495 einen Bund, der nur ein einziges Ziel hatte: die Vertreibung Karls VIII. aus Italien.

Der Franzose war von der Wendung offenbar völlig überrascht und kehrte aus Furcht, von Frankreich abgeschnitten zu werden, sofort nach Norden zurück, zumal in seinem Heer Seuchen grassierten. Mit Mühe und nur durch den Einsatz der gefürchteten Artillerie durchbrach er die von Francesco Gonzaga errichtete militärische Sperre bei Fornovo di Taro (südlich von Parma). Der Sieg schien seine Position in Italien zu festigen und schon scherte ein Mitglied des neuen Bundes aus: Mailand trat unter Lodovico il Moro auf die Seite Frankreichs. Damit jedoch hatte der „Mohr“ sich keinen Gefallen getan, denn fortan glaubte man ihm auf beiden Seiten nicht mehr.

In Süditalien zerbrach die französische Machtstellung sofort nach dem Abzug Karls VIII. Ferdinand II. kehrte zurück, aber er war nicht mehr alleiniger Herr der Lage. Venedig reklamierte einige apulische Hafenstädte für sich und die Spanier standen praktisch im Land. Ferrante II. und nach dessen Tod sein Onkel Friedrich waren von dem spanischen General Gonsalvo de Córdoba abhängig, der ihre Position in Neapel hielt.

In Rom ging das politische Tagesgeschäft praktisch ohne Störungen weiter und befasste sich vor allem mit der Versorgung der Kinder Alexanders VI. Borgia. Seine Vorliebe galt Cesare Borgia, für den der Vater eine geistliche Karriere geplant hatte. Aber nach dessen Erhebung zum Erzbischof von Valencia und zum Kardinal relaikalisierte Alexander Cesare auf seinen dringenden Wunsch hin. Mit allen Mitteln einer vollständig skrupellosen Machtpolitik, die Freunde und Feinde gleichermaßen opferte, errang er für sich das Fürstentum Romagna, wo er die kleinen Vikariate und Signorien beseitigte und dadurch nicht unwesentlich zur Festigung des Kirchenstaates beitrug. Valentino, wie Cesare wegen seines französischen Lehens Valence genannt wurde, war das Modell des von Macht- und Lebensgier getriebenen, den eigenen Vergnügungen hingegebenen Fürsten. Zu seinem Unglück war er, als am 18. August 1503 sein Vater starb, schwer an Malaria erkrankt, so dass er ans Krankenbett gefesselt das Machtvakuum nicht nutzen konnte. An Machiavelli schrieb er, dass er mit allem gerechnet habe und auf alles vorbereitet gewesen sei, nur darauf nicht, beim Tode seines Vaters selbst schwer krank zu sein. Die Malariaerkrankung brach Cesare auf lange

Sicht das Genick. Zunächst geriet er in spanische Gefangenschaft und starb 1507 bei einem letztlich unbedeutenden Aufstand in Navarra.

Mit seiner Rückkehr nach Frankreich verzichtete Karl VIII. keineswegs auf seine italienischen Ambitionen und Ansprüche. Aber er starb schon im April 1498, noch keine dreißig Jahre alt und ohne Erben. Ihm folgte sein Vetter Ludwig XII., Herzog von Orléans. Mit ihm begann eine neue Ära der französischen Italienpolitik, denn der Herzog war der Urenkel Gian Galeazzo Viscontis, weshalb er im Augenblick der Thronbesteigung auch die Titel des Herzogs von Mailand sowie des Königs beider Sizilien annahm – ein Programm, das weithin Aufmerksamkeit erregte.

Zunächst ging es Ludwig XII. vorrangig um Mailand, wo seine Ansprüche auf dem Besitz Astis und seiner Abstammung von Valentina Visconti basierten. Um ungestört in Oberitalien seine Ziele verfolgen zu können, bemühte sich der König um ein gutes Einvernehmen mit Spanien, das er aber angesichts seines Anspruchs schwerlich in Sicherheit wiegen konnte. Aber es gelang ihm, den amtierenden Herzog diplomatisch zu isolieren, wobei Lodovico il Moro durch das Verlassen der Allianz gegen Karl VIII. selbst erheblich dazu beigetragen hatte, dass alle alten Bündnispartner von ihm abwichen. Alexander VI. gewann Ludwig XII. durch die Hochzeit Cesare Borgias mit einer Verwandten des französischen Königs und Venedig durch das Versprechen, die Serenissima würde durch die Übertragung des linken Adda-Ufers und Cremonas territorial für ihr Wohlwollen entschädigt werden. Obwohl es dem „Mohren“ noch gelang, die Türken gegen Venedig zu hetzen, das sich neuerlich mit Plünderungen im Friaul konfrontiert sah, erkannte Lodovico rasch die Ausweglosigkeit seiner Situation und floh aus der Lombardei nach Deutschland.

Anfang Oktober 1499 zog Ludwig XII. feierlich in Mailand ein, ernannte aber nur einen Statthalter und kehrte nach Frankreich zurück. Seine Wahl war allerdings wenig glücklich, denn Willkür und hohe Abgabenlast führten schnell zu Unruhen, die es Lodovico il Moro ermöglichten, noch einmal in die Lombardei zurückzukehren. Nach einigen Wechselfällen geriet er in französische Gefangenschaft und starb 1508 in Lys Saint-Georges nahe Bourges im Kerker. Zum Dank für die Unterstützung durch die Eidgenossenschaft übertrug ihr Ludwig XII. die Grafschaft Bellinzona: eine dauerhafte Veränderung der Nordgrenze Italiens.

Kaum hatte sich Ludwig XII. in den Besitz Mailands gebracht, richtete sich sein Blick nach Süden. In Geheimverhandlungen mit Ferdinand von

Kastilien einigte er sich im November 1500 auf eine Teilung des Königreiches Neapel. Ludwig XII. sollten die Abruzzen und Neapel zufallen, Ferdinand würde Apulien und Kalabrien bekommen. Das Papsttum war in die Pläne eingeweiht. Als 1501 erneut Franzosen an der Grenze des Königreiches Neapel auftauchten, hoffte König Friedrich auf die Hilfe seiner spanischen Verwandten und öffnete Ludwig XII. die Tore seiner Festungen. Erst als es zu spät war, erkannte er, dass Spanien und Frankreich sich hinter seinem Rücken längst geeinigt hatten. Erbittert über den Verrat floh Friedrich nach Ischia und setzte Ludwig XII. zu seinem Alleinerben ein, um sich an Ferdinand von Kastilien zu rächen. Frankreich gewährte ihm eine Leibrente und das Herzogtum Anjou. Mit der Flucht Friedrichs endete die Herrschaft der aragonesischen Nebenlinie in Unteritalien.

Aber es kam, wie es kommen musste. Frankreich und Spanien gerieten über die Teilungsmodalitäten in Streit und es kam zum Krieg. Obwohl Frankreich sich auf die Flotte Genuas stützen konnte, währte ihre vermeintliche Übermacht nur kurz. Gonsalvo de Córdoba drängte die französischen Truppen immer weiter nach Norden, wo sie in Garigliano eine schwere Niederlage einstecken mussten. Als sich auch noch das stark befestigte Gaeta ergab, blieb Ludwig nichts anderes übrig, als Verhandlungen aufzunehmen; zumal sich auch Alexander VI. und Cesare Borgia von den unterlegenen Franzosen abwandten. Zunächst wurde ein Waffenstillstand auf der Basis des Status quo geschlossen, der mehrfach verlängert wurde, ohne dass Frankreich Boden hätte gutmachen können. 1504 bestand kein Zweifel mehr darüber, dass Spanien unangefochten über Unteritalien herrschte. Sowohl in Palermo als auch in Neapel residierten spanische Vizekönige; der ganze Süden der Apenninenhalbinsel gehörte nur noch geographisch zu Italien.

Glaubt man älteren italienischen Regionalgeschichten, so hätten die Spanier Unteritalien durch Vernachlässigung und Ausplünderung in bittere Armut getrieben. Aber der Niedergang hatte viel früher begonnen. Natürlich verheerte der Krieg das Land, aber die Agrarproduktion sprang schnell wieder an und stemmte sich besser gegen die allgemeine Wirtschaftskrise als andere Gewerke. Zudem muss man sagen, dass die ökonomische Lage im Land der Sieger nicht besser aussah; der Staatsbankrott Spaniens 1557 spricht eine deutliche Sprache.

Neapel wuchs unter den Vizekönigen rasch zur größten Stadt auf italienischem Boden; eine Bevölkerungsexplosion, die gravierende Probleme mit sich brachte und Spätfolgen zeitigte, die im Grunde bis heute andauern. Die

Spanier bemühten sich, dem völlig planlos anschwellenden urbanen Moloch mehr Sicherheit zu geben; angesichts der sozialen Spannungen eine schier unlösbare Aufgabe. Denn es waren vor allem Tagelöhner, die in Scharen aus dem armen Land in die Stadt zogen, in der vagen Hoffnung auf ein besseres Leben, ohne Leibeigenschaft und unter geringerem Steuerdruck. So bildete sich innerhalb nur einer Generation eine gewaltige Schicht aus Habenichtsen, denen Neapel keine ausreichende Arbeit, oftmals auch kein Dach über dem Kopf bieten konnte. Unter diesen Umständen die Kriminalität einzudämmen, war eine achtbare Leistung.

Gleichzeitig erschwerte die massenhafte Landflucht die Agrarproduktion. Das bebaubare Land lag in der Hand der Kirche oder des Adels; freie Bauern gab es in Unteritalien kaum. Die arme Landbevölkerung, die unter unerträglichen Steuern litt, hielt sich Ziegen, die genügsamsten Tiere, die jedoch leider alles fraßen, was sie erhaschen konnten und durch ihre Verbissschäden das Erscheinungsbild Unteritaliens bis heute prägen.

Bis in das 14. Jahrhundert hinein ging es der Landbevölkerung in Mittelitalien besser. Hier herrschte, vor allem im Umfeld von Florenz, die Mezzadria vor. Das fruchtbare Land gehörte reichen Städtern, die es langfristig verpachteten. Der pachtende Bauer (*mezzadro*) musste einen festgelegten Teil der Ernte abgeben, zumeist die Hälfte oder ein Drittel, und erhielt dafür das Land, sein Bauernhaus und die nötigen Gerätschaften. Damit hing sein Einkommen vor allem von seinem Fleiß und seiner Geschicklichkeit ab. Persönlich waren die Mezzadri frei; ein Umstand, auf den vor allem Florenz immer mit Nachdruck hinwies.

Aber die Situation verschlechterte sich, wofür man keinen einzelnen Schuldigen anprangern kann; mehrere Faktoren kamen zusammen. Obwohl durch intensiven Oliven- und Weinbau die Erträge stiegen, mangelte es an Investitionen. Die Geräte wurden alt und schadhaft, die Bauernhäuser verkamen und Agrarinnovationen blieben aus Kostengründen aus. Der dramatische Bevölkerungseinbruch durch die Pestwelle ließ die Absätze zurückgehen und die Bereitschaft zu dringend notwendigem finanziellem Engagement weiter schwinden. Da die Böden mit den wenigen Bauern nur noch schlecht bebaut werden konnten, kam es leicht zu Missernten, die dazu führten, dass die Mezzadri ihre Pachtabgaben nicht oder nur unzureichend leisten konnten und sich hoffnungslos verschuldeten. Sie wurden zunehmend von den Landbesitzern abhängig; ein Teufelskreis, der durch die Kriegswirren zu Beginn des 16. Jahrhunderts noch verschärft wurde.

Im Bereich der adligen Großgrundbesitzer in Oberitalien sah es etwas besser aus. Hier hatte man in den fetten Jahren in neue Agrarprodukte investiert und damit eine Basis geschaffen, auf der sich auch in der Krise aufbauen ließ. Die Este führten im Umland Ferraras den Anbau von Reis ein, der rasch auch im Piemont und der Lombardei angebaut wurde und reiche Ernten brachte. Allerdings barg der Reisanbau Gefahren: Große Weideflächen wurden ebenso wie vorher ungenutztes Sumpfgebiet zu Reisflächen umgewandelt, das aufgestaute Wasser war aber ein idealer Brutplatz für die Malaria, die sich rasch zur Geißel der hart schuftenden Reisbauern entwickelte.

Gerade Oberitalien litt unter den Kämpfen, denn der Krieg ernährte sich aus dem Land. Freund und Feind nahmen sich gleichermaßen, was immer sie benötigten. Dass für die geraubten Nahrungsmittel nichts bezahlt wurde, war schlimm, aber weit gravierender wirkte sich aus, dass die Truppen das Land bewusst verwüsteten, um dem Gegner keine Ressourcen zu überlassen. Wilde Plünderungen und mitleidlose Brandschatzungen machten eine auch nur ansatzweise normale Landwirtschaft kaum mehr möglich. Aber auch die Städte spürten die Kriegsgräuel, denn die Händler waren auf den Straßen ihres Lebens nicht mehr sicher. Wer konnte, wich in weniger von den Kämpfen betroffene Gebiete aus. Städte, in deren Umfeld lange gerungen wurde, wie beispielsweise Pavia, schrumpften dramatisch. Und es war kein Ende der Kriege abzusehen.

Zwei der vormals großen fünf Mächte – Mailand und Neapel – befanden sich in fremden Händen. Florenz war viel zu schwach, um allein wirksame Politik betreiben zu können. Es blieben im Grunde nur noch Venedig und das Papsttum.

In Rom wurde nach dem Tod Alexanders VI. Kardinal Giuliano della Rovere gewählt: Julius II. Sein Ziel war die Festigung des Kirchenstaates, weshalb er die Signorien der Baglioni in Perugia und der Bentivoglio in Bologna beseitigte. Die venezianische Expansion in der Romagna stieß in Rom nur auf Unverständnis; Julius II. war über das eigenmächtige Vorgehen der Serenissima mehr als verärgert.

Da kam es Julius II. gerade recht, dass sich Kaiser Maximilian angesichts der französischen Ausdehnung genötigt sah zu handeln. Da er allein wenig ausrichten konnte, suchte er sich zunächst ein vermeintlich leichteres Ziel und führte Krieg gegen Venedig. Hierfür waren schnell Bündnispartner gewonnen, denn die Serenissima hatte viele Feinde. Die Spanier waren über die venezianische Besetzung der apulischen Häfen verärgert, Frankreich zürnte wegen der erzwungenen Abtretung Cremonas, Bergamos und der Adda-Linie, das Papsttum grollte wegen der venezianischen Expansion in der Romagna, und selbst kleinere Mächte wie die Gonzaga in Mantua und die Este in Ferrara waren der Serenissima nicht wohl gesinnt, hofften sie doch auf die Rückgewinnung verlorenen Besitzes. Im Dezember 1508 schlossen sich der Habsburger und Ludwig XII. in Cambrai zu einem Bündnis gegen Venedig zusammen, dem wenige Monate später Papst Julius II. beitrat, der die Serenissima mit dem Bann belegte. Nun schlossen sich auch Spanien, England, Ungarn und weitere kleinere Mächte der Liga an und verpflichteten sich, in einem Offensivkrieg die venezianischen Liegenschaften auf der *terra ferma* vollständig aufzuteilen. Florenz ließ sich für den Beitritt von Spanien und Frankreich versichern, dass die beiden Mächte sich nicht in den Kampf der Arnometropole gegen Pisa einmischen würden. 1509 fiel Pisa in die Hände der Florentiner, aber es war zu spät, Pisas Bedeutung als Hafenplatz konnte bestenfalls als marginal bezeichnet werden. Die Arnomündung war versandet, die Reede nicht mehr in der Lage, die Florentiner Waren zu verschiffen. Livorno spielte zu diesem Zeitpunkt noch keine Rolle; erst unter Großherzog Ferdinand I. begann seit 1571 der Aufstieg des vormals kleinen Fischerdorfes zum wichtigsten Hafen der Toskana.

Am 14. Mai 1509 kam es bei Agnadello (nordwestlich von Crema) zur Schlacht. Venedigs Armee wurde vernichtend geschlagen und die Serenissima an vielen Stellen zurückgedrängt; schon kam es in der Stadt selbst zu Unruhen, denn Verona, Padua und Vicenza mussten als verloren gelten, wehten dort doch die Fahnen Kaiser Maximilians.

Doch Venedig gab sich nicht geschlagen, obwohl seine Gegner mit Florentiner Geld immer neue Söldner anwarben. Die einzige Chance lag in der Diplomatie. Gelang es nicht, die Liga von Cambrai zu sprengen, wäre Venedig zum Untergang verdammt. Die Ligamitglieder ließen sich ihren Parteiwechsel teuer bezahlen, aber am Rialto hatte man keine Wahl. Durch den Verzicht auf die apulischen Häfen und den Abzug aus der Romagna sowie der Preisgabe von Rimini und Ravenna konnten Spanien und Papst Julius II. aus der Liga herausgebrochen werden. Angesichts der veränderten Lage stellte Frankreich die Kampfhandlungen ein; nur Kaiser Maximilian focht noch in der *terra ferma*.

Aber der Kaiser hatte die Bedeutung der Serenissima für diesen Landstrich unterschätzt. Venedig war auf der *terra ferma* nicht als ausbeuterischer

Usurpator aufgetreten, der die Region aussaugte, sondern als verantwortungsbewusste, fürsorgliche Obrigkeit. Padua blühte auf. Bürger sowie Landbevölkerung standen klar auf der Seite der Venezianer und bekundeten dies auch offen, während der Adel hoffte, nach einem Sieg des Kaisers alte Privilegien und Besitzungen zurückzuerhalten. Die breite Masse erwies sich als stärker; überall gab es Sympathiekundgebungen für die Lagunenstadt und Aufstände gegen den Habsburger. Da Maximilian finanziell die Hände gebunden waren, konnte er den kleinen Brandherden nichts entgegensetzen und die tatsächlichen Verluste Venedigs auf der *terra ferma* hielten sich in überschaubaren Grenzen. Dennoch zeitigte die Schlappe von Agnadello weitreichende Folgen: Venedig expandierte nicht mehr über das Erreichte hinaus. Seine Territorialpolitik auf der Apenninenhalbinsel kam zur Ruhe und Venedig schied aus dem Kreis der Mächte aus, die Italiens Staatenwelt in Atem hielten.

Damit gab es aus dem Kreis der fünf vor 1494 mächtigen Potentaten nur noch das Papsttum, dessen Expansion die Landkarte Italiens prägen konnte. Julius II. trug nicht zu Unrecht den spöttisch klingenden, aber ängstlich-respektvoll gemeinten und nur hinter vorgehaltener Hand ausgesprochenen Beinamen „*papa terribile*". Dabei bezog sich das „Schreckliche" wohl weniger auf seine Lebensführung, denn auf seinen unbeugsamen Willen, sein grenzenloses Machtstreben und sein gefürchtetes Temperament. Das bekam selbst Michelangelo zu spüren, der das Grabmal des Papstes einfach nicht zum Abschluss brachte; es blieb ein Torso. Beim Ausbau des Kirchenstaates kannte Julius II. keine Nachsicht, auch nicht gegen sich selbst. In hohem Alter führte er in eigener Person einen Winterfeldzug an; ein militärisches Unternehmen, das man wegen der immensen Strapazen tunlichst vermied. Er entschied, die uralte Peterskirche kurzerhand abzureißen. 1506 legte er den Grundstein für den gewaltigen Petersdom, der heute noch steht.

Bei seiner unerbittlich vorangetriebenen Expansion stützte sich der Papst auf das erwachende italienische Nationalgefühl, das sich in der Zeit, da sich fremde Mächte auf der Apennineninsel breitmachten, energisch Bahn brach. Angeblich soll der Schlachtruf *fuori i barbari* kreiert worden sein. Auch wenn es wenig wahrscheinlich ist, dass diese Worte so ausgesprochen wurden, sind sie doch signifikant für die Grundstimmung, die Guicciardini, Machiavelli und Giovio bestens bezeugen. Julius II. dürfte nach der Wiederherstellung des Kirchenstaates tatsächlich die Einigung Italiens und die Vertreibung der Franzosen geplant haben; aber es ist nicht mehr dazu gekommen.

Um sich ungestört seiner Politik im Kirchenstaat widmen zu können, belehnte Julius II. Ferdinand mit dem Königreich Neapel, nahm ihm bei dieser Gelegenheit aber den Eid ab, nicht nach der Kaiserkrone zu streben oder die Toskana und die Lombardei anzugreifen. Die Angst vor der neuerlichen Vereinigung Süditaliens mit Ober- und Mittelitalien und damit einer Einschnürung des Papsttums wie zu Zeiten der späten Staufer lebte noch immer.

Da die Este in Ferrara eisern zu Frankreich hielten, sah Julius II. die Chance gekommen, das Herzogtum dem Kirchenstaat einzuverleiben. Rasch fielen Modena und Mirandola in seine Hände, aber dann geriet der Feldzug ins Stocken. Daran änderte auch nichts, dass der Papst die Heilige Allianz, bestehend aus Spanien, Rom, Venedig und England, 1511 zu offensiver Kriegführung verpflichtet hatte. Vielmehr war nun erst einmal Frankreich am Zug. Der überaus begabte General Gaston de Foix stellte die Liga bei Ravenna und brachte ihr 1512 eine bittere Niederlage bei; Gaston de Foix gehörte selbst zu den Opfern der extrem blutigen Schlacht. Ohne den General wurde die kopflose französische Armee zurückgeschlagen. Mailand erhielt einen päpstlichen Statthalter, Genua konnte sich befreien, Parma, Piacenza und Bologna gehörten dem Papst.

Über Mailands Schicksal entschieden die Schweizer, deren Waffenhilfe unentbehrlich war. Dies brachte der Eidgenossenschaft Domodossola, Lugano und Locarno ein; das Herzogtum jedoch übertrug man Massimiliano Sforza, dem Sohn des „Mohren", der als Entschädigung für die Verluste Asti erhielt, das man den Franzosen abgejagt hatte.

Julius II. triumphierte und feierte seinen Sieg mit der festlichen Illumination der Ewigen Stadt. Aber in die Freude fiel der Wermutstropfen Neapel. Dem Papst war bewusst, dass es noch nicht gelungen war, Italien von allen fremden Mächten zu befreien, und er wusste, dass die Zeit drängte, denn er war alt. Am 21. Februar 1513 starb Julius II. nach längerer Agonie, trotz seines ungestümen, herrischen Charakters bewundert und auch geliebt von den Menschen. Der Oberzeremonienmeister der Kurie, Paris de Grassis, hat die Verehrung für den Verstorbenen in seinem Tagebuch überliefert.

Das Nationalgefühl lebte auf, aber es führte nicht zu einer konzertanten politischen Aktion und lief ins Leere. Zwar berauschte man sich an Petrarcas Ode an Italien, aber es war nur eine geistige Euphorie; Italien selbst schien wie gelähmt.

Natürlich gab Frankreich seine Ambitionen in Mailand nicht auf, sondern erneuerte den Kampf. Einmal noch konnten die Schweizer Reisläufer Massimiliano Sforza retten, aber unter Franz I., dem Nachfolger Ludwigs XII., verloren sie den Nimbus der Unbesiegbarkeit. Im heutigen Melegnano bei Mailand (damals Marignano) gingen die Franzosen als Sieger vom Platz und die Lombardei lag schutzlos vor ihnen. Massimiliano geriet in französische Gefangenschaft, aus der er sich nicht mehr befreien konnte. Das Einigungswerk Julius' II. zerbröckelte. Aber Franz I. war überraschenderweise mit dem Erreichten zufrieden und verzichtete auf eine aggressive Expansionspolitik in Italien, ohne seine Ansprüche auf Süditalien aufzugeben. Er hoffte auf nichtkriegerische Lösungen. Franz I. übertrug seine Ansprüche auf das Königreich Neapel im Vertrag von Noyon auf seine damals erst ein Jahr alte Tochter Louise, die sogleich mit Karl von Spanien, dem Enkel und Nachfolger Ferdinands, verlobt wurde. Die Ehe sollte einen für alle Seiten schädlichen Krieg vermeiden.

Nach Julius' II. Tod war in Rom ein Mediceer zum Papst gewählt worden: Leo X. Er war nicht vom Einigungsgedanken Julius' II. beseelt und stattdessen bestrebt, seine Familie an den Arno zurückzubringen. Hierfür war ihm auch die Herausgabe Parmas und Piacenzas an Frankreich nicht zu teuer. Schon 1512 kehrten die Medici mit Billigung der Franzosen zurück; nun wurde ihnen die Stadt ganz übergeben. Allerdings konnte niemand ahnen, dass sie bald nicht mehr in der Lage sein würden, Florenz zu regieren. Außer dem Papst gab es nur noch zwei legitime Mediceer: Lorenzo, den Sohn Pieros II., und Giuliano, den dritten Sohn Lorenzos des Prächtigen, der durch Franz I. zum Herzog von Nemours erhoben worden war, aber schon 1516 starb. Er hinterließ nur einen unehelichen Sohn. Lorenzo stieg mit Hilfe seines päpstlichen Onkels und auf Drängen seiner vom Ehrgeiz zerfressenen Mutter Alfonsina Orsini zum Herzog von Urbino auf; die della Rovere verjagte man kurzerhand aus dem alten Machtbereich der Montefeltro. Aber auch Lorenzo starb 1519 jung. Nur ein paar Tage vor seinem Tod war ihm eine Tochter geboren worden, Katharina, sein einziges Kind. Ihr stand ein glänzender Aufstieg als Königin von Frankreich bevor. Mit Lorenzo sank der letzte legitime weltliche Medici ins Grab. Fassungslos stand Papst Leo X. vor den Toten; sein Onkel Giulio, selbst Kardinal, gab die Grablege in Auftrag. Kein Geringerer als Michelangelo formte die neue Sakristei in San Lorenzo zur Grabkammer und zum ewigen Gedächtnis der Medici. Das gewaltige, unendlich traurige Werk des Meisters hat die Stürme der Zeiten überdauert.

„Die Nacht", eine der von Michelangelo geschaffenen Figuren für die Mediceer-Grablege in der neuen Sakristei in San Lorenzo.

Aber Italien kam nicht zur Ruhe, wobei die neuen Kriegsgründe außerhalb der Apenninenhalbinsel lagen, in der Europa umspannenden Heiratspolitik der Habsburger. Karl I., König von Spanien, war der Sohn Philipps und Johannas der Wahnsinnigen und damit mütterlicherseits der Enkel Ferdinands und Isabellas von Kastilien-Aragón. Philipp war der Sohn Kaiser Maximilians und Marias, der Tochter Karls des Kühnen, des Herzogs von Burgund. Von seiner Großmutter väterlicherseits erbte Karl I. weitläufige Gebiete in Burgund, die Franche-Comté, das Artois und die Niederlande. Seine Mutter hinterließ ihm Kastilien und Aragón. Als Kaiser Maximilian I. 1519 starb, erbte Karl I. auch noch die österreichischen Besitzungen der Habsburger. Die Kurfürsten wählten ihn zum Kaiser, fortan war er Karl V. Die Länderfülle, die sich in seiner Hand befand, umschloss Frankreich, das alles daransetzte, diese tödlich scheinende Umklammerung aufzubrechen.

Franz I. suchte mit dem Argument, dass Europas Gleichgewicht der Mächte durch die Übermacht Karls V. empfindlich gestört würde, Bundesgenossen, aber vergeblich. Dennoch begann Franz I. den Krieg gleichzeitig an drei Fronten: in Flandern, Navarra und in der Lombardei. Aber seinen

Die Schlacht bei Pavia, 4. Febr. 1525. Bildteppich, Brüssel um 1528/31, nach einem Karton von Barend van Orley (1491/92–1542).

Heeren fehlte das Glück. In der Lombardei kehrten die Sforza zum dritten Mal in die Herzogswürde zurück. In Rom stand nach dem Tod Leos X. 1521 ein Wechsel an. Erhoben wurde Hadrian VI., der letzte nichtitalienische Papst zwischen dem 16. und dem 20. Jahrhundert, der Erzieher Karls V. Hadrian war ein frommer, den Idealen einer umfassenden Reform der Kirche verpflichteter Geistlicher, der dem weltlichen Treiben in Rom fremd gegenüberstand. Ihm blieb aber keine Zeit, um dem unwürdigen Leben an der Kurie ein Ende zu bereiten und seine geistlichen Ziele wenigstens auf den Weg zu bringen; nach nur einem Jahr auf dem Stuhl Petri ist er gestorben. Sein Nachfolger wurde zwar ein Italiener, aber ebenfalls ein enger Vertrauter und Gefolgsmann Karls V., Kardinal Giulio de' Medici.

Der Kampf in Oberitalien flammte erneut auf, als Franz I. persönlich seine Truppen kommandierte. Bei Pavia fraßen sich die Truppen fest und die Stadt musste 15 Wochen Belagerung ertragen. Am 24. Februar 1525 kam es endlich zur entscheidenden Schlacht. Franz I. geriet in Gefangenschaft, Karl V. triumphierte.

In diesem Augenblick erkannten die italienischen Staaten, dass sie sich mit ihrer Vermutung getäuscht hatten, Frankreich sei die gefährlichste Macht in Europa. Sie misstrauten dem übermächtigen Kaiser, von dem man annahm, er wolle ganz Italien unterwerfen und seinem Machtkonglomerat einfügen. Daher traten die Italiener nun auf die Seite des am Boden liegenden Frankreich. Kaum war Franz I. aus der Haft entkommen, schlossen sie zu Cognac 1526 ein Bündnis. Vor allem Papst Clemens VII. hatte auf die

Allianz gedrängt, was Karl V. sichtlich überraschte, hatte er sich doch für die Wahl des Mediceers stark gemacht. Und noch eine zweite unangenehme Enttäuschung wartete auf den Kaiser: Auch die Sforza in Mailand, die ihr Herzogtum allein ihm zu verdanken hatten, traten dem Bündnis bei, dem noch Frankreich, Florenz und Venedig angehörten.

Aber der Kaiser war schneller. Deutsche Landsknechte unter Georg von Frundsberg überquerten den Po und töteten dabei den fähigsten Condottiere der antihabsburgischen Liga, Giovanni delle bande nere – ein Hinweis auf die schwarze Kleidung seines Söldnerhaufens. Giovanni entstammte der jüngeren Linie der Medici, die 1537 mit Cosimo I. die Herzogswürde und die Macht in Florenz übernehmen konnte.

Karl V. konnte und wollte nicht vergessen, dass Papst Clemens VII., mit dem er in so gutem Einverständnis gestanden hatte, zu Frankreich übergelaufen war, und er trieb seine Truppen nach Süden, nach Rom. Aber der Angriff auf die Ewige Stadt lief nicht wie geplant. Sowohl Georg von Frundsberg als auch Karl von Bourbon fielen aus, so dass der Heerhaufen ohne Anführer und ohne Ordnung war. Roms alte Mauern hielten dem Ansturm nicht stand und die kaiserlichen Soldaten strömten in die Ewige Stadt. Dort ließen sie im Mai 1527 im sogenannten *sacco di Roma* ihrer Wut, Mordlust und der Gier nach Plünderungen eine ganze Woche lang freien Lauf. Aus dem zusammengewürfelten Heer war jede Disziplin verschwunden; die Entsetzlichkeiten machten vor nichts und niemandem halt, nicht einmal die deutsche oder die spanische Nationalkirche wurden verschont. Die Soldateska war entfesselt und wütete wie von Sinnen, wobei sich auch die Süditaliener im Heer des Kaisers keinerlei Zwang auferlegten, sondern nach Aussage der Quellen noch schlimmere Gräuel verübten als die anderen. Ob das den Tatsachen entsprach, oder ob man von den Grausamkeiten der eigenen Landsleute nur besonders angewidert war, lässt sich nicht mehr entscheiden.

Erst als die Nahrungsvorräte zur Neige gingen – das meiste hatte man sinnlos vernichtet – und die Pest im geschundenen Rom ausbrach, verschwanden die Soldaten. Clemens VII. hatte dem entsetzlichen Treiben aus dem sicheren Schutz der Engelsburg untätig zusehen müssen. Um noch Schlimmeres zu verhindern, kapitulierte er und ging in Gefangenschaft. Aber das fürchterliche Toben beruhigte die Gemüter etwas. Karl V. forderte Parma, Modena und Piacenza; die Este kehrten nach Modena zurück. Der Kirchenstaat war glimpflich davongekommen, aber in Rom herrschten un-

Papst Clemens VII. in der Engelsburg belagert. Zeichnung von Maarten van Heemskerk, 1554.

erträgliche Zustände. Der Papst musste trotz der Zahlung eines gewaltigen Lösegeldes nach Orvieto fliehen.

Aber es waren nicht die unvorstellbaren Grausamkeiten und die Sinnlosigkeit des Mordens, das eine zweite Allianz gegen Karl V. entstehen ließ, sondern die Übermacht seines Sieges und die Angst vor seiner Europa dominierenden Alleinherrschaft. Wieder stand Frankreich an der Spitze der Opposition. Unter Führung des französischen Generals Odet de Lautrec standen die Franzosen in der Po-Ebene und wieder kämpfte man um das geostrategisch bedeutende Pavia. Mit Hilfe des überaus fähigen genuesischen Admirals Andrea Doria wurden Genua, Alessandria und Pavia genommen; der Landweg nach Genua, das sich treu auf der Seite Frankreichs hielt, war frei. Zwischenzeitlich rieb Filippino Doria, der Neffe Andrea Dorias, die spanische Flotte im Golf von Salerno auf. Alles schien gut zu laufen für die antikaiserliche Allianz.

Aber Andrea Doria zerstritt sich mit Franz I., der den Admiral gekränkt hatte, und lief zum Kaiser über. Karl V. nahm den begnadeten Strategen mehr als gerne auf. Seuchen kamen hinzu und Lautrec musste mit seinen verbliebenen Truppen die Waffen strecken. Der Beginn des Jahres 1529 sah den Abzug der Franzosen aus Italien, deren eiligst entsandte militärische Verstärkung nahe Pavia zerrieben worden war.

Am 29. Juni 1529 einigten sich Karl V. und Clemens VII. im Vertrag von Barcelona. Der Papst musste sich gezwungenermaßen damit abfinden, dass Karl V. fast die Hälfte der Apenninenhalbinsel in seine Hand gebracht hatte; zudem musste er ihn mit dem Königreich Neapel belehnen und ihm die Kaiserkrönung in Aussicht stellen. Im Gegenzug winkten Clemens VII. Entschädigungen: Venedig sollte dem Apostolischen Stuhl Ravenna und Cervia zurückgeben und der Herzog von Ferrara Modena und Reggio. Letzteres wurde freilich nicht vollumfänglich umgesetzt, denn die Este behielten ihre emilianischen Besitzungen. Eine gewisse Genugtuung dürfte es dem Papst bereitet haben, dass die Medici Florenz zurückerhielten; aber von den älteren Medici war niemand mehr übrig; die Zukunft gehörte der jüngeren Linie.

Nun stand noch eine einvernehmliche Lösung mit Frankreich aus. Im sogenannten „Damenfrieden" von Cambrai, der seinen Namen den Unterhändlerinnen Louise von Savoyen, der Mutter Franz' I., und Margarete von Österreich, der Tante Karls V., verdankt, kam man zu einer Einigung: Frankreich verzichtete auf alle Ansprüche in Italien, Flandern und dem Artois. Dafür garantierte Karl V., dass er seine Anwartschaften auf das Herzogtum Burgund aus dem Erbe der Verwandten seiner Großmutter nicht weiterverfolgen würde.

Nachdem nun mit allen Parteien Frieden geschlossen worden war, zog Karl V. nach Bologna, wo er mit Clemens VII. zusammentraf, der ihn am 22. Februar 1530 in San Petronio zum König von Italien und am 24. Februar zum Kaiser krönte. Die Rückerinnerung an die Königswürde Italiens legitimierte die faktische Herrschaft des Habsburgers in Oberitalien und wirkte als integrierendes Band. Die Fürsten Oberitaliens und der Toskana sollten sich der Krone Italiens zuordnen und daraus ihre Rechte ableiten. Dass eine solche Machtkonstruktion Gehorsam verlangte, versteht sich von selbst.

Nur ein Fleckchen Italiens stand abseits und stimmte nicht in den allgemeinen Jubel ein: Florenz. Am Arno weigerte man sich standhaft, die Medici wieder aufzunehmen und ihre Herrschaft zu akzeptieren. 10 Monate lang hielt die Stadt durch; dann wurde sie eingenommen. Auf Anraten Clemens' VII. ernannte Karl V. Alessandro de' Medici zum erblichen Herzog, den illegitimen Sohn Lorenzos duca d'Urbino. 1537 wurde Alessandro nach einem mehr als ausschweifenden Leben Opfer eines Mordanschlags und die erbliche Herzogswürde ging an Cosimo I. aus der Linie der jüngeren Medici, den Sohn des begnadeten Condottiere Giovanni delle bande nere. Den wirtschaftlichen Niedergang der Stadt, der lange vor seiner Zeit begann und durch die Kriegsjahre stark beschleunigt worden war, konnte er nur sehr bedingt aufhalten. Für die Geschichte von Florenz bedeutete das Jahr 1530 einen tiefen Einschnitt: Mit diesem Datum endete endgültig die Zeit der freien Stadtrepublik. Zwar war sie seit den Tagen der Albizzi und älteren Medici nur mehr eine Fassade gewesen, aber man hing am Arno an dem theoretischen Ideal, wohl wissend, dass das Regiment der Medici mit einer freien Republik außer dem Namen nichts gemein hatte. Dass man sich 1530 noch einmal zum Kampf für die Freiheit zusammenfand, beweist, dass in den Herzen der Florentiner das Ideal noch immer machtvoll lebte. Aber Italien und eben auch Florenz waren der Kämpfe müde, und an die Stelle hochfliegender Träume von Freiheit trat die Freude über den endlich erreichten Frieden, mochten die Kosten auch noch so hoch sein.

Cosimo I. hielt treu, wenn auch nicht selbstlos zum Habsburger. Leicht fiel ihm das nicht, denn er strebte nach der Herrschaft über die gesamte Toskana und setzte alles daran, zunächst Siena zu unterwerfen, den Schlüssel zur südlichen Toskana. Aber Siena war ebenfalls mit dem Kaiser verbündet, der 1536 die Stadt besuchte, weshalb Cosimo sich militärisch zurückhalten musste. Da kam ihm ein Richtungswechsel innerhalb Sienas zugute. Als die Habsburger eine Festung vor den Toren Sienas errichteten, fühlte sich die Stadt so sehr bedroht, dass sie Hilfe in Frankreich suchte, das nur zu gerne half. Schmachvoll mussten sich die kaiserlichen Truppen zurückziehen. Aber dabei blieb es nicht; diese Schlappe ließ Karl V. nicht auf sich sitzen. Machtvoll kehrte sein Heer im Bündnis mit Cosimo I. zurück und Siena fiel nach dreimonatiger Belagerung. Für den Kriegszug musste sich der jüngere Medici Geld bei den Augsburger Fuggern leihen, was er dem Kaiser nun zu verrechnen suchte; allerdings mit begrenztem Erfolg. Immerhin erhielt er 1557 Siena. Bald musste sich auch Montalcino ergeben, wohin diejenigen Sienesen geflohen waren, die sich nicht mit der Unterwerfung abfinden wollten. Damit herrschte Cosimo I. wunschgemäß über die ganze Toskana.

Die Entscheidung war in den Friedensschlüssen mit dem Papsttum und mit Frankreich für Generationen gefallen. Italien wurde künftig von den Habsburgern beherrscht und nicht von Frankreich. Aber ganz schwiegen die Waffen noch immer nicht, denn 1535 starb Herzog Francesco II. Sforza von Mailand ohne Erben. Nichts lag näher, als dass Karl V. das Herzogtum als erledigtes Reichslehen an sich zog. Aber Franz I. wollte nun doch nicht auf seine Ansprüche in der Lombardei verzichten, obwohl er es nur wenige Jahre zuvor gelobt hatte. Doch auf einen neuen Waffengang vor Mailand ließ sich Franz I. nicht ein und suchte einen strategisch wichtigen Nebenkriegsschauplatz. Er besetzte Savoyen mit den Westalpenpässen nach Italien. Karl V. reagierte seinerseits durch die Besetzung Nizzas und des Valle d'Aosta.

In dem nun ausbrechenden Ringen fehlte Franz I. eine Seestreitmacht, um der Flotte Karls V. begegnen zu können. Daher rief er die Türken zu Hilfe, die in seinem Auftrag die italienischen Küstenstreifen plündernd angriffen. Die Küstenlinie des Tyrrhenischen Meeres weist noch heute zahlreiche Wach- und Meldetürme auf, die zur Abwehr der Plünderungszüge errichtet worden waren. Die Osmanen konnten freilich immer nur punktuell gefährlich werden, aber sie zwangen Karl V. doch an den Verhandlungstisch zurück. Ein Waffenstillstand wurde geschlossen; die Besetzung Savoyens blieb bestehen.

Dank der Allianz zwischen Andrea Doria – der Genua fest im Griff hielt und dessen Stellung auch die Verschwörung der Fieschi di Lavagna nicht gefährdete, zumal Gian Luigi Fieschi während der Empörung im Hafen von Genua ertrank – und Karl V. blieb die Westflanke Italiens stabil. Solange Genua auf der Seite des Kaisers stand, war Italien aus der Sicht Frankreichs vom Meer her kaum anzugreifen.

In Oberitalien ergab sich noch eine Machtverschiebung, die längerfristigen Bestand haben sollte. Die Zugehörigkeit Parmas und Piacenzas war noch immer nicht eindeutig geklärt. Aus kaiserlicher Sicht gehörten die Städte zu Reichsitalien, aus päpstlicher Sicht seit Julius II. zum Patrimonium Petri. Die verfahrene Situation machte sich Papst Paul III. Farnese zunutze, um seinem leiblichen Sohn Pier Luigi Farnese beide Städte zu übertragen. Um keine unnötigen Schwierigkeiten heraufzubeschwören, hatte er sich nicht beim Kaiser rückversichert. Da Karl V. nicht sofort eingreifen konnte, verfestigte sich die Herrschaft der Farnese, die schließlich in den beiden Orten bis zum Aussterben der Familie 1731 herrschten.

Am Ende seines Lebens, wohl den Tod vor Augen, teilte Karl V. sein riesiges Reich und legte die Krone nieder. Sein Sohn Philipp II. von Spanien erhielt die italienischen Besitzungen. Er unterstützte Cosimo I. bei der Errichtung seines Flächenstaates in der Toskana, dem lediglich Lucca und die teilweise winzigen Herrschaften der Lunigiana nicht zugehörten. Für die

Krone Spaniens behielt Philipp II. aber die Region Piombino und Monte Argentario, um sie zu Festungen gegen osmanische Piraten auszubauen. Unter Philipp II. kam es endgültig zum Frieden mit Frankreich.

1559 beendete der Vertrag von Cateau-Cambrésis, der gleichsam nebenbei Savoyen aus französischen Händen befreite, das Ringen um die Hegemonie in Europa, die unbestritten an Spanien gefallen war. Die kleinen und mittleren Staaten auf der Apenninenhalbinsel, wie beispielsweise Venedig, das Herzogtum Toskana oder auch das Papsttum, hatten dieser Übermacht nichts entgegenzusetzen.

Italien war von den langen Jahren des Krieges schwer gezeichnet. Der Handel erlitt dramatische Einbußen, ganze Landstriche lagen brach und waren von den Bewohnern verlassen worden. An eine Einigung Italiens wagte um die Mitte des 16. Jahrhunderts niemand zu denken, sie lag praktisch auf Eis, bis das Einigungswerk von einem Winkel der Apenninenhalbinsel aus begann, von welchem es damals niemand erwartet hätte, von Savoyen aus.

Aber so geschunden, ausgeblutet und verheert Italien auch war, die Kulturfülle hat die Katastrophe überlebt. Im größten Chaos machte der Venezianer Pietro Bembo mit den *Prose della volgar lingua* Italienisch endgültig zur Literatursprache. Ariost schuf am Hof der Este den *Orlando furioso* und Torquato Tasso eine Generation später *La Gerusalemme liberata*. Noch während der Kampfzeit, vor allem aber danach, blühte das Theaterleben auf, das sich nicht nur auf die exakte Wiedergabe der griechischen und lateinischen Tragödien oder Komödien beschränkte, sondern aus dem Schatz der Antike eigene Charaktere formte. Selbst Machiavelli verfasste Stücke. Das berühmteste ist die bis heute gelegentlich gespielte, vielleicht 1518 entstandene *Mandragola*, die wohl auch als politische Allegorie gelesen werden kann. Sie erzählt die Geschichte eines jungen Mannes, der sich in die Frau eines Florentiner Arztes verliebt und diese mit Geschick und List erobert. Weit mehr Nachhall löste freilich *Il Principe* aus, vielleicht *die* staatsphilosophische Schrift aus Florenz.

In der Malerei demonstrierte Italien seine Vielfalt: die zarten Umbrer Perugino und Pinturicchio mit ihren anrührenden, feinen Meisterwerken und die üppige Farbigkeit der Venezianer, die mit Tizian in eine neue Zeit wiesen.

Man sollte glauben, dass Zeiten der Zerstörung nicht unbedingt glücklich für große Architekten sind, aber für Italien wäre dies ein Irrtum. In Donato Bramante hat die Architektur der Renaissance ihren Meister aus

St. Peter und Engelsburg. Stich von Giovanni Battista Piranesi.

Urbino gefunden. Er gestaltete den ersten Entwurf für die Peterskirche. Es war die Zeit der Universalgenies, die einfach alles konnten. Leonardo da Vinci war eben nicht nur der Schöpfer des *Letzten Abendmahls*, sondern auch Bildhauer, Ingenieur und Naturwissenschaftler in einem. Raffaels begnadetes Genie beschränkte sich nicht auf die Malerei, sondern lebt auch in seinen Bau- und Raumprojekten, wie seinen Stanzen und Loggien im Vatikan. Und natürlich gehört hierher das Genie Michelangelo Buonarroti, der Schöpfer der neuen Sakristei und der Laurentiana in Florenz sowie der gewaltigen Kuppel von St. Peter in Rom. In der Malerei und Skulptur wurde er zum großen Verführer kommender Künstlergenerationen. Seine gewaltigen, an der klassischen Antike angelehnten Figuren wirken als Fresken, wie in der Sixtinischen Kapelle, und als Skulpturen, wie beispielsweise im *David* in Florenz, gleichermaßen ehrfurchtgebietend.

Obwohl Italien zerfiel und fremde Mächte um es rangen und schließlich beherrschten, widmete Guiccardini der gesamten Halbinsel in seiner *Storia d'Italia* von 1492 bis 1534 eine meisterliche Geschichtsdarstellung, die freilich eine Einheit suggeriert, von der Italien noch mehr als 300 Jahre entfernt war.

Bibliographie

Zeitschriften
Bullettino dell'Istituto storico italiano per il Medioevo (BIM).
Quellen und Forschungen aus italienischen Archiven und Bibliotheken (QFIAB) (Zeitschrift hg. v. Deutschen Historischen Institut in Rom).

Abulafia, David: The Two Italies. Economic Relations between the Norman Kingdom of Sicily and the Northern communes, Cambridge 1977.
Altgeld, Wolfgang: Kleine italienische Geschichte, Stuttgart 2004.
Alvermann, Dirk: Königsherrschaft und Reichsintegration. Eine Untersuchung zur politischen Struktur von regna und imperium zur Zeit Ottos II., Berlin 1998.
Arnaldi, Girolamo: Italien und seine Invasoren. Vom Ende des Römischen Reiches bis heute. Wagenbach, Berlin 2005.
Azzara, Claudio: I capitolari italici. Storia e diritto della dominazione carolingia in Italia, Rom 1998.

Barni, G., Fasoli, G.: L'Italia nell'alto medioevo. Von der Völkerwanderung bis 1024, 1971.
Baron, Hans: The Crisis of the Early Italian Renaissance, Princeton 1966.
Beloch, Karl Julius: Bevölkerungsgeschichte Italiens, 3 Bde., Berlin 1961.
Berti, E., Angeli, F. A.: Bibliografia di Roma medioevale, Rom 2002 (sehr umfangreich).
Bougard, F.: Settimane di studio del centro italiano di studi sull'alto Medioevo, Spoleto 1978.
Braunfels, Wolfgang: Abendländische Stadtbaukunst. Herrschaftsform und Baugestalt, Köln 1976.
Brühl, C., Fodrum, gistum, servitium regis. Studien zu den wirtschaftlichen Grundlagen des Königtums im Frankenreich und in den fränkischen Nachfolgestaaten Deutschland, Frankreich und Italien vom 6. bis zur Mitte des 14. Jahrhunderts, 2 Bde., 1968 (Informationen über Itinerare, Grablegen, Krönungen, Pfalzen, Abgaben, Gastung, Krongut).
Bull, Martin: Contemporary Italy: a research guide, Greenwood 1996.
Bünemann, Richard: Guiskard, Robert 1015–1085: ein Normanne erobert Süditalien, Köln 1997.
Burckhardt, Jacob: Die Kultur der Renaissance in Italien, Herrsching 1981.
Burke, Peter: Tradition and Innovation in Renaissance Italy. A Sociological Approach, London 1974.

Cantimori, Delio: Italienische Häretiker der Spätrenaissance, Basel 1949.
Capitani, Ovidio: Storia dell'Italia medievale. 410–1216, 3. Aufl., Rom 1992.
Chiellino, Carmine: Italien I. Geschichte, Staat und Verwaltung, München 1987.
Classen, Peter: Italien zwischen Byzanz und dem Frankenreich, in: Nascita dell'Europa carolingia: un'equazione da verificare, in: Settimane 27.2 (1981) S. 919–967.
Cochrane, Erik: Italy 1530–1630, London 1990.
Coppa, Frank: Modern Italian history: an annotated bibliography, New York, Greenwood, 1990.
Croce, Benedetto: Storia del Regno di Napoli, Bari 1965.

Darmstädter, Paul: Der Bestand des Reichsgutes in der Lombardei und Piemont (568–1250), Straßburg 1895.
Davidson, Robert: Geschichte von Florenz, 4 Bde. in 7, Berlin 1927.

Deér, Jòzsef: Papsttum und Normannen. Untersuchungen zu ihren lehnsrechtlichen und kirchenpolitischen Beziehungen, Köln 1972.
Deichmann, Friedrich: Ravenna, Hauptstadt des spätantiken Abendlandes, 3 Bde. in 5, Wiesbaden 1976.
Delumeau, Jean: L'Italie au Moyen Age, Paris 2000.
Delogu, Paolo: Ricerche sull'aristocrazia carolingia in Italia; Teil 1: L'Istituzione comitale nell'Italia carolingia, Teil 2: Strutture politiche e ideologia nel regno di Ludovico II, in: BIM 79 (1968) S. 53–114, 137–189.
Ders., Zur Struktur der Königsherrschaft im karolingischen und nachkarolingischen Italien. Der „consiliarius regis" in den italienischen Königsdiplomen des 9. und 10. Jahrhunderts, in: QFIAB 47 (1967) S. 123–223.
Dilcher, Gerhard: Bischof und Stadtverfassung in Oberitalien, in: ZRG GA 81 (1964) S. 225–266.
Doumanis, Nicholas: Italy, London 2001.
Drabek, Anna Maria: Die Verträge der fränkischen und deutschen Herrscher mit dem Papsttum 754–1020, 1976.
Duggan, Christopher: A Concise History of Italy, Cambridge 1994.
Durando, Furio: Magna Graecia. Kunst und Kultur der Griechen in Italien, München 2004.

Falkenhausen, Vera v.: Untersuchungen über die byzantinische Herrschaft in Süditalien.
Feller, L.: Les Abruzzes médiévales. Territoire, économie et société en Italie central du IX au XII siècle, Rom 1998.
Ferluga, Jadran: L'Italia bizantina dalla caduta dell'esarcato di Ravenna alla metà del secolo IX, in: Bisanzio, Roma e l'Italia nell'alto medioevo, in: Settimane 34 (1988) S. 169–208.
Fichtenau, Heinrich: Das Karolingische Imperium, Zürich 1949.
Ficker, Julius: Forschungen zur Reichs- und Rechtsgeschichte Italiens, 4 Bde., 1868–1874.
Finley, Moses I.: Das antike Sizilien. Von der Vorgeschichte bis zur arabischen Eroberung, München 1993.
Fischer, Joachim: Königtum, Adel und Kirche im Königreich Italien (774–875), Bonn 1965.
Fumagalli, Vito: Il potere civile dei vescovi italiani al tempo di Ottone I, in: I poteri temporali dei vescovi in Italia e in Germania nel medioevo, hg. v. C. G. Mor und H. Schmidinger, Bologna 1979 (= Annali dell'Istituto storico italo-germanico 3) S. 77–86.
Fumagalli, Vito: Il regno italico (= Storia d'Italia t. 2), Turin 1978 (stark sozial- und wirtschaftsgeschichtlich orientierte Darstellung des Zeitraums von 774 bis 1024).

Garin, Eugenio: Der italienische Humanismus, München 1947.
Gay, Jules: L'Italie méridionale et l'empire byzantin, 2 Bde., Paris 1904.
Glowotz, Daniel: Byzantinische Gelehrte in Italien zur Zeit des Renaissance-Humanismus, Schneverdingen 2006.
Goez, Elke: Beatrix von Canossa und Tuszien, Sigmaringen 1995.
Goez, Elke: Die Markgrafen von Canossa und die Klöster, in: DA 51 (1995) S. 83–114.
Goez, Werner: Grundzüge der Geschichte Italiens in Mittelalter und Renaissance, Darmstadt 1984.
Gregorovius, Ferdinand: Geschichte der Stadt Rom im Mittelalter vom V. bis XVI. Jahrhundert, Neuausg. v. W. Kampf, 2 Bde., 1953/54 (unverzichtbare, materialreiche Darstellung durch einen Gelehrten des 19. Jh. in 14 Büchern, für unseren Zeitraum Buch 4–7).

Haller, Johannes: Das Papsttum: Idee und Wirklichkeit, 5 Bde., Hamburg 1965.
Hanlon, Gregory: Early Modern Italy, 1550–1800, London 2000.
Hartmann, Ludo Moritz: Geschichte Italiens im Mittelalter, Hildesheim 1969.
Haverkamp, Alfred: Italien im Mittelalter, München 1980.
Haverkamp, Alfred: Italien im Mittelalter. Neuerscheinungen von 1959–1975, HZ Sonderheft 7, 1980.
Hay, Denys: Italy in the age of the Renaissance, 1380–1530, London 1989.
Hay, Denys: The Italian Renaissance in its Historical Background, Cambridge 1966.
Hlawitschka, Eduard: Die Widonen im Dukat von Spoleto, in: QFIAB 63 (1983) S. 20–92.
Hlawitschka, Eduard: Franken, Alemannen, Bayern und Burgunder in Oberitalien (774–962). Zum Verständnis der fränkischen Königsherrschaft in Italien, Freiburg 1960.
Hofmeister, Adolf: Markgrafen und Markgrafschaften im italienischen Königreich in der Zeit von Karl d. Gr. bis auf Otto d. Gr. 774–962, in: MIÖG Erg.-Bd. 7 (1907) S. 215–435.

Houben, Hubert: Roger I. von Sizilien. Herrscher zwischen Orient und Okzident, Darmstadt 1997.
Hyde, John: Society and Politics in Medieval Italy. The evolution of the Civil Life 1000–1350, New York 1973.

Jarnut, Jörg: Geschichte der Langobarden, Stuttgart 1982.

Keller, Hagen: Adelsherrschaft und städtische Gesellschaft in Oberitalien (9.–12. Jh.), Tübingen 1979.
Keller, Hagen: Militia. Vasallität und frühes Rittertum im Spiegel oberitalienischer miles-Belege des 10. und 11. Jh., in: QFIAB 62 (1982) S. 59–118.
Killinger, Charles L.: The short Oxford history of Italy, Westport 2002.
Kölzer, T.: Die Staufer im Süden. Sizilien und das Reich, Sigmaringen 1996.
Konstantinou, Evangelos: Byzanz und das Abendland im 10. und 11. Jahrhundert, Köln 1997.
Krahwinkler, Hermann: Friaul im Frühmittelalter. Geschichte einer Region vom Ende des 5. bis zum Ende des 10. Jahrhunderts, Wien 1992 (= Veröffentlichungen des Institutsf. österr. Geschichtsforschung 30).
Künzi, Giulia Brogini: Italien und der Abessinienkrieg 1935/36. Kolonialkrieg oder Totaler Krieg?, Paderborn 2006.

La Cocca, C.: Italy in the Early Middle Ages, Oxford 2002.
Larner, John: Culture and Society in Italy, 1290–1420, New York 1971.
Larner, John: Italy in the Age of Dante and Petrarch, 1216–1380, New York 1980.
Lensi, Alfredo: Bibliografia italiana di giuochi di carte. Firenze 1892, [Nachdr. d. Ausg.:] Ravenna 1985.
Leonardi, Claudio: Medioevo Latino (ML). Bollettino bibliografico della cultura europea dal secolo VI al XIII Bd. 1 ff., Florenz 1980 ff.
Levy, Carl: Italian Regionalism: History, Identity and Politics, Oxford 1996.
Lutz, Heinrich: Italien vom Frieden von Lodi bis zum Spanischen Erbfolgekrieg, Stuttgart 1971.

Manzoni, Cesare: Biografia italica: saggio bibliografico di opere italiane a stampa per servire alla biografia degli italiani, Osnabrück 1981.
Martines, Lauro: Power and Imagination, City-States in Renaissance Italy, Baltimore 1979.

Norwich, John: Die Normannen in Sizilien 1130–1194, Wiesbaden 1973.

Pastor, Ludwig: Geschichte der Päpste seit dem Ausgang des Mittelalters, 12 Bde. in 13, Freiburg 1959.
Pauler, Roland: Das regnum Italiae in ottonischer Zeit. Markgrafen, Grafen und Bischöfe als politische Kräfte, Tübingen 1982 (= Bibliothek des Deutschen Histor. Instituts in Rom Bd. 54). – Dazu L. Auer: Zur ottonischen Herrschaftspraxis in Italien. Bemerkungen zu R. Paulers „Regnum Italiae“, in: MIÖG 94 (1986) S. 175–181.
Postel, Verena: Die Ursprünge Europas: Migration und Integration im frühen Mittelalter, Stuttgart 2004.
Poupardin, Réne: Etude sur les institutions politiques et administratives des principautés lombardes de l'Italie méridionale, Paris 1907.
Procacci, Giuliano: Geschichte Italiens und der Italiener, München 1989.
Pullan, Brian: A History of Early Renaissance Italy from the mid-thirteenth to the mid-fifteenth century, New York 1973.

Reinhardt, Volker: Blutiger Karneval. Der Sacco di Roma 1527 – eine politische Katastrophe, Darmstadt 2009.
Reinhardt, Volker: Geschichte Italiens. Von der Spätantike bis zur Gegenwart, München 2003.
Reinhardt, Volker: Die Renaissance in Italien. Geschichte und Kultur, München 2002.
Reith, Werner: Florenz vor der Renaissance, Frankfurt 1979.
Reuchlin, Hermann: Geschichte Italiens: von der Gründung der regierenden Dynastien bis zur Gegenwart, 4 Bde., Leipzig 1858–74.
Rill, Bernd: Sizilien im Mittelalter. Das Reich der Araber, Normannen und Staufer, Stuttgart 1995.
Roover, Raymond de: The Rise and Decline of the Medici Bank 1397–1494, Cambridge 1963.

Salvatorelli, Luigi: Geschichte Italiens, Berlin 1942.
Schieffer, Rudolf: Die Karolinger, Stuttgart–Berlin–Köln 1992.
Schieffer, Theodor (Hg.): Handbuch der europäischen Geschichte (Gesamthg. T. Schieder), Bd. 1, 1979, Bd. 2, Stuttgart 1987.
Schimmelpfennig, Bernhard: Das Papsttum. Von der Antike bis zur Renaissance, 5. Aufl. Darmstadt 2005.
Schmid, Karl: Zur Ablösung der Langobardenherrschaft durch die Franken, in: QFIAB 52 (1972) S. 1–36.
Schneider, Feodor: Die Reichsverwaltung in der Toscana von der Gründung des Langobardenreiches bis zum Ausgang der Staufer (568–1268), Rom 1914.
Schneider, W. Chr.: Heinrich II. als „romanorum rex", in: QFIAB 67 (1987) S. 421–446.
Schneidmüller, Bernd: Otto III. – Heinrich II.: eine Wende?, Sigmaringen 1997 (Mittelalter-Forschungen 1).
Schrod, Konrad: Reichsstraßen und -verwaltung im Königreich Italien (774–1197), Stuttgart 1931.
Schüller-Piroli, Susanne: Die Borgia-Päpste Kalixt II. und Alexander VI., München 1980.
Seidlmayer, Michael: Geschichte Italiens. Vom Zusammenbruch des Römischen Reiches bis zum ersten Weltkrieg, Stuttgart 1989.
Sella, Domenico: Italy in the Seventeenth Century, London 1997.
Struve, Tim: Heinrich IV. und die fideles cives der städtischen Kommunen Oberitaliens, in: DA 53 (1997) S. 497–553.
Stürner, Wolfgang: Friedrich II., 2 Bde., Darmstadt 1992/2000.

Taviani-Carozzi, Huguette: La Principauté lombarde de Salerne, IX–XI siècle, Rom 1991.
Tichy, Franz: Italien. Eine geographische Landeskunde, Darmstadt 1985.
Tobacco, Giovanni: Sperimentazioni del potere nell'alto medioevo, Turin 1993.
Toubert, P.: Les structures du Latium médiéval. Latium méridional et la Sabine du 9e à la fin du 12e siècle, Rom 1973 (= Bibliothèque de l'Ecole française d'Athènes et de Rome fasc. 121).

van Houtte, Jan (Hg.): Handbuch der europäischen Wirtschafts- und Sozialgeschichte Bd. 2. Mittelalter, Stuttgart 1980.

Waley, David: The Papal State in the Thirteenth Century, London 1961.
Wickham, Christopher: Early Medieval Italy. Central Power and Local Society 400–1000, London 1981.
Wölfflin, Heinrich: Die klassische Kunst. Eine Einführung in die italienische Renaissance, Stuttgart 1968.

Zey, Claudia: Zu Editionen und Interpretationen von Mailänder Geschichtswerken des Hoch- und Spätmittelalters, in: DA 56 (2000) S. 179–199.

Abbildungsnachweis

Akg: S. 6, 30, 88, 127, 176; bpk: 74, 233; Picture-alliance: S. 8, 27, 29, 45, 102, 106, 120, 136, 148, 165, 168, 183, 195, 201, 230, 239, 265; WBG-Archiv: S. 2, 11, 17, 33, 37, 57, 146, 155, 205, 217, 225, 249, 266, 268, 273

Namens- und Ortsregister